철학
개념어
사전

철학

philosophy notion word dictionary

개념어

철학적 사고를 일깨우는 100개의 개념들!

사전

채석용 지음

소울메이트

소울메이트 우리는 책이 독자를 위한 것임을 잊지 않는다.
우리는 독자의 꿈을 사랑하고,
그 꿈이 실현될 수 있는 도구를 세상에 내놓는다.

철학 개념어 사전

초판 1쇄 발행 2010년 6월 23일 ┃ **초판 2쇄 발행** 2011년 9월 10일 ┃ **지은이** 채석용
펴낸곳 원앤원북스 ┃ **펴낸이** 강현규 · 박종명 · 정영훈
편집 최연정 · 최윤정 · 장경선 ┃ **디자인** 이미소
등록번호 제300-2003-159호 ┃ **등록일자** 2003년 4월 17일
주소 100-826 서울시 중구 신당4동 340-52번지 재덕빌딩 4층 ┃ **전화** (02)2234-7117
팩스 (02)2234-1086 ┃ **홈페이지** www.1n1books.com ┃ **이메일** khg0109@1n1books.com
값 15,000원 ┃ **ISBN** 978-89-6060-168-0 03100

미신과 신비주의에 항거하다 무참히 살해된
19세 청년 슈발리에 드 라바르의 곁엔
볼테르가 지은 『철학사전』이 놓여 있었다.

친근한 예와 풍부한 비유로
이해를 도모한 철학의 밑그림

이 책을 왜 썼나?

다소 낯 뜨겁지만 이 책의 미덕부터 밝힌다. 이 책은 설령 잘못된 정보를 제공해줄지언정 어떠한 개념어에 대해서도 결코 애매모호한 말로 두루뭉수리하게 넘어가지는 말자는 신념에 따라 지어졌다.

간단 명료! 이것이 이 책의 이념이다. 따라서 이 책을 읽고 무언가 이해되지 않는 것이 있다면 그것은 순전히 독자들 책임이다.

그렇다고 필자가 이 책을 통해 빚어지는 일체의 결과에 대해 아무런 책임을 지지 않겠다는 얘기는 아니다. 오히려 필자는 무한한 책임의식을 가지고 있다. 왜냐하면 독자 여러분이 이 책을 통해 얻는 지식 가운데 혹시 잘못된 것이 있다면 그것은 순전히 필자의 잘못된 정보 제공에서 비롯된 것이기 때문이다. 허나 그럴 일은 별로 없을 것이다.

이 책은 개념어에 대한 정보뿐만 아니라 개념어에 대한 필자의 주관적 견해도 담고 있다. 철학책에 필자의 견해가 빠진다는 것은 있을 수 없다. 명백하게 객관적 사실들만으로 구성된 『철학사전』이란 것도 있을 수 없다. 프랑스 백과전서파가 만든 방대한 양의 『백과사전』에는 그들의 계몽주의적인 시각이 직간접적으로 곳곳에 스며 있다. 그러니 필자의 주관적 시각에 대해서는 독자들이 알아서 판단해야 한다. 명료하게 제시된 객관적 정보를 토대로 독자 여러분들께서는 필자와 한판의 지적 대결을 벌여보시기 바란다.

철학이란 무엇인가?

가령 책상 위에 꽃이 있다고 치자. 우리는 대부분 별다른 생각 없이 그 꽃을 보지만 철학자들 머릿속엔 온갖 다양한 생각들이 가득 차 있다.

변증법적 유물론자들은 책상 위의 꽃을 보면서 그 꽃이 저 책상 위에 놓이기까지 얼마나 많은 노동자들이 애를 썼는지 떠올린다.

관념론자들은 저 책상 위의 꽃이 실제로 있는 것이 아닐 수도 있다고 본다. 실제로 있는 것은 오로지 저 책상 위에 꽃이 있다고 느끼는 우리의 관념뿐이라고 주장한다. 관념론자들은 사막에서 오아시스를 보더라도 흥분하지 않는다. 우리가 실제의 물과 나무를 보는 것이 아니라 물과 나무라는 관념이 우리의 머릿속에 프린트되는 것에 지나지 않는다고 생각하기 때문이다.

반면 실재론자들은 책상 위에 꽃이 있으면 있는 거지 그걸 가지고 왜 관념 운운하면서 복잡하게 생각하느냐고 따진다. 우리 바깥에 꽃이 실實제로 있다在고 주장하기 때문에 '실재론'이다.

성리학자들은 책상 위의 꽃이 비록 아름답지만 그 꽃을 통해서는 별다른 도덕적 의미를 발견할 수 없다고 주장하면서 애써 꽃의 아름다움에서 눈길을 거둔다. 사람은 머리를 하늘로 향하고 있어 하늘의 참뜻을 구현하고자 애쓰지만 꽃들은 뿌리를 땅에 처박고 있어 하늘의 뜻을 절대로 구현할 수 없다고 말하면서 말이다. 믿기 어렵겠지만 지폐의 주인공들인 이황과 이이 모두 정말로 이렇게 생각했다.

만물일체설을 주장하는 도가 사상가들은 책상 위의 꽃을 비롯해 인간이나 만물들 모두 근본적으로 다를 게 없다고 주장한다. 누군가 꽃을 꺾으면 사람이 다치는 모습을 보는 것처럼 슬퍼한다. 혹은 사람이 다치거나 죽는 걸 보고도 꽃이 꺾이는 걸 보는 것처럼 무덤덤하다. 장자는 자기 아내가 죽자 대야를 두드리면서 노래를 불렀다고 한다. 진심으로 그런 것인지, 아니면 자기 사상을 행동으로 합리화하고자 한 것인지는 모르겠지만 말이다.

실용주의자들은 책상 위의 꽃을 보고 누군가 기쁜 마음이 생겼다면 그걸로 족하다고 본다. 꽃을 보면서 느끼는 실용적 결과만을 중시할 뿐 실재니 관념이니 따지지 않는다.

실존주의자들은 책상 위의 꽃을 보고 별다른 생각이 없다. 인간이 세상에 내동댕이쳐진 현실을 어떻게 받아들이고 극복해야 할지 걱정하기 바쁜 마당에 책상 위의 꽃 따위는 대수가 아니다.

이게 철학이다. 철학이란 별 게 아니다. 우리 눈앞에 주어진 사소하고 구체적인 현실 한 가지에만 정신을 집중하더라도 온갖 철학이 탄생한다. 한 가지 더 해보자. 지금 어느 남학생이 카페에서 한 여학생과 소개팅을 하고 있다 치자. 자연스럽게 코를 올리고 눈의 앞뒤를 튼 성형미인 여학생이다.

플라톤을 비롯한 모사론자들은 그녀의 성형한 얼굴을 가소롭게 볼 것이다. 참된 아름다움은 그렇게 모방한다고 이뤄지는 것이 아니다. 헛돈 쓴 여학생을 노려본 후 자리를 박차고 나올 것이다.

헤겔을 비롯한 절대적 관념론자들은 그 여학생이야말로 진정한 아름다움을 구현하고자 하는 절대정신의 현현이라 칭송할 것이다. 자연은 불완전하다. 인간의 노동이야말로 불완전한 자연을 아름답게 가꾸는 참된 행동이다. 그리고 이렇게 말할 것이다. "아름다운 당신의 성형얼굴에 찬사를 보냅니다."

성리학자들은 그녀의 얼굴 따위에는 관심이 없다. 그녀가 착한 일을 많이 했는지, 어느 부모의 자식인지, 차 마시는 태도는 어떤지, 눈빛은 어떤지에만 관심을 쏟을 것이다. 집요한 호구 조사와 스펙 조사로 소개팅 자리가 갑자기 면접 자리로 탈바꿈할지도 모른다.

만물일체설을 주장하는 도가사상가들은 그녀가 누가 되었든지 상관하지 않는다. 신봉선이나 김태희나 만물은 똑같다. 우주 안의 미물에 지나지 않는 인간의 주관적 감각 따위는 중요하지 않다. 그냥 다 끌어안는다.

회의주의자들은 도대체 아름다움이란 것을 누가 확신할 수 있느냐고 따지면서 아름다움 자체를 인정하지 않는다. "당신이 예뻐 보이기는 하지만 진짜 예쁜 건지는 도무지 모르겠습니다."라고 뇌까리며 연신 고개를 갸웃거릴 것이다.

자, 여러분은 어떤 입장을 취하고 있는가? 인간이라면 누구나 철학적 입장을 가지지 않을 수 없다. 그런 점에서 인간은 모두 철학자이다. 다만 자신이 가진 철학의 정체를 아느냐 모르느냐의 차이만 있을 뿐이다. 기왕 철학을 가진 인간이라면 자신이 가진 철학의 정체 정도는 아는 게 좋지 않을까?

철학이란 세상을 바라보는 필터이다. 이 필터가 얼마나 아름답고 얼마나 정교하냐에 따라 세상살이가 달라진다. 울퉁불퉁한 필터를 가지면 세상도 울퉁불퉁해 보인다. 필터를 너무 자주 갈아 끼우면 접촉면이 마모된다. 마음에 상처가 생긴다.

타인의 필터를 파악하면 그의 행동과 사고방식을 이해하게 된다. 알고 있는 필터가 많으면 많을수록 인간과 사회에 대한 이해의 깊이가 더해진다. 그래서 철학이 중요하다. 철학공부란 타인의 필터를 이해하고 자신의 필터를 갈고 닦는 작업이다.

이 책을 읽는 방법

이 책은 100개의 철학 개념어 항목들을 사전 형식으로 나열해 서술하고 있다. 100개의 개념어들은 동양과 서양의 철학사상 중 가장 중요하고 핵심적이라고 간주되는 것들 가운데 필자가 엄선한 것들이다. 이들 개념어들은 시대별, 유형별로 정리될 수 있으며, 이렇게 정리된 순서에 따라 읽으면 좀더 체계적으로 개념어들을 습득하고 철학적 훈련을 쌓을 수 있다.

이에 따라 이 책은 '가나다 순 목차'와 '유형별 목차'라는 두 가지 목차를 제공한다. 각자 필요한 항목을 찾아 읽어도 좋고 좀더 체계적으로 이 책을 읽고 싶을 경우 유형별 목차 순으로 읽어도 좋다. 책 한 권으로 두 권의 효과를 거둘 수 있을 것이다.

게다가 이 책은 동양철학과 서양철학을 동시에 다루고 있다는 점에서 그 특징이 두드러진다. 동양철학적 개념이 서양철학적 맥락에서는 어떻게 파악될 수 있는지, 반대로 서양철학적 개념이 동양철학적 맥락에서는 어떤 의미를 가지는지 상호적이고 종합적인 시각에서 다루고자 했다.

이 책 한 권만 정확히 이해한다면 이제 웬만한 철학책은 두려움 없이 읽을 수 있을 것이다. 혹은 이 책을 곁에 두고 참고하면서 다른 철학책들을 읽어 나가도 좋겠다. 마지막으로 구호 하나 외치며 머리말을 마친다.

"합리적 대화가 가능한 개념 있는 세상을 위하여!"

채석용

CONTENTS ①

지은이의 말 · 친근한 예와 풍부한 비유로 이해를 도모한 철학의 밑그림 …… 6

ㄱ

가족유사성 · 가족구성원들 사이의 부분적 유사성 …… 23

격물치지 · 만물의 과학적 · 윤리적 원리를 탐구하는 방법 …… 27

경세치용 · 세상을 경영하고 쓰임새를 극대화하자는 실용주의 유교노선 …… 31

경학 · 유교 경전을 신주단지처럼 모시고 탐구하는 교조적 서지학 …… 34

경험론 · 인간이 인식하는 근거는 오로지 경험뿐이라는 인식론 …… 36

계몽주의 · 신비주의를 버리고 합리적인 세상을 건설하자는 상식철학 …… 41

공리주의 · 국민들의 행복 총량이 클수록 좋은 사회라는 사회철학 …… 45

관념론 · 사물의 본질은 알 수 없고 오직 사물에 대한 관념만 가질 뿐 …… 49

교부철학 · 기독교 신앙에 대한 플라톤식 합리화 …… 54

구조주의 · 인간이 구조를 만든 것이 아니라 선험적 구조가 인간을 지배 …… 57

귀납 · 부분을 보고 전체의 이론을 도출하는 방법 …… 61

귀신 · 사람이 죽어서 변하는 것이라고 여겨지는 신비주의적 존재 …… 66

기 · 온우주를 구성하는 과학적 · 윤리적 물질이면서 에너지 …… 70

기호학 · 언어를 비롯한 온갖 기호들을 탐구하는 학문 …… 75

ㄴ

노마디즘 · 지식마을을 떠돌아다니는 창조적 지식유목민의 이념 …… 79

논리실증주의 · 논리적으로 검증되지 않는 일체의 주장들을 무시하자 …… 83

논리적 원자론 · 진술들을 원자로 쪼개어 완벽한 언어를 창출하자 …… 87

누스 · 정신, 마음, 이성 등을 지칭하는 서양철학의 원조개념 …… 90

ㄷ

동도서기와 화혼양재 · 서구문물을 바라보는 조선과 일본의 근본적 입장차이 ······ **94**

ㄹ

로고스 · 말, 이성, 논리 등을 의미하는 고대 그리스어 ······ **99**

ㅁ

만물일체설 · 인간을 우주의 일부에 불과할 뿐이라 보는 겸손의 철학 ······ **102**

목적론 · 세상에는 목적이 있고 윤리에는 올바른 목적이 있어야 한다 ······ **105**

목적합리성과 가치합리성 · 현세의 과학적 합리성과 내세의 가치추구적 합리성 ······ **109**

무아론 · 우주의 일부에 불과한 인간에게 자아란 없다 ······ **114**

무위자연 · 거대한 우주 앞에 초라한 인간은 그냥 잠자코 있자 ······ **118**

무의식 · 의식 저편에서 의도하지 않은 채 조성되는 마음의 상태 ······ **122**

물심이원론 · 물질과 정신이라는 두 실체가 우주를 구성한다고 본 인식론 ······ **127**

미메시스 · 예술은 세상을 모방하는 것일 뿐이라는 예술 폄하론 ······ **132**

미발과 이발 · 멍 때린 마음의 상태와 능동적으로 활성화된 마음의 상태 ······ **135**

미적 가상 · 허위를 묘사하는 가상의 창출 단계에 머문 예술 ······ **138**

ㅂ

반증가능성 · 반증될 여지가 있는 주장들만 과학적 진술의 자격이 있다 ······ **143**

범주 · 사물과 사태를 종류별로 묶은 틀, 혹은 선험적 인식의 틀 ······ **148**

변증법 · 대립과 모순을 긍정하고 그것을 지양하는 변화무쌍한 논리 ······ **152**

본연지성과 기질지성 · 인간 본성의 근원적 측면과 현실적 측면 ······ **156**

ㅅ

사단과 칠정 · 인간의 본성이 발현되는 이념적 측면과 현실적 측면 ····· 159

사덕 · 인간이 우주로부터 부여받은 선한 본성의 네 가지 측면 ····· 164

상대주의 · 세상 일을 단정적으로 옳다 그르다 말할 수 없다는 입장 ····· 168

서학 · 조선 후기 주리론자들에게 결정적 영향을 미친 서구 사상 ····· 171

선험적 종합판단 · 경험에 의존하지 않고서도 새로운 지식을 얻게 되는 판단 ····· 174

성 · 우주가 원천적으로 보장해준 인간의 선한 본성 ····· 181

성기호설 · 인간은 선한 행동을 하고 싶어하는 본성을 타고났다 ····· 185

성리학 · 인간의 선한 본성과 그것을 보장해준 우주적 원리의 학문 ····· 189

성선설 · 참혹한 현실에 절망하지 말자는 희망의 인성론 ····· 193

성악설 · 참혹한 현실을 현실 그대로 받아들이는 상식의 인성론 ····· 196

소당연과 소이연 · 우주의 과학적 · 윤리적 원리와 그 배후의 형이상학적 근거 ····· 199

스콜라철학 · 기독교 신앙에 대한 아리스토텔레스식 합리화 ····· 202

시뮬라크르 · 원본과 복제의 경계가 무너진 시대에 각광받는 복제의 복제 ····· 206

신기 · 사회적 소통능력을 가진 인간을 지칭하는 탈성리학적 개념 ····· 209

실용주의 · 관념이나 사상의 가치는 그 결과에 의해 판명된다 ····· 212

실재론 · 인간의 바깥에 참된 사물이나 진리가 실제로 있다는 주장 ····· 216

실존주의 · 인간 전체의 본질보다 개개 인간의 삶을 중시한 철학적 경향 ····· 222

실증주의 · 과학적으로 검증되지 않는 주장은 모두 버려야 한다 ····· 225

실체 · 변하지 않는 참된 무엇으로서 우주를 구성하는 본질적인 것 ····· 230

실학 · 조선 후기 대두된 일단의 진보적 · 탈성리학적 유교 학풍 ····· 235

심통성정 · 마음이 인간 행위의 주체라는 성리학적 선언 ····· 241

ㅇ

아우라 · 예술작품이 가진 고유한 분위기 ····· 244

양명학 · 마음에 우주의 참된 본질이 갖춰져 있으니 자신있게 실천하자 ····· 248

언어적 전회 · 언어를 철학의 중심문제로 부각시킨 철학 겸손화 운동 ····· 254

에로스 · '관념적 사랑' 이 아닌 '관념 속에 있는 참된 사랑'을 향한 열망 ······ **258**

에포케 · 과학적 사유를 일단 보류하고 현상학적 탐구를 준비하자 ······ **260**

연역 · 일반 원리에 따라 개별적 진술들의 진실성을 판별하는 작업 ······ **263**

열린사회 · 반증가능성 원칙을 사회에도 적용시켜 합리적으로 소통하자 ······ **269**

예송 · 왕족들의 상복문제에 대한 존재론적 차원의 진리 논쟁 ······ **273**

예악 · 인간은 예를 통해 구분되고 음악을 통해 화합한다 ······ **277**

유명론 · 오로지 이름만 있을 뿐 보편적 본질은 없다는 탈중세적 입장 ······ **281**

유물론 · 세상 만물은 오로지 물질로만 구성되어 있을 뿐이라는 입장 ······ **284**

유심론 · 물질적인 것보다 정신적인 것이 더 근원적이라는 입장 ······ **287**

음양오행 · 상생상극의 신비주의적 성질을 가진 우주의 물질 · 에너지 ······ **290**

의사소통적 합리성 · 대화와 타협을 통해 합의점에 도달하는 생활세계의 합리성 ······ **296**

이 · 과학적이면서 윤리적인 우주의 절대 원리 ······ **300**

이기론 · 우주의 원리와 우주의 현실을 탐구하는 성리학 이론 ······ **304**

이데아 · 현실에서 발견할 수 없는 영원불변의 참된 존재 ······ **309**

이성 · 서양철학이 인간의 본질적인 특성이라고 간주해 온 능력 ······ **314**

이용후생 · 백성들의 현실적 삶을 중시한 실용주의 유교노선 ······ **318**

이일분수 · 우주의 원리는 하나이며 그것을 만물이 나눠갖는다는 주장 ······ **322**

인 · 타인의 마음을 내 마음처럼 느끼는 공감의 능력 ······ **324**

인물성동이론 · 청나라에 대한 양가감정이 무의식적으로 반영된 인성론 ······ **327**

인심과 도심 · 내 안에 도사린 천사와 악마는 하나인가 둘인가? ······ **332**

ㅈ

자연철학 · 만물의 배후에 있는 근원적 물질에 대한 최초의 철학적 탐구 ······ **338**

절대적 관념론 · 절대정신이라는 객관적 관념이 온세상을 구현한다 ······ **344**

정 · 인간의 본성이 드러난 현실적 감정으로서 선과 악이 혼재 ······ **350**

정의론 · 자유주의에 발을 딛고 사회주의에 손을 내밀다 ······ **353**

주기론 · 이의 능동성을 부인하는 성리학의 일파 ······ **359**

주리론 · 이의 능동성을 긍정하는 성리학의 일파 ······ **364**

주역 · 동아시아인들이 가진 신비주의적 우주론의 기원 ······ **369**

지향성 · 순수의식이 외부 대항을 향하여 인식하려는 작용 ······ **373**

질료와 형상 · 무언가로 변할 수 있는 가능태와 변한 이후의 현실태 ······ **375**

ㅊ

차연 · 단어의 의미는 차이에 의해 규정되면서도 지연되어야 함 ······ **379**

추측 · 경험과 탐구와 확률적 판단이라는 인간 인식능력의 두 측면 ······ **383**

충서 · 내 마음의 중심을 잡고 타인과 공감하는 개인적 윤리덕목 ······ **386**

ㅌ

타불라 라사 · 경험을 통해 인간이 파악하는 관념들이 쌓이는 인식의 창고 ······ **390**

태극 · 과학적이면서도 윤리적인 우주의 근원적 시원 ······ **394**

ㅍ

판타 레이 · 모든 것은 변한다는 생성론 철학의 원조격 주장 ······ **398**

패러다임 · 한 시대에 통용되는 과학적 인식의 종합적 틀 ······ **402**

포스트구조주의 · 이성의 권위를 부정하고 온갖 독단적 전제를 벗어버리자 ······ **406**

ㅎ

합리론 · 인간이 인식하는 근거는 오로지 이성뿐이라는 인식론 ······ **411**

해체주의 · 텍스트를 열린 지평에서 읽어 기존 형이상학적 체계를 해체 ······ **418**

현상학 · 외부 사물이 인간 주체 안에 현상으로 드러나는 모습 탐구 ······ **423**

현존재 · 이 세상에 원하지 않은 채 내던져진 인간에 대한 별칭 ······ **426**

회의주의 · 지독한 의심병 환자의 자기합리화 ······ **431**

찾아보기 ······ **436**

CONTENTS ②

지은이의 말 · 친근한 예와 풍부한 비유로 이해를 도모한 철학의 밑그림 ······ 6

동양일반

음양오행 · 상생상극의 신비주의적 성질을 가진 우주의 물질 · 에너지 ······ 290

귀신 · 사람이 죽어서 변하는 것이라고 여겨지는 신비주의적 존재 ······ 66

만물일체설 · 인간을 우주의 일부에 불과할 뿐이라 보는 겸손의 철학 ······ 102

주역 · 동아시아인들이 가진 신비주의적 우주론의 기원 ······ 369

무아론 · 우주의 일부에 불과한 인간에게 자아란 없다 ······ 114

무위자연 · 거대한 우주 앞에 초라한 인간은 그냥 잠자코 있자 ······ 118

유교일반

인 · 타인의 마음을 내 마음처럼 느끼는 공감의 능력 ······ 324

예악 · 인간은 예를 통해 구분되고 음악을 통해 화합한다 ······ 277

경학 · 유교 경전을 신주단지처럼 모시고 탐구하는 교조적 서지학 ······ 34

충서 · 내 마음의 중심을 잡고 타인과 공감하는 개인적 윤리덕목 ······ 386

성선설 · 참혹한 현실에 절망하지 말자는 희망의 인성론 ······ 193

성악설 · 참혹한 현실을 현실 그대로 받아들이는 상식의 인성론 ······ 196

이 · 과학적이면서 윤리적인 우주의 절대 원리 ······ 300

기 · 온우주를 구성하는 과학적 · 윤리적 물질이면서 에너지 ······ 71

태극 · 과학적이면서도 윤리적인 우주의 근원적 시원 ······ 394

격물치지 · 만물의 과학적 · 윤리적 원리를 탐구하는 방법 ······ 27

양명학 · 마음에 우주의 참된 본질이 갖춰져 있으니 자신있게 실천하자 ······ 248

성리학

성리학 · 인간의 선한 본성과 그것을 보장해준 우주적 원리의 학문 ⋯⋯ 189

성 · 우주가 원천적으로 보장해준 인간의 선한 본성 ⋯⋯ 181

정 · 인간의 본성이 드러난 현실적 감정으로서 선과 악이 혼재 ⋯⋯ 350

본연지성과 기질지성 · 인간 본성의 근원적 측면과 현실적 측면 ⋯⋯ 156

이기론 · 우주의 원리와 우주의 현실를 탐구하는 성리학 이론 ⋯⋯ 304

이일분수 · 우주의 원리는 하나이며 그것을 만물이 나눠갖는다는 주장 ⋯⋯ 322

미발과 이발 · 멍 때린 마음의 상태와 능동적으로 활성화된 마음의 상태 ⋯⋯ 135

소당연과 소이연 · 우주의 과학적 · 윤리적 원리와 그 배후의 형이상학적 근거 ⋯⋯ 199

심통성정 · 마음이 인간 행위의 주체라는 성리학적 선언 ⋯⋯ 241

한국

사덕 · 인간이 우주로부터 부여받은 선한 본성의 네 가지 측면 ⋯⋯ 164

주기론 · 이의 능동성을 부인하는 성리학의 일파 ⋯⋯ 359

주리론 · 이의 능동성을 긍정하는 성리학의 일파 ⋯⋯ 364

예송 · 왕족들의 상복문제에 대한 존재론적 차원의 진리 논쟁 ⋯⋯ 273

인물성동이론 · 청나라에 대한 양가감정이 무의식적으로 반영된 인성론 ⋯⋯ 327

인심과 도심 · 내 안에 도사린 천사와 악마는 하나인가 둘인가 ⋯⋯ 322

실학 · 조선 후기 대두된 일단의 진보적 · 탈성리학적 유교 학풍 ⋯⋯ 325

서학 · 조선 후기 주리론자들에게 결정적 영향을 미친 서구 사상 ⋯⋯ 171

경세치용 · 세상을 경영하고 쓰임새를 극대화하자는 실용주의 유교노선 ⋯⋯ 31

이용후생 · 백성들의 현실적 삶을 중시한 실용주의 유교노선 ⋯⋯ 318

동도서기와 화혼양재 · 서구문물을 바라보는 조선과 일본의 근본적 입장차이 ⋯⋯ 94

성기호설 · 인간은 선한 행동을 하고 싶어하는 본성을 타고났다 ⋯⋯ 185

신기 · 사회적 소통능력을 가진 인간을 지칭하는 탈성리학적 개념 ⋯⋯ 209

추측 · 경험과 탐구와 확률적 판단이라는 인간 인식능력의 두 측면 ⋯⋯ 383

서양일반

이성 · 서양철학이 인간의 본질적인 특성이라고 간주해 온 능력 ······ **314**

실체 · 변하지 않는 참된 무엇으로서 우주를 구성하는 본질적인 것 ······ **230**

유물론 · 세상 만물은 오로지 물질로만 구성되어 있을 뿐이라는 입장 ······ **284**

유심론 · 물질적인 것보다 정신적인 것이 더 근원적이라는 입장 ······ **287**

실재론 · 인간의 바깥에 참된 사물이나 진리가 실제로 있다는 주장 ······ **216**

유명론 · 오로지 이름만 있을 뿐 보편적 본질은 없다는 탈중세적 입장 ······ **281**

범주 · 사물과 사태를 종류별로 묶은 틀, 혹은 선험적 인식의 틀 ······ **148**

상대주의 · 세상 일을 단정적으로 옳다 그르다 말할 수 없다는 입장 ······ **168**

미메시스 · 예술은 세상을 모방하는 것일 뿐이라는 예술 폄하론 ······ **132**

고중세

자연철학 · 만물의 배후에 있는 근원적 물질에 대한 최초의 철학적 탐구 ······ **338**

판타 레이 · 모든 것은 변한다는 생성론 철학의 원조격 주장 ······ **398**

누스 · 정신, 마음, 이성 등을 지칭하는 서양철학의 원조개념 ······ **90**

로고스 · 말, 이성, 논리 등을 의미하는 고대 그리스어 ······ **99**

이데아 · 현실에서 발견할 수 없는 영원불변의 참된 존재 ······ **309**

에로스 · '관념적 사랑'이 아닌 '관념 속에 있는 참된 사랑'을 향한 열망 ······ **258**

질료와 형상 · 무언가로 변할 수 있는 가능태와 변한 이후의 현실태 ······ **375**

목적론 · 세상에는 목적이 있고 윤리에는 올바른 목적이 있어야 한다 ······ **105**

교부철학 · 기독교 신앙에 대한 플라톤식 합리화 ······ **54**

스콜라철학 · 기독교 신앙에 대한 아리스토텔레스식 합리화 ······ **202**

근대 유럽

관념론 · 사물의 본질은 알 수 없고 오직 사물에 대한 관념만 가질 뿐 ······ **49**

합리론 · 인간이 인식하는 근거는 오로지 이성뿐이라는 인식론 ······ **411**

경험론 · 인간이 인식하는 근거는 오로지 경험뿐이라는 인식론 ······ **36**

물심이원론 · 물질과 정신이라는 두 실체가 우주를 구성한다고 본 인식론 ····· **127**

타불라 라사 · 경험을 통해 인간이 파악하는 관념들이 쌓이는 인식의 창고 ····· **390**

회의주의 · 지독한 의심병 환자의 자기합리화 ····· **431**

선험적 종합판단 · 경험에 의존하지 않고서도 새로운 지식을 얻게 되는 판단 ····· **174**

변증법 · 대립과 모순을 긍정하고 그것을 지양하는 변화무쌍한 논리 ····· **152**

절대적 관념론 · 절대정신이라는 객관적 관념이 온세상을 구현한다 ····· **344**

계몽주의 · 신비주의를 버리고 합리적인 세상을 건설하자는 상식철학 ····· **41**

공리주의 · 국민들의 행복 총량이 클수록 좋은 사회라는 사회철학 ····· **45**

실증주의 · 과학적으로 검증되지 않는 주장은 모두 버려야 한다 ····· **225**

현대 영미

연역 · 일반 원리에 따라 개별적 진술들의 진실성을 판별하는 작업 ····· **263**

귀납 · 부분을 보고 전체의 이론을 도출하는 방법 ····· **61**

가족유사성 · 가족구성원들 사이의 부분적 유사성 ····· **23**

논리적 원자론 · 진술들을 원자로 쪼개어 완벽한 언어를 창출하자 ····· **87**

논리실증주의 · 논리적으로 검증되지 않는 일체의 주장들을 무시하자 ····· **83**

언어적 전회 · 언어를 철학의 중심문제로 부각시킨 철학 겸손화 운동 ····· **254**

반증가능성 · 반증될 여지가 있는 주장들만 과학적 진술의 자격이 있다 ····· **143**

열린사회 · 반증가능성 원칙을 사회에도 적용시켜 합리적으로 소통하자 ····· **269**

패러다임 · 한 시대에 통용되는 과학적 인식의 종합적 틀 ····· **402**

실용주의 · 관념이나 사상의 가치는 그 결과에 의해 판명된다 ····· **212**

정의론 · 자유주의에 발을 딛고 사회주의에 손을 내밀다 ····· **353**

현대 유럽

목적합리성과 가치합리성 · 현세의 과학적 합리성과 내세의 가치추구적 합리성 ····· **109**

미적 가상 · 허위를 묘사하는 가상의 창출 단계에 머문 예술 ····· **138**

현상학 · 외부 사물이 인간 주체 안에 현상으로 드러나는 모습 탐구 ····· **423**

에포케 · 과학적 사유를 일단 보류하고 현상학적 탐구를 준비하자 ······ 260

지향성 · 순수의식이 외부 대항을 향하여 인식하려는 작용 ······ 373

아우라 · 예술작품이 가진 고유한 분위기 ······ 244

실존주의 · 인간 전체의 본질보다 개개 인간의 삶을 중시한 철학적 경향 ······ 222

현존재 · 이 세상에 원하지 않은 채 내던져진 인간에 대한 별칭 ······ 426

기호학 · 언어를 비롯한 온갖 기호들을 탐구하는 학문 ······ 75

무의식 · 의식 저편에서 의도하지 않은 채 조성되는 마음의 상태 ······ 122

시뮬라크르 · 원본과 복제의 경계가 무너진 시대에 각광받는 복제의 복제 ······ 206

차연 · 단어의 의미는 차이에 의해 규정되면서도 지연되어야 함 ······ 379

구조주의 · 인간이 구조를 만든 것이 아니라 선험적 구조가 인간을 지배 ······ 57

포스트구조주의 · 이성의 권위를 부정하고 온갖 독단적 전제를 벗어버리자 ······ 406

해체주의 · 텍스트를 열린 지평에서 읽어 기존 형이상학적 체계를 해체 ······ 418

노마디즘 · 지식마을을 떠돌아다니는 창조적 지식유목민의 이념 ······ 79

의사소통적 합리성 · 대화와 타협을 통해 합의점에 도달하는 생활세계의 합리성 ······ 296

찾아보기 ······ 436

philosophy
notion word
dictionary

가족유사성

가족구성원들 사이의 부분적 유사성
family resemblance

가족끼리는 닮았다. 나는 아버지의 코와 눈매가 닮았고, 큰아버지와는 눈매와 눈썹이 닮았다. 어머니와는 턱과 머리카락이 닮았고, 동생과는 입과 머리카락이 닮았다. 다른 가족들 모두 마찬가지다. 정도의 차이는 있을지언정 어느 한 구석이라도 닮지 않은 가족은 없다. 두세 군데 이상 모두 닮았다.

그런데 한편으로 나는 아버지와 입이 닮지 않았고, 큰아버지와는 머리카락이 딴판이다. 동생의 키와 전혀 닮지 않았고, 할머니의 눈매와도 다르다. 다른 가족들 모두 마찬가지다. 그럼에도 불구하고 다른 사람들은 우리들 가족을 보면 모두들 "아하, 가족이구나!" 하며 인정한다.

이처럼 가족구성원 모두에게 공통적인 특성은 없지만, 부분적으로 유사한 특성들이 연결되어 가족구성원들을 하나의 가족으로 인정하게 만드는 유사성을 가족유사성family resemblance이라고 말한다.

게임놀이은 가족유사성으로 설명할 수 있는 전형적인 것이다. 개별적 게임들은 저마다 다른 규칙에 따라 수행된다. 가위바위보에는 승자와 패자가 있지만 쥐불놀이와 강강술래에는 승자와 패자가 없다. 말뚝박기를 하려면 4명 이상이 필요하지만 윷놀이는 2명만 있어도 된다. 농구와 축구에는 공이 필요하지만 탁구와 테니스엔 라켓이 필요하다. 이처럼 다양한 게임들 모두를 아우르는 공통적인 특성은 없지만 우리는 이것들을 한데 묶어 게임이라고 칭한다. 이들 사이엔 가족유사성만 있을 뿐 게임 전체를 아우르는 보편적 특성은 없다.

참 싱거운 얘기다. 그러나 이 싱거운 얘기가 현대철학의 흐름을 완전히 뒤바꾸는 혁명적 역할을 한다. 비트겐슈타인L. Wittgenstein이 그렇게 했다. 비트겐슈타인은 게임과 마찬가지로 모든 언어에 공통적인 본질이란 없다고 말한다. 언어는 게임처럼 가족유사성만 가질 뿐이다.

이러한 입장은 비트겐슈타인 자신이 과거에 주장했던 내용을 정면으로 부정하는 것이다. 전반기의 비트겐슈타인은 언어가 세계를 비추는 그림이라고 설명했다. 언어의 본질은 세계를 반영하는 것이며, 언어의 구조는 세계의 구조와 동일하다고 보았다. 모든 언어의 본질은 동일하며, 그 언어적 본질을 통찰하는 것이 철학자의 임무라고 보았다. 따라서 언어로 표현할 수 없는 일체의 것에 대해서는 입을 다물어야 한다고 주장했다. 신앙, 사랑, 믿음, 아름다움, 윤리 등은 언어로 표현할 수 없는 영역이므로 건드리지 말아야 한다고 주장했다.

비트겐슈타인은 게임과 마찬가지로 모든 언어에 공통적인 본질이란 없다고 말한다. 언어는 게임처럼 가족유사성만 가질 뿐이다.

전반기의 비트겐슈타인에 의하면 세상사는 세 가지 영역으로 구분된다. 과학적 탐구의 대상, 언어로 표현할 수 있는 대상, 언어로 표현할 수 없는 대상. 이 가운데 철학은 언어로 표현할 수 있는 것만 다룰 수 있을 뿐, 과학적 탐구의 대상과 언어로 표현할 수 없는 부분까지 침범해서는 곤란하다고 말한다. 철학은 과학이 아니며 그렇다고 고매한 형이상학과 신비주의적인 영역에 대한 알쏭달쏭한 이야기들을 풀어놓는 주술도 아니다. 철학의 고유영역은 언어분석에 한정해야 한다.

그러나 후반기의 비트겐슈타인은 말할 수 없는 것에 대해 다물었던 입을 떼어도 좋다고 말한다. 모든 언어를 아우르는 보편적 특징은 없지만 각기의 언어들은 가족유사성을 지님으로써 모두 언어라고 불릴 자격을 갖추게 된다. 각기의 언어는 게임처럼 언어 내부의 규칙에 따라 운용되며, 그 규칙을 파악하면 그 언어를 사용하는 사람들의 문화와 삶에 대해 이해할 수 있다고 설명한다.

예컨대 미국인들은 무언가 놀라운 일을 접할 때 "오 마이 갓!Oh,

my God!"이라고 말한다. 전반기의 비트겐슈타인이었다면 이 표현은 철학적 고려의 대상이 될 수 없다. 신God은 말할 수 없는 영역의 문제이기 때문에 철학적 고려의 대상이 될 수 없기 때문이다. 그러나 후반기의 비트겐슈타인에 의하면 이러한 표현도 철학적 고려의 대상이 된다.

"오 마이 갓!"이라는 표현은 신의 존재를 믿지 않는 무신론자들도 내뱉는다. 그러한 표현은 신의 존재를 전제로 하는 것이 아니라 하나의 문화에 따른 것이다. 영어를 사용하는 사람들 사이에선 신의 존재에 대한 믿음 여부와 상관없이 그러한 표현이 '놀라움'을 나타내는 표현이라는 규약이 있다. 철학은 개별적 언어들 내부의 규칙을 파악함으로써 그 언어를 사용하는 사람들의 삶에 대해 이해할 수 있게 해주는 분야이다. 언어 전체를 아우르는 보편적 원리는 없지만 개별적 언어에는 제각기 규칙이 있기 마련이기 때문이다.

가족유사성 개념은 이후 여러 분야에서 다양하게 활용되었다. 특히 주목할 만한 분야가 예술이다. 예술은 참으로 정의내리기 힘든 분야이다. 모방론, 표현론, 형식론 등을 통해 예술에 대한 보편적 정의가 시도되었지만 모두 만족스럽지 못하다. 그래서 제기된 것이 예술의 가족유사성이다. 즉 예술 또한 게임이나 언어처럼 가족유사성만 있을 뿐 예술 전체를 아우르는 보편적 특징은 없다는 것이다.

영화와 문학은 복제가 가능하지만 연극과 음악은 복제되지 않는다. 미술과 연극은 시각예술이지만 음악은 청각예술이다. 돈을 받고 예술품을 파는 경우도 있지만 순수하게 작가정신에 입각해 이익을 추구하지 않는 예술 활동도 있다. 이들 예술분야를 모두 아우르는 것은 불가능하다. 예술은 가족유사성 개념에 입각해 파악하는 것이 가장 적절하다고 주장될 수 있다. 가족유사성 개념은 이처럼 다양한 현대문화를 이해하는 데에도 유용하게 적용될 수 있다.

▶ 관련 개념어 : 언어적 전회, 논리적 원자론, 논리실증주의, 미메시스

격물치지
만물의 과학적 · 윤리적 원리를 탐구하는 방법
格物致知

격물치지格物致知란 주희朱熹가 정립한 사서四書 가운데 하나인 『대학大學』에 나오는 여덟 가지 조목 가운데 맨 처음을 장식하는 핵심적인 두 가지 조목을 말한다.

여덟 가지 조목은 격물格物, 치지致知, 성의誠意, 정심正心, 수신修身, 제가齊家, 치국治國, 평천하平天下를 말한다. 이 가운데 격물과 치지가 중세 이후 유교철학에서 논란의 중심에 서게 된다. 온세상天下을 평정平하기 위해선 먼저 개인적 덕목인 격물과 치지를 달성해야 한다. 사회보다 개인윤리를 중시한 유교의 본질적 특성이 격물치지론에 고스란히 반영되어 있다.

본래 『대학』은 독립적인 책이 아니었다. 『예기禮記』 가운데 지극히 적은 분량의 한 챕터에 지나지 않았다. 주희는 방대한 양의 『예기』 가운데서 자신의 성리학적 입장을 부각시킬 수 있는 두 부분을 발췌

해 독립적인 책으로 엮었는데 그것들이 바로 『대학』과 『중용中庸』이다. 『중용』은 성리학의 철학적·이론적 틀을 뒷받침하며 『대학』은 성리학적 실천의 문제를 다룬다.

주희는 격물에서 물物을 '사물 및 사태'로 해석하고 격格을 '다가감'이라고 해석한다. 격물이란 사물 및 사태에 직접 다가가 그 내용을 면밀히 탐구하고 파악하는 것을 의미한다. 그리고 치지에서 치致를 '완성함'으로, 지知를 '앎'으로 해석한다. 치지란 앎을 완성하는 것을 의미한다. 격물치지란 개별적 사물이나 사태를 면밀히 탐구해 궁극적으로 앎을 완성하는 것이다.

그런데 여기서 주의할 점은, 주희가 말한 격물치지의 과정이 윤리적 과정에 중점을 두고 있다는 것이다. '격물'이라는 말 자체의 의미로 보면 '격물'을 '과학적 활동'이라고 오해할 여지가 있다. 실제로 주희는 자연과학적 측면에서도 업적을 남기고 있다. 허나 주희는 '과학으로서의 격물'보다는 '윤리로서의 격물'을 중시했다. 사물 및 사태에 다가가 파악하고자 하는 궁극적 목적은 과학적 지식의 확보가 아닌 윤리적 덕성의 함양이었다. '치지' 또한 과학적 지식을 완성하는 것이 아니라 윤리적 지식을 완성하는 것을 의미했다.

주희가 설명하는 격물치지의 내용을 보면 그럴 듯해 보인다. 되도 않는 추측이나 종교적 독단에만 의지하지 말고 사물과 사태에 직접 관여해 윤리적 앎을 이룩하라는 실천지침은 현대적 관점에서 보아도 설득력이 있어 보인다.

허나 아쉽게도 주희와 그 후계자들이 속 시원히 구체적 사물이나 사태를 면밀히 탐구해 "이것이 바로 참된 윤리적 앎이다."라고 외친 적은 없다. 사물과 사태를 과학적 측면에서 탐구하는 것은 가능해도 윤리적으로 탐구하는 것은 어렵기 때문이다. 대나무와 바위, 동물과 식물들을 아무리 붙잡고 조사해 봤자 거기서 윤리적 앎의 내용을 발견할 수는 없다.

왕수인의 격물치지는 격물보다는 치지를 중심으로 하여 인간에게 선험적으로 양지가 주어져 있음을 잊지 말아야 한다고 강조한다.

격물치지를 통해 주희 학파가 실질적으로 강조하고자 했던 것은 허망하게도 경전 학습이었다. 구체적 사물과 사태를 파악해 봤자 별다른 소득이 없으니 매달릴 수 있는 것은 경전뿐이다. 이미 옛 성현들이 격물을 통해 좋은 말씀들을 경전에 죄다 밝혀주셨으니 후학들은 오로지 이 경전만을 학습하면 그만이라고 그들은 판단했다. 성리학이 말하는 격물치지가 그럴 듯한 내용에도 불구하고 실제로는 그다지 설득력이 없었던 건 바로 이 때문이다. 성리학에서 격물치지란 실제로 경전학습에 지나지 않는다. 구호는 거창했으나 현실은 초라했다.

양명학陽明學의 창시자인 왕수인王守仁은 성리학이 주장하는 격물치지의 허구성을 적나라하게 고발한다. 대나무를 붙들고 일주일 동안이나 씨름해 병을 얻은 후 "대나무를 통해서는 윤리적 앎을 완성할 수 없다."고 정직하게 외친다. 낡은 경전을 붙들고 있어 봤자 얻을 수 있는 가르침도 많지 않다. 그리하여 격물치지를 완전히 다른 맥락에서 해석한다.

왕수인은 격물에서 격格을 '바로잡기'로, 물物을 '사태'로 해석한다. 그는 주희처럼 말로만 사물이나 사태를 탐구하자고 주장함으로써 과학과 윤리를 구분하지 않는 모호함 속에 도피하고자 하지 않고 아예 직접적으로 사태를 윤리적으로 제대로 바로잡아야 한다고 주장하고 나선다. 물物에서 사물의 의미를 제거함으로써 애초에 격물을 과학적 탐구의 의미로 해석될 여지를 주지 않는다.

또한 치지致知에서 치致를 '드러내기'로, 지知를 '양지良知'로 해석한다. 치지란 인간에게 선험적으로 주어진 양지를 드러내어 실현시키는 행위를 의미한다. 격물치지란 사태를 윤리적으로 바로잡아 인간에게 양지가 주어져 있음을 드러내는 행위이다.

이를 통해 그는 실천의 중요성을 강조하게 된다. 성리학이 탐구를 통해 앎을 극대화하고자 애쓴 주지주의적 입장을 취한 반면 양명학은 인간에게 주어진 선험적 능력인 양지를 토대로 사태를 직접 바로잡는 실천에 나서야 한다는 행동주의적 입장을 취했다.

주희의 격물치지에서 무게중심은 '치지'가 아닌 '격물'에 있다. 경전을 학습함으로써 격물의 과정이 쌓이면 치지의 경지는 자연스럽게 도달된다. 반면 왕수인의 격물치지에서 무게중심은 '치지'에 있다. 왕수인에게 있어 '치지'는 곧 '치양지'이다. 인간에게 '양지'가 선험적으로 주어져 있음을 확신하고 양지를 제대로 드러내면 사태物는 자연히 바로잡아格진다. 성리학이 이론적 학문의 성격을 가진 반면 양명학이 실천적 운동의 성격을 가지고 있다는 점은 격물치지에 대한 이러한 입장 차이에서 확연히 드러난다.

　조선조 말기에 이르러 격물치지를 과학적 활동으로 해석하고자 하는 시도가 제기되었다. 이러한 시도를 행한 사람들은 물物에서 사물의 의미를 지웠던 왕수인과는 정반대로 물物에서 사태의 의미를 지웠다. 격물이란 말 그대로 사물을 과학적으로 탐구하는 활동의 의미로 재해석된다. 이로써 격물을 윤리적으로만 해석하고자 한 중세적 사유체계가 부정될 계기가 마련된다.

　그러나 여전히 격물은 『대학』의 한 조목이며 『대학』의 궁극적 목표는 윤리이다. 따라서 격물을 과학적 활동으로 해석하고자 한 시도도 『대학』의 틀 자체를 벗어나지는 못한다. 과학의 의의를 상대적으로 더 강조했다는 정도에서 그러한 시도의 의의를 찾을 수 있다.

▶ 관련 개념어 : 성리학, 양명학, 인

경세치용

세상을 경영하고 쓰임새를 극대화하자는 실용주의 유교노선
經世致用

　경세치용經世致用은 중국 명明나라 말기에 활동한 동림학파東林學派가 내세운 구호로서, 이후 청淸나라 초기에 활동한 명나라 출신 학자들에게 이어진 바 있다. 조선 후기에 활동한 일군의 실학파實學派가 내세운 바도 있다.

　우선 명말청초 제기된 경세치용의 내용을 보자. 그들은 쓰러져가는

명나라 왕조의 절망적 상황이 성리학과 양명학의 관념적 사유체계로부터 비롯되었다고 진단했다. 이에 따라 성리학과 양명학 모두를 배격하고 백성들에게 실질적 도움을 줄 수 있는 경세치용經世致用, 즉 '세상을 경영하고 쓰임새를 극대화' 하는 학문이 필요하다고 주장했다.

그러나 그들이 주장한 경세치용의 학문이 경제와 정치 등 이른바 사회과학적인 내용의 실용적 학문이었던 것은 아니다. 동림학파의 학문을 이어받은 명나라 경세치용의 삼인방인 황종희黃宗羲, 고염무顧炎武, 왕부지王夫之가 실제로 펼쳤던 학문은 오히려 대단히 인문학적인 것이었다. 경세치용이라는 구호는 백성들에게 실질적인 도움을 주는 학문을 하자는 내용을 담았지만 이 구호를 내세운 장본인들은 현실을 변화시킬 아무런 힘도 가지지 못한 몰락한 왕조 출신의 학자들에 불과했다. 실제로 이들이 전념할 수 있는 학문은 인문학에 지나지 않았다. 황종희와 왕부지는 역사에, 고염무는 음운학에 크게 기여했다.

이들이 공통적으로 취하고 있는 입장은 이민족이 세운 청나라를 배격하고 한족漢族의 우수성을 주장하는 강한 민족주의였다. 실제로 이들은 명나라 왕조를 위해 청나라에 맞서 싸웠던 열혈 투사이기도 했다. 결국 이들이 주장했던 경세치용이란 실제로는 한족들만을 위한 민족주의적 경세치용이었다.

조선에서 경세치용은 주로 남인南人들이 내세운 구호로 알려져 있다. 그 대표자로 유형원柳馨遠, 이익李瀷, 정약용丁若鏞 등이 거론된다. 경세치용과 실학이라는 명칭은 이들 학자들이 활동하던 당대에는

경세치용은 유형원, 이익(좌), 정약용(우) 등 주로 남인들이 내세운 구호로 알려져 있다. 당대에는 쓰이지 않았지만 후대에 이들의 반성리학적 학문 경향을 통칭해 붙인 이름이다.

쓰이지 않은 용어들로서 후대의 학자들이 이들의 반성리학적, 반관념적 학문 경향을 통칭해 붙인 이름이다.

이들을 일컬어 중농학파重農學派라고도 하는데, 이는 중상학파重商學派와 대별하기 위해 역시 후대의 학자들이 편의상 붙인 이름이다. 그러나 현재에는 이들 명칭이 부적절하다는 비판이 제기되고 있다.

이른바 실학자라고 일컬어지는 당대의 진보적 학자들의 학문적 특징을 중농적 성격과 중상적 성격을 기준으로 나누기에는 그들의 학문의 성격이 체계적이지 못했다는 점을 지적할 수 있다. 실제로 중농학파로 분류되는 학자들 가운데 상업의 중요성을 강조한 학자들도 있으며, 중상학파로 분류되는 학자들은 거의 예외 없이 상업의 중요성과 함께 농업의 중요성 또한 강조했다.

중농학파와 중상학파의 구분은 다분히 유럽의 중농주의physiocracy와 중상주의mercantilism 사이의 대립을 의식한 구분이다. 유럽이 근대화 과정에서 중농주의와 중상주의가 대립했던 것처럼 우리 조선도 근대화 과정에서 중농주의와 중상주의가 대립하는 근대적 성격을 보였다고 자부하기 위한 방편으로 중농학파와 중상학파라는 그럴 듯한 명칭이 창안되었던 것이다.

유럽의 중농주의와 중상주의가 치열하게 서로 논쟁을 거듭했던 것과 달리 조선의 중농주의와 중상주의는 농업과 상업의 중요성을 주제로 제대로 논쟁을 벌인 적이 없다. 두 학파는 거의 상대 학파를 의식하지 않은 채 학문 활동을 펼쳐 나갔다. 중농학파로 분류되는 정약용과 중상학파로 분류되는 박지원은 비슷한 시대에 활동했으면 서도 단 한 차례도 이 문제를 가지고 토론을 전개한 적이 없다.

서구의 근대를 의식한 이러한 용어와 개념 규정에 대한 냉철한 비판과 자기반성이 요구된다. 경세치용학파라는 용어는 조선 후기의 진보적 학문경향을 설명하기 위한 적절한 도구라 평가하기 어렵다.

▶ 관련 개념어 : 이용후생, 주리론, 실학

경학

유교 경전을 신주단지처럼 모시고 탐구하는 교조적 서지학
經學

경학經學은 유교 경전을 진리의 문헌으로 떠받들며 연구하는 학문을 말한다. 근대 이전 대부분의 유교적 이론들은 결국 경학으로 수렴된다. 누가 얼마나 정밀하고 합리적으로 경전을 해석했느냐 여

부에 따라 학문적 품격이 갈렸을 뿐 경학을 넘는 새로운 이론이나 가설들이 제기될 여지는 거의 없었다. 유교를 경학이라고 파악하는 관점에 따르면 유교는 곧 종교이다. 동아시아의 유교주의자들은 경전의 권위를 의심치 않고 묵수墨守하며 개인적 삶과 사회적 운용의 모든 국면에서 경전의 힘을 빌렸다.

조선의 최한기는 유교 경전을 총망라한 기념비적인 총서인 사고전서 가운데 쓸 모없는 부분이 90% 이상이라고까지 단언하면서 경학의 권위를 전면적으로 부정했다.

주희朱熹는 기존의 십삼경十三經 체제를 무너뜨리고 새롭게 사서오경四書五經 체제를 확립시켰다. 그 과정에서 기존 경전 가운데 몇몇 내용을 자의적으로 해석해 재편집하기도 했다. 그러나 근본적으로 경전 자체에 대한 종교적 신념을 버린 것은 결코 아니었다. 그가 집대성한 성리학性理學을 일컬어 신유학新儒學이라고도 하지만, 경학의 틀을 벗어나지 못했다는 점에서 참신성은 떨어진다.

양명학陽明學의 창시자인 왕수인王守仁은 경학에 지나치게 몰두하는 성리학을 비판하면서 실천의 중요성을 역설했으나 경전의 권위 자체를 의심하는 단계에까지 나가지는 않았다.

경학의 권위를 전면적으로 의심하면서 새로운 유학을 도모한 활동은 19세기에 이르러서야 비로소 시도되었다. 특히 조선의 최한기崔漢綺는 유교 경전을 총망라한 기념비적인 총서叢書인 사고전서四庫全

書 가운데 쓸모없는 부분이 90% 이상이라고까지 단언하면서 경학의 권위를 전면적으로 부정했다.

그러나 최한기는 경학의 권위를 부정하면서도 유교 자체까지 부정하는 단계로 나가지는 않았다. 유교의 핵심적 내용인 인의예지仁義禮智라는 사덕四德과 오륜五倫의 윤리학은 그대로 답습했다. 경전의 힘을 빌리지 않고서도 사덕과 오륜의 가치를 설득력 있게 제기할 수 있으리라고 그는 믿었다. 허나 안타깝게도 그의 시도가 성공적이지는 않았다. 그는 아무런 제자도 길러내지 못했고 현실에 어떠한 기여도 한 바 없다. 이론적 체계 자체도 정합성이 매우 떨어진다.

20세기에 이르러 유교 경전 연구를 믿음의 차원이 아닌 학술적 연구 차원에서 접근하는 시도가 서구를 통해 유입되었다. 최근 『논어』, 『대학』, 『효경』 등에 대한 주석 작업을 활발히 전개하고 있는 김용옥의 노력이 대표적이다. 믿음의 경학이 합리적 탐구의 경학으로 환골탈태하는 과정이다.

▶ 관련 개념어 : 성리학, 양명학

경험론
인간이 인식하는 근거는 오로지 경험뿐이라는 인식론
empiricism

유럽 철학의 성격은 크게 경험론empiricism과 합리론rationalism으로 구분된다. 이러한 대립이 크게 부각된 것은 근대에 이르러서이지만,

그 본원은 이미 고대 희랍에서부터 발견된다. 소크라테스와 소피스트들 사이의 다툼에서부터 경험론과 합리론의 장대한 대립과정을 엿볼 수 있다. 소크라테스는 영원불변의 참된 진리를 주장했지만 소피스트들은 이런 진리를 부정한다. 모든 것은 인간의 경험에 따라 상대적인 것으로 판별될 뿐이다. 프로타고라스는 "인간이 만물의 척도"라고 설파했다.

본래 경험론은 앎의 문제를 다루는 인식론theory of knowledge의 문제이지만 고대의 경험론은 존재론적 측면이 강했다. 통상 경험론이라고 하면 근대 이후의 인식론 차원의 주장들을 가리킨다.

근대의 경험론은 주로 영국을 무대로 펼쳐졌다. 베이컨F. Bacon, 로크J. Locke, 버클리G. Berkeley, 흄D. Hume은 영국 경험론의 4대 천왕이다.

베이컨은 소박한 차원에서 경험의 중요성을 강조했다. 그가 강조한 것은 귀납법induction이다. 개별적인 경험적 사실들을 통해 과학적 지식을 쌓을 수 있다고 믿었다. 그러나 도대체 얼마만큼의 경험을 쌓아야 그것이 지식이 되는지에 대해서는 말하지 않는다. 초인적인 여성 편력을 자랑하는 바람둥이도 "여자를 잘 모르겠다."라고 말하는 걸 보면 경험의 축적이 곧바로 지식이 되지는 않는가 보다.

로크는 '타불라 라사tabula rasa, 백지'를 내세워 경험론을 주장했다. 인간이 지식을 쌓아가는 것은 백지에 그림을 그리는 것과 같다. 이미 알고 있는 것은 없다. 데카르트R. Descartes가 말한 생득관념生得觀念, innate ideas, 즉 태어나면서부터 타고난 관념이라는 것은 없다. 모든

통상 경험론이라고 하면 근대 이후의 인식론 차원의 주장을 말한다. 근대의 경험론은 주로 영국을 무대로 펼쳐졌는데 베이컨(좌), 로크, 버클리(우), 흄이 영국 경험론을 대표한다.

관념은 태어난 후 얻는다. 습득관념만 있을 뿐이다.

그러나 로크의 경험주의 또한 한계가 뚜렷하다. 그는 사물들의 성질을 제일성질primary quality과 제이성질secondary quality로 구분한다. 제일성질이란 사물 자체의 성질로서 누구나 동일하게 받아들이는 성질이며, 제이성질은 사람들마다 서로 다르게 느끼는 주관적 성질이다. 그런데 제일성질의 내용은 로크의 경험론이 내세우는 전제에 위배된다. 로크에 따르면 우리가 받아들이는 것은 사물에 대한 경험들일 뿐인데, 제일성질이라는 것은 사물 자체에 있는 고유한 성질로서 이미 우리의 경험 이전부터 정해진 것이기 때문이다. 로크는 영국 경험론을 본격적으로 펼쳐간 인물이지만 그의 이론에는 이처럼 근본적인 모순점이 있었다.

버클리는 매우 관념적인 측면에서 경험론을 전개한다. 그는 우리가 받아들이는 것은 경험뿐이라고 주장하면서 일체의 외적 실재

reality를 부정한다. 로크는 제일성질과 제이성질로 사물의 성질을 구분해 제일성질만큼은 객관적으로 존재하는 것이라 보고자 했다. 그러나 버클리는 아예 제일성질의 객관성 자체를 부정한다. 사물이 있다는 생각 자체가 경험의 산물일 뿐이라는 것이다.

그렇다고 해서 그가 막무가내로 모든 사물이 완전히 없다고 본 것은 아니다. 사물이 있기는 있되 그 사물의 성질은 우리의 경험을 통해 비로소 확인된다고 보았던 것이다. 따라서 우리가 직접 경험하지 못하는 일체의 것들은 완전히 존재의 측면에서 배제된다.

그러나 우리가 경험하지 못하는 것들이라고 해서 정말로 존재 자체가 부정되어야 하는 걸까? 고래를 한 번도 못 본 사람에게는 고래가 없는 것이 되는 건가? 아마존 원시부족을 한 번도 못 본 사람에게는 아마존 원시부족이 없는 것인가? 물론 그렇지는 않다. 그렇다면 이런 문제는 어떻게 설명해야 하나?

버클리는 이런 난점을 극복하기 위해 신God을 도입한다. 아니, 애초에 그의 경험론은 신학적 믿음에서부터 출발한다. 우리가 한 번도 고래를 직접 경험하지 못했다 하더라도 신은 고래를 경험했다. 따라서 신의 관념에 의해 고래는 존재한다고 버클리는 주장한다. 모든 지식을 경험에서 찾아야 한다고 호기롭게 나섰지만, 결과는 어처구니없게 신학적 교설이 되어버린다.

경험론의 선배들이 이런저런 모순에 봉착한 것과 달리 흄은 대단히 엄밀하고 극단적으로 경험론을 전개한다. 그가 내세운 방법은 바로 회의주의skepticism이다. 그는 경험을 통해 얻는 지각perception

을 인상impression과 관념idea으로 나눈다. 인상이란 우리가 사물을 통해 받아들이는 직접적인 지각을 말하며, 관념은 이런 인상을 통해 형성된다.

그런데 직접적 인상을 통해 형성되는 우리의 관념은 늘 부정확하다. 눈을 감은 채 상자 안의 물건이 무엇인지를 맞히는 게임을 해보면, 우리의 직접적 인상을 통해 형성되는 관념이 얼마나 부정확한지 알 수 있다. 이에 따라 흄은 로크가 인정했던 사물의 객관적 성질로서의 제일성질 자체를 부정한다.

여기서 더 나아가 흄은 사태들 사이의 인과관계causality까지 부정한다. 바람이 불고 흙먼지가 일어난다고 해서 바람이 흙먼지의 원인이라고 볼 수 없다. 두 현상 사이에 필연적 인과관계가 있다고 여기는 것은 단지 관념이 일으킨 착각에 불과한 것이다. 따라서 과학적 진리라는 것도 인정될 수 없다. 단지 개별적 사실들과 이에 대한 경험들만이 있을 뿐이다.

흄에 이르러 경험주의는 이론적 극단에 도달했다. 더 이상의 경험주의는 없다. 그러나 흄의 극단적 경험주의는 회의주의라는 점에서 근본적으로 한계를 갖는다. 참된 진리를 알 수 없다면, 즉 우리의 지식이 보편적이라고 말할 수 없는 것이라면 도대체 어떻게 다른 사람들과 의사를 소통하고 설득하며 공동의 문제를 해결해 나갈 수 있을 것인지에 대해 회의주의는 건강한 해답을 제시해주기 어렵다.

흄의 회의주의적 경험론은 칸트I. Kant에게 결정적인 영향을 끼친다. 흄이 아니었다면 독일은 여전히 신비주의적 실재론의 질곡을 벗어나지 못했을 것이다. 보편적 진리라는 신기루만을 좇던 유럽의 실재론은 흄의 회의주의라는 도전을 맞아 스스로를 비판할 계기를 마련하게 된다. 이후 경험론은 프랑스의 합리론 전통에도 강한 영향을 미쳐 계몽주의enlightenment를 탄생시키는 데 영향을 끼친다.

20세기에 들어서 경험론은 언어를 중심으로 하는 철학사조의 흐름 속에서 논리실증주의logical positivism의 사상적 밑거름으로 작용하게 된다. 현대에도 치열하게 전개되고 있는 과학철학 분야의 논쟁은 경험론적 토대에서 전개되고 있다.

영국을 중심으로 전개된 경험론은 대륙의 합리론 전통과 양대 산맥을 이루며 지금도 다양한 논란거리들을 제기하고 있다.

▶ 관련 개념어 : 타불라 라사, 관념론, 회의주의

계몽주의

신비주의를 버리고 합리적인 세상을 건설하자는 상식철학
enlightenment

1789년 프랑스에서 혁명이 일어났다. 그 혁명으로 인해 몇 년 후 루이 16세의 목이 단두대에서 잘렸다. 하나님의 권능을 현실세계에서 위임받았다고 여겨지던 절대 권력의 상징적 인물이 대중들의 손에 의해 처참하게 죽게 된 것이다. 계몽주의enlightenment란 왕의 목을 자르는 것이다. 왕으로 표상되는 온갖 구체제와 신비주의, 구습과 종교를 일거에 내동댕이치는 것을 의미한다.

계몽주의는 정치적으로 왕정을 반대하고 민주정치를 옹호한다. 로크의 이권 분립론과 몽테스키외의 삼권 분립론은 더 이상 왕 하나에만 권력이 집중되어서는 곤란하다는 내용의 계몽주의 정치선언이다. 권력 분립론에는 왕이 끼어들 여지 자체가 없다.

계몽주의는 사상적으로 신God을 부정하고 인간의 이성을 중시한다. 신학보다는 철학을 중시하며, 철학 가운데서도 형이상학보다는 인식론을 중시한다. 하지만 모든 계몽주의자들이 신을 완전히 부정하지는 않는다. 로크도 신을 인정했으며, 칸트도 신을 완전히 배제하지 않았다.

진짜 계몽주의는 볼테르Voltaire에 의해 제기되었다. 볼테르를 비롯한 프랑스의 무신론적 계몽사상가들이 계몽주의를 완성했고, 그 결과 혁명이라는 찬란한 위업을 달성할 수 있었다. 학문적으로는 그다지 높이 평가받지 못하지만 현실에 미친 영향이라는 측면에선 철학사상 가장 위대한 사상가들이라 평가될 수 있다.

계몽주의의 대표자 볼테르의 서재에는 공자孔子의 초상화가 걸려 있었다고 한다. 그는 신을 믿지 않는, 정확히 말해 기독교를 믿지 않는 중국이 찬란한 문명을 건설해온 역사에 큰 감명을 받았다. 볼테르가 활동하던 18세기 중반만 하더라도 중국은 문화와 역사, 학문 등 거의 모든 면에서 유럽과 대등하거나 오히려 앞서 있었다. 볼테르는 기독교라는 유일신을 믿지 않는 중국의 발전상을 본받아 유럽도 신학의 질곡에서 벗어나야 한다고 믿었다.

그런데 볼테르의 이런 믿음은 사실 오해에서 기인한 것이다. 중국

진짜 계몽주의는 볼테르에 의해 제기되었다. 볼테르를 비롯한 프랑스의 무신론적 계몽사상가들이 계몽주의를 완성했고, 그 결과 프랑스혁명이라는 찬란한 위업을 달성했다.

에는 신학이 없었지만, 대신 성리학이라는 고도의 형이상학이 있었다. 특히 조선의 성리학은 가공할 만한 이론적 정교함으로 단련되어 도저히 어느 누구도 근본적으로 반론을 제기할 여지가 없는 절대적 신념체계로 군림했다. 1789년 프랑스에선 왕의 목을 자르는 혁명이 발생했지만 조선을 비롯한 동아시아에서 그런 혁명은 꿈도 꾸지 못할 일이었다.

당시 조선은 정조正祖의 통치가 무르익던 시절이었다. 정조는 성리학을 중심으로 구체제를 더욱 공고히 다지고자 했다. 정조 이전까지 신하들에 의해 왕권이 농락되던 상황을 바로잡아 강력한 왕권을 중심으로 중앙집권적인 국가를 만들고자 했다.

그러던 때에 중국을 통해 서학, 즉 천주교가 유입되었다. 정조 입장에서 천주교는 성리학을 위협하는 이단에 불과했다. 정조 때엔 성리학과 천주교의 대립이 겉으로 드러나지 않았지만 정조 사후 대립은 극단적으로 치달았다. 정조가 죽은 다음 해인 1801년 성리학을 기반으로 한 구체제 세력은 천주교를 극심하게 탄압하는 신유박해辛酉迫害를 일으켰다.

참으로 슬픈 역사이다. 유럽은 신을 중심으로 한 구체제와 무신론을 바탕으로 하는 계몽주의라는 신체제가 일대 전쟁을 일으킨 반면, 조선에선 성리학이라는 동아시아의 구체제와 천주교라고 하는 유럽의 구체제끼리 일대 전쟁을 벌인 것이다. 유럽이 계몽주의라는 신체제를 피의 대가로 구축하던 시절, 조선은 낡은 두 체제끼리 부질없는 싸움만 벌였던 것이다. 공자를 추앙하는 성리학자들이 기독교 이상의 교조적 신념체계인 성리학을 신봉했음을 알게 되었다면, 아마도 볼테르는 반공자주의자가 되었을지도 모른다.

우리나라에는 계몽주의를 바탕으로 하는 이런 자발적 혁명의 역사가 없다. 중국만 해도 뒤늦게나마 청조의 마지막 황제인 선통제宣統帝 푸이溥儀를 몰아낸 신해혁명이 있었지만 우리에게는 구체제와의 결별을 고한 혁명의 역사가 없다. 우리의 마지막 황제 순종純宗은 언제 어떻게 죽었는지도 모르게 흐지부지 역사에서 사라졌다.

뒤늦게 터진 4·19혁명은 실상 구체제에 대한 저항이라기보다는 단순히 부패에 대한 저항에 불과했다. 때문에 너무도 쉽게 5·16쿠데타 세력에 의해 고꾸라질 수밖에 없었다. '5·16쿠데타'가 한동안 우리 역사에서 '5·16혁명'이라 불렸던 사실은 계몽주의를 기반으로 한 혁명이 부재한 우리의 슬픈 역사를 희극적으로 묘사해 준다.

신비주의와 교조주의, 주술과 신학이 난무하는 한 계몽주의의 가치는 여전히 현대에도 유효하다. 계몽주의의 함정을 논하는 것은 우리에게 사치일 뿐이다.

▶ 관련 개념어 : 서학, 성리학

공리주의

국민들의 행복 총량이 클수록 좋은 사회라는 사회철학
utilitarianism

도표를 보면서 얘기하자. 아래 도표는 ㉮, ㉯, ㉰ 세 가지 사회제도에 대해 설명하고 있다. 숫자는 상, 중, 하 세 가지 계층의 사람들이 얻게 되는 이득_{행복}을 말한다. 자, 과연 어느 사회가 가장 좋은 사회인가?

상, 중, 하 계층이 고르게 이득을 보장받는 것이 가장 중요하다는 입장에 따르면 ㉰ 사회제도가 가장 좋다. 이게 바로 공산주의적 입장이다. 비록 사회 전체의 총 이득은 가장 적지만 균등하게 이득이 분배되기 때문이다.

▌ 사회제도별 사회 총이득 예제

사회제도	계층			사회 총이득 (행복)
	하류	중류	상류	
㉮	6	8	18	30
㉯	1	10	30	41
㉰	5	6	7	18

반면 사회 전체의 총 이득을 기준으로 본다면 ⑭ 사회제도가 가장 좋다. 비록 하류층이 얻는 이득이 지나치게 적지만 그래도 사회 전체로 보면 이득이 가장 크기 때문이다. 이게 바로 공리주의적 입장이다.

공리주의utilitarianism는 사회구성원들이 얻게 되는 이득, 즉 행복의 총량이 가장 큰 사회가 가장 좋은 사회라고 말한다. 그래서 나온 말이 '최대 다수의 최대 행복'이다. 그런데 이런 공리주의에는 몇 가지 전제가 있다.

첫째, 공리주의는 모든 인간이 행복을 추구한다고 믿는다. 행복을 다른 말로 표현하면 쾌락이다. 공리주의는 쾌락주의이다. 그렇다고 마약 하고 도박 하면서 느끼는 쾌락을 옹호하는 건 아니다. 공리주의가 말하는 행복은 일생을 통해 지속적이며 안정적인 총 행복을 말한다.

둘째, 앞 도표를 통해서 알 수 있듯이 공리주의는 인간이 느끼는 행복을 수치화할 수 있다고 믿는다. 벤담J. Bentham은 강도强度, 계속성繼續性, 확실성確實性, 원근성遠近性, 생산성生産性, 순수성純粹性, 연장성延長性 등 7가지 기준을 가지고 행복의 총량을 계산할 수 있다고 주장한다.

셋째, 개인이 행복을 추구할 자유를 보장해야 한다고 주장한다. 공리주의는 개인주의이며 자유주의이다. 그러나 개인의 자유를 무작정 허용할 수는 없다. 정부는 개인들이 합리적이고 공정하게 행복을 추구하도록 질서 잡는 역할을 한다.

이런 공리주의는 여러 가지로 비판받는다.

첫째, 위 방식의 공리주의는 행복의 질적 차이를 인정하지 않는다는 점에서 문제다. 밀J. S. Mill은 벤담과 달리 개인이 느끼는 행복의 질적 차이를 인정해야 한다고 주장한다. 또한 밀은 국가의 역할을 밴담보다 더 적극적으로 요구한다. 단순히 자유를 보장해주

벤담의 공리주의는 강도, 계속성, 확실성, 원근성, 생산성, 순수성, 연장성 등 7가지 기준을 가지고 행복의 총량을 수량적으로 산출할 수 있다고 주장한다.

는 규칙을 제공해주는 선에 머물지 말고 적극적으로 분배에도 신경을 써야 한다고 주장한다.

허나 밀도 인간이 행복을 추구하는 존재이며, 사회 전체 행복의 양으로 그 사회에 대한 평가가 결정된다고 보았다는 점에서 여전히 공리주의적이다. 이에 따라 벤담의 공리주의를 양적 공리주의, 밀의 공리주의를 질적 공리주의라 한다.

둘째, 공리주의적 주장은 지나치게 개인의 행복에만 초점을 두어 개인을 폐쇄적이고 이기적인 존재로만 묘사한다는 점에서 문제다. 개인은 자신의 행복을 추구하는 존재이면서 동시에 타인의 불행을 슬퍼하는 존재이다. 즉 개인은 사회적 존재이다. 공리주의에는 타인의 행복에 대한 개인의 시선이 결여되어 있다는 점에서 문제다.

가령 앞에 나온 도표에서 보듯 ㉯ 사회제도는 다른 사회제도에 비해 최고의 최대행복을 보장해주지만 하류층의 행복이라는 점에서는

지나치게 야박하게 군다. 이럴 경우 중류층 이상의 국민들이 하류층의 열악한 상황을 보고 마냥 기뻐할 수만은 없다. 행복의 총량은 클지 모르지만 그 행복의 내용에는 사회 구성원들 사이에 느끼는 갈등과 시기심, 배려와 연민이 빠져 있다.

따라서 다른 사회구성원에 대한 시각을 고려하여 새로운 사회제도가 요청된다. 이런 새로운 사회제도는 비록 중상류층의 이득에 손해를 줄지언정 하류층에게 최소한의 행복을 보장해주고자 한다. '최대 다수의 최대 행복' 보다 '최하층의 행복 보장' 이 더 중요하다는 것이다. 아무리 최대 다수가 최대 행복을 누려도 최하층이 비참한 생활을 한다면 그 사회는 좋은 사회가 아니라는 것이다. 이런 입장은 롤즈J. Rawls가 제기한 바 있으며 앞 도표에서 ㉮ 사회제도에 해당한다.

과연 이 세 가지 사회 가운데 어떤 사회가 가장 좋을까? 공산주의자들과 공리주의자들은 도표 자체를 인정하지 않을 것이다. 공산주의자들은 평등한 사회가 보장된다면 하, 중, 상류층의 행복이 15, 16, 17 정도는 될 것이라고 주장한다. 공리주의자들 또한 마찬가지로 반박할 것이다. 중, 상류층의 행복이 보장된다면 중, 상류층이 마냥 이기적으로 자기 이득만 취하지 않는다고 주장할 것이다. 자유주의란 개인의 이득을 추구하는 것이지만 타인의 이득을 어느 정도 보장해야 자신의 이득이 보장된다는 사실 정도는 알고 있다고 말하면서 말이다. 따라서 공리주의가 제대로 실현된다면 10, 20, 30 정도의 행복을 거둘 수 있다고 주장할 것이다.

과연 진실은 무엇일까? 과연 우리나라 각 정당들은 위 입장 가운데 어떤 입장을 취하고 있을까? 어느 당은 무슨 입장을, 또 어느 당은 무슨 입장을 취한다고 설명하고 싶지만 관두련다. 워낙 당이 쉽게 바뀌니 조금만 지나도 이런 설명이 낡은 얘기가 되어버리기 때문이다. 각자 알아서 판단하기 바란다.

▶ 관련 개념어 : 의사소통적 합리성, 목적론

관념론

사물의 본질은 알 수 없고 오직 사물에 대한 관념만 가질 뿐
idealism

관념론idealism에는 두 가지 뚜렷이 구분되는 의미가 있다. 하나는 존재론적 의미의 이데아주의이며, 또 다른 하나는 인식론적 의미의 관념론이다.

먼저 존재론적 측면을 살펴보자. 관념론은 idealism의 번역어이다. 여기에서 idea란 고대 희랍철학에서 말하는 '이데아'를 의미한다. 그리고 고대 희랍철학에서는 이데아라는 용어 대신 형상eidos이란 용어도 즐겨 사용했다. idealism이란 이데아 혹은 형상이 비록 우리 눈에 보이지는 않을지라도 진짜로 존재한다는 주장이다. 따라서 이때 idealism은 '이데아주의' 혹은 '형상주의'로 번역해야 옳다.

이데아주의는 현실 속에서 우리가 눈으로 직접 확인할 수는 없지만 어디엔가 완벽한 이데아 혹은 형상이 분명히 있을 것이라 주장한다는 점에서 유물론materialism과 대립된다. 왜냐하면 유물론은 이데

아를 부정하고 우리가 직접 지각할 수 있는 물질만 인정하기 때문이다. 이렇듯 존재론적 맥락에서 이데아를 인정하는 것을 idealism이라 할 수 있는데, 이때엔 관념론이라 번역하는 것이 부적절하다.

이번엔 인식론적 측면을 살펴보자. 인식론적 의미에서 idealism이란 우리가 인식하는 대상이 우리 밖에 실제로 있는 존재즉 실재 reality가 아니라고 주장한다. 우리는 사물의 실제 본모습을 인식하는 것이 아니라 단지 사물에 대한 관념idea을 가질 뿐이라고 말한다.

가령 책상 위에 있는 파란 꽃병을 우리가 볼 경우 "파란 꽃병이 실제로 책상 위에 있다."고 말하면 안 된다. 대신 "우리의 감각이 책상 위에 파란 꽃병이 있다는 관념idea을 만들어낸다."고 말해야 한다. '파란 색', '책상', '꽃병'이라는 것의 본질을 우리가 지각하는 것이 아니라 단지 그런 관념을 가질 뿐이라고 생각하기 때문이다.

우리 밖에 파란 꽃병이 실제로 있고, 파란 꽃병의 본질이 있다고 주장하는 것은 실재론realism이 취하는 입장이다. 실재론은 관념론과 달리 우리 밖의 존재가 리얼real하게 본질적으로 있다고 주장한다. 우리 밖의 실체를 긍정한다는 점에서 인식론적 실재론이 존재론적으로는 형상주의idealism인 경우가 있다. 플라톤의 이데아론은 형상주의idealism이면서 동시에 인식론적 측면에서 이데아가 실재한다고 주장한 실재론realism이다. 따라서 존재론적 층위와 인식론적 층위를 구분하지 않고 idealism을 일률적으로 '관념론'으로 번역하면 큰 혼동을 야기하게 된다. 정리하면 이렇다.

- 존재론 : 유물론materialism ↔ 형상주의idealism
- 인식론 : 실재론realism ↔ 관념론idealism
- 플라톤 이데아론의 경우 : 형상주의idealism이면서 실재론realism

인식론적 관념론을 본격적으로 제기한 인물은 버클리G. Berkeley이다. 그런데 이런 식의 관념론은 우리의 상식에 반하는 독특한 주장이라 하지 않을 수 없다. 누군가 자신의 따귀를 때리면 "나의 볼따구니에 철썩 무언가 얹혀 묵직한 고통이라는 관념이 만들어졌다."라고 설명해야 하는데 과연 정말로 버클리는 그런 식으로 주장했을까? 자신의 따귀를 때린 사람이 실제 인물이 아니라 단지 자신이 따귀 맞았다는 관념만 있을 뿐이라고 생각했을까?

물론 그렇지는 않다. 버클리가 관념만을 인정했다고 해서 우리 밖에 어떤 사물이나 사건이 분명히 있음에도 불구하고 그걸 실제로는 없는 것이며 우리의 관념만 있는 것이라고 주장했던 것은 아니다. 버클리는 외부 사물이 있다는 정도는 인정했다. 버클리는 그런 기본적 사실까지 부정할 정도로 심각하게 정신승리를 외친 관념 신봉자는 아니었다. 그가 강조하고자 했던 것은 오히려 그와는 정반대의 것이다.

"존재한다는 것은 지각된다는 것이다."

버클리의 이 주장은 '물질이나 사건이 우리에게 경험되어 관념이 만들어졌을 때에만이 그 물질이나 사건은 의미가 있음'을 의미한다. 이런 관념론은 철저한 경험주의적 특성을 보인다.

가령 이런 것이다. 머리에 뿔 달린 유니콘이 현실 속에 없다는 것을 우리는 안다. 왜냐하면 우리는 그것을 한 번도 지각해본 적이 없기 때문이다. 상상 속에만 존재하는 것은 실제로는 없는 것이다. 유니콘은 실제로 우리의 감각에 의해 경험되지 않기 때문에 존재하지 않는 것이다. 버클리는 우리가 직접 경험해 관념이 된 것이 아닌 일체의 것을 부정한다.

우리가 유니콘을 직접 경험해 유니콘이라는 관념을 갖는 것이 아니라 상상으로 유니콘을 만들어낸 것처럼 성실성이라든가 신념, 운동, 원인 등의 개념들 또한 우리가 직접 경험한 관념이 아니라 단지 우리의 상상이 빚어낸 허구라고 그는 주장한다.

즉 버클리의 관념론은 외부 대상과 무관하게 자신의 주관적 생각이 마구 자의적으로 만들어내는 상상된 실재를 거부하고, 오로지 감각경험이 직접 파악해 관념으로 또렷이 우리가 느낄 수 있는 외부 대상들만을 의미 있는 것으로 간주하자는 주장이다.

누군가 자신의 따귀를 때렸을 경우를 다시 살펴보자. 우리는 그런 경험을 하면 순식간에 이렇게 생각할 수 있다. "저 자식이 나에게 감정이 있어 내 따귀를 때렸구나. 저 자식 아주 나쁜 인간 말종이다."라고 단숨에 그의 본질을 규정해버린다.

그러나 버클리는 이런 식으로 무언가의 본질을 규정하는 것을 반대한다. 그저 따귀를 맞았다는 관념만을 인정하라고 한다. 그러고 보니 그렇다. 그가 내 따귀를 때렸던 건 나에게 감정이 있어서가 아니다. 나를 자신의 아들을 죽인 원수로 착각하고 때렸을 수 있다. 따

독일에서 관념론은 꽃을 피웠다. 칸트(좌)의 초월적 관념론과 헤겔
(우)의 절대적 관념론은 모두 버클리의 주관적 관념론을 의식한 결과
탄생했다.

귀를 맞은 내가 관념만을 받아들일 뿐 그의 본질을 규정하지 않은
덕분에 나는 그에 대한 나쁜 감정을 갖지 않을 수 있게 된다. 즉 착
각을 범하지 않게 된다.

사물이건 사람이건 본질이란 것은 없다. 그저 그 사물과 사람을
경험함으로써 그에 대한 관념만이 생길 뿐이다. 이것이 바로 버클리
가 주장하는 관념론이다.

그러나 버클리의 관념론은 한계가 뚜렷하다. 버클리에 의하면 지
각되지 않는 것은 무의미한 것이다. 지각되지 않는 것은 아예 존재
하지 않는 것으로까지 취급된다. 그렇다면 우리가 미처 지각하지 못
하는 저 멀리 아마존에 서식하는 수많은 생물들이나 태평양과 대서
양의 심연은 무가치한 것이란 말인가? 아예 존재 자체까지 부정되
어야 하는 것들이란 말인가?

이에 대해 버클리는 매우 황당한 답변을 내놓는다.

"아니다. 그것들도 존재한다. 왜냐하면 내가 그것들을 지각하지는 못하지만 신God이 지각하기 때문이다. 신은 만물을 모두 지각한다. 따라서 만물은 존재한다."

대철학자들이라고 해서 언제나 우리로 하여금 무릎을 치게 하는 통찰력만 보여주는 것은 아니다.

더더욱 심각한 문제는 그가 주장하는 신이라는 것도 결국엔 상상의 소산일 뿐 결코 지각된 경험적 존재는 아니라는 점이다. 그는 신을 통해 관념론을 합리화하지만 결국 그의 관념론은 신을 부정하는 우스꽝스런 결론에 도달하고 만다.

버클리에 이어서 관념론은 유럽의 많은 사상가들이 다양하게 주장한다. 특히 독일에서 관념론은 꽃을 피웠다. 칸트I. Kant의 초월적 관념론transcendental idealism과 헤겔G. W. F. Hegel의 절대적 관념론absolute idealism은 모두 버클리의 주관적 관념론을 의식한 결과 탄생했다.

▶ 관련 개념어 : 유물론, 실재론, 이데아, 타불라 라사

교부철학

기독교 신앙에 대한 플라톤식 합리화
patristic philosophy

교부철학敎父哲學은 교부Church-father들의 철학으로 기원후 2~7세기 유럽의 철학을 지배했다. 아우구스티누스Aurelius Augustinus가 대표적이다.

교부철학은 별다른 이론적 토대 없이 방황하던 기독교 신앙에 이론적 토대를 제공해주었다. 그 이론적 토대의 핵심적 내용은 플라톤Platon에게서 빚지고 있다. 플라톤이 말한 영원 불변의 참된 진리로서의 이데아idea가 기독교 신앙과 결부되어 신God으로 변모한다.

교부철학의 최고봉인 아우구스티누스는 열렬한 신앙심을 바탕으로 기독교 신앙을 합리화하는 데 전심전력을 다했다. 교부철학은 중세 암흑기의 서막을 알리는 신호탄이었다.

교부철학은 중세 암흑기의 서막을 알리는 신호탄이었다. 교부철학 이후 스콜라철학을 거쳐 르네상스로 이어지기까지 중세 유럽에선 기독교 신앙을 부정하는 일체의 사상이 완벽히 부정되었다. 1천200여 년 동안 말이다.

혹자는 이런 중세를 암흑이라 칭하는 것에 심한 거부감을 보인다. 중세를 재발견해야 한다고 말한다. 하지만 하나의 이념체계가 1천200여 년 동안 별다른 의심 없이 신봉된 사회에서 과연 어떤 희망이 발견될 수 있을까? 암흑은 암흑인 것이다. 단지 중세에서 희망을 발견하는 분들은 그 암흑이 좋다고 느낄 뿐!

교부철학의 최고봉인 아우구스티누스는 열렬한 신앙심을 바탕으로 기독교 신앙을 합리화하는 데에 전심전력을 다했다. 그는 기본적으로 인간을 악하다고 보았는데, 이런 인성론은 당연히 아담과 이브의 전설에서 유래한다. 사과를 따먹은 아담으로 인해 모든 인간이 졸지에 악한 본성을 타고난 존재로 격하된다.

동양의 순자荀子가 주장한 성악설性惡說처럼 아우구스티누스의 인성론에선 인간을 희망적으로 보지 않는다. 악한 인간들은 언제나 악한 제도와 악한 결과만을 낳을 뿐이다. 기댈 것은 오로지 신뿐이다. 기댈 것은 오로지 성인聖人이라 본 순자와 마찬가지 맥락이다.

그렇다면 이런 악한 존재로서의 인간이 도대체 어떻게 착한 신을 알아볼 수 있다는 말인가? 바로 이 지점에서 자기 존재의 발견이 중시된다. 아우구스티누스는 이렇게 말한다.

"내가 방황함으로써 내가 있다는 것을 안다."

"나는 생각한다. 고로 나는 존재한다."는 데카르트의 명제와 비슷하다. 실제로 아우구스티누스의 이 발언은 근대적 주체의 발견에 일정한 영향을 주기도 했다. 허나 아우구스티누스가 발견한 인간이란 주체로서의 인간이 아니라 자기 존재의 근본적 미약함을 깨닫고 신을 발견하는 종교적 인간이다. 모든 것을 회의하고 방황한 결과 인간이 얼마나 나약하고 타락한 존재인지 깨닫고, 참된 존재로서의 신을 발견해야 한다는 것이다.

본질적으로 신앙은 비합리적이다. 초기 교부였던 테르툴리아누스 Q. S. F. Tertullianus는 "나는 비합리적이기 때문에 믿는다."고 말했다. 이것이 어쩌면 가장 솔직한 신앙고백인지도 모른다.

하지만 비합리는 또다른 비합리의 공격에 속수무책이다. 합리적 이론의 토대가 뒷받침되지 않는다면 언제든지 공격에 무너질 수 있다. 그래서 이후의 교부들은 플라톤의 정교한 이데아철학을 받아들여 기독교 신앙을 합리화했다. 어떤 합리적·비합리적 공격에도 무너지지 않을 이론적 신학을 추구했다.

비합리적인 신앙이 합리적 틀을 갖추면 그것보다 무서운 것이 없다. 교부철학과 스콜라철학의 교조적 이론체계는 르네상스를 거쳐서야 겨우 새로운 근대적 희망 앞에 자리를 내놓는다. 그 과정이 얼마나 길고 고난에 찬 과정이었는지는 역사가 증언하고 있다.

▶ 관련 개념어 : 스콜라철학, 이데아

구조주의

인간이 구조를 만든 것이 아니라 선험적 구조가 인간을 지배
structuralism

'운동장'이라는 단어를 예로 들어보자. 무엇이 떠오르는가? '운동장'이라는 단어를 들을 때 사람들마다 떠올리는 내용은 저마다 다를 것이다. 어릴 때부터 천연 잔디가 깔린 운동장에서 축구를 즐긴 유럽 아이들과 맨땅에서 먼지 먹어가며 무릎이 까지도록 뒹구는 경험을 가진 우리나라 40대가 떠올리는 운동장은 서로 다르다.

그런데 놀랍게도 유럽의 아이들과 우리나라 40대는 '운동장'이라는 하나의 단어를 구사하면서도 서로 의사를 소통할 수 있다. 따지고 보면 세상 모든 단어들이 그렇다. '사랑'이라는 단어도 마찬가지다. '사랑'이라는 단어를 통해 아름답고 시린 경험을 떠올릴 수도 있고, 충족감으로 부푼 마음을 떠올릴 수도 있다. 개별적 경험들이

다름에도 불구하고 우리는 '사랑'이라는 단어를 가지고 의사를 소통할 수 있다.

도대체 이런 일이 발생할 수 있는 이유가 무엇일까? 구조주의자들은 그 이유를 바로 구조에서 찾는다. '운동장'이라든가 '사랑'이라는 단어들은 우리의 개별적 경험들을 직접적으로 가리키지 않는다. 대신 그 단어들은 언어라고 하는 전체 구조 속에서 그 의미를 갖는다.

'운동장'이라는 단어는 세상에 존재하는 모든 운동장들을 일일이 직접 가리키지 않는다. 대신 '여러 사람들이 몸을 움직여 즐기기 위해 마련된 넓은 공간'이라고 추상적으로 규정된다. 즉 단어들은 그 단어가 지칭한다고 여겨지는 개별적 사물이나 사실들을 실제로는 지칭하지 않은 채 언어라고 하는 전체 구조 안에서 다른 단어들과의 '관계'를 통해 규정되는 것이다.

인간이 구사하는 모든 단어들은 우리의 상식과는 달리 실제로는 사물이나 사실들을 직접 가리키는 것이 아니라, 언어라는 전체 구조 안에서 다른 단어들에 의해 규정됨으로써 의미를 갖게 된다고 하는 것이 바로 구조주의strucuralism의 기본적 생각이다.

이렇듯 언어학을 통해 구조주의의 기틀을 만든 인물이 소쉬르F. de Saussure이다. 그는 인간의 언어현상을 랑그langue와 빠롤parole로 구분한다. 빠롤이란 개별적인 언어행위들을 말하고, 랑그란 그러한 개별적 언어행위들 이전에 이미 선험적으로 갖춰진 인간의 언어능력을 말한다.

가령 아이들이 자기 엄마를 가리켜 "맘마", "마마", "마", "찌찌", "마미" 등 갖가지 방식으로 부르는 개별적 행위들은 빠롤이다. 이런 빠롤은 매우 다양함에도 불구하고 '엄마'라는 의미를 갖고 있다는 점에서는 공통적이다. 서로 다른 빠롤에도 불구하고 그것이 '엄마'라는 의미를 갖고 있다고 우리가 일괄적으로 묶을 수 있게 만드는 구조적인 틀을 랑그라고 한다. 랑그가

언어학을 통해 구조주의의 기틀을 만든 인물이 소쉬르이다. 소쉬르에 의해 언어학적 측면에서 구조주의의 기틀이 갖춰진 이후 수많은 다른 분야의 학자들이 이에 동참했다.

이미 태어나기 전부터 선험적으로 인간에게 갖춰져 있기 때문에 빠롤을 구사할 수 있게 된다. 랑그의 구조를 인간들이 공유하고 있기 때문에 개별적 빠롤들이 서로 다르더라도 우리는 의사를 소통할 수 있다. 구조주의에서는 개별적 단어가 중요한 것이 아니라 단어들 사이의 관계가 중요한 것이다.

이에 따라 개별적 단어들이 역사적으로 어떻게 변모해 왔는가 하는 통시적diachronic 측면보다 현존하는 단어들이 서로 어떻게 관계를 맺는가 하는 공시적synchronic 측면이 중요하게 된다. 언어가 역사적 변천을 통해 지금의 모습을 갖추게 되었다고 보는 것이 아니라, 언어라는 것 자체에 이미 일정한 구조가 본래부터 갖춰져 있기 때문에 시간의 변화는 언어의 본질을 파악하는 데 있어 중요한 문제가 아니라고 본다. 인간이 역사를 통해 장시간에 걸쳐 언어를 만들어

온 것이 아니라 인간의 역사 이전에 이미 선험적으로 존재하는 구조에 의해 개별적 언어들이 탄생하게 되었다는 것이다. 역사주의적 관점은 구조주의와 양립하지 못한다.

소쉬르에 의해 언어학적 측면에서 구조주의의 기틀이 갖춰진 이후 수많은 다른 분야의 학자들이 구조주의의 견해에 동참했다. 레비-스트로스C. Levi-Strauss는 인류학적 측면에서 구조주의를 전개했다. 그는 개별적 인간의 행위를 중시하지 않고 행위들 사이의 관계를 중시했다. 누군가의 행위를 독립적으로 떼어내 평가하고 분석하는 것이 아니라, 그 행위자가 속한 집단 내의 관계망 속에서 그 행위를 구조적으로 파악하고자 했다.

가령 나는 아버지이며 아들이고, 남편이며 큰아버지이다. 나는 나 하나의 존재만으로 파악될 수 없고 친족의 관계망 속에서만 파악될 수 있다. 내가 윗사람의 부당한 간섭에 굴복하고 불의를 저질렀다면 그것은 단지 나 자신의 부도덕함의 문제인 것이 아니라 가족들을 부양해야 하는 책임감의 문제이기도 하다.

소쉬르의 언어학에서 단어들이 개별적 의미를 가지지 않고 다른 단어들과의 관계를 통해서만 의미를 갖게 되는 것처럼 개인 또한 다른 친족들과의 관계를 통해서만 의미를 갖게 된다. 바로 이 지점에서 근대적 의미의 개인, 즉 주체subject는 부정된다. 구조주의는 탈주체의 철학에 기반을 두고 있다.

인간의 삶은 역사적 측면에서 개별적으로 파악될 수 있는 것이 아니다. 인간들의 삶은 그가 속한 구조를 분석함으로써 파악될 수 있다. 인간세계에는 제아무리 시간이 흘러도 변하지 않는 일관된 구조적 틀이 있기 때문이다.

따라서 원시적 풍습을 그대로 유지한 미개 부족들에게서도 그러한 구조를 발견할 수 있다. 레비-스트로스는 사회적 제약으로 인해 그 구조를 파악하기 힘든 유럽 사회 대신 원시부족들을 연구대상으로 택했다. 미개 사회와 현대 유럽 사회에는 공통된 구조가 있다고 믿었기 때문이다.

이후 구조주의는 주로 프랑스 학자들에게 큰 영향을 끼쳤으며 포스트구조주의로 이어졌다. 개인과 역사를 통해 삶의 의미와 진리를 발견하고자 했던 독일 중심의 주체철학은 구조와 관계를 중시하는 구조주의의 강력한 도전에 직면하게 되었다. 유럽을 중심으로 한 현대철학은 이들 두 가지 큰 흐름의 대결을 중심으로 무궁무진한 논란거리들을 만들어내고 있다. 물론 독일 출신으로서 프랑스 학자들에게 큰 영향을 끼친 니체F. W. Nietzsche와 같은 예외도 있지만.

▶ 관련 개념어 : 기호학, 포스트구조주의, 해체주의

귀납
부분을 보고 전체의 이론을 도출하는 방법
induction

귀납induction이란 구체적 사례들을 통해 일반적인 가설이나 이론을 도출하는 것을 말한다. 반대로 일반적인 이론을 통해 구체적 사

근대 과학은 귀납을 통해 풍부한 이론적 성과를 거둘 수 있었다. 밀(사진)과 베이컨 등 영국의 철학자들이 귀납을 이론적으로 정당화하는 데 많은 노력을 기울였다.

례들을 설명하는 것을 연역deduction이라 한다. 예컨대 세상에 존재하는 수많은 까마귀들을 조사해서 그것들이 모두 까맣다는 사실을 확인한 뒤 "까마귀는 까맣다."라고 결론내리는 것이 귀납이다.

따라서 모든 귀납은 불완전하다. 왜냐하면 귀납이란 제한된 관찰 사실을 통해 아직 관찰하지 못한 것들까지 포함한 내용에 대해서까지 진술하는 것이기 때문이다. 지금까지 발견된 까마귀들이 전부 까맣다고 해서 앞으로 발견될 까마귀들까지 전부 까말 것이라고 단정할 수는 없다. 귀납은 세상의 모든 것들을 죄다 확인하지 못하는 상황에서 일단 지금까지의 관찰 결과를 토대로 앞으로도 그럴 것이라고 짐작하면서 결론을 내놓는다.

그렇다면 귀납은 불완전하기 때문에 쓸모없는 것일까? 절대 그렇지 않다. 귀납은 대단히 중요하다. 왜냐하면 귀납은 지금까지 관찰된 결과를 토대로 앞으로 관찰될 사실을 더욱 정확히 예측할 수 있도록 도와주기 때문이다.

지금까지 수만 마리의 까마귀를 관찰해서 까맣다는 관찰 결과를 얻었다면 일단 "모든 까마귀는 까맣다."라고 말해도 무방하다. 물론 까맣지 않은 까마귀가 발견될 가능성도 있긴 하지만, 지금까지의 관찰 결과를 토대로 본다면 그 확률은 높지 않다. 귀납은 지금까지의 관찰과 실험 결과를 토대로 미지의 실험과 관찰 결과까지 높은 확률로 예측할 수 있게 해준다는 점에서 그 의의가 대단히 크다.

이런 점에서 귀납은 과학의 이론적 토대 역할을 한다. 제한된 실험과 관찰을 통해 일반이론을 도출하는 과학적 활동은 근본적으로 귀납적이다. 뉴턴은 사과가 떨어지는 극히 단순한 관찰을 통해 만유인력법칙을 주장하게 되었는데, 만약 귀납을 신뢰하지 못한다면 뉴턴은 온세상의 사물들이 전부 인력을 얼마나 가지고 있는지 일일이 측정하고 실험한 다음 결론을 도출했어야 한다. 허나 그런 일은 불가능하기도 하거니와 해봤자 얻을 것도 없다.

근대 과학은 귀납을 통해 풍부한 이론적 성과를 거둘 수 있었다. 베이컨F. Bacon과 밀J. S. Mill 등 영국의 철학자들이 귀납을 이론적으로 정당화하는 데 많은 노력을 기울였다. 귀납은 경험주의와 친밀한 관계를 갖는다.

19세기에 이르러서는 귀납법이 자연과학뿐만 아니라 사회과학에도 적용되기 시작했다. 자연을 관찰한 후 일반이론을 도출할 수 있는 것처럼 사회현상도 면밀히 관찰한다면 아직 발생하지 않은 사회현상들에 대해서도 어느 정도 높은 수준의 예측을 할 수 있으리라 기대했다. 전 세계 모든 사람들의 소비성향과 전 세계 모든 기업의 공급 패턴을 일일이 조사하지 않은 채 지극히 제한된 사람들의 습성에 관한 관찰 결과만을 토대로도 우리는 수요·공급 곡선을 그리고, 이를 토대로 방대한 이론을 수립할 수 있다.

그러나 귀납의 유용성에도 불구하고 그 문제점 또한 분명하다. 제한된 관찰과 실험을 토대로 아직 관찰되지 않고 실험되지 않은 영역에 대해서까지 포괄해서 무언가 결론을 내놓는 비약의 과정은 언제나 불완전하기 때문이다. 귀납의 문제점을 보자.

첫째, 미리 정해놓은 이론을 위해 관찰과 실험을 자기 멋대로 제한하는 경우가 발생할 수 있다. 가령 "대전 남자들은 미남이다."라는 결론을 도출하기 위해 잘 생긴 대전 남자들의 사진만 나열해서 자기가 옳다고 주장할 수 있다.

둘째, 여러 관찰과 실험 결과들을 아우르는 공통의 원인이 따로 있음에도 불구하고, 그 관찰과 실험 결과들이 서로 인과관계로 얽혀 있다고 착각할 수 있다. 가령 콧물이 날 때마다 열이 난다고 해서 콧물의 원인을 열이라고 착각할 수 있다. 허나 콧물과 고열은 모두 바이러스라는 또 다른 원인의 공통된 결과일 뿐이다. 콧물의 원인을 고열이라 착각하고 아무리 열을 낮춘다 해도 콧물은 멈추지 않는다. 바이러스가 그 원인이기 때문이다.

셋째, 연달아 일어나는 사건들이 인과관계에 있지 않음에도 불구하고 그것을 인과관계에 있다고 오인할 수 있다. 스포츠 선수들의 징크스가 대표적인 것이다. 머리를 감지 않고 경기할 때마다 홈런을 쳤다고 해서 머리를 감지 않은 행위가 홈런의 원인이 될 수는 없다. 학술적 논문에도 이런 오류는 심심치 않게 저질러지고 있다. 앞에서 말한 둘째 오류는 셋째 오류의 특수한 경우에 해당한다.

이밖에도 귀납법의 문제점은 매우 많다. 그런데 현대에 이르러 이런 귀납의 한계는 오히려 귀납의 정당화에 역이용되고 있다. 즉 "귀납에 이런 문제점들이 있으니 귀납을 포기하자."라는 입장을 취하는 대신 "귀납에 있는 이런 문제점들을 인정하고 이런 문제점들을 잘 피하도록 노력한다면 귀납의 유용성은 더욱 높아질 것이다."라는 입장을 취하게 된 것이다.

이에 따라 논리학자들은 귀납법을 구사하면서 발생할 수 있는 논리적 오류들을 수십 가지로 정리하게 되었다. 앞에서 든 예의 경우 각각 '근시안적 귀납의 오류', '공통 원인 간과의 오류', '원인 오판의 오류'로 정리될 수 있다. 귀납법이 저지를 수 있는 이런 함정들을 잘 피해간다면 귀납법은 현실생활이나 학술활동에서 대단히 유용한 방법이 될 수 있다.

그럼에도 불구하고 귀납의 한계는 또 다른 측면에서 제기될 수 있다. 특히 사회과학에서 귀납의 한계는 다양한 차원에서 거론된다. 왜냐하면 자연과학에서는 상당한 수준에서 관찰자가 객관적인 태도를 지니는 게 가능한 반면 사회과학에서는 관찰자가 객관적 태도를 지니리라 기대하기 어렵기 때문이다. 예컨대 독도 문제에 관해 일본 사회과학자들에게 냉정한 과학적 판단을 기대하기는 어렵다.

또한 사회과학에는 돌발변수가 대단히 많아 예측이 부정확할 수밖에 없다. 여러 조건을 과학적으로 따져 A라는 후보가 대통령으로 당선될 확률이 높다고 귀납적 결론을 맺는다 해도 그가 갑자기 심장 마비나 교통사고로 죽어버리면 예측은 의미가 없어진다.

이런 저런 한계와 문제점에도 불구하고 귀납법은 우리의 삶과 학문을 유지해주는 대단히 유용한 방법이라 평가하지 않을 수 없다. 왜냐하면 귀납은 최소한 관찰과 실험이라고 하는 객관적 사실들을 근거로 판단을 내리기 때문이다. 아무런 사실들도 제기하지 않은 채 무턱대고 주장만 내세우는 막무가내 태도는 귀납의 이름으로 거부된다. 귀납은 무언가 주장을 내세우기 위해선 반드시 관찰된 사실이나 실험 내용을 내세워야 한다고 우리에게 요구함으로써 무절제한 주장과 신비주의적 환상에서 벗어나도록 이끈다.

▶ 관련 개념어 : 연역, 논리실증주의, 반증 가능성

귀신

사람이 죽어서 변하는 것이라고 여겨지는 신비주의적 존재
鬼神

동아시아인들은 전통적으로 삶과 죽음을 두부 자르듯 구분하지 않았다. 죽음 후의 일도 우주 안에서 벌어지는 것이라 여겼다. 우주는 기氣로 구성되어 있으며 하나의 통일적 전체이다. 삶과 죽음은 그 안에서 벌어지는 여러 현상들 가운데 하나일 뿐이다.

따라서 사람이 죽어서 귀신鬼神이 된다 해도 그것은 기氣에 포함된다. 기氣는 음陰과 양陽으로 구분되므로 인간이 죽어서 귀신이 되더라도 그것은 음양으로 이루어진 기氣적 존재이다. 귀신도 인간처럼 기氣의 운동법칙에 지배된다. 영원무궁토록 존재하는 것이 아니라 죽은 후 3~4세대, 그러니까 약 100년 남짓한 기간에 걸쳐 서서히

사그라진다고 보았다. 인간 세상과는 완전히 절연된 별개의 세상에서 영혼이 초월적으로 영원무궁토록 존재한다고 보았던 유럽인들의 사후세계관과 다르다.

귀신은 굴신屈伸, 즉 수축하는 성질과 팽창하는 성질을 갖는다. 귀鬼는 수축해 한데 모이고 음습한 음陰의 성질을 갖는다. 신神은 팽창하고 퍼지며 따뜻한 양陽의 성질을 갖는다. 그래서 귀의 성질이 강한 귀신은 나쁘고, 신의 성질이 강한 귀신은 좋다고 본다. 같은 맥락에서 '귀' 자가 붙으면 좋지 않은 뜻으로 쓰인다. 악귀惡鬼라고는 하지만 악신惡神이라고는 잘 하지 않는다. 산신령山神靈이라고는 하지만 산귀령山鬼靈이라고는 하지 않는다.

그런데 과연 귀신이 정말로 존재하기는 하는 것일까? 귀신에 관한 입장은 네 가지로 구분된다.

첫째, 공자처럼 귀신에 관한 논의 자체를 불필요하다고 보는 입장이 있다. 인간 세상의 일을 논하기도 바쁜 마당에 귀신을 논할 여유가 없다는 것이다.

둘째, 주희朱熹처럼 귀신의 존재 여부를 애매하게 보는 입장이 있다. 귀신에 관한 주희의 여러 이야기들을 보다 보면 도대체 이 사람이 귀신에 대해 확고한 입장이 있기나 한지 의문이 들 정도다. 여기서는 귀신이 있다는 식으로 말하고, 다른 곳에선 귀신이 없다는 식으로 말한다.

주희의 이런 애매한 입장은 그가 집대성한 이기론理氣論과 제사윤리祭祀倫理가 서로 모순되는 데서 비롯된 필연적 결과이다. 이기론에 의하면 우주는 하나의 통일체이며, 거기에는 어떠한 신비주의적인 요소도 개입되지 않는다. 우주를 창조한 신神을 인정하지 않기 때문에 초월적 존재에 대한 경배도 인정하지 않는다. 이기론에 의하면 귀신이건 조물주건 모두 다 원리상 부정된다.

그러나 현실적으로 제사라고 하는 유교적 관습에선 귀신을 인정한다. 귀신이 없다면 제사도 무의미해진다. 죽은 조상이 제사 때 온다는 믿음이 없다면, 제사란 하나의 상징적 의식에 지나지 않아 그 격식과 절차의 중요성이 줄어들 수밖에 없다. 주희는 합리적인 우주론을 주장하면서도 여전히 전통적인 주술적 세계관에서 벗어나지 못했다. 빙의憑依 현상을 실제 귀신이 씌워 벌어진 신비한 현상이라고 인정한 적도 있었으며, 주술사들의 행위가 현실에서 효험을 가질 수 있다고 보기도 했다.

이기론적 우주론에 따라 귀신을 인정하지 않게 되면 제사의 의미가 없어진다. 반면 제사 윤리에 따라 귀신을 인정하게 되면 이기론이라는 깔끔한 형이상학이 신비주의로 오염된다. 주희는 이런 딜레마 상황에서 명쾌한 해결책을 제시하지 않은 채 시종일관 애매한 태도를 취함으로써 후대 학자들에게 과제를 던져주게 된다.

그러나 후대 학자들이라고 해도 별로 뾰족한 수가 없었다. 조선의 유학자들은 주희가 해결하지 못한 과제에 그다지 큰 관심을 보이지 않았다. 결국 귀신론은 조선이 아닌 일본에서 더 심도 있게 논의되었다. 일본 학자들에 의해 귀신에 관한 세 번째와 네 번째 입장이 제기되었다.

이토오 진사이(좌)는 무귀론으로 성리학의 신비주의적인 요소를 제거
하고자 했다. 반면에 오규 소라이(우)는 유귀론을 취했지만 그렇다고
신비주의적인 입장을 취했던 건 아니다.

　셋째 입장은 무귀론無鬼論, 즉 귀신이 없다고 하는 입장이다. 이토
오 진사이伊藤仁齋가 이 입장을 취했다. 그는 주희 체계에 남아 있던
신비주의적인 요소를 말끔히 제거해 버리고자 했다. 17세기 중후반
에 벌써 일본에서는 탈주술적 측면에서 성리학을 논하고 있었던 것
이다.

　당시 조선은 효종孝宗과 그 왕비가 죽은 후 가족들이 상복을 몇 년
간 입어야 되느냐 하는 지엽말단적인 문제를 가지고 서로를 헐뜯는
예송禮訟 논쟁으로 국력이 한창 소모되고 있었다. 주희 체계를 과감
히 수정한다는 것은 생각지도 못했다. 17세기부터 이미 조선 사상
계는 활력을 잃었다. 조선 사상가들은 창의적인 생각을 내놓지 못하
고 주석가로만 만족한 너무도 겸손한 사람들이었다.

　넷째 입장은 유귀론有鬼論, 즉 귀신이 있다고 하는 입장이다. 오규
소라이荻生徂徠가 이 입장을 취했다. 그는 유교 경전에 빈번히 등장하

는 귀신 숭배 행위를 알레고리가 아닌 현실로 받아들여야 한다고 주장한다. 그렇다고 해서 그가 신비주의적인 입장을 취했던 것은 아니다. 그는 성인聖人이 강력한 리더십을 발휘할 수 있었던 근거를 귀신에 대한 믿음에서 찾는다. 귀신을 숭배하는 제사행위를 통해 백성들의 정서를 응집해 사회적 통합을 이룩할 수 있었다는 것이다. 즉 귀신에 대한 제사를 당위가 아닌 필요의 측면에서 파악했다.

반면 소라이처럼 유귀론을 주장하면서도 신비주의적인 입장을 취했던 일군의 학자들이 있다. 아라이 하쿠세키新井白石, 히라타 아츠타네平田篤胤, 아이자와 세이시사이會澤正志齋 등이 그들이다. 그들은 귀신을 정말로 존재한다고 믿었다. 그리고 거기에 그치지 않고 아이자와 세이시사이는 귀신 가운데 으뜸 귀신이 바로 천황天皇이라고 주장하기까지 이른다. 그는 천황이 곧 신神이라고 믿었다.

천황에 대한 이런 종교적 믿음은 일본이 근대화하는 과정에서 일본 민중들을 결속하게 하는 강한 힘을 발휘한다. 마치 막스 베버가 말한 가치합리론과 목적합리론의 분리 과정처럼 그들은 철저히 가치합리적 측면을 천황에게 의탁해버리고, 현실 속에서는 탈주술적으로 일체의 관습에서 벗어나 목적합리적으로 근대화와 자본주의화에 매진해 성공할 수 있었다.

현대에 이르러 귀신은 단지 재미난 이야기의 소재로만 다뤄진다. 사기꾼 기질이 강한 무당과 퇴마사들만이 귀신 운운할 뿐이다. 수천 년에 걸쳐 명맥을 유지해온 귀신에 대한 믿음은 일순간에 붕괴되었지만 귀신에 관한 믿음이 남긴 흔적은 곳곳에 남아 있다. 천황제는 아직도 유지되고 있으며, 신사神祀는 여전히 참배객들로 붐빈다.

▶ 관련 개념어 : 목적합리성과 가치합리성, 동도서기와 화혼양재

기

온우주를 구성하는 과학적·윤리적 물질이면서 에너지

氣

　기氣는 물질과 에너지를 동시에 의미한다. '우주가 기氣로 구성되어 있다' 는 얘기는 '우주가 물질로 가득 차 있으며 에너지로 인해 변화한다' 는 것을 의미한다. 고대 동아시아인들은 물질과 에너지를 구분하지 않고 한꺼번에 생각하는 경향이 강했다.

　기의 물질적 측면은 질質, 혹은 형形이라는 개념으로 설명된다. 기질氣質과 형기形氣는 구체적 사물들이 물질과 형태로 구성되어 있음을 설명해 준다. 구체적 물질과 형태는 사물들마다 모두 다르다. 기질과 형기는 사물들마다 다르다.

　이런 물질적 측면과 별도로 기氣가 또 다른 협의의 개념으로 사용될 경우 에너지를 뜻하기도 한다. 우리가 흔히 '기가 빠졌다' 라거나 '기가 느껴진다' 고 할 때의 기氣란 에너지만을 의미하는 협의의 기氣이다. 일상적인 용법에서 이처럼 에너지의 의미만이 부각되어 물질과 기氣가 별개의 것인 것처럼 오해되는 경우가 많다. 그리고 기氣가 가진 에너지의 측면을 부각시킬 경우 기공氣功이라든가 음양오행陰陽五行 등의 신비주의적인 주장으로 빠질 공산이 크다.

기氣의 물질적 측면은 설명할 여지가 별로 없다. 그냥 사물과 사람들마다 기질과 형기가 다르다고 하면 끝이다. 반면에 기氣의 에너지적 측면은 설명할 여지가 많다. 과학적 사고가 성숙하지 못했던 중국 고대인들은 에너지로서의 기氣를 설명하면서 오로지 창의력과 직관에만 의존했다.

고대 중국인들은 기氣라는 에너지를 운동과 양태의 두 가지 측면에서 설명하고자 했다. 운동의 측면은 취산聚散, 즉 모이고 흩어짐이라는 두 가지 방향으로 진행된다. 우주의 물질들은 모두 모이고 흩어지는 운동을 통해 변화무쌍하게 생성하는 존재이다. 그리고 이런 변화는 음양陰陽, 즉 어두움과 밝음이라는 두 가지 양태를 갖는다. 기氣를 설명하는 가장 기본적 개념은 취산과 음양이다.

기氣의 양태를 설명하는 음양이라는 개념은 다시 오행五行으로 분화된다. 오행이란 나무木, 불火, 흙土, 쇠金, 물水 등의 다섯 가지 성질을 일컫는다. 오행 개념을 통해 기氣의 에너지로서의 측면이 다시금 물질적 측면과 연결된다. 동아시아인들은 만물의 변화를 오행의 상생相生과 상극相克현상으로 설명한다. 그러나 기氣를 음양오행陰陽五行 측면에서 설명할 경우 신비주의 수준에서 벗어나지 못한다. 실제로 기氣에 대한 이러한 신화적 설명방식은 송나라 이후 그다지 주목받지 못한 채 전통의학 등에서만 명맥을 유지한다.

철학적 측면에서 기氣의 의미를 획기적으로 부각시킨 사람은 장재張載이다. 장재는 우주의 태초 모습을 태허太虛라 일컬으며, 그것을 곧 기氣라고 말했다. 우주의 시발은 태허라는 기氣에서 발견되며, 이기氣가 흩어지고 모이는 변화무쌍한 운동을 통해 만물이 생성된다고 설명한다. 이러한 아이디어는 장자莊子의 생각에서 빌려온 것으로서 오늘날 빅뱅Big Bang이론에서 설명하는 우주의 최초 모습과도 유사하다.

철학적 측면에서 기(氣)의 의미를 획기적으로 부각시킨 사람은 장재이다. 장재는 우주의 태초 모습을 태허(太虛)라 일컬으며 그것을 곧 기(氣)라고 말했다.

그러나 빅뱅이론이나 장자와는 달리 장재는 기氣의 취산작용을 단지 과학적으로 설명하는 데에만 그치지 않는다. 그는 기氣를 통해 인간의 윤리적 측면까지 설명하고자 한다. 간단히 말해 좋은 기氣와 나쁜 기氣가 있다는 것이다.

이러한 장재의 아이디어를 적극적으로 수용해 거대한 우주론과 윤리학 체계를 수립한 사람이 주희朱熹이다. 그는 장재가 애매하게 남겨둔 문제를 해결하기 위해 이理라는 개념을 도입한다. 장재는 태초의 시작과 그 이후의 변화과정을 모두 기氣만 가지고 설명한다. 그러나 기氣만으로 이런 모든 측면을 설명할 경우 난감한 점이 많다. 왜냐하면 태초의 발생은 아름답고 선한 것인데 어떻게 그런 아름답고 선한 태허로부터 악한 기氣가 나오게 되는지 설명할 수 없게 되기 때문이다.

이에 따라 주희는 태허로서의 기氣 대신 주돈이周敦頤가 중시한 태극太極으로서의 이理를 도입해 우주의 선한 본질을 설명하고, 선과 악의 뒤섞인 현상은 기氣로 설명하고자 한다.

이理는 태초부터 영원토록 선한 우주의 본질이며 원리 그 자체이다. 그것은 절대적으로 선하다. 그러나 기氣는 다르다. 기氣가 흩어지고 모이는 작용 과정 중에 더러운 것이 끼어들 여지가 있다. 이로 말미암아 기氣는 악한 윤리적 결과를 낳게 될 수 있다. 주희는 기氣 자체에 이미 선과 악의 근원이 있다고 가치론적으로 해석했다. 기氣는 과학적 탐구의 대상이면서 동시에 윤리적 판단의 대상이기도 하다.

주돈이는 태극을 통해 음양오행이 빚어진다고 설명했다. 그러나 이 주장은 어떻게 태극이라는 원리에서 음양오행이라는 구체적 기氣가 발생하는지 설명하지 못한다. 장재는 태허를 통해 기氣가 흩어지고 모이면서 만물이 생성한다고 일원론적으로 설명했다. 그러나 이런 설명은 어떻게 선한 기氣에서 악한 기氣가 나오는지 설명하지 못한다. 주희는 주돈이와 장재 사상의 핵심을 받아들여 절충하면서 이 두 가지 이론들이 가지는 결점을 절묘하게 극복한다.

우주의 과학적·도덕적 원리理로서의 이理와 우주를 이루는 물질이자 도덕적 가치의 근원인 기氣는 늘 함께 있다. 물질 없이 원리만 덩그러니 있을 수 없으며 원리 없는 물질도 있을 수 없다. 이理와 기氣는 늘 함께 하면서 우주의 근원과 인간행태의 윤리적 양상을 결정한다.

기氣 개념에서 가장 중요한 점은 이처럼 기氣가 과학적 측면에서뿐만 아니라 윤리적 측면에서도 중요한 역할을 담당했다는 것이다. 기氣의 윤리적 측면으로 발생한 철학적 문제들을 논했던 것이 바로 조선철학의 역사이다.

좀더 정확히 말하면 조선의 철학자들은 기氣의 윤리적 측면만을 논했을 뿐 기氣의 과학적 측면에 대해서는 완전히 무관심했다. 이런 점은 조선 후기 몇몇 실학자들에 의해 비판되었으며, 결정적으로 최한기崔漢綺는 기氣에서 완전히 윤리적 의미를 벗어버리자고 주장하기에까지 이른다. 이로써 과학과 윤리를 일관된 관점에서 바라보고자 했던 성리학의 기나긴 역사는 종말을 고하게 된다.

▶ 관련 개념어 : 음양오행, 이, 이기론

기호학

언어를 비롯한 온갖 기호들을 탐구하는 학문
semiotics

어떤 남자가 사랑하는 여자에게 자신의 마음을 표현하기 위해 꽃다발을 선사했다고 하자. 두 남녀가 미혼이며 비슷한 연령대라면 그 꽃다발을 받은 여자는 그 꽃의 의미를 분명 '사랑'이라고 해석할 것이다. 꽃이라는 매개체를 통해 사랑이라는 의미가 성공적으로 전달된 것이다.

그러나 매개체를 통한 의미의 전달이 항상 이렇게 성공적인 것만은 아니다. 대부분의 초등학교 남학생들은 관심 있는 여학생에게 오히려 짓궂은 행동을 하고는 한다. 거의 그런 짓궂은 장난을 받는 여학생들은 남학생의 행동을 '관심'으로 해석하지 못한다. 짓궂은 행동이라는 매개체는 '관심'을 전달하는 효과적 수단으로 작용하지 못하고 만다.

무언가 전달하고자 하는 의미 내용을 기의記意, signifie라고 하며, 그런 의미를 전달하는 수단을 기표記表, signifiant라고 한다. 젊은 남자의 '사랑하는 마음'과 초등학교 남학생의 '관심'은 기의이며, '꽃다발'과 '짓궂은 행동'은 기표이다.

그런데 위의 예에서 알 수 있듯이 기표를 통해 기의를 전달하는 행위가 언제나 성공적인 것은 아니다. '꽃다발'이라는 기표는 '사랑하는 마음'이라는 기의를 효과적으로 전달했지만 '짓궂은 행동'이라는 기표는 여학생에 대한 '관심'이라는 기의를 효과적으로 전달하지 못했다. 이런 현상은 기표를 전달받은 당사자가 그 기표를 해석하는 과정에서 기의를 제대로 파악하지 못하기 때문에 발생한다.

이처럼 기표를 통해 기의를 해석하는 의미작용이 실패하게 되는 것은 기표가 늘 다의적으로 해석될 수 있기 때문이다. 짓궂은 행동은 이성에 대한 관심을 의미할 수도 있지만 그 행동을 하는 남학생의 삐뚤어진 성격, 여학생에 대한 혐오감, 타인에게 관심을 받고자 하는 의도를 의미할 수도 있다. 짓궂은 행동이라는 기표를 접한 여학생은 그 기표의 다양한 의미로 인해 그것을 '관심'으로 해석하지 못하게 된다.

꽃다발 또한 마찬가지다. '미혼의 젊은 남녀'라는 조건이 있었기 때문에 그것이 '사랑'이라는 기의로 정확히 해석될 확률이 높았지만, 만일 두 사람의 나이차가 많다거나 어느 한쪽이 기혼이라거나 한다면 꽃다발이라는 기표가 '사랑'이 아닌 아부나 청탁, 혹은 배려 등의 다른 의미로 해석될 수도 있다.

패리스 힐튼 같은 재벌 2세가 지닌 명품가방은 그녀 삶의 부유한 기의를 제대로 드러내주지만, 된장녀의 명품가방은 그녀의 고된 삶을 은폐하는 수단으로 기능할 수 있다.

기표를 통해 타인에게 기의를 전달하는 행위를 의미작용signification이라고 한다. 또한 기표를 전달받은 사람이 그 기표를 전달하는 사람의 기의를 해석하는 행위 또한 의미작용이라고 한다. 즉 의미작용이란 기표와 기의를 주고받는 어느 일방의 개인적 행위를 말한다. 그리고 기표와 기의라는 기호sign를 통해 의사를 주고받는 상호적 행위를 의사소통communication이라고 하며, 의미작용과 의사소통을 합해 기호작용semiosis이라고 한다.

기호학semiotics은 바로 이 기호작용에 관한 학문이다. '꽃다발'이라는 구체적 사물이나 '짓궂은 행동'이라는 인간의 행위뿐만 아니라 인간의 언어행위 전체가 기표와 기의의 상호작용으로 구성된다. 모든 단어들은 기표로 표현되지만 그것들은 제각기 다양한 기의를 담고 있다.

따지고 보면 언어뿐만 아니라 인간의 모든 삶이 기호로 구성되어 있다. 지금 내가 책을 쓰고 있는 행위도 기호를 통한 의미작용 행위이며, 이 책을 읽고 있는 독자들도 내가 던진 기표를 통해 나의 기의를 해석하는 의미작용 행위를 하고 있다. 기호학은 인간의 모든 삶이 기호로 구성되어 있다고 본다는 점에서 세상을 기호로 환원할 수 있다고 믿는다.

인간이 혼자 살고 있다면 기호는 필요 없다. 그러나 다른 사람과 더불어 사는 세상이니만큼 기호를 통한 의미작용은 필연적이다. 따라서 이러한 의미작용을 면밀히 탐구한다면 인간 삶의 본질을 파악할 수 있으리라 기대할 수 있다. 이에 따라 현대에는 철학적 기호학을 토대로 음악, 미술, 문학, 건축, 영화, 패션 등 다양한 분야에서 기호학적 학문 활동이 활발히 전개되고 있다.

예컨대 여성들의 패션은 전형적인 기호학적 탐구 대상이다. 다른 제품과 기능상 아무런 차이가 없음에도 불구하고 많은 여성들은 명품가방을 갖고자 한다. 명품가방의 로고라는 기표는 그 여성의 삶과 사고방식이라는 기의를 해석하도록 이끈다. 재벌 2세가 지닌 명품가방은 그녀 삶의 부유한 기의를 제대로 드러내주지만, 된장녀의 명품가방은 그녀의 고된 삶을 은폐하는 수단으로 기능할 수 있다. 된장녀의 명품가방에서 그녀의 허영심이라는 기의를 읽어냈다면 제대로 된 의미작용인 셈이다.

▶ 관련 개념어 : 구조주의, 포스트구조주의, 해체주의, 차연

노마디즘

지식마을을 떠돌아다니는 창조적 지식유목민의 이념

nomadism

'노마드nomad'란 '유목민' 혹은 '유랑자'를 뜻하는 프랑스어이다. 노마디즘nomadism이란 유목주의이다. 하나의 농경지에 정착하지 않고 떠돌아다니는 유목민처럼 하나의 절대적 지식이나 제도에 얽매이지 말고 자유롭게 세상을 떠돌며 풀을 뜯고 새로운 땅과 진실을 개척하자고 주장한다. 들뢰즈G. Deleuze와 가타리F. Guattari에 의해 유명해진 말이다. 헌데 노마디즘이라는 개념은 또렷하게 정의되지 않는다. 이로 인해 노마디즘에 관해 많은 오해가 생기고 있고, 그에 관해 열띤 논쟁이 벌어지고 있다. 그 맥락을 더듬어보자.

노마디즘은 두 가지 방면에서 전쟁을 치러야 한다. 하나는 기존의 영역으로부터 탈피하면서 발생하며, 또 다른 하나는 새로운 영역으로 나아가는 과정에서 발생한다. 기존의 영역에 둘러쳐진 울타리를 걷어내야 하며, 새로운 영역에 둘러쳐진 울타리도 물리쳐야 한다. 그래서 노마디즘은 전쟁기계를 옹호한다. 이것이 노마디즘에 대한 첫 번째 오해의 요소이다.

허나 노마디즘이 전쟁기계를 옹호한다고 해서 전쟁 자체를 옹호한다고 간주하면 곤란하다. 노마디즘은 전쟁을 불가피한 선택이라고 여길 뿐 전쟁 자체를 즐기는 것은 아니다. 우리를 가로막는 폭력적인 쇠사슬을 끊었다고 해서 쇠사슬 파괴범이라 욕할 수 없다. 상대가 가로막는 폐쇄적 담벼락을 무너뜨렸다고 재물손괴죄를 묻는 것은 어리석다. 중요한 것은 폭력과 규제, 아집과 편견을 무너뜨리는 일이다.

또 다른 오해는 신자유주의적 시선과 연관된다. "삼성의 힘은 디지털 노마드에서 나왔다."는 광고카피가 있다. 세계적 신자유주의 기업인 삼성이 디지털 기술을 앞세워 세계시장을 석권해가는 현상을 노마드라는 개념으로 설명하고 있는 것이다.

허나 삼성의 성장과 성공은 노마디즘이라는 개념과 어울리지 않는다. 노마디즘은 자본주의라고 하는 공고한 사회적 틀을 늘 비판적으로 보며, 그것으로부터 벗어나 새로운 사회적 틀을 개척하고자 한다. 단순히 삼성이 세계시장에 자기들 상품을 널리 판다고 해서 그것을 노마디즘이라고 해석하는 것은 노마디즘에 대한 오해에서 비롯된 것이다.

노마디즘은 들뢰즈(좌)와 가타리(우)에 의해 유명해진 말이다. 하나의 절대적 지식이나 제도에 얽매이지 말고 자유롭게 세상을 떠돌며 새로운 가능성과 진실을 개척하자고 주장한다.

　이런 오해는 노마드가 단순히 외형적 움직임을 뜻하는 것, 즉 '단순한 이주'라고 착각한 데서 비롯된다. 노마드는 외형적 변화를 추구하는 것이 아니라 우리를 감싸고 있는 정신적·문화적 고정관념으로부터의 탈주를 추구한다. 삼성이 자기네 제품을 국경 넘어 파는 행위나 몽골의 전사들이 말발굽을 달려 적지를 손아귀에 넣는 것은 진정한 노마디즘이 아니다. 몽골의 전사들은 단순한 영토 확장에 몰두했을 뿐이며, 삼성의 행태는 자본주의적 질서를 공고히 하는 농경적 행태일 뿐이다. 노마디즘은 자본주의라는 틀 자체에 대한 근본적 의문을 제시하는 것을 의미한다. 몽골의 기마병과 삼성의 경영자들은 진정한 유목민이 아니라 단순한 이주민에 불과하다.

　그러나 노마디즘에 대한 비판적 시선이 완전히 오해에서 비롯된 것이라고만 보기는 어렵다. 왜냐하면 노마디즘이 주장하는 불가피한 전쟁이라는 것이 늘 좋은 결과만을 보장한다고 보기는 어렵기 때문이다. 노마디즘은 우리를 둘러싼 폐쇄적 족쇄와 남들이 둘러치고 있는 담벼락을 허물어뜨리는 전쟁이 불가피하다고 말한다.

하지만 이런 전쟁을 통해 모든 족쇄와 담벼락이 무너져 모든 사람들이 유목민처럼 자유롭게 이곳저곳을 들락날락할 수 있게 되는 사회가 반드시 좋은 사회인가? 국가와 정치체제, 자본주의라는 경제체제의 경계를 무너뜨리기만 하면 무조건 좋은 세상이 오는 것일까? 노마디즘은 경계로부터 벗어나 끝없는 실험과 도전을 주장하지만 그렇게 새로운 것을 탐색하기에는 위험 부담이 너무 큰 것이 아닐까?

물론 들뢰즈는 노마디즘이 결코 무책임한 무정부주의라고 말하지는 않는다. 국가를 원천적으로 부정하는 것이 아니라 행정기계로서의 국가와 협력함으로써 새로운 가치를 창출한다고 주장한다. 허나 국가와 협력하는 것이 진정한 유목주의일 수 있는가?

또한 노마디즘이 자본주의를 비판적으로 본다는 것도 이해하기 힘들다. 노마디즘을 옹호하는 측에서는 신자유주의적 자본주의가 자본주의 체제를 공고히 하면서 자본만 외형적으로 이동하는 것을 추구하기 때문에 진정한 유목이 아니라 단순한 이주에 불과하다고 주장한다.

허나 현대의 신자유주의적 자본주의는 19세기 자본주의와 다르고 20세기 자본주의와도 다르다. 자본주의는 고전주의, 수정주의, 신자유주의 등으로 끊임없이 스스로의 모습을 변모해 왔다. 이런 변화와 도전, 자신의 한계를 벗어나려는 노력도 유목이라 할 수 있지 않을까? 자본주의적 틀 자체까지 부정하지는 않았기 때문에 진정한 유목주의가 아니라고 한다면 국가라는 틀 자체까지 부정하지는 않는 들뢰즈식 노마디즘도 진정한 유목주의가 아닌 셈이 되지 않나?

▶ 관련 개념어 : 포스트구조주의, 해체주의

논리실증주의

논리적으로 검증되지 않는 일체의 주장들을 무시하자

logical positivism

경험적으로 확인되지 않으면 어떠한 진술도 받아들일 수 없다는 주장을 실증주의positivism라 한다. 논리실증주의logical positivism는 이런 입장을 언어적 측면에서 좀더 정밀하게 적용한 것이다.

가령 누군가 "책상 위에 빨간 사과가 있다."라고 진술했다고 하자. 그 진술이 참인지 거짓인지 여부는 직접 그 진술을 한 사람이 지적한 것을 우리가 보고 검증한 다음에야 판단할 수 있다. 그 사과를 직접 본 사람이라면 어느 누구도 그 진술을 참이라고 인정하지 않을 수 없다. 과학이란 바로 이런 단순하지만 명백히 참인 진술들의 합으로 구성된다. 이런 단순한 문장들을 프로토콜 명제protocol sentence라고 한다. 이런 설명은 비트겐슈타인과 러셀의 논리적 원자론logical atomism에 힘입은 바 크며, 이를 검증가능성 원리verifiability principle라고 한다.

만약 단 하나라도 확인될 수 없는 무언가가 개입된 진술이 있다면 그 진술은 무의미한 것이 된다. 가령 "저 벽장 안에 귀신이 있다."는 진술은 무의미하다. 어느 누구도 벽장 안에 귀신이 있는지 여부를 확인해줄 수 없기 때문이다. 형이상학, 종교, 도덕, 아름다움 등에 관한 온갖 주장들은 우리의 경험이 확인해줄 수 없는 것들이다. 이런 주장들은 죄다 무의미하기 때문에 외면해야 한다.

반면 기존의 실증주의는 이들 명제를 아예 거짓이라고 주장했다는 점에서 논리실증주의와 다르다. 논리실증주의는 그런 주장들을 거짓이라고 주장함으로써 형이상학이나 종교와 싸우는 대신 그런 주장들을 외면하는 방식을 택했다. 실증주의보다 더 고도의 신비주의 응징방식인지도 모르겠다.

논리실증주의가 참이라고 인정하는 명제는 또 하나 있는데, 그것은 바로 수학적인 동어반복tautology 명제들이다. "하나에 하나를 더하면 둘이다."라는 명제는 그 자체로 참이다. 왜냐하면 '하나에 하나를 더함' 이라는 내용 자체에 이미 '둘' 이라는 의미가 있기 때문이다.

논리실증주의가 기존의 실증주의와 다른 점이 여기에도 있다. 기존의 실증주의는 경험적 사실들만을 중시했을 뿐 수학적 명제들은 중시하지 않았다. 이렇듯 논리실증주의는 개별적인 경험적 사실들에 관한 진술들과 수학적인 동어 반복적인 진술들에 의해 참된 과학적 진술, 즉 이론적 명제theoretical sentence를 이루게 된다고 보았다. 이때 개별적 관찰경험들과 이론적 명제들 사이에는 대응규칙對應規則, correspondence rule이 존재한다고 주장한다. 누군가 어떤 이론적 명제를 제기했는데 개별적인 관찰경험들이 그 이론적 명제에 부합되면 그 이론적 명제는 참이 되는 것이다.

그런데 이런 입장에는 난점이 있다. 첫째, 책상 위에 있는 빨간 사과를 관찰하기 위해선 최소한 그것을 빨간 사과라고 인지하는 능력이 있음이 전제되어야 하는데, 논리실증주의는 그 능력이 어디서 오는 것이며 그 내용은 무엇인지에 대해 설명하지 못한다. 왜냐하면 그 능력은 관찰할 수 없는 것이기 때문이다.

포퍼의 반증가능성이론으로 인해 논리실증주의는 완전히 낡은 이론으로 취급받기에 이른다. 그러나 논리실증주의가 이후 분석철학에 엄청난 영향을 미친 점은 분명하다.

둘째, 논리실증주의에 의하면 프로토콜 명제는 원자명제다. 그러나 프로토콜 명제들은 원자명제가 아니라 더 세분화될 수 있기 때문에 진정한 의미의 원자명제라 할 수 없다. 가령 앞에서 예를 든 문장은 '책상', '빨갛다', '사과' 등의 단어에 대한 원자명제들의 합인 분자명제에 지나지 않는다. 프로토콜 명제라고 주장하는 진술들은 더 세분된 명제들로 무한 분할될 수 있다. 즉 원자명제라는 것 자체가 불가능한 전제일 수 있다.

셋째, 관찰자의 경험 내용이 극히 주관적일 수 있다. 다른 사람도 그 관찰자와 똑같은 경험내용을 가지리라 보장할 수 없다. 예컨대 관찰자가 색맹이라든가 빨간색 알레르기를 가진 사람이라면 도대체 그 진술의 타당성을 어떻게 보장하겠는가?

넷째, 관찰자가 어떤 이론적 편견을 가지고 관찰했을 가능성을 배제할 수 없다. "모든 후지사과는 빨갛다."는 명제를 부정하기 위해 파란색 조명을 설치한 뒤 "파랗다"는 관찰경험이 도출된다고 주장할 수도 있다.

다섯째, 관찰용어와 이론적 명제들을 이어주는 대응규칙이라는 것을 입증하기 어렵다. 이 부분에 대해 논리실증주의는 석연한 해명을 하지 못하고 있다.

여섯째, 관찰 가능한 것의 범위가 시시각각 변하기 때문에 관찰명제와 이론적 명제를 구분하는 것 자체가 무의미하다고 볼 수 있다. 가령 과거엔 세포를 현미경으로 볼 수 없었다. 따라서 세포에 관한 진술은 이론적 명제가 된다. 즉 "세포가 있다."는 진술을 뒷받침하기 위해선 직접 관찰에 의존하지 못하고 다른 직접적 관찰들에 의존했어야 했던 것이다. 그러나 지금은 세포를 직접 현미경으로 관찰할 수 있으므로 "세포는 있다."는 진술은 이론적 명제가 아니라 관찰 명제가 된다.

이처럼 논리실증주의는 결함이 많다. 특히 포퍼K. R. Popper의 반증 가능성이론theory of falsifiability으로 인해 논리실증주의는 완전히 낡은 이론으로 취급받기에 이른다. 그러나 논리실증주의가 이후 분석철학에 엄청난 영향을 미쳤다는 점에서는 그 의의를 아무리 강조해도 지나치지 않다. 논리실증주의와 이를 기반으로 하는 분석철학은 별다른 근거 없이 교조적으로 주장되어 왔던 종래의 온갖 형이상학적·신비주의적 주장들을 과감히 부정할 수 있는 합리적 조건들을 우리에게 제공해주었다.

▶ 관련 개념어 : 논리적 원자론, 반증 가능성, 언어적 전회

논리적 원자론

진술들을 원자로 쪼개어 완벽한 언어를 창출하자
logical atomism

온세상 만물을 잘게 쪼개면 더 이상 쪼갤 수 없는 원자atom로 나뉘게 된다는 주장을 원자론atomism이라 한다. 이러한 아이디어를 최초로 제기한 사람은 고대 희랍의 데모크리토스Democritos이다. 러셀 B. Russell은 데모크리토스의 원자론에서 힌트를 얻어 논리적 원자론 logical atomism을 주장했다. 온세상 만물이 원자로 구성되어 있는 것처럼 온세상의 진술들은 더 이상 쪼개질 수 없는 원자명제atomic sentence로 구성될 수 있다고 보았다.

이러한 생각의 밑바탕에는 온세상이 언어로 표현될 수 있다는 믿음이 자리 잡고 있다. 그리고 온세상에 대한 정확한 진술은 논리적으로만 가능하다. 우리의 일상적인 언어는 너무나 부정확하기 때문에 세상을 정확히 반영할 수 없다. 오로지 논리적인 언어만이 세상을 완벽하게 반영할 수 있다. 이러한 입장은 비트겐슈타인의 전기 입장과 기본적으로 동일하다. 러셀 스스로 자신의 논리적 원자론을 비트겐슈타인한테서 배웠다고 겸손하게 말한다.

예를 들어 보자. "이것은 사과다."라는 진술이 있다고 하자. 이 진술은 여러 원자 명제들로 잘게 쪼개질 수 있다.

"이것은 새콤달콤하다."

"이것은 빨갛다."

"이것은 둥글다."

"이것은 먹을 수 있다."

여러 가지 원자명제들이 합해져서 "이것은 새콤달콤하고, 빨갛고, 둥근 열매이다."라는 분자명제가 도출된다. 그리고 이 분자명제는 "이것은 사과이다."와 동일한 의미를 가진다. 이 분자명제의 참 거짓을 판명하기 위해선 각각의 원자 명제들의 참 거짓을 확인하기만 하면 된다. 각각의 원자 명제들 가운데 하나라도 거짓이 있다면 그 분자명제는 거짓이다. 세상에 대한 진술들은 원자명제들로 구성된 분자명제들로 이뤄져 있다.

이러한 설명방식은 기존의 지칭이론reference theory이 가진 문제점을 해결해줄 수 있다. 지칭이론이란 하나의 단어가 하나의 사물을 지칭한다는 소박한 이론이다. 앞에서 거론한 '사과'라는 단어의 경우 실제의 사과를 지칭하기 때문에 의미를 갖게 된다는 것이다. 그러나 지칭이론에는 심각한 결함이 있었다. 가령 'nobody'라는 단어라든가 관사, 접속사 등은 하나의 사물이나 사태를 지칭하지 않으면서도 의미를 가지므로 지칭이론으로는 설명할 수 없다.

러셀의 논리적 원자론에 의하면 지칭이론은 쉽게 극복된다. 가령 'nobody'라는 단어의 경우 앞에서 '사과'라는 단어의 의미를 잘게 쪼갠 것처럼 그 의미를 잘게 쪼개면 의미가 도출된다.

"어떠한 상황이 있다."

"무엇을 고려한다."

"사람이 대상이다."

"대상이 없다."

위의 분자명제들을 합하면 '사람을 대상으로 하여 어떠한 것도 있지 않은 상황'을 'nobody'라고 설명할 수 있는 것이다. 각종 관사와 접속사들도 직접 사물이나 사태를 지칭하지 않으면서도 의미를 가진 분자명제들로 쪼개어 설명할 수 있다. 그리고 이들 분자명제들은 또 다시 더 세밀한 원자명제들로 쪼개어질 수 있다.

치명적 결함에도 불구하고 러셀의 논리적 원자론은 이후 비트겐슈타인 등 수많은 분석철학자들에게 큰 영감을 주었다는 점에서 그 의의를 결코 과소평가할 수 없다.

그러나 러셀의 논리적 원자론에는 치명적 결함이 있었다. 러셀에 의하면 원자명제들은 그 자체로 설명할 수 없는 의미의 최소 단위들을 의미한다. 그런데 우리가 세상을 제대로 이해하려면 따로 설명이 필요치 않은 수많은 원자명제들을 미리 알고 있어야 한다는 얘기가 된다. 가령 앞에서 예를 든 '빨갛다'와 '둥글다'와 '새콤달콤하다'는 명제들은 그 자체로 쪼개질 수 없는 원자명제들인데, 우리가 세상을 제대로 이해하려면 이런 것들을 미리 알고 있었어야 한다. 이런 식으로 나가다 보면 우리가 미리 알고 있어야 할 원자명제들의 수가 무한대로 많아지게 된다.

앞에서 예를 든 'nobody'의 경우도 마찬가지다. 그것은 여러 분자명제들로 나뉘어 설명될 수 있고, 그 분자명제들은 또 수많은 원자명제들로 쪼개어진다. 즉 하나의 개념을 이해하기 위해 우리는 그보다 훨씬 더 많은 개념을 미리 알고 있지 않으면 안 되는 것이다. 다시 말해 세상을 논리적으로 이해하기 위해선 세상에 대한 개념을 미리 알고 있지 않으면 안 된다는 모순이 발생하게 되는 것이다.

이러한 결함에도 불구하고 러셀의 논리적 원자론은 이후 비트겐슈타인 등 수많은 분석철학자들에게 큰 영감을 주었다는 점에서 그 의의를 결코 과소평가할 수 없다. 러셀의 논리적 원자론은 세상을 설명하는 완벽한 논리적 언어가 구성될 수 있다고 믿었다는 점에서 비트겐슈타인의 원자론과는 다르다. 비트겐슈타인은 언어로 구성될 수 없는 부분이 있으며, 그 부분에 대해서는 침묵해야 한다고 주장했기 때문이다.

▶ 관련 개념어 : 논리실증주의, 반증 가능성, 언어적 전회

▌누스
정신, 마음, 이성 등을 지칭하는 서양철학의 원조개념
nous

누스nous는 정신, 마음, 이성을 지칭하는 고대 그리스어 단어이다. 아낙사고라스Anaxagoras가 처음 내세운 이래 고대 그리스 철학의 중심 개념이 되었다.

아낙사고라스 이전의 고대 자연철학자들은 모두 만물의 근원이 무엇이고, 그것이 어떻게 구성되어 있는지, 만물의 변화양상은 어떤지에 대해서만 논의했다. 만물을 구성케 하는 더욱 근원적인 어떤

보이지 않는 제3의 힘에 대해서는 관심을 두지 않았다.

최초의 자연철학자들은 자연을 설명하는 과정에서 신God에게 의지하지 않았다. 신화를 벗어나 과학과 철학을 추구했다. 오로지 인간의 노력만으로 자연의 질서를 파악하고자 했다. 따라서 인간의 노력을 벗어나 있는 어떤 제3의 무엇에 기대어 만물의 질서를 설명하고자 하는 시도 자체를 하지 않았다. 그런 시도는 종래의 신화적 수준으로 퇴행하는 것을 의미했다.

그런데 아낙사고라스는 이들과는 달리 '누스'라고 하는 제3의 그 무엇을 거론한다. 겉으로 보이는 물질세계뿐만 아니라 그 안에 깃든 정신의 중요성을 서양철학사 최초로 일깨웠다. 누스는 어지럽게 널브러져 있는 물질세계에 질서를 부여해주는 참된 원리이다. 아낙사고라스는 가깝게는 플라톤, 멀게는 데카르트와 헤겔에게 영감을 준 정신철학의 원조이다.

그렇다고 해서 아낙사고라스의 시도를 퇴행이라고만 볼 수는 없다. 과거의 그리스 신화에는 인격적 요소가 다분했지만 아낙사고라스가 말한 누스에는 인격적 요소가 없다. 누스는 신이 아닌 추상적 원리이다. 최초의 자연철학자들이 신화로부터의 탈출을 감행했다고 한다면, 아낙사고라스는 신화에서 인격적 요소를 지우고 신화를 세련되게 이념화했다고 볼 수 있다. 실제로 아낙사고라스는 신을 믿지 않는다는 이유로 사형을 선고받고 도망자 신세로 비참하게 살다 죽었다.

그러나 아낙사고라스의 이념화 작업이 완벽했던 것은 아니다. 그

서양을 지배한 정신의 철학, 즉 누스라는 개념은 아낙사고라스(그림)로부터 비롯되어 플라톤을 거쳐 플라톤의 제자인 아리스토텔레스에서 1차적으로 완성된다.

가 말한 누스에는 여전히 물질적인 요소가 남아 있었다. 그는 누스를 정신적 입자로 이해했다. 누스에서 물질적 요소를 지우고 완벽히 정신적 측면만을 독립시킨 인물은 플라톤이다. 플라톤에 있어 누스는 이데아idea를 볼 수 있게 하는 참된 원천이다. 우리가 감각이나 억측 등에 구애받지 않고 참된 진리의 세계인 이데아를 볼 수 있게 되는 것은 순전히 누스, 즉 정신 덕분이다. 정신은 모든 물질적, 감각적 현실로부터 벗어나 참된 진리를 발견하도록 이끄는 유일한 원천이다.

플라톤의 제자인 아리스토텔레스 또한 누스를 강조한다. 그는 아예 누스를 신적 경지에서 논한다. 온세상은 신이라는 목적을 향해 나아간다. 누스란 바로 온세상의 궁극적 목적으로서의 신에 다가가는 유일한 방법이다. 이로써 정신의 중요성을 강조한 아낙사고라스의 시도는 아리스토텔레스에 의해 완성된다.

실상 서양철학은 아리스토텔레스에 의해 이미 완성을 본 것이나 다름없다. 플라톤의 이데아론에 반발해 현실의 의의를 강조했다고는 하나 결국 그가 궁극적으로 추구한 것은 다름 아닌 신God이었다. 그의 선배 자연철학자들이 신으로부터 탈출하고자 했던 반면 아리스토텔레스는 탈인격적 신을 새로이 창출하게 된 셈이다. 그의 철학

이 중세시대에 이르러 극단적 기독교학설인 스콜라 철학과 융합될
수 있었던 건 우연이 아니다. 서양을 지배한 정신의 철학은 이렇게
아낙사고라스로부터 비롯되어 아리스토텔레스에서 1차적으로 완성
된다.

▶ 관련 개념어 : 자연철학, 이데아

동도서기와 화혼양재

서구문물을 바라보는 조선과 일본의 근본적 입장차이

東道西器 和魂洋才

동도서기東道西器란 동양의 정신道과 서양의 기술器을 결합하자는 주장이다. 조선 말기 진보적 지식인들이 주장한 바 있다. 비슷한 시기 중국에서는 중체서용中體西用, 일본에서는 화혼양재和魂洋才라는 구호가 있었다.

세 가지 개념 모두 비슷한 맥락에서 제기되었다. 서양의 물질문명은 기꺼이 수용하겠지만, 동양의 정신적 가치는 포기하지 못하겠다는 동아시아인들의 결연한 의지를 확인할 수 있다. 그런데 중국과 한국은 실패하고 일본만 성공했다. 왜일까?

우선 동도서기의 내용을 보자. 동도서기의 가장 모범적 사례는 가령 이런 것이다. 아침에 자명종 소리에 일찍 눈을 뜬다. 식사를 간단히 하고 상쾌하게 비데를 이용해 용변을 본다. 주섬주섬 안경을 끼고 『주역』을 읽는다. 오랜만에 스승에게 전화가 온다. 무릎을 꿇은 자세로 전화기를 받쳐 들고 머리를 조아리며 스승과 통화를 한다. 스승을 찾아뵙고자 검정 세단을 몰고 안동으로 향한다. 스승께선 병원에 입원하신 상황이지만 적절한 항생제 치료로 이삼일 후면 퇴원이 가능하다. 이런 상황을 자신의 블로그에 올린다. 스승의 제자들이 일제히 스승의 건강이 회복되고 있다는 내용의 글에 가슴을 쓸어내리며 감사의 댓글을 단다.

과연 이런 동도서기적 유토피아는 가능한가? 단언컨대 불가능하다. 현실은 이렇다.

자명종 따위에 의존하는 것은 옳지 않다. 자연적 기의 흐름에 따라 이른 시각에 저절로 눈을 뜨는 것이 진정한 도학자의 자세이다. 비데도 꺼림칙하다. 낭비되는 물이 자연을 파괴할 것을 우려하면서 새끼줄만 이용하고 만다. 검정 세단도 적절치 않다. 자연을 파괴하면서 휘발유를 사용하는 것은 우주적 기의 순환작용에 역행하는 행위이기 때문이다. 종기 때문에 병원에 입원했지만 한의사는 치료할 줄을 몰라 쩔쩔맨다. 온천수로 씻겨 보지만 그때뿐이다. 블로그에는 남자만 글을 올릴 수 있다. 여자가 블로그질하는 것은 엄격히 금지된다. 장유유서가 무너진 인터넷 공간은 악 그 자체이다.

정신문명과 기술문명이 구분될 수 있다는 생각 자체가 난센스다. 남녀노소 구분 없이 누구나 이용할 수 있는 인터넷을 과연 19세기

동도서기론자들이 어떻게 생각했을까? 인터넷을 사용하기 위해선 남녀와 노소에 관한 기존의 관념을 버려야만 한다. 서양의학을 수용하기 위해선 음양오행을 기반으로 한 동양의학을 버려야 한다. 서양의 정치제도를 받아들이기 위해선 왕정체제를 버려야만 한다.

동도서기론이란 이를테면 왕정체제를 유지하면서 서양의 정치체제를 받아들이는 것이다. 남녀 차별과 장유유서 관념을 유지하면서 인터넷을 받아들이자는 주장이다. 그러니 성공할 리가 있겠는가?

일본은 중국 및 조선과는 다른 길을 걸었다. 그들이 내세운 화혼양재란 실질적으로 베버M. Weber가 말한 탈주술Entzauberung의 길이었다. 탈주술이란 일체의 주술적 요소를 완전히 배제해 버리는 것을 의미하지 않는다. 탈주술이란 일체의 주술적 요소를 신God에게 맡기는 것을 말한다. 주술적 요소를 신에게 맡기고 나면 인간 세계에는 탈주술적 요소밖에 남지 않는다. 주술적 요소를 완전히 신에게만 맡겨버린 인간은 현세에서 탈주술적 측면, 즉 과학과 기술, 자본주의를 마음껏 발달시킬 수 있게 된다. 그리고 그러한 과학과 기술은 민주주의와 인권이라고 하는 서양의 정신문명과 밀접히 연관되어 있다. 하나님 하나만 절대적 존재이며 그 밑의 인간은 누구나 평등하다. 신분제도의 극복은 탈주술로 인해 가능했던 것이다.

극단적 내세주의 사상을 주장하는 기독교가 바로 그 길을 걸었다. 기독교는 주술적 측면을 철저히 신과 내세에만 맡겼다. 그 결과 현세는 완전히 탈주술적으로 대할 수 있게 되었다. 영혼이 빠져 나간 인간의 몸을 해부하는 것은 신에 대한 불경이 아니다. 신은 우주를 창조하셨고, 과학자는 그 창조된 질서를 합리적으로 신의 간섭을 받지 않은 채 마음껏 발견할 자유를 얻을 수 있게 되었다.

일본의 근대 사상가들 또한 이런 길을 걸었다. 그들은 극단적 탈주술과 극단적 주술적 세계관을 동시에 지녔다. 그들은 한편으로는 귀신이 없다느니 동양의 정신적 가치를 부정하느니 하면서 대단히 합

일본이 내세운 화혼양재란 실질적으로 베버가 말한 탈주술의 길이었다. 탈주술이란 일체의 주술적 요소를 신에게 맡기는 것이다. 주술적 요소를 신과도 같은 천황에게 맡기고 나면 인간 세계에는 탈주술적 요소밖에 남지 않는다.

리적인 태도를 지녔다. 그러면서 또 다른 한편으로는 자신들의 정신적 중심인 천황天皇을 신격화했다. 여기가 바로 탈주술적 요소와 주술적 요소가 극적으로 갈라져 동거할 수 있는 지점이 된다.

일본은 근대화 도입기에 주술적 요소를 완전히 천황에게 맡기고자 했다. 천황의 말씀이 곧 진리요, 길이요, 생명이다. 극단적인 주술적 세계관이 지배한 결과라 할 수 있다. 그리고 천황이 맡은 주술적 측면 이외의 모든 측면은 탈주술적으로 처리했다. 천황이 서양문물을 받아들이자고 하면 그대로 따를 뿐 그에 대한 반론을 제기하는 것은 금물이다. 하나님이 세상을 창조했다는 주장을 그대로 따를 뿐 그에 대한 아무런 의심도 제기해서는 안 되는 기독교의 교리와 마찬

가지 결과를 빚는다. 천황의 절대명령에 따라 일본인들은 현세를 일사분란하게 탈주술적으로 발전시키게 된다. 이것이 바로 동도서기·중체서용과 화혼양재의 차이점이다.

즉 화혼양재란 "일본의 혼과 서양의 기술문명"의 결합이 아니라 "천황의 혼과 서양의 기술 및 정신"의 결합을 의미했다. 그리고 천황의 영역은 신성불가침의 영역이다. 대신 현실세계에선 무엇이든 할 수 있다. 난징에서 수십만 명을 학살해도 괜찮다. 731부대에서 살아 있는 사람의 몸을 칼로 가르고 장난질을 쳐도 괜찮다. 천황의 초월적 명령이 중요한 것이다. 현실에선 천황의 명령대로 서구의 기술을 가지고 할 수 있는 모든 것을 해도 좋다.

동도서기와 중체서용은 화혼양재와는 다른 결과를 빚었다. 중국과 조선에는 하나님이나 천황과 같은 초월적 존재에 대한 믿음이 없었다. 따라서 현실을 완벽히 탈주술화할 수가 없었다. 현실은 늘 주술적 요소와 과학적 요소가 뒤범벅이었다. 천황과 하나님께 초월적 영역을 양보한 대신 현실의 정신적·물질적 측면을 일관되게 탈주술화할 수 있었던 유럽과 일본은 근대화를 이룰 수 있었지만 조선과 중국은 그럴 여건이 되지 않았던 것이다.

지금 우리를 되돌아보자. 과연 동도서기가 가능한가? 지금 우리 시대에 동양의 도道라고 할 수 있는 것이 과연 무엇인가?

▶ 관련 개념어 : 목적합리성과 가치합리성, 경세치용, 이용후생, 실학

로고스

말, 이성, 논리 등을 의미하는 고대 그리스어

logos

　로고스logos란 '말'이라는 뜻의 고대 그리스어 단어다. 고대 그리스 시대부터 현대에 이르기까지 서양인들은 말을 무척 중시해왔다. 말솜씨를 보고 대통령을 선출했고, 말솜씨가 좋아야 출세할 수 있었다. 서구의 문화를 이끄는 리더들은 대부분 학창 시절 토론 선수였다. '교언영색巧言令色', 즉 번지르르한 말과 예쁘게 꾸민 낯빛을 경계한 동아시아인들과 정반대 시각이다.

　서양인의 가치관과 세계관이 지배하는 현대를 살아가는 입장에서 '교언영색'을 우려하는 것은 합당치 않다. 일생을 좌우하는 면접시간에 '교언영색'을 되뇌며 더듬거려보라. 말은 더듬지만 실력은 출중하고 본심도 선량하다고 아무리 주장해 봐라. 누가 과연 당신을 뽑아주겠는가? 이미 이 시대는 '교언영색'이라는 사자성어가 무의미한 시대다. 말 잘하고 합리적으로 표현할 줄 아는 사람이 대접받는 세상이 되었다. 그리고 이런 세상은 절대 나쁜 게 아니다.

허나 그럼에도 불구하고 말 잘하는 것을 경계해 온 동아시아인들에게 말이란 것은 여전히 양가적으로 느껴진다. 말 잘 하는 정치인을 보고 감탄하면서도 실제로는 말 못하는 자기 동네 후보를 뽑아준다. "조금만 기다려. 예쁜 옷 사줄게."라고 아내를 달래는 나에게 장모님은 늘 핀잔을 주신다. "말만 앞세우지 말고 실천이나 하시게." 결국 나는 말을 하지 않게 되었고, 그 결과 책임질 일이 없어져 아직도 아내에게 예쁜 옷을 사주지 않고 있다.

로고스, 즉 말을 중시한 전통은 그리스에 국한되지 않는다. 기독교 전통에서도 말은 중시되었다. 〈요한복음〉 1장 1절에 다음 구절이 나온다. "태초에 말씀이 있으셨다. 이 말씀이 하나님과 함께 있으셨으니 이 말씀이 곧 하나님이시다." 참으로 충격적인 얘기다. 말이 신이라는 얘기다. 서구 문명의 양대 산맥인 그리스철학과 기독교가 모두 말을 중시했다. 그들에게 말은 신이었다.

오바마 등 서구의 문화를 이끄는 리더들은 대부분 학창 시절 토론 선수였다. 로고스, 즉 말을 중시하는 전통은 고대 그리스시대부터 현대에 이르기까지 이어져오고 있다.

허나 더 정확하게 말하면 앞에서 말한 〈요한복음〉의 내용은 그리스철학과 무관한 기독교만의 세계관을 반영한 것이 아니다. 오히려 그 내용은 그리스철학을 반영한 결과라고 보아야 한다. 〈요한복음〉이 저술된 당시는 이미 그리스철학이 지중해 전역을 지배하던 때였다. 〈요한복음〉의 저자는 당대 그리스철학의 상식에 비추어 기독교 신학을 전파했을 뿐이다. 따라서 〈요한복음〉이 묘사하는 로고스란 본질적으로 그리스철학이 중시한 로고스의 맥락을 신학적으로 각색한 것이라 보는 것이 옳다.

어찌 됐든 서구역사가 로고스를 중시했다는 것만큼은 분명하다. 우리가 아무리 배우기 싫고, 배우더라도 현실에서 하등 써먹을 게 없다고 믿는 수학을 그토록 열심히 공부해야 하는 이유가 여기에 있다. 로고스는 단순히 말을 뜻하는 것이 아니라 말의 법칙, 이성의 법칙, 사고의 법칙을 뜻하기 때문이다.

실상 인간이란 존재에게 말이 없으면 인간이란 존재 자체가 무의미해진다. 저 책상 위에 놓인 꽃의 아름다움을 논하라는 질문을 받았다고 치자. 과연 말이 없다면 뭐라 설명할 것인가? 단순히 말을 못하는 차원이 아니라 언어구조 자체가 우리의 뇌에 없다고 상상해 보라. 우리에게 과연 문명이 가능하겠는가? 철학이 가능하겠는가?

말은 인간이라는 존재에게 본질적 요소이다. 12년 동안이나 수학을 배우는 것은 우리에게 이런 말의 구조, 논리의 구조가 본질적 요소임을 깨달은 서양인의 지혜를 배워야 함을 의미한다.

▶ 관련 개념어 : 이성, 이데아

만물일체설

인간을 우주의 일부에 불과할 뿐이라 보는 겸손의 철학
萬物一體說

동아시아인들은 전통적으로 인간을 비롯한 우주 만물이 각기 떨어져 있는 것이 아니라 하나의 전체를 구성한다고 보았다. 사지四肢가 서로 구별되기는 하지만 하나의 인간을 이루는 것처럼 만물은 우주라는 하나의 통일적 전체를 이루는 유기적 구성요소라고 보았다. 이를 만물일체설萬物一體說이라 한다.

그러나 만물일체설의 내용은 취하는 입장에 따라 달라진다. 예컨대 노장老莊사상에서는 만물들의 지위를 동일하게 파악한다. 인간이라고 해서 특별히 다른 사물이나 동물들보다 나을 게 없다. 다른 사물이나 동식물들도 모두 인간과 같은 존재론적 지위를 가짐으로써 우주라는 통일체를 구성하게 된다. 사람이 나비 꿈을 꾸는지, 나비가 사람 꿈을 꾸는지 분간할 수 없다는 장자莊子의 아이디어는 노장사상의 만물일체설을 문학적으로 설명한다. 노장사상에는 인간중심적 윤리가 개입될 여지가 없다.

반면 유교사상, 특히 성리학은 만물이 일체라는 전제를 받아들이면서도 만물들 사이에 위계가 엄존한다고 주장한다. 노장사상과 달리 '윤리'라는 척도를 도입함으로써 이런 위계적 사유를 합리화한다. 세상은 노장사상이 주장하는 것처럼 무작정 일체인 것만은 아니다.

이런 만물 위계설에 의하면 가장 윤리적인 존재는 인간이다. 그다음으로 동물이 부분적으로 윤리적 존재로 대접받는다. 식물에게서 윤리성을 찾기란 매우 힘들며, 무생물에게는 윤리성이 거의 없다. 호랑이를 의義로운 존재라고 파악한다든가 수달을 예禮절 바른 존재로 파악하는 것 등은 이런 입장에서 비롯된다.

이렇듯 만물이 원칙적으로는 일체를 이루되 실제로는 위계적일 수밖에 없는 근거는 기氣의 차이에 있다. 성리학자들은 기氣를 윤리적으로 파악한다. 기氣가 깨끗하면 품성도 깨끗하고, 기氣가 더러우면 품성도 좋지 않다고 보았다. 인간이 타고난 기氣는 동식물의 기氣와 근본적으로 다르다. 이를테면 유전학적으로 넘을 수 없는 종의 장벽이 있다는 것이다.

이러한 위계설은 사회적 차별을 긍정하게 만든다. 윤리적 위계설은 엄격한 유교적 신분사회를 유지하기 위한 이론적 근거의 노릇을

양명학의 만물일체설은 청나라 말기 강유위(좌)와 담사동 (우) 등이 주장한 대동(大同) 사회론에 영향을 줌으로써 근 대화에 이바지하기도 한다.

해왔다. 만물일체설은 유교적 입장에서 볼 경우 원론적 이상에 그칠 뿐 현실은 아니었다.

이와 달리 양명학은 성리학의 위계설을 강하게 부정하며 진짜 만물일체설을 설파한다. 이러한 만물일체설에 도달하기 위해 양명학은 인간의 마음속에 우주의 근본적 원리, 즉 이理가 내재되어 있다고 주장한다.

성리학은 우주의 근본적 원리인 이理를 우선 인간의 밖에 둔다. 인간은 원칙적으로 그러한 이理를 인간의 본성에 내재하고 있지만 어디까지나 그것은 원칙적 차원에서만 그럴 뿐이다. 현실적으로는 기氣의 제약에 의해 이理의 원칙을 인간의 본성이 완벽히 구현하고 있지 못하다. 이 때문에 본연지성本然之性과 기질지성氣質之性이라는 이분법이 발생한다. 기氣의 제약은 곧 윤리적 위계설을 정당화하는 구실을 하게 된다.

그러나 양명학은 성리학과 달리 인간의 마음에 완벽히 우주의 이치가 구현되어 있다고 본다. 심즉리는 성즉리보다 더 래디칼한 성선설을 주장한다. 온우주의 원리가 인간의 마음에 선험적으로 이미 완벽히 갖춰져 있으므로 인간은 자신의 마음만 제대로 드러내면 된다. 자신의 마음을 제대로 드러내면 곧 온우주의 진리를 드러내는 것이다.

다시 말해 자신의 마음을 드러내는 작업은 온우주를 관통하는 일관된 원리를 발견하는 작업인 셈이다. 이를 통해 만물이 서로 구분되는 것이 아니라 나의 마음에 내재되어 있는 이理를 통해 만물이 하나의 전체를 이루고 있음을 확인할 수 있게 된다.

실제로 양명학은 신분사회를 부정적으로 보았다. 물론 사회적·시대적 제약이 있었기 때문에 근본적으로 신분철폐운동으로까지 발전하지는 못했다. 사농공상土農工商의 위계 자체를 부정하지는 못했지만, 사土의 권위만을 강조하는 편협함에서 벗어나 농공상農工商의 조화를 중시하는 정도의 입장에는 도달할 수 있었다. 양명학의 만물일체설은 청나라 말기 강유위康有爲와 담사동譚嗣同 등이 주장한 대동大同 사회론에 영향을 줌으로써 근대화에 이바지하기도 한다.

▶ 관련 개념어 : 양명학, 무아론, 본연지성과 기질지성

목적론

세상에는 목적이 있고 윤리에는 올바른 목적이 있어야 한다
teleology

목적론teleology에는 목적론적 윤리론과 목적론적 존재론이 있다. 일단 목적론적 윤리론부터 보자. 다음 도표를 보면 이해하기 쉬울 것이다.

목적론적 윤리론에 의하면 윤리적으로 좋은 행동이 되기 위해선

❘ 윤리론의 유형

구분	나쁜 동기(목적)		좋은 동기(목적)	
	좋은 결과	나쁜 결과	좋은 결과	나쁜 결과
결과론	좋은 행동	나쁜 행동	좋은 행동	나쁜 행동
동기론	나쁜 행동		좋은 행동	
목적론	나쁜 행동		좋은 행동	나쁜 행동
의무론	동기(목적)와 무관하게 윤리적으로 좋은 행동은 법칙으로 정해져 있음			

목적이 좋아야 하며, 또한 그 목적을 제대로 수행해야 한다는 두 가지 조건을 충족시켜야 한다. 그런데 목적론적 윤리론은 결과론, 동기론, 의무론과 개념적으로 구별된다.

우선 결과론과의 차이를 보자. 결과론은 행위의 결과만 좋으면 모든 행위가 다 윤리적으로 좋은 행위라고 한다. 가령 돈을 훔치려는 나쁜 목적_{동기}으로 가정집에 들어갔다가 집에 불이 난 걸 보고 가족들을 구해줬다면 결과론적으로 그는 좋은 행위를 한 것이다. 그러나 목적론적으로 보면 그는 나쁜 목적으로 집에 들어간 것이기 때문에 나쁜 행위를 한 것이다. 흔히 목적론적 윤리론을 결과론적 윤리론이라고 설명하지만 둘은 이처럼 서로 다르다.

가령 '쾌락'이라는 목적을 중시하는 쾌락주의에 의하면 쾌락 이외의 목적을 추구하는 행위는 결과가 어찌 됐든 옳지 못하다. 공리주의 또한 마찬가지다. '공리'라는 목적을 추구하지 않는 행위는 결과가 어찌 됐든 옳지 못한 것이다. 공리라는 목적을 추구해야 하며, 그 결과도 좋아야 제대로 목적론적 차원에서 윤리적인 행동이라 평가받을 수 있다.

다음 동기론과의 차이를 보자. 동기론은 행위의 동기만을 고려한다. 가령 물에 빠진 강아지를 구하기 위해 어린아이가 끼고 있던 튜브를 빼앗아 강아지에게 던져줘 어린아이가 물에 빠져 죽었다고 하자. 비록 어린아이가 죽었다고 하는 나쁜 결과를 낳았지만 강아지를 살려야 한다는 동기 자체는 좋았기 때문에 그 행동은 동기론적으로 좋은 행동이다.

그러나 목적론적 측면에서 보면 그 행동은 좋은 결과를 달성하지 못했기 때문에 나쁜 행동이다. 즉 동기론은 행위의 동기만을 문제 삼지만 목적론은 행위의 궁극적 목적까지 고려해야 한다고 말한다. 행위의 궁극적 목적이라는 측면에서 보면 강아지의 목숨보다는 어린아이의 목숨이 더 목적론으로 가치가 있다. 따라서 그 행동은 목적론적으로 나쁜 행동이다.

반면 의무론은 좀 다른 맥락에서 윤리적 행위를 논한다. 의무론에 의하면 윤리적으로 옳은 행동은 일종의 법칙으로 정해져 있다고 한다. 행위의 동기나 결과, 목적 등과 무관하게 자기 내면의 도덕법칙이 시키는 대로 행동했는지 여부가 관건이다.

허나 의무론에는 치명적 약점이 있다. 가령 물에 빠진 강아지를 구하는 행동은 도덕법칙에 따라 당연히 해야 하는 행동이다. 그런데 문제는 어린아이의 튜브를 빼앗지 말아야 한다는 것도 도덕법칙에 따라 당연히 하지 말아야 할 행동이다. 해야 할 행동과 하지 말아야 할 행동이 갈등을 일으킬 경우 어떻게 해야 할까? 의무론은 이에 대해 적절한 답을 제시하지 못한다는 점에서 문제가 있다.

목적론적 윤리론은 아리스토텔레스가 처음 본격적으로 제기했다. 그런데 그가 제기한 목적론은 단순히 윤리적인 것에만 머물지 않는다. 그의 목적론은 존재론적인 것이었다. 존재론적인 측면에서 목적론은 기계론과 대립된다.

목적론적 윤리론은 아리스토텔레스가 처음 본격적으로 제기했다. 그런데 그가 제기한 목적론은 단순히 윤리적인 것에만 머물지 않는다. 그의 목적론은 존재론적인 것이었다.

기계론은 온세상을 인과적으로만 파악한다. 가령 생명현상도 하나의 기계적 인과율에 따라 벌어지는 현상에 불과하다. 씨앗이 땅에 떨어지면 물을 통해 영양을 공급받고 뿌리가 나며 줄기가 나고 열매가 맺힌다. 이 모든 과정은 원인과 결과라는 과정을 통해 설명될 뿐이다.

목적론은 그런 기계론적 설명만으로는 만족하지 못한다. 씨앗이 물을 통해 영양을 공급받는 인과적 작용의 배후에는 반드시 목적이 있다는 것이다. 나아가 우주의 모든 작용에는 모두 목적이 있다고 주장한다.

그런데 과연 목적론이 주장하는 것처럼 온세상에서 벌어지는 일들이 모두 목적을 갖고 있는 것일까? 물론 내가 지금 책을 쓰고 있는 행위, 독자 여러분이 책을 읽는 행위 등은 모두 일정한 목적에 따라 행해지는 것이다. 우리 주위를 보면 목적론이 맞는 것 같기도 하다.

허나 다큐멘터리에 나오는 저 수많은 미개 부족들과 남극 및 북극, 태평양 심연에서 살아가는 다양한 생명체들은 도대체 무슨 목적으로 살아가고 있는 것일까? 저 히말라야 정상에 있는 바위는, 저 아프리카 초원 위에 핀 꽃은, 하늘의 저 태양은 도대체 무슨 목적으로 존재하는 것일까?

아리스토텔레스를 비롯한 목적론자들이 주장하고자 했던 것은 결국 신God이다. 그들이 말하는 온세상의 궁극적 목적이란 신의 목적에 지나지 않는다. 목적론은 신학의 다른 버전일 뿐이다.

그렇다고 해서 온세상이 아무런 목적 없이 존재한다고 보기도 어렵다. 목적론적 세계관을 부정하면서 생명 현상을 유전자 정보로 환원하여 설명하는 유전학조차도 유전자의 목적을 논한다. 그들이 말하는 유전자의 목적은 '살아남는 것 자체', 즉 '생존'이다. 그러나 그들은 왜 유전자가 살아남으려고 그렇게 애를 쓰는지 설명하지 못한다. 그것은 어쩌면 영원히 철학의 숙제일지도 모르겠다.

▶ 관련 개념어 : 공리주의, 이데아

목적합리성과 가치합리성

현세의 과학적 합리성과 내세의 가치추구적 합리성
Zweckrationalitat & Wertrationalitat

목적합리성Zweckrationalität과 가치합리성Wertrationalität은 근대 사회과학의 절대 지존인 막스 베버M. Weber가 제시한 핵심 개념들이다.

베버는 당시의 계몽주의자들과는 달리 유럽의 근대적 자본주의 질서가 탄생하는 과정에서 종교가 가지는 역할을 적극적으로 평가했다. 계몽주의자들은 자본주의적인 것은 합리적인 것이고, 종교적인 것은 비합리적인 것이라는 이분법적 입장을 가지고 있었다. 자본주의라는 합리적인 체제가 발달하게 된 과정에서 종교라는 비합리적인 사유체계는 걸림돌에 불과한 것으로 여겼다. 그러나 베버는 달리 보았다. 그는 합리성을 상대적 지평에서 바라보고자 했고, 종교의 역할을 적극적으로 평가했다.

그는 합리성을 네 가지 층위에서 다양하게 살펴봐야 한다고 주장한다. 그 가운데 중요한 것은 목적합리성과 가치합리성이다. 목적합리성이란 흔히 우리가 생각하는 합리성, 즉 과학적 합리성을 말한다. 반면 가치합리성이란 종교적 측면에서의 합리성을 말한다.

명문대 입시라는 목적과 종교적 구원이라는 가치에 따라 생활하는 사람이 있다고 치자. 그가 만일 일요일에 교회에 나가지 않고 높은 수능 점수를 위해 공부에 매진했다면 그는 목적합리적으로 행동한 것이다. 반면 수능 점수는 조금 낮아질지 모르지만 내세에서의 구원을 위해 일요일에 교회에 나갔다면 그는 가치합리적으로 행동한 것이다.

대부분의 우리 삶에서 목적합리성과 가치합리성은 서로 부딪치면서 우리를 끊임없이 고민하게 만든다. 두 가지 가치를 모두 만족시킬 수 있는 도깨비 방망이는 없어 보인다. 우리의 삶은 목적과 가치가 뒤섞여 있기 때문이다.

그런데 이 두 가지 합리성을 동시에 충족시킬 기가 막힌 묘안이 하나 있다. 그것은 바로 이 두 가지 합리성들이 서로 갈등을 겪지 않도록 완전히 구분해 버리는 것이다. 목적합리적으로 행동할 때와 가치합리적으로 행동해야 할 때가 명확히 구분된다면 우리는 고민할 필요가 없게 된다.

평일에는 열심히 '명문대 입학'이라는 목적에 따라 생활하고, 일요일엔 '내세에서의 구원'이라는 가치를 추구하는 생활을 하면 된다. 평일과 일요일의 생활태도가 뒤섞이면 곤란하다. 평일에 불필요하게 기도에 매진해 봤자 구원이라는 가치를 추구하는 데에 별로 도움이 안 되고, 명문대 입시라는 목적 달성에도 차질을 빚게 된다. 일요일에 교회에 가지 않고 공부를 해도 마찬가지다. 구원이라는 가치를 놓치게 되고 그에 따라 마음이 불안해져 공부에 전념할 수도 없게 된다. 명확히 구분되는 것이 좋다. 공부할 때 공부하고 놀 때 놀라는 우리 어른들 말씀은 베버 주장의 한국 버전이다.

개신교가 바로 이 길을 택했다. 개신교는 하나님의 말씀을 절대화한다. 가톨릭처럼 중간에 성직자가 개입해서 영혼을 천국으로 보내기도 하고 지옥으로 보내기도 하는 일 따위는 없다. 오로지 하나님만이 인간 영혼의 가치를 평가한다. 신의 영역은 절대적으로 불가침의 영역이며, 신의 가치에 대한 생각에는 어떠한 목적합리적인 생각도 개입되어서는 안 된다. 내세는 오로지 신만이 관장하신다.

그렇다면 현실은 어떠한가? 현실 속의 인간은 절대로 내세의 문제에 개입할 수 없다. 아무리 죽은 사람을 위해 기도를 한다 해도 그

칼뱅(우)은 하나님의 말씀에 헌신하는 것이 인간이 추구해야 할 유일한 목적이라고 설명했다. 베버(좌)는 계몽주의자들과는 달리 종교가 가지는 역할을 적극적으로 평가했다.

영혼은 신이 알아서 처리하시기 때문에 인간의 주술적 태도가 영향을 미치지 못한다. 아무리 성대하게 장례를 치러도 지옥에 갈 영혼은 지옥에 간다. 아무리 시체를 훼손하고 저주를 퍼붓더라도 천국에 갈 영혼은 천국에 가게 되어 있다. 인간은 내세의 가치에 관해 어떠한 영향도 미칠 수 없다. 인간은 현실에서 어떠한 주술적 행위도 해서는 안 된다. 현실은 철저히 탈주술화 Entzauberung되어야 한다. 인간이 현실 속에서 할 수 있는 유일한 행동은 목적합리적·과학적 행동뿐이다.

개신교에 의하면 인간은 근본적으로 외로운 존재이다. 죽음 이후 영혼이 천국에 갈지 지옥에 갈지 신께서 완벽하게 노코멘트하시기 때문이다. 이런 외로움을 달래기 위해 주술에 의지하는 것은 신에 대한 도전이기 때문에 해서는 안 된다. 외로움에 치를 떠는 우리 인간은 현실에서 오로지 목적합리적으로 행동해야 한다. 바로 이때 우리 인간들이 현실에서 추구할 목적이 무엇인가가 문제가 된다.

칼뱅J. Calvin이 제기한 목적은 바로 직업에 헌신하는 것이다. 영어로 직업은 'vocation'이며 독일어로는 'Beruf'이다. 둘 다 '말씀'이라는 어원에서 나왔다. 즉 유럽인들에게 직업이란 하나님의 말씀을 실행에 옮기는 것이라는 의미가 있다. 칼뱅은 이 점에 착안해서 하나님의 말씀, 즉 직업에 헌신하는 것이 현세의 인간들이 추구해야 할 유일한 목적이라고 설명했다. 그것이 바로 진정한 개신교도의 소명Beruf이라고 강조하면서 말이다.

이러한 처방은 기가 막히게 잘 들어맞았다. 개신교도들은 현실을 완벽히 탈주술화함으로써 자본주의가 발달할 수 있는 토대를 마련하게 되었다. 장사가 잘 될지 잘 안 될지 하나님께 묻지 않았다. 하나님은 인간 영혼의 구원 문제에만 관여하신다. 개신교도들은 철저히 직업 활동에 헌신해야 한다는 목적에 따라 열심히 일에만 전념했다. 그 결과 개신교를 믿는 영국과 프랑스를 비롯한 서유럽 국가들은 자본주의와 과학을 발달시킬 수 있었다.

반면 중국은 그렇지 못했다. 유교는 목적합리성과 가치합리성이 뒤섞여 있는 신념 체계다. 초월적 존재를 믿지 않는다는 점에서 대단히 목적합리적 측면이 강하지만 사후의 존재, 즉 귀신鬼神을 부정하는 데까지는 나가지 못했다. 현실 속에서 대단히 목적합리적으로 생활하면서도 제사와 조상숭배라는 가치합리적 측면을 완전히 배제하지 못했다. 시체에도 인격이 남아 있다고 믿었다. 그래서 부관참시剖棺斬屍라는 형벌이 가능했다. 해부학이 발달할 수 없었다. 그래서 16세기부터 서서히 유럽에게 역전되는 과정을 겪을 수밖에 없었다.

그러나 베버의 설명방식은 유교를 믿어 왔던 아시아의 네 마리 용, 즉 한국, 홍콩, 대만, 싱가포르가 극적으로 자본주의를 발전시킨 상황을 설명할 수 없어 큰 비판에 직면하기도 했다. 아시아 유교 국가의 경제적 발전을 어떻게 평가해야 할지에 대해 우리나라의 김대중과 싱가포르의 리콴유李光耀가 치열하게 논쟁을 벌인 바도 있다. 베버의 이론은 현대적 맥락에서 아직도 중요한 역할을 한다.

▶ 관련 개념어 : 동도서기와 화혼양재, 경세치용, 이용후생, 실학

▌무아론
▌우주의 일부에 불과한 인간에게 자아란 없다
▌無我論

인간은 어떤 존재인가? 나 채석용은 어떤 존재인가? 나는 죽으면 끝인가? 아니면 죽은 후 다시 다른 사람으로 태어나는가? 아니면 죽은 후 천국이나 지옥으로 갈 것인가?

"내가 죽으면 일단 모든 것이 끝이다."라고 믿는 것을 단견斷見이라 한다. 단斷은 끊어진다는 의미이다. 즉 내가 죽으면 '나'라고 하는 존재는 더 이상 존재하지 않고 단절된다는 의미이다.

반면 내가 죽더라도 내세에 내가 다시 태어나거나 천국이나 지옥에서 영원불변하게 살게 된다고 믿는 것을 상견常見이라 한다. 상常은 항상 그렇다는 의미이다. 즉 내가 죽더라도 육신으로서의 나는 죽지만 영혼은 영원히 항상 그렇게 살아남아서 새로 태어나든가, 혹은 천국이나 지옥으로 간다는 것이다.

이렇듯 내가 죽으면 끝이라고 믿는 단견, 혹은 죽더라도 영원불변하게 지속된다고 믿는 상견은 모두 '나'라고 하는 자아自我, ego가 있

다는 주장을 전제로 하고 있다. 자아가 있다는 전제를 인정해야만 그 자아가 죽든, 아니면 영원히 살든 할 것이라고 주장할 수 있기 때문이다. 예컨대 브라만교婆羅門敎, Brahmanism는 아트만atman이라는 자아가 있다고 주장하고 있으며, 자이나교Jainism는 전지전능한 지나Jina라는 자아가 있다고 주장한다.

그러나 석가釋迦는 다르게 보았다. 인간에게 자아란 것은 애초부터 없다고 주장한다. 즉 내가 지금 '나'라고 믿고 있는 '채석용'이라는 존재는 아예 처음부터 존재하지 않는 것이라는 얘기다. 나는 분명 우리 아버지와 어머니가 낳은 아들이고 내 동생의 형인데, 도대체 어떻게 '나'라고 하는 존재가 애초부터 없는 것이라고 볼 수 있단 말인가? 불교에서 말하는 무아론無我論, 즉 자아가 없다는 주장은 사실 상식적인 측면에서는 매우 이해하기 어렵다. 그러나 다시 한번 들여다보면 그 맥락이 나름대로 일리가 있다.

불교에서는 '나', 즉 '자아'라고 사람들이 일반적으로 믿고 있는 존재가 개별적으로 독립되어 따로 존재한다고 보지 않는다. 채석용, 채명수, 이정희라는 개별적인 자아는 존재하지 않는다. 나, 즉 채석용은 채명수와 이정희의 자식이고, 선생님의 제자이며, 후배들의 선배이고, 선배들의 후배이며, 할머니의 손자이고, 앞으로 태어날 후손들의 선조이며, 강아지의 주인이고, 대학교의 피고용인이다. 따라서 나라고 하는 존재는 나 하나로만 존재하는 것이 아니다.

이렇게 독립적으로 존재한다고 잘못 알고 있는 '나'라는 존재는 사실 '나' 개인이 아니라 아버지, 어머니, 선생님, 강아지, 컴퓨터,

영화배우 리차드 기어가 달라이 라마를 만나는 모습. 불교의 무아론은 개인을 내세우며 아귀다툼을 벌이는 현대인들에게 복음의 역할을 한다. 특히 미국과 유럽의 엘리트들 상당수가 불교의 가르침에 크게 경도되고 있다.

나무, 꽃, 대학교 등등 우주의 모든 만물과 전부 연계되어 있다. 참되게 존재하는 것은 '우주 그 자체' 뿐이다. 우주에 존재하는 유일한 참된 자아는 바로 이 '온우주' 그 자체 하나밖에 없다. '나', 즉 '자아' 라고 우리가 잘못 믿고 있는 인간 개개인은 '온우주' 라는 참되고 유일한 자아와 연결되어 있는 부분에 지나지 않는 것이다.

이렇듯 '개인' 으로서의 자아를 부정한다는 점에서 석가가 주장하는 무아론은 개인의 독립된 지위를 인정하지 않는다. 따라서 개인이 죽은 후 과연 단절될 것인지, 혹은 계속해서 영혼이 영원불변하게 지속될 것인지는 알 수 없는 문제, 혹은 알 필요가 없는 문제가 된다. 참된 자아는 온우주 하나뿐이기 때문이다. 개개인은 온우주라는 자아의 일부로서 때로는 아버지로, 때로는 어머니로, 때로는 강아지로, 때로는 꽃으로 인연을 맺고 있는 것일 뿐이다.

따라서 인간은 개개인의 자아로서의 욕심에 집착해서는 안 된다. 인간은 온우주라고 하는 참된 자아의 의미를 깨달아야 한다. 인간 개개인은 온우주라는 참된 자아의 일부일 뿐이기 때문이다. 따라서 이러한 무아론에 입각하면 나와 너, 나와 적은 결코 서로 다른 개개인이 아니다. 나와 너는 함께 온우주라는 참된 자아를 구성하고 있을 뿐이다. 이런 측면에서 볼 때 불교의 무아론은 근본적으로 평화의 메시지를 전달한다. '나' 안에서 '너'를 보며 '너' 안에서 '나'를 볼 텐데, 어떻게 '나'와 '너'가 서로 다툴 수 있단 말인가?

그런데 이런 무아론은 불교이론의 또 다른 핵심적 주장인 '윤회론輪回論'과 모순관계에 있는 것처럼 보인다. 윤회론에 따르면 '나'가 죽어서 또 다른 '나'로 환생한다고 하는데, 이렇게 환생하는 '나'를 인정하게 된다면 '나'를 부정하는 무아론과 모순되는 것이라고 볼 수 있기 때문이다.

그러나 윤회론이 말하는 '나'라는 것은 독립적 존재로서의 '나'가 아니다. 윤회란 독립적 존재로서의 '나'가 새로운 '나'로 환생한다고 주장하지 않는다. 우주의 일부로서의 '나'가 또 다른 일부로서의 '나'로 변환되어 새로운 온우주의 관계망 속에서 존립하게 됨을 의미한다. 현세의 관계망 속에 있는 '나'가 후세에 새로운 관계망 속으로 편입됨을 의미한다. 이런 편입 과정에서 '나'라는 주체는 부정된다. 따라서 무아론과 윤회론이 모순되는 것은 아니다.

무아론은 개인을 내세우며 아귀다툼을 벌이는 현대인들에게 복음의 역할을 한다. 특히 미국과 유럽의 엘리트들 상당수가 불교의 가르침에 크게 경도되고 있다. 하버드대 출신 푸른 눈의 스님인 현각을 보면 이런 경향을 파악할 수 있다.

그러나 결정적인 단점이 있다. 불교에는 정치론이 없다. 세상을 이끌 능동적 이론은 불교이론의 논리상 근본적으로 나올 수 없다. 결국 불교는 지극히 개인적 윤리와 가르침으로 남을 수밖에 없다. 개인을 부정하는 불교가 개인윤리에만 머물 수밖에 없다는 사실은 재미난 아이러니다.

▶ 관련 개념어 : 만물일체설, 무위자연

무위자연

거대한 우주 앞에 초라한 인간은 그냥 잠자코 있자
無爲自然

우주를 한번 떠올려보자. 지구와 금성이 태양의 주위를 돌고 있고, 저 멀리 토성과 천왕성도 있다. 더 멀리 가면 대한민국의 온갖 개념들이 버려져 있는 안드로메다은하도 있다. 이제 생각해보자. 우주가 착한가?

유가儒家는 우주가 착하다고 말한다. 반면 도가道家는 우주는 착하다고 할 수도 없고 악하다고 할 수도 없다고 말한다. 우주는 선악개념으로 파악할 수 없는 존재라고 말한다. 과연 어느 쪽이 맞을까?

인간을 중심으로 보면 유가가 맞다. 태양을 중심으로 여러 행성들이 돌고 돌면서 낮과 밤이 생긴다. 낮만 있으면 더워 죽을 것이고, 밤만 있으면 추워 죽을 것이다. 따뜻함과 차가움이 번갈아 있으니 행복하다. 낮에는 태양 덕에 식물이 자라고, 밤에는 편히 잘 수 있으니 안락하다. 시원한 빗줄기가 토양을 기름지게 만들어주고, 함박눈이 내려 눈을 정화해준다. 인간은 이런 우주의 질서 있는 운행 덕분에 생명을 얻고 행복하게 살고 있다. 우주는 인간에게 크나큰 축복이다.

쓰나미는 일순간에 수십만 명의 목숨을 앗아간다. 무위자연이란 그냥 놔두자는 생각이다. 자연은 착하지도 않고 악하지도 않다. 그저 제멋대로 자기 길을 가고 있을 뿐이다.

허나 도가는 이런 유가적 생각을 비웃는다. 동남아에 몰아친 거대한 쓰나미는 일순간에 수십만 명의 목숨을 앗아갔다. 가을마다 태풍 걱정이며 봄마다 가뭄 걱정이다. 눈과 비는 많이 내려도 안 되고 너무 안 와도 걱정이다. 아무리 점을 쳐 날씨를 예상해보려 해도 이놈의 하늘은 언제나 제멋대로이다. 인간의 뜻대로 움직여주는 법이 없다. 자연은 인간을 위해 존재하지 않는다. 자연에게는 인간이 보이지 않는다. 굳이 인간적 관점에서 자연을 평가해보면 오히려 자연은 악독하다. 천지天地는 불인不仁하다!

유가는 순진한 학생의 이념이다. 늘 선생님이 자신을 위해 잘해주실 거라 믿고 열심히 선생님 말씀을 노트에 받아 적는 모범생이다. 반면 도가는 세상이치를 다 깨우친 머리 굵은 백수건달의 이념이다. 선생님이 저러는 것도 다 월급 받아먹으려고 그러는 것일 뿐 학생을 위한 것이라 믿지 않는다. 다 자기 이득을 위해 일할 뿐이다. 학생을 위한 선생님? 그건 착각이다. 선생들은 학생의 이익 따위엔 관심이 없다.

선생님의 말씀을 따르려는 유가는 선생님 마음과 내 마음이 하나라고 믿으며 열심히 선생님의 말씀, 우주의 운행법칙을 착한 마음으로 따르려고 한다. 행여 선생님의 눈 밖에 날까 두려워하며 노심초사 선생님 눈치만 본다. 허나 도가는 그러지 않는다. 어차피 선생님은 선생님의 길을 갈 뿐이다. 그들의 삶은 학생과 무관하다. 선생이 뭐라 하든 개의치 않는다. 그러면서 이렇게 말한다. "그냥 냅둬Let it be!"

무위자연無爲自然이란 그냥 놔두자는 생각이다. 우주는 착하지도 않고 악하지도 않다. 그저 제멋대로 자기 길을 가고 있을 뿐이다. 그걸 보고 착하니 마니 논하는 것은 우스운 일이다. 인간만이 축복 받았다 믿고 동물을 업신여기는 것은 어리석은 짓이다. 우주가 보기엔 똑같다. 모범생이든 낙제생이든 무심한 선생의 입장에서 보면 그냥 등록금 가져다주는 학생으로 똑같다. 인간은 도덕으로 무장되었고 문화를 창출하기에 동물보다 우월하다고? 웃기지 말라. 인간들을 그토록 힘들게 만드는 요통이 지렁이에겐 없다.

무위無爲란 '함爲이 없다'는 뜻이다. 자연自然이란 '스스로 그렇다'는 뜻이다. 무위자연이란 막강한 위력을 지닌 대우주 앞에 선 인간이 대우주의 마음을 읽었다며 촐싹거리지 말라는 따끔한 충고이다. 대우주 앞에서 인간이 할 수 있는 건 없다. 억지 부리지 말고 그냥 그렇게 놔둬야 한다고 말한다. 선생님이 우리를 위하시니 어쩌니, 촌지를 먹었으니 안 먹었느니 따지지 말자. 그냥 놔두자. 우주는 스

120

스로 그냥 그렇게 있는 것이다. 그래서 우주를 '자연'이라고 한다. '자연'이란 말은 동사이면서 명사이다. 우주의 행태를 설명하는 말이면서 우주 자체를 가리키기도 한다.

무위자연을 설파한 장자莊子는 그래서 아내가 죽었을 때 태평하게 앉아 대야를 두드리며 노래를 불렀다. 어차피 우주의 운행이란 그런 것이다. 살고 죽는 게 별것 아니다. 거대한 우주의 운행 속에 있는 인간이 인간의 잣대로 죽는 걸 나쁘다 하고 사는 걸 좋다고 볼 일이 아니다. 파리는 개구리한테 잡아먹히고 개구리는 뱀한테 잡아먹힌다. 누가 나쁘고 누가 착한가? 혹시 아나? 죽어서 더 편하고 행복할지? 혹시 아나? 매정한 선생님께 퇴학 맞아서 더 행복한 삶을 살게 될지?

장자의 무위자연론은 일견 매력적이다. 기타 들고 노래 흥얼거리며 될 대로 되라는 백수건달에게 느끼는 매력과 비슷하다. 허나 젊은 시절 잠깐 건달과 친해질 수는 있지만 백수를 평생친구로 삼았다가는 곤란하다. 뭐, 선택은 자기 맘이지만 결코 내 아들을 건달과 친하게 놔두고 싶지는 않다.

2천500여 년 동안 도가사상은 동아시아의 사상계에서 유가사상에 대항하며 긴장감 있는 관계를 유지해 왔다. 한때 자기와 비슷한 성향을 보이는 불가사상과 힘을 합쳐 유가사상의 권위를 억누른 적도 있었다. 하지만 도가사상의 본질적 특징상 사회를 이끄는 주도적 사상으로 군림할 수는 없었다. 기타 들고 노래만 하는 대통령은 상상하기 힘들다.

20세기 말엽부터 도가사상에 심각하게 귀를 기울이는 풍토가 서구에서 제기되었다. 환경문제는 도가의 자연관에 매력을 느끼게 만들었고, 휴머니즘에 대한 의심은 자연주의적 관심을 불러일으켰다.

허나 모두 부질없는 일이다. 도가사상은 매력적인 일탈만을 제공해줄 뿐 합리적 대안을 가르쳐주지 않는다. 백수건달을 따라 학교 담벼락을 넘는 일을 가끔은 애교로 봐줄 수 있지만 일상화되어서는 곤란하다. 문명엔 분명 양면성이 있지만 그렇다고 문명 자체를 거부할 수는 없다. 자기 스스로 인간이면서 인간중심주의를 벗어나자고 말하는 것은 어쩌면 최고의 오만일지도 모른다.

▶ 관련 개념어 : 만물일체설, 무아론, 성선설

무의식
의식 저편에서 의도하지 않은 채 조성되는 마음의 상태
unconsciousness

산모가 아들을 낳았다. 옆에서 함께 기뻐하던 시어머니가 자기는 이미 아들 낳을 것을 알고 있었다고 큰소리친다. 몇 달 전에 구렁이가 나온 꿈을 꾼 적이 있었기 때문이라면서 말이다. 평소에 아들이건 딸이건 상관없다고 하시던 시어머니의 말씀은 허언이었나 보다. 시어머니의 꿈은 졸지에 미래를 예견한 태몽으로 둔갑하고, 아이의 탄생을 축하하던 가족들은 더 큰 행복감에 충만하게 된다.

허나 꿈이 미래를 예견한다는 것은 허황된 소리다. 오히려 시어머니의 꿈은 손자를 갈망하는 그녀의 무의식unconsciousness을 반영한다. 적나라한 남성 성기 대신 그 모양을 닮은 구렁이 꿈을 꾼 것은 무의식의 표출에도 '19금禁'이 있다는 사실을 말해준다.

프로이트S. Freud는 바로 이런 꿈에 의해 드러나는 인간 무의식의 세계를 면밀히 연구하여 20세기 인문학에 커다란 영향을 미치게 된다. 물론 무의식은 꿈으로만 나타나는 것은 아니다. 말실수나 농담을 통해서도 무의식을 확인할 수 있다. 그러나 역시 꿈을 통해 가장 적나라하게 드러난다. 그래서 그는 꿈을 치밀하게 분석했다.

우리의 무의식이 꿈을 통해 드러나는 과정에는 크게 두 가지 양식이 있다. 하나는 압축壓縮, condensation이며 또 다른 하나는 치환置換, displacement이다. 압축이란 여러 대상이 하나의 사물로 압축되어 나타나는 것이다. 가령 꿈에 나온 어떤 여자가 있는데 그녀가 자기의 여자 친구인지, 혹은 여자 친구의 여동생인지 혼란스럽다면 그 꿈에 나온 여자는 여자 친구와 여자 친구의 여동생이 압축된 존재이다. 즉 그 꿈은 여자 친구와 그 여자 친구의 여동생을 동시에 성적으로 욕망하는 남자의 무의식이 표출된 것이다.

치환이란 하나의 대상을 다른 대상으로 바꾸는 것이다. 가령 꿈에서 빨간 립스틱을 만지작거렸다 치자. 이것은 빨간 립스틱을 칠한 여학생에 대한 성적 욕망을 무의식적으로 드러낸 것이다. 여학생을 만지는 대신 여학생에게 인접해 있는 물건인 립스틱을 만지작거림으로써 은밀하게 성적 욕망을 꿈으로 구현한다. 꿈은 무의식을 적나라하게 드러내지 않는다. 압축과 전치는 자신의 무의식이 적나라하게 드러나지 않도록 만드는 일종의 방어기제, 즉 19금 장치이다.

그런데 프로이트는 이런 무의식의 영역을 탐구하면서 지나치게 성적인sexual 측면에 초점을 맞추었다. 그는 꿈이란 것이 인간의 성본능 에너지인 리비도libido가 발동하는 무의식적 측면을 표출하는 것이라 여겼다.

그의 제자인 융C. G. Jung은 스승 프로이트가 지나치게 성적인 측면에만 초점을 두는 것에 반대하면서 집단무의식을 내세웠다. 무의식은 개인적 차원의 성적인 것에만 국한되는 것이 아니라 집단적 차원에서도 다뤄야 할 주제라는 것이다.

예컨대 어두운 밤에 무언가 귀신이 나타날 것만 같은 그런 느낌은 조상 대대로 어두움에 대해 느꼈던 공포감의 무의식적인 변형태이다. 종교 또한 마찬가지이다. 종교는 프로이트가 말한 것처럼 왜곡된 성적 에너지로 인해 발생하는 개인적 강박증의 결과가 아니다. 그것은 예로부터 공포에 대해 저항해 왔던 선조들의 집단적인 무의식의 결과이다. 미지의 것과 죽음에 대한 두려움으로부터 벗어나고자 하는 집단적 치유의 소망이 종교로 구체화된 것이다.

무의식에 관한 이론은 그 후 라캉J. Lacan에 의해 다시금 주목받게 된다. 그는 프로이트가 말한 압축과 치환 대신 은유隱喩, metaphor와 환유換喩, metonymy를 들어 무의식의 세계를 설명한다.

은유란 프로이트가 말하는 압축과 같고 환유란 치환과 같다. 은유란 서로 비슷한 것을 들어 표현하는 수사법이다. 가령 '그는 야수였다'는 표현은 은유이다. 반면 환유란 인접해 있는 것으로 대체해 본래의 내용을 표현하는 수사법이다. 가령 '술 한 잔 하자'는 표현은 환유이다. 실제로는 술잔에 담긴 술을 먹는 것임에도 불구하고 술에 인접해 있는 '잔을 마시자'고 표현함으로써 술을 마시자는 본래의 의도를 표현한다.

여자 친구와 여자 친구의 여동생은 서로 닮았다. 서로 닮은 존재가 압축되어 꿈에 나타난다. 적나라하게 여자 친구의 여동생을 욕망하는 꿈을 꾸지는 않는다. 은유도 이처럼 서로 비슷한 존재를 가지고 무의식을 드러내기 때문에 프로이트가 말한 압축에 해당한다.

여학생 자체를 욕망하지 않고 여학생이 입술에 바른 립스틱을 만지작거리는 것도 환유로 설명된다. 환유란 말하고자 하는 대상에 인접해 있는 것을 가지고 묘사하는 수사법이기 때문이다.

그런데 왜 라캉은 프로이트처럼 압축과 치환이라는 방식을 내세우지 않고 은유와 환유라는 언어적 수사법을 내세운 것일까? 여기에서 그의 의도가 드러난다. 그는 인간의 언어가 무의식을 반영한다고 보았다. 가령 여자 친구를 만날 때 자꾸 "너, 여동생이랑 정말 많이 닮았어."라고 말하는 것은 여동생에 대한 무의식적 욕망을 은유로 드러낸 것이다. 또한 "저 립스틱 참 예쁘네."라는 표현 또한 예쁜 여학생에 대한 무의식적 욕망을 환유적으로 드러낸 것이다.

즉, 우리는 의식적으로 여자 친구와 여동생이 닮았다는 사실을 표현하고 립스틱이 예쁘다고 표현하는 것 같지만 실제로는 그 밑에 있는 욕망이라고 하는 무의식을 표현하고 있는 셈이다. 이 때문에 라캉은 "인간은 말하는 것이 아니라 말해진다."고 말한다. 우리는 말로 우리의 의식을 능동적으로 표현한다고 생각하지만 그것은 착각이다. 말은 우리의 무의식을 자기도 모르게 우리로 하여금 말하도록 만든다.

이처럼 라캉은 무의식의 해명에서 언어가 가지는 역할을 중시했다. 이런 생각에 소쉬르F. de Saussure가 영향을 미친 것은 당연하다. 그는 소쉬르의 구조주의적 언어학을 무의식의 영역으로 끌어들여 인간의 무의식 또한 언어처럼 구조화되어 있다고 주장했다. 언어를 알면 무의식을 알 수 있다는 것이다.

바로 이 지점에서 주체를 중시했던 근대철학은 다시금 강력한 도전에 직면하게 된다. '나' 라고 하는 주체가 의식적으로 사유하고 행동하고 말하는 것이 아니라 무의식에 의해 구조화된 방식으로 개별적 '나' 가 말하게 된다는 라캉의 주장은 근대적 사유방식을 근본적으로 뒤흔든다.

꿈과 말은 무의식을 설명하는 중요한 단서의 역할을 한다. 그러니 함부로 꿈 얘기하지 말아야 한다. 말도 최대한 삼가는 것이 좋다. 독심술사는 상대의 꿈과 말을 통해 무의식을 읽어내는 고도의 프로이트주의자이자 라캉주의자인 셈이다.

▶ 관련 개념어 : 기호학, 구조주의, 포스트구조주의

물심이원론

물질과 정신이라는 두 실체가 우주를 구성한다고 본 인식론
mind-body dualism

근대인들은 모든 것을 신God 중심으로 생각한 중세인들과 달리 인간을 중심에 놓았다. 이에 따라 세상에 존재하는 모든 진리를 인간이 어떻게 파악할 수 있게 되는지의 문제, 즉 인식론적 문제에 관심을 갖게 되었다. 중세는 '무엇이 존재하느냐?' 하는 문제에 골몰하며 그 해답을 신에게서 찾았다. 신이 세상을 존재하게 만들어주셨다는 얘기다. 반면 근대인들은 '세상에 존재하는 것들을 어떻게 알 수 있느냐?' 하는 문제에 골몰하면서 인간을 중심으로 가져왔다.

그렇다고 근대인들이 신을 전면적으로 부정했던 것은 결코 아니다. 근대 초기 사상가들은 거의 다 신을 믿었다. 지금 얘기하고자 하는 데카르트R. Descartes 또한 마찬가지다. 그는 신 중심의 중세적 사유체계를 무너뜨린 근대의 창시자라고 추앙받지만 신을 부정하지 않았다. 신을 부정하지 않은 정도가 아니라 아예 신을 증명하는 시도까지 했었다.

중요한 건 그 다음이다. 신이 있는지 여부가 중요한 게 아니라 신이 만들어놓은 이 세상을 어떻게 우리가 제대로 파악할 수 있는지가 중요한 문제였다. 이 문제에 대한 해답을 내놓기에 앞서 데카르트는 우선 극도로 모든 것을 의심하고 또 의심했다. 그리고 그가 도달한 최후의 결론은 이것이다.

"나는 생각한다. 그러므로 나는 존재한다."

데카르트는 탁월한 철학자이면서 천재 수학자로 기하학의 공간을 좌표로 옮겨 해석기하학을 창시한 것으로 유명하다. 이 좌표평면 위에서 구현되는 기하학적 원리들은 진리이다.

무척 싱거운 얘기다. 하지만 심각한 결과를 낳는다. 왜냐하면 이 주장은 "신께서 은총을 내려주셨다. 그러므로 나는 존재한다."는 중세적 믿음체계에 대한 정면도전을 의미했기 때문이다. 물론 일찍이 토마스 아퀴나스Th. Aquinas가 인간의 이성을 매우 중시한 바 있다. 하지만 그가 말한 이성이란 순전히 신의 은총을 확인하는 수단에 불과했다. 자기 존재의 근거를 이성 자체에서만 찾는 그런 불경스런 발상은 아퀴나스에게 불가능했다.

자, 이렇게 데카르트는 모든 걸 철두철미 의심한 결과 도저히 의심할 수 없는 단 하나의 원칙을 도출했다. 문제는 여기서 비롯된다. 일단 자기가 생각한다는 사실을 통해 자기가 존재한다는 사실 자체는 확실히 확인했다. 그런데 그런 식으로 따지면 세상에 존재하는 건 자기 혼자란 말인가? 물론 아니다. 자기 생각만 있는 게 아니라 자기 몸뚱이도 있고, 자기 이외의 타인 및 동물, 식물들도 있다. 과연 자기의 '생각' 이외의 것들에 대해 데카르트는 어떻게 이야기할까?

여기서 큰 역할을 하는 것이 바로 수학이다. 데카르트는 탁월한 철학자이면서 동시에 천재 수학자였다. 특히 기하학의 공간을 좌표座標, coordinates로 옮겨 해석기하학analytic geometry을 창시한 것으로 유명하다. f(x)니 x좌표니 y좌표니 하는 게 모두 데카르트의 발명품이다. 그런데 이 좌표평면 위에서 구현되는 기하학적 원리들은 100% 진리이다. 하늘이 두 쪽이 나도 좌표평면 위의 기하학적 원리들은 변함없이 진리이다. 바로 이것이다.

데카르트는 '생각하는 자기 자신'을 의심할 수 없는 존재로 간주한 동시에 '좌표평면 위에 구현되는 기하학적 원리' 또한 의심할 수 없는 명백한 진리로 간주했다. 즉 온세상은 무언가 '생각하는 존재'와 무언가 '기하학적 법칙에 지배받는 존재'라고 하는 두 가지 확연히 구분되는 존재로 나뉘게 된다는 것이다. 바로 여기에서 물심이원론, 즉 물질mind과 정신body을 확연히 구분하는 이원론dualism이 탄생하게 된다.

정신은 물질적인 것이 아니다. 정신은 오로지 생각만 하는 존재이다. 정신의 본질은 생각thinking이다. 반면 물질은 정신적인 것이 아니다. 물질은 오로지 기하학의 지배를 받는 존재이다. 따라서 물질의 본질은 부피extension를 갖는다는 점이다. 온세상은 이렇게 정신과 물질로 확연히 구분된다.

인간 또한 마찬가지다. 인간은 정신과 물질로 구성되어 있다. 인간의 정신은 생각하는 존재이며, 인간의 몸은 부피를 갖고 있는 물질적 존재이다. 따라서 인간의 몸은 기하학적 법칙, 과학적 법칙에 지배를 받는 반면 정신은 생각만 할 뿐이다.

그렇다면 인간의 정신은 도대체 무엇을 생각한다는 말인가? 물론 가장 중요한 생각이 바로 기하학적 원리를 파악하고자 하는 생각이다. 즉 인간의 정신은 기하학적·과학적 법칙의 지배를 받는 물질세계의 원리를 파악하는 사유 활동을 담당하고 있다.

그렇다면 동물은 어떨까? 동물은 정신이 없으니까 당연히 물질 덩어리에 불과하다. 그는 정신이 없는 동물들은 다른 기계들과 마찬가지로 일정한 물리적 법칙에 따라 움직인다고 보았다. 그가 보기엔 기계와 동물이나 다를 바 없다. 이런 생각을 기계론機械論, mechanism 이라 한다. 동물뿐만 아니라 인간의 '정신'을 제외한 모든 것들이 죄다 물질이다. 이것들은 완벽히 기하학과 과학의 법칙에 지배받는다. 즉 온세상이 전부 기하학적 좌표인 것이다. 정신은 이런 기하학적 좌표의 법칙을 받는 온세상의 물질적 법칙을 파악하는 생각을 할 줄 아는 것이다.

여기서 바로 근대적 자연지배 이데올로기가 탄생하게 된다. 즉 인간의 정신을 제외한 모든 것들은 인간의 정신이 마음대로 탐구할 수 있는 존재라는 생각이 근대인들 사이에 만연하게 된 것이다. 시체는 그저 물질 덩어리일 뿐이다. 정신이 없는 육체는 물질일 뿐이다. 따라서 맘대로 가지고 놀거나 해부를 해도 괜찮다. 데카르트는 의학자들이 해부를 하더라도 양심의 가책을 받을 필요가 없다고 철학적으로 정당화해주었다. 반면 시체조차도 인격을 갖고 있다고 본 동아시아인들은 시체를 훼손하는 것을 터부시했다.

그 결과 유럽은 눈부시게 과학을 발전시킬 수 있었다. 유럽인들의 머리가 동아시아인들보다 더 좋아서 유럽에 과학이 발전한 것이 아니다. 데카르트처럼 이론적으로 과학이 발전할 수 있는 토대를 만들어준 철학자들이 있었기 때문에 과학자들이 맘 놓고 과학을 발전시킬 수 있었던 것이다.

20세기 이후 동아시아의 일부 지식인들이 그토록 과학을 발전시키고 근대화하기 위해 열망했지만, 쉽게 근대화가 될 수 없었던 것은 바로 동아시아인들에게 뿌리 깊이 박혀 있었던 비근대적 사유방식 때문이었다. 물질과 정신을 구분하지 않는 동아시아인들에게는 과학을 발전시킬 자격이 없었던 셈이다.

허나 데카르트 방식의 이원론은 현대에 이르러 많은 부작용을 야기했다. 동물을 물건 보듯 하는 태도, 산과 강을 오로지 인간의 이익만을 위해 마구잡이로 파헤치면서 아무런 가책을 느끼지 않는 태도 등이 많은 문제를 낳고 있다.

게다가 철학적 측면에서도 물심이원론은 많은 도전을 받고 있다. 최근 유전학이 눈부시게 발전함에 따라 인간의 정신적 작용을 물질적 작용으로 환원하여 설명할 수 있다는 유물주의적 입장이 우세해짐에 따라 물심이원론은 더더욱 설 자리를 잃게 되었다. 이래저래 물심이원론은 역사적 의미만 갖는 낡은 이론으로 퇴색해가는 실정이다.

그러나 물심이원론은 인간이 죽더라도 그 영혼은 천국이나 지옥으로 감으로써 영원불변한다는 종교적 교리의 형태로 현대에도 끈질기게 살아남아 있다. 데카르트의 물심이원론은 중세의 종교적 굴레를 벗어나는 데 기여했지만 현대의 물심이원론은 종교에 기대어 그 명맥을 유지하는 초라한 처지에 있다.

▶ 관련 개념어 : 합리론, 이성, 실재론, 실체

미메시스

예술은 세상을 모방하는 것일 뿐이라는 예술 폄하론
mimesis

풍경이 더 아름다울까, 아니면 그림이 더 아름다울까? 수업시간에 이런 질문을 던지면 대부분의 학생은 별다른 망설임 없이 풍경이 더 아름답다고 대답한다. 답변하는 그들의 입 꼬리에 질문답지 않은 질문이지 않느냐는 냉소까지 담겨 있는 경우도 있다. 허나 우리가 일상적으로 사용하는 표현 하나를 제시하고 그 의미에 대해 다시 생각해보라 제안하면, 이내 냉소는 당혹감으로 바뀐다.

"그림 같이 아름다운 풍경!"

풍경이 그림처럼 아름답다는 표현은 풍경이 그림보다 열등하다는 우리의 무의식을 반영한다. 아름다움의 기준은 그림이고, 풍경은 그 기준을 얼마나 충족하느냐에 따라 아름다움이 결정된다. 우리의 선입관은 풍경을 더 아름다운 것이라 말하지만, 우리의 무의식에선 그림이 풍경의 아름다움을 판별하게 하는 근거의 노릇을 하고 있다.

풍경이 그림보다 더 아름답다는 우리의 선입관은 플라톤에서 유래한다. 플라톤에 따르면 현실세계는 이데아idea의 모방mimesis이며, 그림은 현실의 모방이다. 현실은 이데아보다 열등하며, 그림은 현실보다 더 열등하다. 아무리 뛰어난 화가라도 현실을 완전히 모방할 수는 없다. 그림은 언제나 불완전한 상태로 우리를 불편하게 만든다. 그래서 플라톤은 예술을 배격한다.

반면 '인위적' 행위의 우월성을 강조하는 우리의 무의식은 헤겔

G. W. F. Hegel에서 유래한다. 헤겔은 플라톤과는 정반대로 자연을 오히려 불완전한 것으로 평가한다. 인위적 노력으로 자연을 가공할 때 자연은 발전하고 더욱 아름다워진다. 그림은 인위적 행위가 개입된 창작물로서 본래의 자연보다 훨씬 아름다운 것이다. 그림이 자연보다 열등한 것이라면 왜 인간이 굳이 수고를 들여가며 그 열등한 것을 창조하려고 애를 써왔겠는가?

플라톤은 변화하는 역사를 보지 않고 변함없는 절대적 진리를 추구했다. 그와 반대로 헤겔은 인간 역사의 변화하는 생동감을 긍정했다. 인위적 행위, 즉 노동Arbeit이 없다면 인간의 역사와 문명이 불가능하다는 점을 발견했다. 노자나 장자처럼 인위를 배척하고 자연과 더불어 살 마음가짐이 없는 이상 헤겔의 진단이 우리의 현실을 그대로 고백하는 솔직한 것임을 인정하지 않을 수 없다.

플라톤 이래로 미메시스mimesis는 서양 예술론의 중심이론 역할을 해왔다. 그러나 어느 누구도 자연보다 열등한 예술을 창조하려는 인간의 이상한 열망을 미메시스 이론에 입각해 합리적으로 설명하지는 못했다. 근대에 이르러 예술작품이 가지는 고유의 형식미를 강조하는 헤겔과 칸트I. Kant의 정연한 이론적 성과에 맞닥뜨리게 되자 모방론은 더욱 힘을 잃게 되었다.

여기에 결정적인 타격을 입힌 것이 바로 카메라의 출현이었다. 카메라는 천재적 화가들의 평생에 걸친 노력을 단숨에 뛰어넘는 모방실력을 자랑한다. 미메시스 예술론에 의하면 카메라야말로 진정한 예술기계가 되어야 한다. 그러나 카메라의 예술성을 인정하기에

카메라의 출현은 서양 예술론의 중심이론인 미메시스에 결정적 타격을 입혔다. 1816년 조제프 니세포르 니엡스가 카메라 옵스큐라로 포착한 화면을 역사상 처음 감광지에 담았다.

는 자존심이 허락하지 않는다. 카메라는 모방론의 입지를 여지없이 무너뜨렸고, 이에 모방론자들은 카메라를 예술론의 영역에서 쫓아냄으로써 응징하려 했다.

절충적 시도가 없었던 것은 아니다. 미메시스 이론을 유지한 채 카메라를 예술의 영역으로 끌어들이려는 시도가 있었다. 무조건 잘 모방했다고 좋은 예술작품이 되는 것이 아니라 구도와 광량, 심도와 셔터스피드가 조화를 이뤄야만 진정한 미메시스가 실현되는 것이라는 설명이 제기되었다. 그러나 이렇게 설명하면 모방론의 범주에서 벗어나 버리고 만다. 모방론은 모방 자체에서 창작의 의의를 발견해야 한다. 이러한 절충적 설명은 예술가의 의도를 중시하는 것으로서 이미 모방론의 범주를 넘어 표현론의 영역으로 넘어간 것이다.

근대 이후 미메시스라는 관점은 자취를 감추고 작가가 품은 정서의 표현, 혹은 예술 그 자체가 가지는 고유한 형식미 등에서 예술의 의미를 찾으려는 노력이 활발하게 전개되었다. 피카소의 추상화와 뒤샹M. Duchamp의 변기작품은 더 이상 모방론이 설득력을 가질 수 없음을 예술 영역 자체에서 입증했다. 현대 예술론은 표현론과 형식론으로도 만족하지 못하고 예술제도론, 예술정의 불가론, 가족유사성 이론 등으로까지 나아가고 있다.

서양이 근대 무렵까지 미메시스를 중심으로 예술론을 유지시켜 왔다면, 동아시아에서는 전적으로 표현론이 그 자리를 차지해 왔다. 동아시아인들은 애초에 자연을 모방하려는 시도 자체를 하지 않았다. 예술은 창작의 주체인 인간의 품성과 정서를 드러내는 행위로만 간주되었다.

서양에 의해 자연과 예술에 대한 이중적 입장이 전해지기 전까지 동아시아인들에게 미메시스와 노동Arbeit에 대한 이중적 태도는 존재하지 않았다. 자연은 그 자체로 아름다운 것이며, 인간의 예술창작 행위도 그 자체로 아름다운 것으로 받아들여질 뿐이었다. 자연과 인위 사이의 이율배반적 태도는 애초부터 있을 필요가 없었다. 문명을 욕하면서 문명을 향유하며, 자연을 칭송하면서 자연과 멀어지려 하는 이율배반적 관념은 철저히 서양에 의해 이식된 관념이다.

▶ 관련 개념어 : 가족유사성, 이데아, 절대적 관념론, 시뮬라크르, 미적 가상

미발과 이발
멍 때린 마음의 상태와 능동적으로 활성화된 마음의 상태
未發 已發

미발未發이란 마음이 발동하지 않은 상태를 말하고, 이발已發이란 마음이 이미 발동한 상태를 말한다. 성리학의 집대성자인 주희朱熹가 정립한 개념이다.

마음이 아직 발동하지 않은 때란 일종의 '멍 때린' 상태를 말한다. 그렇다고 잠이 든 상태를 말하는 것은 아니다. 분명 잠은 깨어 있고 눈도 뜨고 있고 귀도 열려 있기는 하지만, 별다른 감정이나 생각이 없는 멍한 상태를 미발이라 한다. 최면상태나 명상상태도 일종의 미발에 해당한다. 반면 생각이나 걱정, 의식 등이 활성화된 상태를 이발이라 한다.

주희는 생각이나 의식이 활성화된 이발 상태에서뿐만 아니라 멍 때린 미발 상태에서도 공부해야 한다고 강조한다. 일단 잠에서 깨어난 후부터는 단 한순간도 멈추지 말고 공부에 전념해야 한다는 것이다. 드라마 〈공부의 신〉의 강석호 선생보다 더 지독한 공부 지상주의적 발언이다.

그는 미발 상태에서의 공부를 주경함양主敬涵養이라 하고, 이발 상태에서의 공부를 격물치지格物致知라 한다. 여기서 이발 상태에서의 공부를 격물치지라고 하는 건 쉽게 이해가 간다. 의식이 깨어 있고 생각이 활성화된 상태에선 한순간도 게임이나 잡기 등에 눈 돌리지 말고, 사물을 열심히 연구格物해서 앎知에 도달致해야 한다는 주장은 강석호 스타일의 강박한 주장이긴 하지만 이해하지 못할 내용은 아니다.

그런데 문제는 미발 상태의 주경함양이다. 어떻게 멍 때린 미발 상태에서 공부가 가능하다는 것일까? 주경함양, 즉 경건한 마음으로主敬 마음을 적시듯 기른다涵養는 의미가 무엇인가?

그것은 바로 명상이다. 선禪불교에서 말하는 좌선坐禪이 바로 주경

함양이다. 성리학은 격물치지
라는 과학적·윤리적 탐구 활
동만 중시하지 않고 좌선과 수
행도 중시했다. 조선 시대 성
리학자들 모두 좌선의 전문가
들이었다.

미발의 멍 때린 상황에서도 좌선을 통해 마음의 공부를 하자는 주장은 고스란히 선불교에서 따온 것이다. 성리학자들은 아이러니하게 이론체계의 핵심적 내용을 불교에 빚지고 있다.

　미발의 멍 때린 상황에서도
좌선을 통해 마음의 공부를 하
자는 주장은 고스란히 선불교에서 따온 것이다. 술주정뱅이 아버지
를 미워하던 아들이 술주정뱅이 아버지를 닮게 된다고 했던가? 성
리학자들은 입만 열면 불교를 배척해야 한다고 외쳤으면서도 아이
러니하게 그 이론체계의 핵심적 내용을 불교에 빚지고 있다.

　한편 마음이 아직 발하지 않은 상태란 곧 인간의 본연적 상태, 즉
성性을 의미하고 마음이 발한 상태란 인간의 감정, 즉 정情을 의미한
다. 성리학에 의하면 인간의 본성은 본질적으로 선하다. 아직 감정이
드러나지 않은 본연의 상태에서 악한 인간은 없다. 그러나 일단 인간
의 본성이 감정으로 분출되면 거기에는 선과 악이 뒤섞이게 된다.

　미발의 공부주경함양란 아직 더럽혀지지 않은 순수한 인간의 본성性
을 발견하기 위한 작업이며, 이발의 공부격물치지란 인간의 감정이 적
나라하게 드러난 현실 속에서 무엇이 옳은 것이고 무엇이 그른 것인
지 냉철하게 판단하고 학습해 나가는 작업을 말한다.

　성리학자들은 모두 미발과 이발을 중시했지만 강조점은 학자들마

다 다소 달랐다. 미발의 공부를 더 중시한 사람들은 내면적 성찰과 좌선을 더 중시했고 은둔형 삶을 살았다. 미발의 성性의 상태에선 모든 인간이 본질적으로 선善하다는 점을 강조했다.

반면 이발의 공부를 더 중시한 사람들은 경전 학습과 정치 비판을 중시했고 현실 참여에 비교적 적극적이었다. 이미 마음이 발동해 선과 악이 뒤섞인 현실을 개선하고자 하는 의지를 더욱 중시했다.

▶ 관련 개념어 : 격물치지, 성, 정

미적 가상

허위를 묘사하는 가상의 창출 단계에 머문 예술
Asthetischer Schein

미적 가상Ästhetischer Schein이란 일차적으로 예술을 말한다. 예술은 아름다움을 추구하며, 현실이 아닌 가상의 존재이다. 이에 따라 예술은 미적 가상이라 일컬어진다.

그런데 예술, 즉 미적 가상은 진리이면서 허위이다. 예술은 현실 세계가 구현하지 못하는 참된 세계를 꿈꾼다는 점에서 진리이지만, 현실에 존재하지 않는 참된 세계를 가상 속에서만 꿈꾼다는 점에서 허위이다. 신데렐라의 행복은 우리가 바라는 참된 결론이지만 결코 그런 행복이 현실에서 이루어질 수 없다는 점에서 허위의 이야기이기도 하다.

이러한 이중적인 예술의 성격으로 인해 진리로서의 예술을 강조하는 입장과 허위로서의 예술을 강조하는 두 가지 극단적인 입장이 대립된다. 20세기 초반 독일에서 활동한 아도르노Th. W. Adorno는 예술, 즉 미적 가상의 이중적 의미를 해명하고자 했다. 아도르노는 미적 가상을 참된 진리라고 보는 헤겔을 비판했으며, 반면 미적 가상을 허위에 불과하다고 보는 현대예술가들 또한 비판했다.

아도르노는 예술, 즉 미적 가상의 이중적 의미를 해명하고자 했다. 미적 가상을 참된 진리라고 보는 헤겔을 비판했으며, 미적 가상을 허위라고 보는 현대예술가들 또한 비판했다.

우선 미적 가상에 대한 헤겔의 입장부터 살펴보자. 헤겔은 인간의 정신Geist을 절대적으로 신뢰한다. 그는 자연미보다 인공미, 즉 예술미를 더 아름답다고 보았다. 어지럽게 널브러져 있는 천연 그대로의 자연보다는 인간의 노력을 통해 가공된 미적 가상이 더 아름답다고 보았다. '그림 같은 풍경'이라는 표현은 풍경보다 그림이 더 아름답다는, 즉 자연미보다 인공미가 더 아름답다는 우리의 무의식적 판단을 반영하고 있다. 따라서 인공미로 탄생하는 미적 가상으로서의 예술은 참된 진리를 구현하고 있다고 간주된다.

아도르노는 이처럼 예술의 진리성을 극단적으로 강조하는 헤겔을 비판한다. 헤겔이 묘사하는 진리로서의 예술은 실상 현실에 존재하지 않는 것을 드러낸 것에 불과하다. 거친 자연의 모습 가운데 아름다운 부분을 인위적으로 발췌하고 재구성해 표현한 풍경화는 현실에 존재하지 않는 허위의 모습을 묘사한 것에 지나지 않는다. 신데렐라의 행복은 현실 속에서 결코 실현될 수 없다.

그렇다고 해서 아도르노가 예술의 허위적 측면만을 강조한 것은 아니다. 예술은 분명 허위를 다루는 것이긴 하지만 그것은 '절대적으로 없는 것'을 표현한 것이 아니라 '아직 있지 않은 것'을 표현한 것이라는 점에서 의미를 갖는다. 즉 완벽하게 아름다운 풍경은 아직 현실 속에 존재하지는 않지만 언젠가는 존재할 수 있는 풍경이며, 신데렐라의 행복 또한 아직 실현되지는 않았지만 언젠가 실현될 수 있고, 또 실현되어야 한다는 점에서 의미를 갖는다. 헤겔에서 문제가 되는 점은 그가 예술을 통한 진리의 실현 가능성을 인정하는 것에 그치지 않고, 예술을 통한 진리의 구현이 이미 완료되었다고 파악한 점에 있다.

미적 가상으로서의 예술을 지나치게 진리의 구현이라고 보는 헤겔에 반대하면서도 그것을 마냥 허위라고 외면하지는 않는 아도르노의 태도는 예술의 허위성을 강조하는 현대예술가들에 대한 비판을 통해서도 확인된다.

표현주의, 다다이즘, 초현실주의 등의 현대예술은 예술이 무언가 진리를 담고 있으리라는 우리의 기존 상식, 즉 헤겔이 주장하는 진리로서의 예술관을 철저히 파괴한다. 사용하던 변기를 가져다 놓고 예술작품이라 우기며, 기괴하게 일그러뜨린 모습으로 사람의 얼굴을 묘사하며 예술이라 주장한다. 미적 가상은 말 그대로 가상에 지나지 않는다. 거기에서 진리를 발견할 수 있다는 생각은 환상이다.

이처럼 무모하게 진리를 담고 있다고 추켜세워지는 가상은 차라리 무시하는 게 낫다.

현실과 가상의 장벽은 무너져야 한다. 그래서 변기라는 현실적 사물을 가져다 놓고 그것을 예술작품이라 주장한다. 변기라는 현실적 사물이 예술로 간주되는 순간 예술은 이제 더 이상 가상이 아니라 현실이다.

그러나 이렇게 예술의 가상적 측면을 부정하고 현실과 가상의 경계를 허물게 될 경우 결국 예술 자체의 의의는 사라지고 만다. 사람들이 저마다 변기를 예술이라고 주장하고, 박제가 된 상어를 예술이라고 주장할 때 어느 누구도 그것을 보고 "그것은 예술이 아니다." 라고 주장할 수가 없게 된다.

아도르노는 이러한 대책 없는 예술 까부수기 작업에는 동의하지 않는다. 아무리 헤겔이 주장하는 것처럼 미적 가상을 참된 진리의 세계라고 보는 입장을 비판한다 해도 현대예술처럼 예술의 허위성을 극단적으로 부각시켜 예술 자체의 존립까지 위태롭게 하는 것에는 동의하지 않는다. 결국 그는 미적 가상의 세계로 되돌아온다.

아도르노가 새로이 제시하는 예술이란 비판정신을 동반한 예술이다. 헤겔이 묘사하는 예술은 세계를 긍정하고 세계와 타협하는 예술이다. 그러나 헤겔처럼 세계를 긍정하는 예술은 현실의 모습을 부질없이 미화할 뿐이다. 예술의 진정한 가치는 현실세계를 비판적으로 바라보는 데에서 발견된다. 세계에 대한 비판을 담음으로써 예술은 이제 더 이상 절대적 진실을 주장하지 않고 현실의 극복을 주장한

다. 여기서 바로 예술은 단지 미적 가상에만 머물지 않고 상상적 가
상으로 승화된다.

'아직 있지 않은 것'을 '있는 것'으로 만들기 위해 비판이 필요하
다. 사회적 비판 기능은 미적 가상으로서의 예술이 상상적 가상으로
승화되는 지점에서 필수적이다.

▶ 관련 개념어 : 미메시스, 시뮬라크르, 절대적 관념론

반증가능성

반증될 여지가 있는 주장들만 과학적 진술의 자격이 있다
falsifiability

"모든 까마귀는 까맣다."

이 주장은 과학적 진술일까, 비과학적 진술일까? 논리실증주의자들이 주장하는 검증가능성verifiability 원리에 따르면 이 주장은 과학적 진술이라고 받아들이기도 어렵고, 비과학적 진술이라고 외면하기도 어렵다. 왜냐하면 세상에 있는 모든 까마귀들을 죄다 살펴보기 전에는 그 진실성을 명백히 확인하기 어렵기 때문이다. 설령 모든 까마귀들을 일일이 다 파악해서 "까맣다."고 결론내릴 수 있다 해도 앞으로 태어날 까마귀들까지 까말 것이라고 보장할 수는 없다.

그래서 검증가능성 원리는 어떤 진술이 과연 과학적 진술인지 여부를 명백히 판별하기 어렵다는 치명적 약점을 지니게 된다. 결국 경험에 의존하는 논리실증주의는 자신들이 주장했던 과학적 진술의 정당성을 완벽히 확보하는 데에 실패하고 만다. 물론 위의 진술이 "귀신이 있다."는 진술보다는 과학적 성격이 훨씬 강하지만 말이다.

이에 반해 포퍼K. R. Popper는 완전히 다른 방식으로 이 진술의 과학성 여부를 판별할 수 있다고 보았다. 어떤 진술이 과학적 진술인지 아닌지 여부는 그 진술에 대한 반증 여부에 달려 있다는 것이다. 가령 "모든 까마귀는 까맣다."는 진술은 까맣지 않은 까마귀라는 반증을 제시함으로써 부정될 수 있다. 따라서 "모든 까마귀는 까맣다."는 진술은 과학적 진술이며, 까맣지 않은 까마귀가 발견되기 전까지 잠정적으로 참인 명제로 인정된다.

이는 과학적 진술의 과학성에 대한 일종의 코페르니쿠스적 전환의 성격을 갖는 주장이다. 왜냐하면 종래에는 과학적 진술이란 오로지 경험에 의해 그 진정성이 검증되는 것이라고 생각했는데, 포퍼는 반증의 가능성이 있는 진술이어야 과학적 진술이 된다고 거꾸로 보았기 때문이다.

포퍼는 경험적 사실들을 마구마구 그러모은다고 해서 과학적 진술이 보장된다고 보지 않았다. 즉 세상에 있는 수많은 까마귀들을 살펴본 결과 "모든 까마귀는 까맣다."라고 말하는 것은 과학적이지 않다. 그는 오히려 연역적 통찰을 중시했다. 몇몇 제한된 까마귀들만 살펴보더라도 그 까마귀들의 공통된 특성이 까만색이라는 점을 발견할 수 있고, "만약 까맣지 않은 까마귀가 발견된다면 위 주장은 폐기된다."고 말할 수 있으면 과학적 진술이 될 수 있다고 보았던 것이다. 이처럼 "까맣지 않은 까마귀가 발견될 수 있다."는 반증가능성falsifiability을 열어놓은 진술들만이 과학적일 수 있는 지위를 갖게 된다.

실제로 그런 일이 있었는지는 모르겠지만, 뉴턴I. Newton은 나뭇가지에서 사과가 떨어지는 단순하기 짝이 없는 경험적 사실을 근거로 온세상 만물이 서로 끌어당기는 힘을 가지고 있다는 만유인력법칙universal law of gravitation을 주장하게 되었다고 한다. 검증가능성 원리에 따르면 뉴턴의 행위는 대단히 경거망동한 비과학적 행동이다. 고작 지구가 사과를 끌어당기는 자질구레한 사실 하나만을 관찰 결과로 제시했기 때문이다. 목성과 토성, 더 나아가 안드로메다 성운의 수많은 별들에도 끌어당기는 힘이 있는지 여부를 직접 관찰하기 전까지 그의 진술은 완벽히 과학적인 진술이 될 수는 없다. 논리실증주의의 검증가능성 원리는 만유인력법칙이 왜 과학적인 진술인지 제대로 설명하지 못한다.

그러나 포퍼에 의하면 뉴턴의 이론은 충분히 과학적이다. 왜냐하면 서로 끌어당기지 않는 물체가 하나라도 존재한다면 만유인력법칙이 완전히 부정된다는 반증가능성이 활짝 열려 있기 때문이다. 실제로 뉴턴의 이론을 부정할 정도로 서로 끌어당기지 않는 물체들이 있다는 것은 발견되지 않았다. 이처럼 어떤 진술이 제기되었을 경우 그 진술에 대한 명백한 반증가능성이 활짝 열려 있을 때에만 그 진술은 과학적 진술로 간주된다.

반면 "귀신이 있다."는 진술은 본질적으로 반증될 수 없는 진술이다. 귀신이 없는 걸 없다고 말할 수 있을 뿐 어떻게 귀신이 없다는 반증을 제시할 수 있단 말인가? 뿔 달린 유니콘이 현실 속에 없고 여의주를 물고 날아다니는 용이 없다는 반증을 어떻게 제시할 수 있단 말인가? 이처럼 반증가능성이 애초에 불가능한 진술들은 과학적 진술이라고 볼 수 없다. 형이상학, 종교, 윤리, 아름다움에 관한 진술들은 모두 반증가능성이 없기 때문에 사이비 과학에 불과하다.

논리실증주의와 마찬가지 결론에 도달하지만 그 결론에 도달하는 방식은 완전히 다르다. 논리실증주의는 "귀신이 없다."는 진술은 검증될 수 없는 진술이기 때문에 외면해야 할 진술이라고 말한다. 그러나 반증가능성 원리에 따르면 그 진술은 반증될 수 없기 때문에 버려져야 할 진술이 된다.

아인슈타인A. Einstein의 일반상대성이론general theory of relativity이 과학적 이론으로 인정받았던 과정은 반증가능성 원리가 적용된 극적 사건이다. 일반상대성이론에 의하면 빛은 질량이 매우 큰 물체에 영향을 받아 휘게 된다. 아인슈타인은 일반상대성이론을 제시하면서 만약 질량이 매우 큰 물체에 의해서도 빛이 아무런 영향을 받지 않는다는 반증이 제기된다면 자신의 주장을 폐기하리라 공언했다. 아인슈타인은 지구 질량의 33만 배가 넘는 태양 정도라면 빛의 경로에 영향을 주리라 생각했다. 만약 태양조차도 빛의 경로에 영향을 주지 못한다면 자신의 이론을 폐기하겠다고 했다.

반증을 찾는 작업은 간단하다. 하늘에 뜬 별의 위치를 확인하면 된다. 즉 태양이 없는 밤에 관찰한 별의 위치가 태양의 주위로 옮겨졌을 때 과연 변동하는지 여부를 확인하면 되는 것이다. 그러나 별들이 태양 주위에 있을 때엔 태양의 빛 때문에 관찰이 불가능하다. 그래서 선택된 것이 개기일식이다. 개기일식 때엔 태양의 빛이 달에 가려 태

아인슈타인에 의해 뉴턴의 이론이 극복되었다 해서 뉴턴의 이론이 과학적이지 않은 건 아니다. 진리는 끊임없이 발견해 나가는 것이다. 이것이 반증가능성 원리의 강점이다.

양 주위에 보이는 별들의 위치를 충분히 확인할 수 있다.

이런 반증작업을 수행하기 위해 에딩턴A. S. Eddington이 직접 나섰다. 그는 아프리카에서 이런 관찰을 수행한 결과 별들의 위치가 태양 주위에 있을 경우 태양 주위에 없을 때보다 태양을 중심으로 하여 더 멀어짐을 확인했다. 낮에 태양 주위에 있었을 때엔 별들이 태양을 중심으로 멀리 있었으나, 밤에 같은 별들을 관찰한 결과 태양을 중심으로 있었을 때보다 더 촘촘하게 붙어 있었던 것이다. 태양의 질량에 의해 별빛이 굴절된다는 아인슈타인의 이론이 검증된, 아니 포퍼식으로 말해 반증되지 않은 극적인 사건이 발생한 것이다.

이로써 빛은 늘 직진한다는 가정에 근거를 두고 있던 뉴턴의 만유인력법칙은 강력한 반증에 마주하게 되고 결국 폐기된다. 물론 매우 큰 질량을 가진 물체가 없을 경우엔 뉴턴의 이론이나 일반상대성이론이나 비슷한 결과를 가져온다. 그러나 정교하게 따지면 아인슈타인의 이론이 더 정확하다.

그러나 아인슈타인에 의해 뉴턴의 이론이 극복되었다 해서 뉴턴의 이론이 과학적이지 않은 건 아니다. 그것은 충분히 과학적인 이론이었다. 다만 더 나은 이론에 자리를 내어준 것일 뿐이다. 모든 과학적 이론은 잠정적으로 참일 뿐이다. 만고불변의 진리란 없다. 진리는 끊임없이 발견해 나가는 것이고, 그 길은 계속 발전되어 가는 것이다. 이것이 바로 반증가능성 원리의 강점이다. 훗날 쿤Th. Kuhn에 의해 강력한 반론에 부딪치기는 했지만 말이다.

▶ 관련 개념어 : 논리실증주의, 패러다임, 귀납, 연역

범주

사물과 사태를 종류별로 묶은 틀, 혹은 선험적 인식의 틀
category

토론하다 보면 흔히 마주치는 게 '범주오류' 란 것이다. 계속 '갑' 에 대해 얘기하고 있는데 갑자기 '을' 에 관한 이야기를 거론하며 자기가 원하는 주장을 강요하는 행위를 말한다. 가령 '원더걸스' 가 더 노래를 잘 하는지, '소녀시대' 가 더 잘 하는지를 논하는 상황에서 "원더걸스는 5명이고 소녀시대는 9명이니까 소녀시대가 더 좋다." 라고 말하는 것이 그런 류이다.

이런 오류를 저지르지 않기 위해선 범주category를 명확히 규정지을 필요가 있다. 최초로 범주를 제시한 인물이 아리스토텔레스이다. 그는 10개의 범주를 제시함으로써 논리적으로 사고하고 표현하는

원더걸스와 소녀시대 중 어느 팀이 더 노래를 잘 하는지 논하는 상황에서 "원더걸스는 5명이고 소녀시대는 9명이니까 소녀시대가 더 좋다."라고 말하는 것이 범주오류다.

기본틀을 제공했다.

그가 제시한 범주는 실체, 양, 성질, 관계, 장소, 시간, 위치, 상태, 능동, 수동 등 모두 10개이다. 모든 주어는 이들 10개의 범주 가운데 하나에 해당하는 술어를 얘기할 수밖에 없다. 이 10가지 범주를 벗어나는 술어란 있을 수 없다. 논리적으로 이야기하려면 이들 범주를 명확히 하고 그 범주에 맞게 이야기해야 한다.

가령 앞의 예에서 '어느 쪽이 더 노래를 잘 하는가?'라는 문제는 '성질'이라는 범주의 문제다. 반면 '어느 쪽 인원이 더 많은가?'라는 문제는 '양'이라는 범주의 문제다. 서로 범주가 다르다. 우주선이 날아다니고 인터넷으로 못 하는 게 없는 세상인 요즘에도 아리스토텔레스 수준에 못 미치는 논리를 구사하는 사람들이 여전히 많다.

고대와 중세를 거치는 동안 아리스토텔레스의 범주론은 거의 절대적 영향력을 행사해왔다. 잠시 스콜라 철학자들이 6개로 범주를 정리하기는 했지만 근본적으로 아리스토텔레스의 범주론을 벗어나지는 못했다.

근대가 무르익던 시절 칸트I. Kant에 이르러 범주론은 일대 변혁을 맞이하게 된다. 그는 범주를 두 가지 단계로 나누어 설명한다. 가장 큰 범주는 '분량', '성질', '관계', '양상' 등의 네 가지 범주이다. 그리고 '분량'에는 단일성, 수다성數多性, 총체성이라는 세부 범주가, '성질'에는 실재성實在性, 부정성, 제한성이라는 세부 범주가, '관계'에는 실체와 부수성, 원인과 결과, 상호작용이라는 세부 범주가, '양상'에는 가능성과 불가능성, 현실적 존재와 비존재, 필연성과 우연성이라는 세부 범주가 있다고 말한다. 세부 범주는 아래 도표에서 보듯 모두 12개이다.

칸트는 우리에게 12범주가 선험적으로a priori 갖춰져 있다고 말한다. 12범주는 우리가 배워서 알 수 있거나 경험을 통해 깨닫는 게 아

▌칸트의 12범주

구분	내용
분량	단일성
	수다성(數多性)
	총체성
성질	실재성
	부정성
	제한성
관계	실체와 부수성
	원인과 결과
	상호작용
양상	가능성−불가능성
	현실적존재−비존재
	필연성−우연성

니라 이미 경험하기 이전부터 모든 인간에게 갖춰져 있는 선험적 틀이라고 한다. 이 선험적 틀을 개별적인 사물이나 사태에 적용할 경우에 비로소 인식이 성립한다고 본다.

가령 책상 위에 빨간 꽃 한 송이가 있다고 하자. 우리는 상식적으로 그 꽃이 당연히 존재하는 것이라고 생각한다. 하지만 칸트는 이런 상식적인 생각이 착각일 수 있다고 말한다. 그 꽃이 책상 위에 존재하는지 여부를 우리가 100% 확신을 갖고 말할 수는 없다. 다만 우리는 책상 위에 꽃 한 송이가 있다고 하는 인식을 하게 될 뿐이며, 그 인식은 12가지 범주를 통해 가능하다.

즉 꽃이 한 송이라는 점에서 단일성의 범주가 적용되며, 꽃이 빨갛다고 한다는 점에서 이는 긍정적·정언적 판단이므로 실재성과 실체성의 범주가 적용된다. 또한 현재 꽃이 피어있다는 점에서 현실적 존재의 범주가 적용된다. 이처럼 12가지 범주가 우리의 지각 작용에 적용됨으로 인해 우리는 최종적으로 "책상 위에 빨간 꽃 한 송이가 있다."는 인식을 하게 된다.

그러나 결코 이런 인식을 통해 "책상 위에 빨간 꽃 한 송이가 실재한다."라고 단언할 수는 없다. 왜냐하면 우리의 인식은 불완전한 것이기 때문에 그것이 알고 봤더니 빨간 꽃을 닮은 마녀일 수도 있고, 꽃을 가장한 버블제트 어뢰일 수도 있으며, 혹은 완전한 신기루일 수도 있다. 우리의 관심은 그것의 참된 모습이 무엇인가가 아니다. 단지 우리가 어떤 인식을 갖고 있는가 하는 점만 중요하다. 그 참된 모습, 즉 물자체Ding an sich는 우리가 알 수도 없으며 알 필요도 없다.

이런 점에서 칸트의 인식론을 국화빵 인식론이라고 한다. 국화빵 기계로 밀가루와 고명을 꾹꾹 눌러 찍어 국화빵을 만들어내듯이 12범주라고 하는 틀로 감각경험들을 꾹꾹 눌러 찍어 인식을 창출한다고 보기 때문이다. 우리의 외부에 있는 사물들이 직접적으로 우리에게 지각되는 것이 아니라, 거꾸로 우리의 인식틀이 외부의 사물들을 눌러 찍어 구성한다고 본 점에서 칸트의 인식론적 전환을 '코페르니쿠스적 전환'이라고 평가하기도 한다.

현대에 이르러 범주는 주로 논리학에서 다루며, 최근에는 사회과학의 각 분야에서 이용되고 있다. 아리스토텔레스나 칸트가 말한 고유개념의 의미보다는 일반개념의 의미로 두루 사용된다. 범주오류만 피해도 우리의 논쟁이 대단히 생산적이 될 수 있을 것이다.

▶ 관련 개념어 : 선험적 종합판단, 합리론, 이성

변증법
대립과 모순을 긍정하고 그것을 지양하는 변화무쌍한 논리
dialectic

변증법dialectic은 형식논리와 달리 모순과 대립을 긍정하는 논리, 혹은 오히려 모순과 대립을 통해 사물의 변화를 설명하는 논리를 말한다. 광의의 변증법은 소크라테스의 대화술이나 제논의 역설 및 칸트의 가상논리학 등을 포괄하지만 협의의 변증법은 헤겔G. W. F. Hegel의 변증법을 가리킨다. 일반적으로 변증법이라 하면 헤겔의 변

증법을 가리킨다.

변증법을 이해하기 위해선 일단 형식논리를 이해해야 한다. 형식 논리는 동일률同一律, 모순율矛盾律, 배중률排中律이라는 세 가지 원칙을 엄격히 지키는 논리를 말한다. 동일률이란 말 그대로 '갑은 갑과 동일하다'는 원칙을 말한다. 모순율은 '갑은 갑이 아닌 그 어떤 것과도 같아서는 안 된다'는 원칙을 말한다. 만약 갑이 갑 아닌 다른 것과 같은 것이 되면 모순이 발생하기 때문에 안 된다. 배중률은 '중간영역을 배제한다'는 의미다. 즉 '갑과 갑 아닌 것 사이에는 중간에 그 어떤 것도 끼어들어서는 안 된다'는 원칙을 말한다.

예컨대 '채석용은 훈남이다'는 주장이 있다고 하자. 여기서 훈남은 훈남일 뿐이라는 측면은 동일률의 측면이다. 또한 훈남은 훈남 아닌 것과 같은 것일 수 없다. 훈남은 섹시남과도 다르고 추남과도 다르다. 이것은 모순율이 적용된 측면이다. 마지막으로 배중률을 보자. 배중률에 따르면 훈남과 훈남 아닌 것 사이에는 중간적인 것이 없다. 훈남과 추남 사이에 무엇인가가 있을 수 없고, 훈남과 섹시남 사이에 무엇인가가 있을 수 없다. 한마디로 훈남이면 훈남이고, 훈남이 아니면 훈남이 아니라는 것이다. 이것이 형식논리이다.

수학은 모든 것이 형식논리적으로 전개된다. 예컨대 '삼각형'은 오로지 삼각형이어야만 하며, 삼각형이 아닌 것과 같을 수 없다. 또한 삼각형과 삼각형 아닌 것 사이에는 중간적인 것이 있을 수 없다. 삼각형과 사각형 사이에 4.6각형이 있을 수 없다.

허나 현실은 다르다. 현실은 이렇게 수학적으로만 전개되지 않는다. 채석용은 훈남이면서 추남일 수도 있고 섹시남일 수도 있다. 때로는 훈남이기도 하고, 술에 쩔어 지낼 때엔 훈남이 아닐 수도 있다. 어떻게 현실을 수학적으로 형식논리만 가지고 설명할 수 있겠는가?

헤겔은 이렇게 현실을 설명하는 데에는 형식논리가 그다지 유용하지 않다고 보고 변증법을 창안했다. 변증법은 형식논리와 달리 모순과 대립을 오히려 변화의 중요한 요소로 보고 긍정한다.

가령 '채석용은 선배이다'는 말과 '채석용은 후배이다'는 말이 있다고 하자. 여기서 '선배'와 '후배'는 형식논리적으로 보면 서로 모순된다. 그럼에도 불구하고 두 진술 모두 참이다. 일반적으로 보아 채석용은 선배이면서 후배일 수 있기 때문이다. 그런데 채석용이 만약 후배들만 있는 자리에 있다고 하자. 그렇다면 위의 두 가지 진술 가운데 '채석용은 선배이다'는 진술만 참이 되고 '채석용은 후배이다'는 진술은 거짓이 된다. 이처럼 변증법은 현실의 다양한 맥락을 고려해 판단할 것을 주문한다.

헤겔 이후 학자들은 헤겔의 변증법을 쉽게 설명하기 위해서 정正, These, 반反, Antithese, 합合, Synthese이라는 도식을 도입했다. '채석용은 선배이다'는 진술을 '정'이라고 하면, 그와 모순되는 진술인 '채석용은 후배이다'는 진술은 '반'이다. 그리고 현실 상황을 고려해 '채석용은 선배이면서 후배이다'라고 하거나 '이 모임에서만큼은 채석용이 선배이다'라고 하는 진술은 '합'에 해당된다. 이처럼 서로 모순되는 진술들을 통해 새로운 합명제를 도출하는 과정을 지양止揚, Aufheben이라 한다. 지양을 통해 서로 모순되는 진술들이 통합되고,

'채석용'의 인간관계에 대해 더 잘 이해할 수 있게 된다.

바로 이 지점에서 역사를 중시하는 헤겔의 관점이 극명하게 드러난다. 형식논리에 따르면 역사는 전혀 중요한 게 아니다. 수학적 진리는 역사와는 무관하게 선험적으로 참이다. 그러나 헤겔은 이런 선험적 지식보다 더 참된 지식은 역사를 통해 발전하는 지식이라고 보았다. 끊임없는 변증법적 과정을 통해 역사는 진보하고 또 진보한다고 보았다.

그렇다면 그 진보의 끝은 무엇일까? 놀랍게도 헤겔은 그 끝을 유럽의 역사가 달성했다고 보았다. 변증법적 과정은 오로지 유럽에서만 완전히 달성되었고, 그 이외의 지역에서는 부분적으로만 달성되었다고 보았다. 1789년 프랑스 혁명이 발발했을 때 19살의 청년이었던 헤겔은 그 후 유럽 지성계를 주름잡게 되는 친구 셸링F. W. J. von Schelling 및 횔덜린J. Ch. F. Hölderlin과 함께 튀빙엔대학 교정에 '자유의 나무'를 심고 그 주위를 손잡고 돌았다고 한다.

헤겔의 변증법은 역사의 진보를 설파한다는 점에서 희망의 메시지이다. 그러나 그러한 진보가 오로지 유럽에서만 달성되었다고 본 점에서 지적 편협성에 물든 편견에 지나지 않는다는 비판을 받기도 한다. 허나 바스티유 감옥을 부수고 왕의 목을 자르는 위대한 혁명 정신은 실제로 전 세계 민주주의의 기본 토양이 되었음은 부인할 수 없는 사실이다.

▶ 관련 개념어 : 절대적 관념론, 논리실증주의

본연지성과 기질지성

인간 본성의 근원적 측면과 현실적 측면

本然之性 氣質之性

주희朱熹에 따르면 인간의 본성性에는 두 가지 층위가 있다. 하나는 본연지성本然之性이며 다른 하나는 기질지성氣質之性이다.

본연지성은 인간을 비롯한 온우주 만물의 원론적 본성을 말한다. 따라서 본연지성은 태초로부터 영원히 순선무악純善無惡하다. 성선설이란 곧 본연지성이 선함을 말한다. 반면 기질지성이란 만물의 현실적 성격을 말한다. 기질氣質은 각 사물마다 서로 다르다. 따라서 기질지성의 품격 또한 우주 만물이 각기 다르다.

본연지성과 기질지성은 순전히 도덕적인 기준에 따라 나뉜다. 본래 성리학이 말한 우주적 차원의 원리理에는 우주의 물리적 질서와 도덕적 규율이라는 두 가지 맥락이 있지만, 주희 사상체계에서 중시되는 것은 물리적 질서보다는 도덕적 규율이다. 본연지성과 기질지성의 구분은 이런 윤리적 특성이 반영된 독특한 우주론적 설명방식이다.

우주 만물이 저마다 다른 기질지성을 갖고 있기 때문에 우주 만물은 도덕적 위계질서 속에 있게 된다. 우주 만물들은 인간, 동물, 식물, 무생물로 범주화된다. 인간의 기질지성이 가장 본연지성과 가까우며 그 다음 동물, 식물, 무생물 순으로 기질지성이 도덕적으로 열등하다고 설명한다.

이황李滉의 「천명신도天命新圖」를 보면 이런 위계적 관점을 확인할

수 있다. 인간은 머리
가 하늘을 향해 있으
므로 가장 기질지성
이 맑고 깨끗하다. 동
물은 머리가 하늘과
땅의 중간에 수평으
로 걸쳐 있다. 개와
호랑이가 네 다리로
걷는 모습을 통해 이

이황의 「천명신도」를 보면 우주 만물에 대한 위계적 관점을 확인할 수 있다. 이런 우스꽝스런 신화적 발상은 현실에서 신분질서를 정당화하는 이데올로기로 순식간에 변질된다.

런 기질지성의 성격을 알 수 있다. 따라서 동물은 인간보다 기질지성이 탁하고 지저분하다. 반면 식물은 머리, 즉 뿌리를 땅에 처박고있다. 하늘에 거스르고 있는 형상이다. 당연히 기질지성의 품격이가장 뒤쳐진다. 무생물은 두 말할 것도 없이 본연지성이 거의 드러나 있지 않은 채 탁하고 더러운 기질지성 뒤범벅이다. 도덕적으로가장 열등하다.

　자못 웃음을 자아내는 이런 설명을 성리학자들은 진지하게 받아들였다. 그래서 「천명구도天命舊圖」를 수정해 이황이 「천명신도」를만들었던 것이다.

　헌데 이런 우스꽝스런 신화적 발상은 현실에서 대단히 무서운 결과를 낳는다. 만물의 도덕적 품성, 즉 기질지성이 다르다는 확고한신념은 신분질서를 정당화하는 이데올로기로 순식간에 변질된다.인간과 동식물 사이에 도덕적으로 넘사벽이 있는 것처럼 인간들 사이에서도 사농공상의 신분에는 넘사벽이 존재한다고 그들은 보았다. 양반과 천민이 사랑을 나누는 것은 인간과 짐승이 교미하는 것처럼 막대한 패륜이다.

한편 만물을 도덕적 위계질서로 파악하면서도 조선조 성리학자들은 폭포와 나무, 강과 산을 사랑했다. 이해할 수 없는 모순이다.

그러나 본연지성과 기질지성의 구분은 현대 유전학의 성과에 힘입어 어느 정도 그 창의성을 인정받을 수 있다. 본연지성이란 모든 개체에 DNA가 있음을 의미하며, 기질지성은 각 개체가 가지는 개별적 DNA의 성질을 의미하는 것으로 해석될 수 있다. 본연지성이 선하다는 테제는 DNA가 생명의 근원이라는 명제로 대체되며, 기질지성이 도덕적으로 차이를 보인다는 테제는 개체마다 타고난 DNA의 배열이 생명체마다 조금씩 다르다는 명제로 대체될 수 있다.

본연지성과 기질지성의 구분은 아무런 과학적 근거도 없이 순전히 성리학자들의 영감에 의해 제시되었을 뿐이다. 하지만 이런 창의적인 발상 가운데 과학의 힘을 빌려 그 이론적 정당성이 확보되는 경우가 적지 않다. 이런 점에서 철학은 과학적 탐구의 원천이라 할 수 있다. 철학책은 일종의 가설 모음집이며 과학은 이를 검증하는 탁월한 심판이다.

▶ 관련 개념어 : 성, 정, 이, 기, 이기론

사단과 칠정

인간의 본성이 발현되는 이념적 측면과 현실적 측면

四端 七情

　사단四端이란 인간이 본질적으로 선善하다는 사실을 확인하게 해주는 네 가지 단서를 말하며, 칠정七情이란 인간의 일곱 가지 감정을 말한다. 그런데 사단과 칠정은 서로 중첩되기도 하고 구분되기도 하기 때문에 크나큰 논란을 불러일으키게 된다. 조선조 500년 동안 사단과 칠정은 논란의 중심에 있었다.

　성선설을 바탕으로 하는 유교는 인간의 본성性을 선하다고 규정한다. 이러한 선한 본성은 구체적으로 네 가지 덕목으로 구분되는데 그것이 사덕四德, 즉 인의예지仁義禮智이다. 그리고 이러한 네 가지 본질적인 덕목은 네 가지 단서를 통해 우리가 태어날 때부터 지니고 있음을 확인할 수 있다. 네 가지 단서란 남의 불행을 보고 측은해 하는 마음惻隱之心, 불의를 보면 수치스러워하고 미워하는 마음羞惡之心, 남에게 양보하는 마음辭讓之心, 시비를 따지는 마음是非之心을 일컫는다.

인간이 표출하는 이런 구체적인 네 가지 마음四端을 통해 인간 안에 본질적으로 사덕四德이 갖춰져 있음을 우리는 명확히 확인할 수 있다. 여기까지가 바로 맹자孟子가 주장한 부분이다.

그런데 문제는 주희朱熹에 의해 촉발된다. 그는 사덕이 사단으로 표출된다는 맹자의 주장에 만족하지 않았다. 왜냐하면 맹자의 설명 방식대로 할 경우 온세상이 천사로 가득 찬 천국이어야 하는데 현실은 그렇지 못하기 때문이다. 주희는 맹자의 원론에만 만족하지 않고, 현실 속의 악惡을 종합적으로 설명하는 새로운 설명방식을 도입하고자 했다.

그래서 그가 끌어들인 것이 칠정, 즉 일곱 가지 감정이다. 희로애구애오욕喜怒哀懼愛惡欲, 즉 기뻐하고 화내고 슬퍼하고 두려워하고 사랑하고 미워하고 욕망하는 감정이 칠정이다. 이들 일곱 가지 감정은 선할 때도 있고 악할 때도 있다. 주희는 인간의 선한 본성이 반드시 사단으로만 표출되지는 않는다고 보았다. 인간의 본성은 칠정으로도 표출될 수도 있다고 보았다. 이를 통해 인간의 본성은 선하지만 표출된 정서는 악할 수도 있다는 점을 설명할 수 있게 되었다. 그리고 사단도 인간의 감정情이며, 칠정도 인간의 감정情이라고 규정했다.

맹자의 설명과 주희의 설명을 간략히 대비해 정리하면 이렇다.

- 맹자 : 성性 − (표출) → 사단四端 : 정情 : 순선무악

- 주희 : 성性 − (표출) ┌ 사단四端 : 정情 : 순선무악
                            └ 칠정七情 : 정情 : 선악혼재

  주희가 인간의 감정情을 사단과 칠정이라는 두 가지 층위로 구분하고 이에 대해 석연한 설명을 하지 않은 채 죽은 이후 학자들은 이 문제를 풀기 위해 골머리를 앓아야 했다. 특히 조선의 학자들이 이 문제에 집중적으로 달려들었다.

  이 문제는 애초에 기대승奇大升과 이황李滉의 논쟁으로 촉발되었고, 후에 이이李珥가 기대승의 입장을 옹호하면서 학파가 선명하게 나뉘는 계기를 마련하게 되었다. 기대승과 이이의 입장을 지지하는 쪽을 정치적으로는 서인西人이라 하며, 지리적으로는 기호학파畿湖學派라고 한다. 이황의 입장을 지지하는 쪽을 정치적으로는 남인南人이라 하고, 지리적으로는 영남학파嶺南學派라고 한다. 대체적으로 기호학파는 주기론主氣論적 입장을 보였으며, 영남학파는 주리론主理論적 입장을 취했다.

  이이로 대표되는 주기론자들은 주희가 남긴 문제를 이렇게 해결하고자 한다.

  "칠정이 사단보다 포괄적인 개념이다. 사단을 칠정에 포함되는 것으로 보자. 칠정 가운데 선한 것들만 추려서 사단이라고 하자."

  반면 이황으로 대표되는 주리론자들은 이렇게 해결하고자 한다.

  "아니다. 사단과 칠정은 엄격히 구분되는 것이다. 사단은 이理를

중심으로 설명하고, 칠정은 기氣를 중심으로 설명해야 한다. 사단과 칠정은 표출되는 구조 자체가 근본적으로 다르다."

이들의 입장이 나뉘는 것은 이理와 기氣에 대한 입장의 차이에서 비롯된다. 이理란 우주 전체의 자연적·윤리적 원리를 의미하며, 기氣란 우주를 구성하는 자연적·윤리적인 물질·에너지를 의미한다. 우주의 원리로서의 이理는 영원토록 순선무악純善無惡하다. 반면 현실로서의 기氣는 악惡하기도 하고 선하기도 하다. 여기까지는 주기론과 주리론 모두 입장이 같다.

그런데 주기론자들은 이理에 능동적 움직임이 전혀 없다고 주장하며, 주리론자들은 이理에 능동적인 성질이 있다고 주장하면서 입장이 나뉜다. 이에 따라 주기론자들은 아무리 우주의 보편적 원리를 의미하는 이理라 하더라도 결코 인간의 윤리적 행위에 직접적인 개입을 할 수 없다는 전제를 깔고 논의를 전개하며, 반대로 주리론자들은 엄밀한 보편적 이理가 직접 인간의 윤리적 행위에 능동적으로 개입한다는 전제 아래 논의를 전개한다.

주기론자들의 입장은 이렇게 정리된다.

"인간의 감정七情은 외부에 대한 자극을 통해 육체와 에너지氣가 발동함으로써 생긴다. 이런 과정에 이理는 직접적으로 개입하지 못한다. 단지 기氣가 발동하는 과정에서 인간이 이理라는 원리를 제대로 구현하게 되면 결과적으로 그것이 사단이 되는 것이다."

반면 주리론자들의 입장은 이렇다.

"인간의 감정情 가운데 사단은 우주의 원리理가 먼저 명령한 후,

인간의 육체와 에너지氣가 그것을 제대로 잘 따를 때 생기는 것이다. 인간의 감정情 가운데 칠정은 인간의 육체와 에너지氣가 먼저 섣불리 꿈틀댄 후 뒤늦게 이理가 기氣에 올라타서 그것을 제어하는 과정에서 생기는 것이다."

이이로 대표되는 주기론자들은 "칠정이 사단보다 포괄적인 개념이다. 사단을 칠정에 포함되는 것으로 보자. 칠정 가운데 선한 것들만 추려서 사단이라고 하자."고 주장했다.

주기론자들의 입장은 주희의 이론에 더 부합한다. 왜냐하면 주희의 개념 규정에 의하면 이理는 절대로 능동적인 존재일 수 없다고 보아야 하기 때문이다. 움직임이 있는 존재는 기氣일 뿐 이理가 아니다. 움직이는 존재는 자칫 인격성을 가진 존재로 착각되어 종교나 신화의 대상으로 타락하게 된다.

그러나 주리론의 입장도 만만치 않다. 주희가 진정으로 강조하고자 했던 것은 인간의 윤리적 행위이다. 이理의 능동성이 비록 주희의 개념 규정에 다소 어긋나는 부분이 있을지 몰라도 더 중요한 것은 이론 자체가 아니라 윤리의 실천이다. 주희가 미처 명확하게 밝히지 못한 것을 우리가 나서서 제대로 밝히면 될 것 아닌가? 이理가 능동적으로 명령해주지 않는다면 과연 누가 순순히 이理를 구현하기 위해 노력할 것이란 말인가?

이들의 논쟁은 이후에도 지속되었으며, 이들의 이론은 온갖 정치적 다툼의 이론적 근거로 작용하게 된다. 하나의 주제를 가지고 이토록 집요하게 토론한 예는 동서고금을 막론하고 그리 흔치 않다. 조선은 철학의 나라였다.

▶ 관련 개념어 : 성, 정, 주기론, 주리론, 이기론

사덕

인간이 우주로부터 부여받은 선한 본성의 네 가지 측면
四德

사덕四德, 즉 네 가지 덕목에는 두 가지 층위가 있다. 하나는 우주적인 것이며 다른 하나는 인간적인 것이다. 우주적 측면에서의 사덕이란 원형이정元亨利貞이며, 인간적 측면의 사덕이란 인의예지仁義禮智이다.

원형이정은 『주역周易』에 나온다. 고대 중국인들의 우주관이 이 한 마디에 응집되어 있다. 인의예지는 맹자가 한 말이다. 맹자는 인간의 선한 본성이 구체적으로 이들 네 가지 덕목으로 구분된다고 설명한다.

원元은 으뜸이란 뜻으로 만물의 최고 덕목을 가리킨다. 인간의 덕목인 인仁과 짝지어진다. 형亨은 형통하다는 뜻으로 만물이 질서정연하게 아름다운 모습을 가리킨다. 인간의 덕목인 예禮와 짝지어진다. 예를 통해 질서를 갖추게 된 사회의 모습을 아름다운 우주의 모습과 유비類比시킨 결과이다. 이利란 이롭다는 뜻으로 만물이 올바른 길을 찾아 운행되어 이로운 결과를 낳음을 가리킨다. 인간의 덕목인

의義와 짝지어진다. 정貞은 곧다는 뜻
으로 만물의 근간이 곧아야 함을 가리
킨다. 인간의 덕목인 지智와 짝지어진
다. 지혜를 통해 곧은 근본을 파악할
수 있음을 유비한 결과이다.

    사덕의 두 가지 측면 가운데 원형이
정은 주로 도가 계열의 신비주의자들
이 자주 거론했던 반면, 인의예지는
성리학자들의 핵심 키워드 역할을 하
게 된다. 도가 사상가들의 관심은 우주로 나아가고 성리학자들의 관
심은 인간으로 향한다. 물론 성리학자들도 원형이정을 논하지 않은
것은 아니지만, 그들의 관심은 어디까지나 인간의 윤리적 삶에 있었
기 때문에 인의예지에 대한 부가 설명 정도의 차원에서 원형이정을
논했다.

    성리학자들의 관심은 인간이 인의예지라는 사덕을 갖추고 있다는
주장을 어떻게 우주적인 측면에서 정당화할 수 있을까 하는 것이었
다. 그들은 인간의 사덕이 우주적 차원의 사덕과 원칙적으로 동일한
내용을 갖는다고 강조한다. 즉 인간의 윤리적 덕목들은 우주가 보장
해주고 있다는 것이다.

    그렇다면 자연스럽게 이런 질문이 제기된다. 인간과 우주를 하나
의 차원에서 바라볼 수 있다면 과연 우주에도 인의예지가 있는가?

    성리학자들은 그렇다고 답한다. 이론상 그렇다고 답할 수밖에 없다. 그래서 온갖 동물들과 무생물들도 전부 윤리적 층위에서 판단할 수 있다고 말한다. 인간에 이어 동물이 그 다음으로 인의예지를 많이 갖춘 생명체이다. 식물에게는 인의예지를 발견하기가 쉽지 않다. 무생물에게는 인의예지가 거의 없다.

으르렁거리는 호랑이 모습을 의義의 발로라고 보아 호랑이에겐 부분적으로 의義의 덕목이 갖춰져 있다고 한다. 먹이를 바위 위에 나열해 놓는 수달의 행위를 제사 지내는 것이라 보고 수달에게는 예禮의 덕목이 갖춰져 있다고 본다. 심지어 붓두껍에게도 인의예지가 있는지 알고 싶어 며칠씩 붓두껍의 인의예지를 관찰하려다 몸져누운 경우도 있다.

이처럼 성리학자들은 만물을 죄다 인의예지라는 기준으로 평가한다. 그런데 이상하게도 대다수의 성리학자들은 자연 감상을 즐겼다. 깊은 산골에 틀어박혀 인의예지의 위계를 논하면서도 그 위계상 가장 하위에 있는 식물들과 강산을 음미하면서 즐겼다. 어떻게 이런 모순된 행동이 가능했을까? 나도 잘 모르겠다.

사덕이라는 인간의 본성은 감정으로 표출되는데 그런 인간의 감정을 정情이라 한다. 정은 때로는 사단四端으로 구분되기도 하며, 또 때로는 칠정七情으로 구분되기도 한다. 사단이 순선무악純善無惡한 것인 반면 칠정은 선악이 혼재된 것이다. 사덕이 정情으로 표출되는 과정은 숱한 논란을 야기했다. 그러나 근대를 거치면서 이에 대한 논란은 완전히 단절되어 자취를 감추게 된다.

현대에 와서 사덕은 유전학에 의해 재발견된다. 인仁, 즉 타인과 공감하는 능력은 유전자 정보에 선천적으로 담겨 있다. 이런 능력은 남자보다 여자가 더 우월하다. 유치원생 아이들 가운데 여자 아이들은 선생님이 아파하면 따라 울지만 남자 아이들은 멀뚱멀뚱 쳐다보다가 자기 일 하기에만 급급하다.

의義, 즉 불의를 참지 못하는 성격 또한 유전자 정보에 담겨 있다. 집단의 번영을 위해 침입자를 공격하는 벌이나 개미처럼 인간에게도 인간 집단의 이익을 위해 스스로를 희생하는 의로운 유전자 정보가 있다.

예禮, 즉 위계적 질서를 지향하는 경향 또한 선천적이다. 동물원에만 가도 쉽게 확인할 수 있듯이 모든 동물들은 위계적 질서를 갖추고 있고, 인간 또한 본능적으로 그런 질서를 추구한다.

지智, 즉 지식을 쌓는 능력은 말할 것도 없이 선천적이다. 두뇌에는 이런 유전자 정보들로 가득 차 있다. 언어능력과 논리력 등이 모두 유전자 정보에 의해 해석될 수 있다.

사덕 가운데 원형이정은 이미 수명이 다했다. 사덕 가운데 인의예지는 과학적 성과에 힘입어 그 창의성을 인정받을 수 있는 길이 있다. 인의예지는 이제 철학적 주제가 아니라 과학적 주제가 되어 버렸다.

▶ 관련 개념어 : 성, 성선설, 성악설, 성리학

상대주의

세상 일을 단정적으로 옳다 그르다 말할 수 없다는 입장
relativism

상대주의relativism란, 세상의 모든 주장들이 서로相 짝對을 지어 나름의 의의를 갖고 있기 때문에 딱히 뭐가 옳고, 뭐가 그르다고 말하기 어렵다는 입장을 통칭한다. 이에 따라 회의주의skepticism와 비교되기도 하지만 엄밀히 말해 둘은 다르다. 상대주의는 "여러 가지가 다 옳을 수 있다."는 긍정적 방향의 입장이지만 회의주의는 "옳은 게 무엇인지 알기 어렵다."는 부정적 뉘앙스의 입장이다. 어쨌든 둘다 어떤 보편적 진리라는 걸 부정한다는 점에서는 공통적이다.

상대주의의 반대말은 절대주의絕對主義, 즉 짝對을 끊는다絕는 입장이다. 짝을 끊으면 혼자 남는다. 홀로 독야청청 진리임을 자부하는 것이 절대주의이다. 남자도 아니고 여자도 아니면서 짝이 없는 신God은 절대주의의 표상이다.

언뜻 들으면 상대주의가 좋아 보인다. 허나 상대주의에는 치명적 함정이 있다. 상대주의를 인정해버리면 결국 상대주의라는 주장 자체까지 상대적 지평으로 떨어뜨려버린다. 상대주의라는 주장을 받아들이는 순간, 상대주의라는 주장을 누구나 인정해야 하는 보편적 진리라고 내세울 수 없게 되는 것이다.

그렇다고 해서 절대주의를 주장할 수도 없는 노릇이다. 모든 절대주의는 타인의 주장을 배제하고, 강압적으로 자신만 옳다고 우김으로써 다툼의 근원이 되기 때문이다. 결국 진실은 상대주의와 절대주

의의 중간 어디쯤 있는 것일 텐데 그걸 밝혀내기가 쉽지 않다. 철학이란 상대주의와 절대주의의 중간 지점 어디에서 위태롭게 외줄타기를 하는 것이다. 이래서 철학이 어렵다.

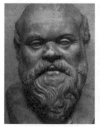

상대주의의 원조는 소피스트들이다. 그 가운데 프로타고라스(좌)와 고르기아스(우)가 유명하다. 서양 철학 최초로 인간의 문제를 고민하게 만든 것이 바로 그들이다.

상대주의의 원조는 소피스트Sophist들이다. 그 가운데 프로타고라스Protagoras와 고르기아스Gorgias가 유명하다. 프로타고라스는 "인간이 만물의 척도다."라는 유명한 말을 남겼다. 이 말이 상대주의의 모든 것을 얘기해준다. 이 때 인간이란 인간 전체가 아니라 개인을 의미한다. 따라서 프로타고라스의 진술은 "개개인이 만물의 척도이다."라고 해야 더 정확하다.

나는 진심으로 송혜교와 문근영을 단 한 번도 예쁘다고 느낀 적이 없다. 반면 남들한테 잘생겼다는 칭찬을 별로 받아본 적이 없는 우리 아들들이 내 눈에는 천사처럼 미치도록 예뻐 보인다. 어쩔 테냐?

고르기아스는 한술 더 뜬다. 그의 입장은 상대주의라기보다는 회의주의에 가깝다. 그는 말한다.

"세상에는 아무 것도 존재하지 않는다. 설사 무엇이 존재한다 해도 그것을 알 수 없다. 설사 그것을 안다 하더라도 그 사실을 타인에게 전달할 수 없다."

이쯤 되면 어떻게 손을 쓸 수 없는 지경이다. 실제로 고르기아스는 진리를 완전히 포기하고 자기 혼자 잘 먹고 잘 사는 방법을 택했다. 그것이 바로 수사학rhetoric이다. 수사학은 진리를 발견하는 작업이 아니라 자기를 정당화하는 작업이다. 요즘으로 치면 변호사, 특히 미국 변호사들의 업무와 비슷하다고 하겠다.

그렇다고 해서 소피스트들의 역할을 과소평가해서는 곤란하다. 그들은 그 이전의 철학자들이 자연의 문제에만 매달려 왔던 흐름을 바꿨다. 그들은 자연 대신 인간에 대한 관심을 불러일으켰다. 서양철학 최초로 인간의 문제를 고민하게 만든 것이 그들이다.

이후 상대주의는 소크라테스와 플라톤에게 호되게 비판을 당한 이래 자취를 감춘다. 플라톤부터 중세시대까지 유럽의 철학은 이데아론과 기독교 신앙을 바탕으로 한 절대주의가 득세했다. 이러한 절대주의적 흐름에 반기를 든 근대적 사유가 싹트면서 비로소 다시금 상대주의가 기지개를 켰다.

신을 중심으로 하는 절대적 믿음을 부정하는 일체의 근대적 사유 체계는 어느 정도 상대주의적이라고 볼 수 있다. 홉스Th. Hobbes, 흄 D. Hume, 칸트I. Kant의 철학에서 그런 특징이 두드러지게 보인다. 그들은 서양철학이 중세를 거치면서 교조적으로 받아들여 왔던 절대주의적 믿음을 부수어야 했다. 절대주의로 기울어 있던 무게중심을 상대주의 쪽으로 옮겨 왔다.

쇼펜하우어A. Schopenhauer와 니체F. W. Nietzsche로부터 비롯되는 실존주의existentialism적 흐름도 상대주의적 성격이 강하다. 현대에 이르러서는 사회학, 정치학 등 사회과학 분야에서 특히 상대주의적 관점에 관한 논란이 다양하게 제기되고 있다. 다문화사회가 본격화된 21세기에 이르러 상대주의적 관점은 더욱더 논란의 중심에 서게 될 것으로 보인다.

▶ 관련 개념어 : 회의주의, 이데아

서학
조선 후기 주리론자들에게 결정적 영향을 미친 서구 사상
西學

서학西學은 17세기 이래 중국을 통해 들어온 천주교 중심의 사유 체계를 의미한다. 천주학天主學 또는 서교西敎라고도 한다.

서학이 조선에서 관심의 대상이 될 수 있었던 데엔 두 가지 이유가 있다. 첫째, 서학과 함께 전래된 서양의 과학문물이 당시 조선인들에게 대단히 놀라웠기 때문에 자연히 서구의 종교인 서학에도 관심을 가지게 되었다. 이러한 관심은 주로 주기론主氣論적 입장을 취한 서인西人들이 갖게 된다. 주기론자들 가운데 좌파적 경향이 강한 진보적 학자들은 발달된 서구 문물을 변화된 기氣의 현실로 긍정하고 적극적으로 받아들인다. 박지원朴趾源, 홍대용洪大容 등이 대표적이다.

그러나 서학에 대한 이들의 관심은 서양문물의 정신적 배경에 대한 궁금증을 가진 정도에 머물렀다. 서학 자체를 받아들인 것이 아니라 서학이라는 것도 있었구나 하고 의식하는 정도였다. 특히 홍대용은 과학만 받아들이고 서학은 거부해야 한다고 주장했다.

둘째, 성리학性理學의 교조주의적인 입장에서 벗어나 뭔가 새로운 정신적 돌파구를 발견하고자 한 측면에서 서학을 받아들인 부류도 있다. 이들은 대부분 정권에서 소외된 남인南人들이었다. 특히 경상도 지방이 아닌 경기도 지방에서 활동한 남인들이 대다수였다. 청나라를 통해 유입된 서구 문물에 노출될 수 있었던 지리적 측면이 반영된 결과이다. 이들 남인들은 주리론主理論적 입장을 취했으나 종래의 성리학에 비판적이었다는 점에서 주리 좌파라고 규정할 수 있다.

주리론이란 이理를 절대적으로 중시해 이理에 능동적 성격이 있다고까지 주장하는 입장을 말한다. 이러한 입장은 주희朱熹가 집대성한 성리학의 이론적 구도에서 벗어나는 것이다. 성리학적 이론에 따르면 이理란 어떠한 형체도 냄새도 맛도 운동도 없는 무형의 원리를 의미하기 때문이다. 무언가 형체나 냄새, 맛, 운동 등이 있다면 그것은 이미 이理가 아니라 기氣에 불과한 것이다.

그러나 주리론자들은 이런 이론적 설명에 만족할 수 없었다. 이理가 능동적으로 인간의 삶을 규율할 수 없다면 이理는 실제로 대단히 무력한 것에 불과한 것이 되고 말기 때문이다. 그래서 주리론자들은 이론적으로 문제가 발생할 수 있음에도 불구하고 이理의 능동성을 강력히 주장하게 된다. 이理가 직접 인간의 삶에 영향을 미쳐 인간이 착하게 살도록 재촉한다고 믿을 필요가 있었다.

그런데 조선 후기에 이르러 이런 주리론적 입장을 가진 상당수 재야 남인 학자들이 자신들의 입장에 한계를 느끼게 되었다. 이理가 정말로 인간이 착해지도록 능동적으로 규율한다면 현실에서 뭔가 좀 좋게 돌아가는 모습이 발견되어야 하는데 현실은 전혀 그렇지 못했기 때문이다. 그렇다고 주리론적 입장 자체를 포기하기는 어려웠다. 뚜렷한 대안도 없이 자신들의 이론적 근거 자체를 버릴 수는 없는 노릇이었기 때문이다.

정약용은 유교의 본질이 서학과 배치되는 것이 아니라고 봤다. 이기론의 구도를 해체할 필요 없이 이기를 아우르는 보다 큰 개념인 천주를 도입하기만 하면 된다고 생각했다.

이처럼 현실과 이론이 어긋난 상황에서 이들은 서학을 발견하고 전율한다. 그들은 이理보다도 더 강력하고 더 적극적이며 더 엄한 천주天主라는 규율자를 발견한다. 인격도 없고, 말도 없고, 현실성도 없어 손에 제대로 잡히지 않았던 추상적 이理 대신 그들은 인격신으로서의 천주에게서 어버이의 모습을 발견했던 것이다.

유교에는 전통적으로 상제上帝라는 개념이 있었다. 옥황상제玉皇上帝라는 말에서 알 수 있듯 상제란 일종의 조물주로서 인격신을 의미했다. 그러나 성리학에서는 상제를 말하지 않는다. 상제라는 인격신을 언급하는 것은 고매한 철학적 이론을 다루는 성리학 입장에서 보면 수준 낮은 미신에 불과했다.

그러나 주리 좌파적 입장을 취한 남인들은 상제의 의미를 회복했다. 유교적 의미의 상제가 곧 서학에서 말하는 천주라고 해석했다.

그 대표자가 바로 정약용丁若鏞이다. 정약용은 유교의 본질이 결코 서학과 배치되는 것이 아니라고 생각했다. 이기론理氣論의 구도를 완전히 해체할 필요 없이 이기理氣를 아우르는 보다 큰 개념인 상제, 즉 천주를 도입하기만 하면 된다고 생각했다.

정약용이 서학에 경도되었음에도 불구하고 방대한 유교경전 주석 작업에 몰두할 수 있었던 것은 이 때문이다. 그런 작업이야말로 천주의 뜻을 드러내는 참된 진리의 구현 작업이라고 믿었기 때문이다.

동서고금을 막론하고 세계적으로 천주교가 조선에서처럼 자발적으로 숭배된 전례는 없다. 조선의 남인 주리 좌파 이론가들은 성리학이 해결하지 못한 이론적 돌파구를 서학에서 발견하고, 자발적으로 서학을 받아들여 연구했다. 그들에게 있어서 서학은 청나라를 통해 수입된 서구의 낯선 종교이론이 아니라 여태껏 우리가 외면해 왔던 우리 안의 참된 진리였다. 서학을 통해 비로소 동東과 서西, 유교와 천주교가 화해할 수 있으리라고 그들은 믿었다.

▶ 관련 개념어 : 주기론, 주리론, 실학, 경세치용, 이용후생

▍선험적 종합판단
▍경험에 의존하지 않고서도 새로운 지식을 얻게 되는 판단
▍synthetisches Urteil a priori

'선험적先驗的, a priori' 이란 '경험에 앞서 있음' 을 의미한다. 반대말은 '경험적a posteriori' 이다. '선험적 판단' 이란 우리가 경험하지 않은

채 행할 수 있는 판단을 의미하며, '경험적 판단'이란 우리의 경험을 통해 행하는 판단이다. 예컨대 '5 + 3 = 8'이라는 판단은 선험적 판단이고, '예쁜 애들이 공부를 잘 한다'는 판단은 경험적 판단이다. 수학적 명제들은 모두 선험적 판단이다. 우리가 굳이 경험을 하지 않더라도 수학 명제들은 명확히 참이다. 반면 경험적 판단은 실제 경험을 통해 도출되는 판단이다.

'분석판단'은 주어를 분석하면 술어의 의미를 확인할 수 있는 판단을 말하며, '종합판단'은 주어를 아무리 분석해도 술어의 의미를 확인할 수 없는 판단을 말한다. 예컨대 '삼각형에는 세 개의 각이 있다'는 주장은 분석판단이며, '발생하는 모든 것에는 원인이 있다'는 판단은 종합판단이다. '삼각형'이라는 단어를 분석하면 '세 개의 각을 가진 도형'이라는 의미가 나온다. 그러나 '발생하는 것'이라는 단어를 아무리 분석해도 거기에서 '원인'이라는 의미가 나오지 않는다.

그런데 분석판단은 이미 주어에 술어의 의미가 포함되어 있기 때문에 무언가 새로운 사실을 알려주지는 않는다. '삼각형'이라는 주어 자체에 이미 '세 개의 각'이라는 의미가 있으니까 '삼각형에는 세 개의 각이 있다'는 분석판단은 새로운 사실을 우리에게 알려주지 못한다. 반면에 종합판단은 우리에게 새로운 사실을 알려준다. '발생하는 것'이라는 단어를 아무리 분석해도 거기서 '원인'이라는 의미가 나오지 않는다. 그런데 '발생하는 모든 것에는 원인이 있다'는 판단은 실제로 참이다. 이 판단은 우리에게 새로운 사실을 알려

경험론과 합리론이 서로의 약점을 비판하고 자기들의 강점을 주장하던 상황에서 칸트는 절묘한 절충안을 내놓는다. 그것이 바로 '선험적 종합판단'이라는 것이다.

줌으로써 종합판단이라 규정된다.

이러한 네 가지 판단을 내세우고 그 판단들 사이의 연관관계를 설명함으로써 자신의 이론을 정립한 사람이 바로 서양근대철학의 최고봉인 칸트I. Kant 이다. 자, 그가 왜 이런 네 가지 판단을 내세우게 되었는지 좀더 따져보자.

앞에서 든 예를 통해 알 수 있듯이 선험적 판단과 분석판단은 수학적 판단이기 때문에 직접 경험하지 않고서도 이성을 통해 100% 참이다. 이성을 중시한 합리주의자들은 참된 지식이 바로 이성을 통해서만 가능하다고 주장한다.

그러나 경험주의자들은 이에 대해 반론을 제기한다. 인간이란 존재는 태어나서 먹고 마시고 잠자고 숨 쉬는 존재인데, 어떻게 이런 경험적 사실들을 무시하고 이성에만 의지해서 판단을 하려고 하느냐고 항의한다. 이성을 중시하는 합리주의적 입장을 취할 경우 도대체 우리가 예쁜 꽃을 보거나 향기로운 냄새를 맡는다는 사실을 어떻게 확인할 수 있느냐고 따진다. 이성은 수학적 사실들만을 알려줄 뿐 우리가 살아나가면서 겪게 되는 온갖 경험적 사실들을 어떻게 알 수 있는지는 설명하지 못한다고 주장한다. 이들은 경험적 판단과 종합적 판단을 중시했다.

선험적 판단과 분석판단을 중시하는 합리론의 강점은 정확성이다.

반면 약점은 새로운 사실을 제공해주지 못한다는 점이다. 경험적 판단과 종합판단을 중시하는 경험론의 강점은 새로운 사실을 제공해준다는 점이다. 반면 약점은 부정확성이다. '예쁜 애들이 공부 역시 잘 한다' 는 판단을 100% 정확하다고 말할 만큼 어리석은 사람은 없다.

경험론과 합리론이 서로의 약점을 비판하고 자기들의 강점을 주장하던 상황에서 칸트는 절묘한 절충안을 내놓는다. 그것이 바로 '선험적 종합판단synthetisches Urteil a priori' 이라는 것이다. 선험적 종합판단은 합리론이 주장하는 이성의 정확성을 '선험적' 이라는 측면에서 보장하면서 동시에 경험론자들이 주장하는 '새로운 사실의 제공' 이라는 측면을 '종합판단' 이라는 측면에서 보장한다. 한 마디로 말해 '선험적 종합판단' 은 '100% 정확' 하면서도 '새로운 사실' 을 알려주는 판단을 의미한다.

이해를 돕기 위해 네 가지 판단의 관계를 아래에 정리했다.

▌선험적 판단 vs 경험적 판단 vs 분석판단 vs 종합판단

분석판단	종합판단	
선험적 분석판단 삼각형에는 세 각이 있다	선험적 종합판단 5+3=8 발생하는 모든 것에는 원인이 있다	경험적 종합판단 예쁜 애들이 공부 역시 잘 한다
선험적 판단		경험적 판단

모든 분석판단은 선험적 판단이다. 그리고 모든 경험적 판단은 종합판단이다. 선험적 종합판단은 중간에 걸쳐 있다. 그런데 선험적이기 때문에 경험을 하지 않고서도 100% 확실하며, 그러면서도 동시에 우리에게 무언가 새로운 지식을 제공해주는 선험적 종합판단이라는 것이 과연 가능할까? 칸트는 가능하다고 말한다. 그런 판단이곧 수학적 판단과 과학적 판단이라고 말한다. 자, 이 두 가지에 대해차례대로 알아보자.

선험적 판단에는 두 가지 유형이 있다. 첫째, 선험적 분석판단이있다. 앞에서 예를 든 '삼각형에는 세 각이 있다'는 판단은 분석판단이면서 선험적 판단이다.

둘째, 선험적 종합판단이 있다. '5 + 3 = 8'이라는 수학적 판단은선험적이기는 하지만 분석적이지는 않은 판단이다. 왜냐하면 '5', '+', '3'이라는 세 가지 항목을 아무리 엄밀히 분석하더라도 그 분석만을 통해서는 '8'이라는 결론을 도출할 수는 없기 때문이다. 결국 '5', '+', '3'이라는 세 가지 항목을 통해 우리는 '8'이라는 새로운 사실을 제공받게 된다. 즉 그것은 종합판단이 되는 것이다. 종래에는 이것을 분석판단이라고 간주해 왔지만 칸트는 이런 판단을종합판단이라 규정한다.

바로 이렇게 '5 + 3 = 8'이라는 명제처럼 경험 이전부터 명백하게 참이면서도 우리에게 새로운 지식을 제공해주는 판단을 칸트는'선험적 종합판단'이라고 불렀다. 경험론자들은 이성을 중시하는합리론이 아무런 새로운 정보도 제공해주지 못한다고 비판하지만 칸트는 그렇지 않다고 보았다. 수학적 판단들도 충분히 우리에게 풍부한 새로운 지식을 제공해주는 종합판단일 수 있다고 설명한다. 무수한 숫자와 연산 작용 및 공리들을 통해 우리는 무한대의 새로운 수학적 지식들을 제공받을 수 있게 된다는 것이다.

한편 새로운 지식을 제공해주는 종합판단 역시 두 가지로 구분된다. 첫째는 경험적 종합판단이다. 앞에서 예를 든 '예쁜 애들이 공부 역시 잘 한다' 라는 명제는 경험을 통해 새로운 사실을 알려준다. 허나 그 진실성이 현저히 떨어진다. 김태희를 보면 맞는 말 같지만 박지선을 보면 동의하기 어렵다.

둘째, 선험적인 종합판단이 있다. 앞에서 예를 든 '발생하는 모든 것에는 원인이 있다' 는 명제가 바로 선험적 종합판단이다. '발생하는 것' 을 분석할 필요 없이 위의 명제는 선험적으로 참이다. 그런데 이 주장에 대해서는 좀더 설명이 필요하다.

칸트는 우리가 사물을 인식할 때 일정한 틀을 가지고 인식한다고 말한다. 그 틀을 범주category라고 하는데 그가 내세운 범주는 모두 12개이다. 이 범주는 선험적이다. 경험 이전에 인간에게 갖춰진 능력이다. 그런데 이 범주 가운데 '양quantity' 과 '인과관계' 라는 것이 있다. 바로 이 '양' 과 '인과관계' 라는 선험적 범주를 통해 '모든 발생하는 것은 원인이 있다' 는 판단을 하게 된다. 따라서 '모든 발생하는 것은 원인이 있다.' 는 판단은 선험적인 판단이다. 또한 동시에 '발생하는 것' 에 대한 분석으로는 도출할 수 없는 새로운 지식, 즉 '원인이 있다' 는 지식을 제공해주기 때문에 종합판단이다.

예를 들어보자. 누군가 손가락으로 잡은 물체를 놓았더니 그때마다 물체가 떨어진다고 하자. 이런 개별적 경험을 통해 '손가락을 펼치는 것이 원인이 되어 물체가 떨어진다'는 경험적 종합판단을 하게된다. 그런데 이렇게 원인과 결과로 짝지어진 상황들은 무수히 많다. 이렇게 개별적인 인과적 상황들을 토대로 우리는 궁극적으로 '모든 발생하는 것은 원인이 있다'는 종합적 판단에 도달하게 되는데, 이 판단은 경험적 영역을 떠나 이미 선험적으로 완비되어 있는 것으로 100% 확실하다. 왜냐하면 우리에게 선험적으로 갖춰진 12범주를 통해 인식된 것이기 때문이다.

개별적 경험을 통해 우리는 단순히 불확실한 경험적 종합판단에만 머무는 것이 아니라 100% 확실한 선험적 종합판단에 이를 수 있다고 칸트는 주장한다. 이렇게 개별적 경험을 통해 선험적 종합판단에 이름으로써 얻게 되는 지식이 곧 과학적 지식이다.

칸트는 이로써 합리론과 경험론의 대결을 절묘하게 절충했다. 수학적 지식의 확실성과 과학적 지식의 엄밀성을 이론적으로 완벽히 체계화했다.

물론 "칸트가 제시한 12범주라는 게 도대체 왜 선험적인 것이고 그것을 왜 인정해야 합니까?"라고 따진다면 할 말이 없다. 실제로 이런 질문에 대한 철학적 논쟁이 칸트 이후 끊임없이 제기되어 왔다. 지금은 어느 누구도 12범주를 곧이곧대로 받아들이지 않는다. 하지만 경험론과 합리론을 절충함으로써 과학적 지식의 엄밀성을 확고히 드러내고자 한 칸트의 노력이 과학의 발전에 큰 기여를 했음

은 분명하다. 이를테면 칸트는 과학자들에게 최고의 이론적 대변인
이었던 셈이다.

▶ 관련 개념어 : 경험론, 합리론, 관념론, 범주

성
우주가 원천적으로 보장해준 인간의 선한 본성
性

성性은 인간의 본성을 의미한다. 성리학性理學의 핵심 키워드이다.
그런데 요즘엔 sex를 성性이라고 한다. 누가 sex를 성性이라고 번역
했는지 모르겠다. 성性이란 단어가 동아시아에서 sex를 의미하는 것
으로 사용된 적은 전혀 없다. 성性이 sex를 의미한다면 성리학性理學
은 'sex의 원리에 관한 학문'이 되는 셈이다. 조선의 선비님들이 들
으시면 펄쩍 뛸 노릇이다. 한자문화권에서 sex를 의미하는 단어는
성性이 아니라 색色이었다.

그런데 가만 들여다보면 sex를 성性으로 번역한 데엔 또 그만한
이유가 있기도 하다. 인간의 본성을 성리학처럼 고매한 데서 찾지
말고 적나라한 성적 욕망에서 찾아야 한다는 탈중세적 소망이 반영
된 번역이리라 짐작해 본다.

성性이라는 개념어가 부각된 것은 송나라 성리학자들에 의해서
다. 그들은 인간의 본성이 선하다는 맹자의 선언을 받아들이면서 우
주론과 결합시켰다. 인간의 선한 본성은 단순히 맹자의 방식처럼 선

언으로는 확보되지 않는다. 우주적 차원에서 형이상학적으로 보장해주지 않는다면 성선설의 정당성을 제대로 확보하기가 어렵다. 성선설을 부정하는 불교의 강력한 도전에 대응하려면 그 정도 노력은 필수적이다.

그래서 그들이 제기한 테제가 성즉리性卽理, 즉 인간의 본성은 인간만의 문제가 아니라 우주의 선한 원리理와 동일한 차원의 문제라는 광활한 원칙이다. 이 정도면 불교의 우주론에 대항해도 손색이 없을 것이다. 인간이 선한 것은 단지 인간들만의 희망에 불과한 것이 아니다. 그것은 우주가 태초부터 그렇게 명령한 법칙이다.

인간의 본성은 구체적으로 인의예지仁義禮智라는 네 가지 항목으로 나뉜다. 이를 사덕四德이라 한다. 이들 네 가지 덕목들은 하늘이 법칙으로 인간에게 부여해준 것들이다. 성리학자들은 모든 인간이 사덕의 유전자를 가지고 태어난다고 믿는다.

그렇다면 인간에게 이런 선하디 선한 사덕이 선천적으로 갖춰져 있다고 보는 근거는 무엇인가? 네 가지 덕목에 제각기 그러한 단서들이 짝지어져 있다고 그들은 설명한다. 그 네 가지 단서들이 바로 사단四端이다. 남의 불행을 보고 측은해 하는 마음惻隱之心, 불의를 보면 수치스러워하고 미워하는 마음羞惡之心, 남에게 양보하는 마음辭讓之心, 시비를 따지는 마음是非之心이라는 인간의 정서들을 통해 인간 안에 사덕이 갖춰져 있다는 걸 확인할 수 있다고 그들은 주장한다.

물론 이러한 사덕이 확인되지 않는 특수한 몇몇 경우가 있을 수 있다. 요즘 말하는 사이코패스가 바로 그들이 말한 '사덕이 선천적으로 결여된 인간' 들이다. 강호순 같은 경우가 대표적이다. 그들은 못된 인간일 뿐만 아니라 우주적 원리에 거스르는 인간들이다. 법칙에 거스르는 예외적 종자들이기 때문에 인간이라기보다는 그저 세포 덩어리라고 보는 것이 옳을 것이다. 따라서 그런 종자들을 죽이면서 아무런 양심의 거리낌도 가질 필요가 없다.

물론 강호순처럼 극단적인 경우라면 그럴 수도 있을 것이다. 그런데 강호순처럼 극단적인 경우가 아닌데도 뭔가 자신과 다른 행동패턴이나 생각을 가진 사람을 우주의 원리에 거스르는 사람이라고 규정해 버리면 어떻게 되겠는가? 당연히 그런 사람들도 강호순처럼 세포 덩어리로 규정하고 죽이더라도 하등의 가책을 느낄 필요가 없게 된다.

실제로 그런 일이 조선조에 비일비재했다. 당쟁이 바로 그것이다. 조선조 성리학자들은 스스로 "뭐가 더 좋은가?"를 논한다고 생각하지 않았다. 그들은 "뭐가 진리인가?"를 논한다고 여겼다. 논쟁에서 질 경우 그것은 곧 스스로 세포 덩어리가 됨을 의미했다. 진리와 비진리, 그 두 가지 외에 다른 선택지는 없었다. 그래서 자신과 입장이 다른 사람을 성性이 원천적으로 결여된 세포 덩어리라 여기고 가차 없이 죽일 수 있었다.

각박한 진리 관념은 추악한 폭력으로 돌변하기 쉽다. 조선조가 그랬고 유럽의 중세가 그랬다. "모든 인간이 선하다."는 선언은 한편으로는 "그런 원칙에 조금이라도 어긋나 보이는 사람이 있으면 가차 없이 살육해도 좋다."는 살인 면허였다.

이런 각박한 성性론에 대한 반성이 조선 후기 들어 다양하게 제기되었다. 대표자는 정약용丁若鏞과 최한기崔漢綺이다.

정약용은 사단과 사덕의 관계를 뒤집으면서 성리학에 의문을 제기한다. 사단을 통해 사덕이 확인되는 것이 아니라 거꾸로 사덕을 통해 사단을 확인할 수 있다고 말한다. 인간의 본성이란 오히려 측은지심, 수오지심, 사양지심, 시비지심의 네 가지 마음이다. 이들 본성이 제대로 발현되었을 때 우리는 그것을 각기 인의예지라고 규정하게 된다. 이들 네 가지 마음은 인간이 그저 좋아서 하는 것일 뿐 우주가 무슨 법칙처럼 인간에게 각인시켜준 것이 아니다. 예쁜 꽃을 보고 싶고 맛있는 음식을 먹고 싶은 것처럼 그저 선한 마음이 자연스럽게 생기는 것일 뿐이라고 그는 간주한다. 선한 마음은 법칙이 아니라 하나의 경향성일 뿐이다.

여기에서 더 나아가 최한기는 성性을 아예 후천적으로 획득하게 되는 속성attribute으로까지 격하시킨다. 성性이란 하늘이 시원始原에서부터 인간에게 부여해준 선험적인a priori 본성이 아니라 단지 인간이 기氣라는 물질·에너지 덩어리로서 생존해 나가면서 스스로 터득해 갖추게 된 경험적 속성에 지나지 않는다는 것이다.

이를테면 성리학은 유전자 코드를 하늘이 부여해줬다고 믿은 반면 최한기는 그것이 진화의 산물이라고 믿었던 것이다. 아마도 최한기가 진화론을 접했다면 미친 듯 열광했을 것이다.

최한기로 인해 비로소 성性은 선험적 굴레에서 해방되었다. 최한기는 성 해방론자다. 이로 인해 인간에 대한 각박한 해석의 틀에서 벗어나 타인의 의견을 존중하고 타인의 경험적 속성을 인정하는 사회철학이 가능할 수 있게 되었다. 그러나 안타깝게도 그의 철학은 근대화 과정에서 철저히 단절되고 1960년대에 이르러서야 재발견된다.

▶ 관련 개념어 : 정, 성리학, 성기호설, 신기, 사단과 칠정, 사덕

성기호설

인간은 선한 행동을 하고 싶어하는 본성을 타고났다
性嗜好設

성리학性理學은 인간이 착하다고 주장하는 맹자의 성선설性善說을 이념적으로 정교하게 가다듬었다. 맹자가 단순히 "인간은 착하다." 라고 선언한 데 머물렀다면 성리학은 우주적 차원에서 인간이 선할 수밖에 없음을 입증하고자 했다. 인간과 만물은 모두 우주의 법칙, 즉 이理의 지배를 받는데 이理라는 원칙은 완벽히 그 자체로 선할 수밖에 없다. 인간의 본성性도 이理의 지배를 받는 이상 인간 역시 선하지 않을 수 없다. 이 원리는 성즉리性卽理로 요약된다.

그러나 조선 후기에 활동한 정약용丁若鏞은 다르게 보았다. 인간이 착한 것은 인간의 본성이 우주의 원리에 따라 그렇게 착하도록 법칙으로 주어져서 그런 것이 아니다. 그는 인간이 착한 것은 착하고 싶어서, 즉 착하고자 하는 기호嗜好를 갖고 있어서라고 말한다.

언뜻 들으면 동아시아 유교가 전통적으로 고수해 온 성선설을 부

정하는 내용으로 보일 수 있다. 착한 행위를 하는 게 단지 좋아서라니. 그렇다면 착한 일을 하고 싶지 않은 사람은 안 하면 그만이란 말인가? 착한 일을 하고 싶은 마음이 들지 않는 사람들이 많은 게 현실인데, 그렇다면 성선설이 옳지 않다는 것인가? 아니다. 성기호설은 성리학이 말하는 성선설보다 더욱 과격하고 극단적인 성선설이다.

예를 하나 들어 보자. 누군가 길거리에 떨어져 있는 휴지를 주웠다고 하자. 그가 휴지를 줍는 착한 행동을 하게 된 이유가 무엇일까? 성리학은 그에 대해 이렇게 설명한다.

"길거리에 떨어져 있는 휴지를 주워야 한다는 것은 법칙으로 정해져 있다."

반면 정약용은 이렇게 말한다.

"그는 단지 길거리에 떨어져 있는 휴지를 줍고 싶어서 주웠을 뿐이다."

누구 말이 더 설득력 있을까? 성리학이 묘사하는 착한 행동은 의무적 행동이다. 법적 질서에 따르는 행위이며 강제적으로 해야 하는 것이다. 반면 정약용이 묘사하는 착한 행동은 자연스런 충동의 결과이다. 그저 하고 싶어서 했다는 것이다.

언젠가 축구선수 이영표가 이런 말을 한 적이 있다.

"저는 타고난 재능이 많지는 않습니다. 그러나 아무리 타고난 재능이 많다 해도 열심히 축구하는 선수를 당할 수 없다고 봅니다. 그리고 아무리 열심히 하는 선수라 해도 축구를 정말 재미나게 즐기는 선수를 당할 수 없다고 봅니다. 저는 정말 축구 하는 게 재미납니다."

오늘 아침 출근 전에 나는 똥으로 범벅이 된 우리 둘째 아들의 기저 귀를 갈았다. 우리 마누 라가 심한 감기에 걸려

남자들은 아름다운 여자를 보면 저절로 눈이 간다. 아 름다운 여성에 대한 남자들의 욕망은 법칙이기 이전에 현실이자 인간 본성의 자유로운 발로이다. 이것이 성기 호설이다.

앓고 있었기 때문이다. 귀엽게 살이 오른 똥꼬를 닦기 무섭게 첫째 아들이 나를 다급하게 불렀다. 갑자기 터진 설사로 바지와 팬티가 범벅이 되었고 마룻바닥은 엉망이었다. 지각하지 않기 위해 온 힘을 모아 마루를 닦고 녀석의 살을 씻어주었다. 그러나 하나도 힘이 들 지 않았다. 그저 녀석들이 귀여웠고 즐거울 따름이었다. 그런데 이 런 행동이 만약 내게 의무로 주어져 있었다면 어땠을까?

남자들은 아름다운 여자를 보면 저절로 눈이 간다. 아름다운 여 성에 대한 남자들의 욕망은 법칙이기 이전에 현실이다. 아름다운 여자와 대화를 나누고 싶고 키스하고 싶은 것처럼 착한 행위를 하 고자 하는 것은 인간 본성의 자유로운 발로이다. 이것이 바로 성기 호설이다.

정약용은 착한 행동을 하고자 하는 인간의 착한 본성이 상제上帝, 즉 신God에게서 비롯된다고 보았다. 신께서 인간에게 성적 욕망과 착한 행동을 하고자 하는 기호를 주셨다. 절대적 존재인 신의 명령

이기에 이것은 절대적 진리이다. 누구도 거부할 수 없는 영원불변의 진실이다. 절대불변의 존재에 기대지 않고 단순히 우주의 원리 차원에서 인간의 본성을 논하는 성리학으로는 인간의 선한 본성을 정확히 밝혀줄 수 없다. 그것은 불완전한 성선설이다.

정약용은 이理의 능동성을 주장하는 주리론의 학설을 이어받아 그것을 좌파적으로 변경시켰다. 주리론에 의하면 이理는 원리이면서 명령을 내리는 경찰과 같은 존재이다. 그러나 그것만으로는 부족하다. 주리론이 말하는 이理에는 인격이 빠져 있다. 인격 없는 경찰이란 것이 과연 어떻게 가능하단 말인가?

정약용은 과감하게 주리론에서 말하는 이理의 내용 가운데 명령을 내리는 적극적 요소를 상제에게 넘겨버린다. 인격 없는 경찰 대신 인간에게 직접 명령을 내리는 친절하고 엄격한 신을 모셔온 것이다. 대신 이理는 단순히 원리의 의미로 축소된다.

인간의 선한 본성은 신께서 내려주신 축복이다. 그것을 제대로 발현시키지 못하는 인간은 아름다운 여성을 보고서도 아무것도 느끼지 못하는 남성처럼 불행한 것이다. 선은 즐기는 것이며 이로운 것이다. 의무가 아니라 기호이다. 성기호설은 가장 극단적인 형태의 성선설이다.

▶ 관련 개념어 : 성, 정, 성선설, 주리론

성리학

인간의 선한 본성과 그것을 보장해준 우주적 원리의 학문
性理學

성리학性理學의 기본 테제는 이것이다.

"인간의 본성은 우주적 차원의 이理와 동일한 지평에서 논의되어야 한다."

이런 테제를 일컬어 성즉리性卽理라 한다. 인간의 본성, 즉 성性은 인간적 차원에서만 따로 떼어 논의될 수 있는 게 아니다. 인간의 본성은 우주적 차원의 원리인 이理와 동일한 차원에서 탐구될 수 있으며 또 탐구되어야 한다. 즉 인간과 자연은 하나다!

이러한 성즉리의 테제가 성립하기 위해선 몇 가지 전제조건이 충족되어야 한다. 첫째, 우주는 객관적 탐구의 대상이자 윤리적 판단의 대상이어야 한다. 왜냐하면 인간은 윤리적 존재이기 때문이다.

둘째, 우주를 전일적으로 판단하는 사유의 틀이 있어야 한다. 인간과 우주를 하나의 통일체로 묶어서 판단할 수 있어야 인간과 우주를 일관되게 설명할 수 있기 때문이다. 그 틀이 곧 이기론理氣論이다.

셋째, 우주를 궁극적으로 선善한 존재라고 간주해야 한다. 유교의 정맥은 성선설性善說에 있다. 성리학은 성선설을 기반으로 하기 때문에 우주의 궁극적 선함은 필수적으로 요구된다.

이들 조건들을 두루 충족시키면서 성리학을 완성시킨 사람이 주희朱熹이다. 주희는 이理가 가지는 소당연所當然과 소이연所以然이라는 두 가지 측면을 통해 첫째 조건을 충족시켰다. 주희에게 있어 소당

연은 우주의 과학적 법칙과 윤리적 당위를 동시에 의미한다. 배는 물 위에 뜨는 것이며_{자연적 법칙}, 물 위에 띄워 놓아야만 하는_{당위적 법칙} 존재이다. 마찬가지로 인간은 선善을 행하는 존재이며_{자연적 법칙}, 선을 행해야만 하는_{당위적 법칙} 존재이다. 소이연은 이러한 소당연의 궁극적 이유, 즉 형이상학적 근거를 의미한다.

둘째 조건은 이기론을 완성시킴으로써 충족시킨다. 이기론은 주돈이周敦頤의 태극론과 장재張載의 태허太虛의 기론氣論을 절충한 것이다. 주돈이의 태극 · 음양오행론은 무형의 태극에서 유형의 음양오행이 창출되는 과정을 설명하기 곤란하다. 장재의 태허기론은 최초의 순선무악한 태허의 기에서 어떻게 선과 악이 뒤섞인 기가 창출되는지 설명하기 곤란하다. 주희는 태극 · 음양오행 · 태허 · 기를 낱낱이 분해해 이理와 기氣로 재배열했다. 이理는 무형의 과학적 · 윤리적 원리를 의미하며, 기氣는 유형의 물질과 무형의 에너지를 의미한다.

셋째 조건 역시 이기론을 통해 자연스럽게 확보된다. 이기론은 우주를 궁극적으로 선한 것이라 여기는 주돈이와 장재의 입장을 바탕으로 재구성되었다.

주희가 성리학 체계를 완성하는 데에 결정적인 역할을 한 두 인물이 또 있다. 흔히 이정二程이라 일컬어지는 정호程顥와 정이程頤라는 형제는 주돈이와 장재 못지 않게 성리학 체계 수립에 큰 공을 세웠다.

특히 정이의 공이 크다. 성즉리라는 테제는 바로 정이가 주창한 것이다. 이기론이라는 틀 또한 정이에게서 빚진 것이다. 그래서 성리학을 정이와 주희의 학문이라는 의미로 정주학程朱學이라고도 한다. 성리학은 그 밖에도 도학道學, 송학宋學, 신유학新儒學, 이학理學, 주자학朱子學 등 다양한 이름으로 불리기도 한다. 서구 학계에서는 새로운 유학이라는 의미

주희가 성리학을 완성시킨 데에는 정이(좌)와 정호(우) 형제의 공이 크다. 성즉리라는 테제는 바로 정이가 주창한 것이고, 이기론이라는 틀 또한 정이에게서 빚진 것이다.

의 신유학Neo-confucianism이라는 용어를 주로 사용한다.

성리학은 탐구 분야에 따라 이기론과 심성론心性論으로 크게 구분된다. 이기론은 우주 전체의 측면에 중점을 두고 연구하는 것이며, 심성론은 인간의 측면에 중점을 두고 연구하는 것이다.

심성론은 성정론性情論과 인심도심론人心道心論으로 또 다시 나뉜다. 성정론은 인간의 본성性과 감정情에 관한 이론이며, 인심도심론은 도덕적 행위 주체로서의 인간의 마음心에 관한 이론이다.

윤리적 행위의 시점에 따라 공부의 내용이 다르게 되는 측면은 미발이발론未發已發論 및 거경궁리론居敬窮理論, 격물치지론格物致知論 등에서 다룬다.

또한 성리학은 이理의 능동성을 인정하는지 여부에 따라 주기론主氣論과 주리론主理論으로 나뉜다. 주기론은 이理의 능동성을 부정하면서 현실에서 선과 악이 발생하게 되는 기원을 일관되게 기氣에서 찾는다. 반면 주리론은 선의 기원을 이理에서 찾고, 악의 기원을

기氣에서 발견한다. 주기론은 일원적이며 주리론은 이원적이다. 주기론과 주리론의 대립은 조선조에 이르러 격화된다.

성리학이 탄생하게 된 데에는 정치적 측면도 무척 크게 작용했다. 성리학 체계를 수립한 주희는 북송北宋이 이민족 국가인 금金에 멸망당한 사실에 크나큰 충격을 받는다. 그는 이민족 국가에 대항할 중국 고유의 정신을 유교에서 찾고자 했고, 성리학을 통해 이념적 구원을 추구했다.

불교의 영향 또한 컸다. 유교는 한漢나라의 경직된 관학주의로 인해 오히려 쇠퇴하게 되었고, 그 틈을 비집고 불교가 크게 융성하게 되었다. 송나라 유학자들은 불교의 우주론에 대항할 유교적 우주론을 고안할 필요성을 강하게 느꼈다. 그런데 성리학 체계는 그 내용상 불교의 우주론과 닮은 구석이 대단히 많다. 게다가 성리학의 수양론 역시 불교의 선禪과 대단히 유사하다. 미워하면서 닮는다더니, 불교를 미워했던 성리학이 꼭 그랬다.

성리학은 그 후 왕양명王陽明과 왕수인王守仁이 내세운 심즉리心卽理설의 강력한 도전을 받는다. 중국에서는 대체로 주자학과 양명학이 공존하는 양태를 띠면서 발전하다가 청나라 시기에 이르러 고증학考證學에게 주도권을 빼앗긴다. 일본에서도 성리학이 융성하기는 했지만 지배권이 오래 가지는 못했다.

그러나 조선에서는 장장 500여 년에 걸쳐 성리학이 유일한 관학으로 인정받아 왔다. 그 공과에 대한 평가는 역사학계와 철학계의 영원한 숙제일 것이다. 그러나 아무리 에누리하고 봐도 이민족에 대한 배타적 신념에서 탄생한 성리학을 이민족 국가인 조선의 사상가들이 신봉했다는 것은 아이러니라 하지 않을 수 없다. 역사적 관점을 내팽개치고 보편주의에만 치중하면 어떤 우스꽝스런 결과가 빚어지는지 조선의 성리학자들을 통해 가슴 아프게 확인할 수 있다.

▶ 관련 개념어 : 성, 정, 이기론, 사단과 칠정, 사덕, 미발과 이발

성선설

참혹한 현실에 절망하지 말자는 희망의 인성론
性善說

성선설性善說을 주장했던 맹자孟子는 중국 전국시대戰國時代 사람이다. 전국시대, 즉 전쟁이 일상화되어 있는 참혹한 시대에 맹자는 인간의 본성이 선하다고 외쳤다. 성선설은 현실감각이 떨어진 몽상가의 외침일까? 살육이 일상화되어 있는 죽음의 시대에 인간의 본성이 선하다고 외치다니 놀라운 일이다. 더더욱 놀라운 것은 이런 몽상적 인간관이 중국과 한국의 역사에서 주류적 위치를 차지해 왔다는 사실이다.

성선설은 인간에게서 희망을 찾는다. 아무리 현실이 추악해도 인간 이외의 다른 것에서 희망을 발견하고자 하지 않는다. 현실과 신화의 경계가 뚜렷하지 않았던 고대인들에게 초월적 존재에 의지하지 않은 채 인간의 힘만으로 선한 세상을 만들 수 있다고 주장하는 이러한 인간관은 대단히 낯선 것이었다. 성선설이 유교의 정통이론

으로 확고한 자리를 차지했다는 것은 곧 유교가 초월적 신비주의와 거리를 두게 되었음을 의미한다. 유교는 휴머니즘이다.

애초에 맹자가 제기한 성선설의 구도는 매우 간략했다. 맹자는 인간의 선한 본성을 네 가지 측면으로 나누어 설명한다. 그것이 이른바 인의예지仁義禮智라고 하는 네 가지 덕목, 즉 사덕四德이다. 인간은 인의예지라는 네 가지 덕목을 태어날 때부터 본성으로 지니고 있다. 그리고 이러한 착한 본성은 네 가지 단서를 통해 구체적으로 확인된다고 설명한다. 이들 네 가지 단서를 사단四端이라 일컬었다.

인간의 선한 본성이 현실화되었다면 아마도 맹자의 설명에 대한 추가적 설명은 불필요했을지 모른다. 그러나 현실은 그렇지 못했다. 이론적 도전 또한 만만치 않았다. 가장 강력한 도전은 불교로부터 왔다. 불교는 인간의 본성이 선하다는 유교의 주장을 비웃었다. 선과 악을 나누는 이분법적 구도 자체를 유치하게 여겼다. 불교가 꽃을 피운 당나라 시대를 거치면서 유교는 불교의 강력한 형이상학적 체계 앞에 무릎을 꿇을 수밖에 없었다.

송나라에 이르러 유교의 대반격이 시작되었다. 이때 만약 송나라가 맹자의 성선설이 아니라 순자의 성악설을 선택했다면 중국의 역사가 달라졌을 것이다. 불행인지 다행인지 송나라 유학자들은 맹자의 성선설을 고수했다. 고수하는 데에 그치지 않고 성선설을 완벽히 이념화했다. 현실에서 꽃을 피우지 못한 선한 본성을 이념 속에서나마 구현하고자 했다. 인간의 선한 본성은 이제 단순한 구호가 아니라 우주의 법칙으로까지 승화된다. 인간의 본성은 우주적 이념理의 차원에서 다뤄지게 되었으며 미발未發과 이발已發, 성정론性情論과 격물치지론格物致知論의 복잡한 구도 속에서 치밀하게 논의되었다.

이수현의 삶을 다룬 영화의 한 장면. 철로에 뛰어들어 생면부지의 취객을 구한 이수현의 행동은 근본적으로 일벌의 희생적 행위와 마찬가지로 이타적이다.

이렇듯 이념화되어 현실을 외면했던 성선설은 근대화 과정에서 철저히 폐기되었다. 유교에 대한 비판은 곧 성선설에 대한 비판을 의미했다. 그러나 20세기 말엽에 이르러 성선설은 다시금 주목받게 되었다. 놀랍게도 그 주목은 관념론과는 정반대 위치에 있는 과학에서 비롯되었다. 유전학과 뇌과학은 인간의 선한 본성이 유전자 정보에 대한 해석을 통해 설명될 수 있다고 주장한다.

일벌은 여왕벌 및 다른 일벌들의 생존을 위해 기꺼이 자신의 목숨을 버린다. 단 한 번밖에 사용할 수 없는 침이라는 강력한 수단으로 침입자를 물리치고 동료들의 생존만을 도모하며 자신은 죽는다. 이러한 이타적 행위는 인간의 선한 행동을 설명하는 데에 유용한 도구로 활용된다.

평생 처음 본 취객을 구하기 위해 자신을 희생했던 이수현의 행동은 근본적으로 일벌의 희생적 행위와 마찬가지로 이타적이다. 일벌들에게 이타적인 선한 본성이 유전되는 것처럼 인간에게도 이러한 선한 본성이 유전된다고 유전학은 설명한다. 수많은 관념적 논쟁을 통해 선한 본성을 확보하고자 했던 유교의 노력은 유전학이 제공하는 과학적 설명으로 대체된다.

　유교의 관념적 성선설은 과학적 성과에 힘입어 다시 일어설 태세에 있다. 물론 새로운 성선설은 관념적 성선설이 아닌 과학적 성선설이 되어야 할 것이다. 관념의 허울을 벗고 과학과 협력해 인간의 선한 본성을 새롭게 조명하는 것이 현대 유교의 진정한 책무이지 않을까?

▶ 관련 개념어 : 성악설, 성, 정, 사덕, 사단과 칠정

성악설

참혹한 현실을 현실 그대로 받아들이는 상식의 인성론
性惡說

　인간의 본성性을 악하다고 주장한 순자荀子가 지은 『순자』라는 책의 첫머리에 이런 구절이 나온다.

　"청출어람靑出於藍*, 청어람靑於藍"

　흔히들 스승보다 제자가 뛰어날 때 '청출어람' 이라고 표현한다. 물론 "푸른 염료靑가 쪽풀藍에서 나왔으면서도 쪽풀보다 더 푸르다靑."는 내용을 따져 보면 그렇게 해석할 수도 있을 것이다. 그러나

● 본래는 '청취지어람靑取之於藍' 이지만 리드미컬하게 발음하기 위해 '청출어람' 이라는 네 글자로 변형되었다.

맹자와 쌍벽을 이루는 순자의 방대한 저작 첫머리에 나온 구절이 고작 그 정도의 내용만을 담고 있다고 보기엔 뭔가 석연치 않다. 순자의 성악설性惡說을 이해한다면 우리는 위 구절을 좀 더 깊은 맥락에서 다뤄 볼 수 있을 것이다.

순자는 인간의 본성이 악하다고 주장했다. 그렇다면 악한 인간들이 모여 있는 사회에서는 선한 행위와 선한 사회가 결단코 불가능하다는 얘기인가? 이 물음은 성악설이 지닌 필연적 난점이다.

순자는 인간의 본성이 악하다고 주장했다. 그렇다면 악한 인간들이 모여 있는 사회에서는 선한 행위와 선한 사회가 결단코 불가능하다는 얘기인가? 도대체 악한 인간들만 사는 세상에서 선하다는 개념 자체가 어떻게 도출될 수 있다는 말인가? 이러한 물음은 모든 성악설이 지닌 필연적 난점이다.

기독교는 이러한 난점을 신God을 통해 해결한다. 오로지 신, 그리고 신의 아들인 예수만이 선하며 다른 모든 인간은 악하다. 아담의 원죄는 모든 인간이 태생적으로 악할 수밖에 없는 이유를 설명한다. 이토록 추악하고 악한 인간들의 세상에서 신은 선을 비춰주는 유일한 존재이다. 오로지 신의 말씀에 의거해 선을 발견할 수 있다.

순자 또한 마찬가지다. 악한 인간들만이 모인 세상 속에선 결단코 선한 사회를 꿈꿀 수 없다. 이때 순자가 의존하는 것은 바로 성인聖人이다. 삼황오제三皇五帝라는 성인들만이 선한 마음을 가지고 있으며 나머지 인간들은 죄다 악하다.

왜 하필 삼황오제만 선하고 나머지는 악하다는 것인지에 대해서는 제대로 설명하지 않는다. 그냥 그렇다고만 말한다. 왜 신만 선하고 인간은 악하냐는 물음에 그냥 그렇다고 말할 수밖에 없는 기독교와 마찬가지다.

신의 말씀은 성경Bible에 담겨 있다. 성인들의 말씀은 유교 경전經典에 담겨 있다. 기독교가 신의 말씀인 성경을 절대시하는 것처럼 순자도 유교 경전의 역할을 절대화한다. 따라서 성인들의 선한 말씀이 담긴 유교 경전을 공부하는 것은 악한 인간들의 필수 덕목이다.

"청출어람, 청어람"이란 구절은 『순자』 첫머리에 나오지만 바로 그 앞에는 "학문을 그쳐서는 안 된다."는 구절이 있다. 핵심은 바로 이 앞 구절이다. "청출어람, 청어람"이라는 구절은 성인들의 말씀이 담긴 경전을 학습하는 행위를 그쳐서는 안 됨을 확인케 하기 위한 비유로 사용되었을 뿐이다.

즉 대나무 쪼가리*에 지나지 않는 경전을 쪽풀에 비유하고 성인의 말씀을 익혀 드디어 선한 행위를 깨닫게 된 사람을 파란 염료에 비유했던 것이다. 하찮아 보이는 종이로 만들어진 경전이지만, 그것을 학습한 사람은 진정한 선한 행위에 이를 수 있을 것이라는 설명이다.

성선설은 인간의 본성을 선하다고 보기에 인간의 본성을 탐구하는 내면적 활동에만 몰두한다. 그러나 성악설은 인간의 본성을 악하

---

* 순자가 살던 시대엔 종이가 없었다. 책은 대나무를 엮어 만들었다.

다고 보고, 선한 행동의 근원을 인간 바깥에서 발견하고자 하기에 인간의 능동적 행위, 즉 작위作爲를 중시한다. 성인은 진정한 작위의 실천가들이다. 근대화 과정에서 순자의 성악설이 주목받게 된 것은 이처럼 작위적 활동을 중시한 데에서 연유한다.

그러나 순자는 인간과 사회의 선한 측면을 인간 스스로의 힘으로 창출해 갈 수 있다고 보지 않고 옛 성인의 말씀을 통해 발견할 수 있을 뿐이라고 보았다는 점에서 근본적으로 근대적 입장과 구별되는 측면 또한 뚜렷하다.

▶ 관련 개념어 : 성선설, 성

소당연과 소이연

우주의 과학적·윤리적 원리와 그 배후의 형이상학적 근거
所當然 所以然

소당연所當然과 소이연所以然은 이理의 두 가지 측면이다. 이理에는 자연과학적 원리라는 의미와 윤리적 원리라는 두 가지 의미가 중첩되어 있다. 이에 따라 소이연을 이理가 가지고 있는 두 가지 측면 가운데 자연적 원리를 담당하는 것으로, 소당연을 윤리적 원리를 담당하는 것으로 설명하기도 한다. 즉 소당연과 소이연을 병렬관계로 파악하는 것이다.

그러나 소당연과 소이연은 병렬관계에 있지 않다. 성리학의 집대성자인 주희朱熹는 "소당연을 통해 소이연에 도달해야 한다."고 자주

"배는 물 위에 뜬다."는 과학적 원리이면서 윤리적 원리이다. "배가 땅 위에선 결코 뜨지 못한다."는 과학적 사실뿐만 아니라 "배를 땅 위에 올려놓아서는 안 된다."는 윤리적 내용까지 담고 있다.

강조했다. 즉 개념적 절차상 소당연은 소이연에 도달하기 위한 이전 단계인 셈이다.

소당연이란 '윤리적 당위'만을 의미하는 것이 아니다. 소당연이란 개념 자체에 이미 자연적 원리와 윤리적 원리라는 두 가지 의미가 중첩되어 있다. 이理 개념의 이중적 의미가 소당연 개념에 그대로 반영되어 있는 것이다. 소당연은 우주 만물이 마땅히 그래야 하고, 또 그럴 수밖에 없는 존재론적·윤리적 원리이다. 소당연의 법칙所當然之則이란 윤리적 법칙뿐만 아니라 과학적 법칙까지 포함한다.

가령 이런 것이다.

"배는 물 위에 뜬다."

이것은 과학적 원리이면서 동시에 윤리적 원리이다. 위의 진술은 "배가 물이 아닌 땅 위에선 결코 뜨지 못한다."는 과학적 사실을 설명한다. 동시에 위의 진술은 "배를 물 위가 아닌 땅 위에 올려놓아서는 안 된다."는 윤리적 내용까지 담고 있다. 성리학자들은 이처럼 일체의 과학적 사실들을 단지 과학적 사실로만 받아들이지 않고 그것들을 모두 윤리적 지평에서도 파악하고자 했다.

이런 예는 얼마든지 들 수 있다. 가령 그들은 "뜨거운 물에 손을 담그면 화상을 입는다."는 과학적 원리와 "뜨거운 물에 손을 담그면 안 된다."는 윤리적 원리를 늘 함께 생각했던 것이다. 과학적 원리와 윤리적 원리가 구분될 수 있다는 발상 자체를 그들은 용납하지 않았다. 소당연이란 "뜨거운 물에 손을 담그면 당연히 화상을 입는다."는 과학적 원리와 "뜨거운 물에 손을 담그는 것은 당연히 안 된다."는 윤리적 원리를 동시에 표현한다.

그렇다면 소이연이란 무엇인가? 소이연이란 이러한 소당연의 법칙이 우리 눈앞에 펼쳐지게 된 근본적인 까닭所以然之故을 의미한다. 성리학은 소당연의 법칙만을 파악하는 데에서 그치지 말고, 그러한 법칙이 왜 발생하는지 궁극적 차원에서 따지고자 한다. 따라서 성리학은 자연학이며 윤리학이면서 동시에 형이상학이다.

소당연은 이理 개념의 자연학적·윤리학적 성격을 의미하며, 소이연은 이理 개념의 형이상학적 성격을 의미한다.

"어린 아이가 우물에 빠지는 것을 보면 가슴이 철렁 내려앉는" 현상은 소당연으로 설명된다. 그것은 자연의 법칙이면서 동시에 윤리적 법칙이다. 누군가 가슴이 철렁 내려앉지 않는다면 그는 인간이 아니며, 동시에 우리는 그를 인간으로 대접해주어서는 안 된다. 강호순과 유영철은 인간이라고 할 수 없으며, 동시에 인간으로 대접받아서는 안 되는 것들이다.

소이연이란, 왜 어린 아이가 물에 빠지는 것을 보면 가슴이 철렁 내려앉게 되는지에 대한 근본적 이유를 의미한다. 이때 주희가 제시한 소이연의 방법은 격물格物이다. 단순히 자연학이나 윤리학에만 만족하지 말고 격물을 통해 형이상학적 근원에 도달해야 한다고 역설한다. 성리학이 말하는 형이상학이란 격물, 즉 사물을 근원적으로 바로잡는 것, 혹은 사물에 근원적으로 다가가는 것을 의미한다. 소당연이라는 사실을 통해 격물이 가능하게 되는 것이다.

▶ 관련 개념어 : 이, 성리학, 격물

스콜라철학

기독교 신앙에 대한 아리스토텔레스식 합리화
scholasticism

스콜라철학scholasticism은 교부철학에 이어 중세철학을 휩쓴 종교적 철학이다. 교부철학이 플라톤의 철학을 중심으로 전개되었다면, 스콜라철학은 아리스토텔레스의 철학을 중심으로 전개됐다. 대체로 8세기에서 14~15세기 정도까지를 스콜라철학 시대라고 한다.

스콜라철학이 플라톤보다 아리스토텔레스를 중시했던 건 별다른 이유가 없다. 당시 아리스토텔레스의 저작들이 라틴어로 활발하게 번역되었기 때문에, 그 번역서들을 통해 아리스토텔레스 철학을 기독교 신학에 연결지을 수 있었던 것이다. 스콜라철학의 대표자인 아퀴나스Th. Aquinas가 바로 그랬다. 그는 그리스어를 전혀 할 줄 몰랐으면서도 라틴어 번역서들만 가지고 아리스토텔레스 철학을 신학적으로 변모시켰다.

게다가 아리스토텔레스의 그리스 원전들은 그리스어에서 직접 라틴어로 번역된 것이 아니라 상당 부분 아랍어로 번역되었다가 다시 라틴어로 번역되었다. 중역이었던 셈이다. 아퀴나스는 그런 중역본을 바탕으로 방대한 사상체계를 수립할 수 있었다. 원전을 읽지 않으면 말할 자격조차 없는 것처럼 여기는 우리 학계의 지식소매상적인 편협한 시각이 극복되지 않는 한 아퀴나스 같은 인물이 한국에서 배출되는 것은 불가능하다. 물론 원전이 아닌 번역서를 통해서도 아퀴나스 같은 인물이 배출되기 위해선 훌륭한 번역을 장려하는 풍토가 선행되어야 한다.

스콜라철학은 신학을 위해 철학을 이용했다. 계시적이고 주술적이고 감정적인 차원의 신앙이 아닌 합리적이고 이성적인 신앙을 원했다. 그래서 그들은 끊임없이 신을 증명하고자 했다. 아퀴나스의 신 존재 증명이 대표적이다. 아퀴나스는 다섯 가지 측면에 걸쳐 신의 존재를 증명하고자 했다.

첫째, 운동의 측면에서 신의 존재는 증명된다. 모든 운동에는 원인이 있다. 두 개의 심장을 가진 박지성이 다이빙 헤딩슛을 성공시켰던 데엔 플래처의 어시스트가 결정적이었다. 이런 운동과정을 거슬러 올라가다 보면 결국 최후의 존재, 즉 신에 도달할 수밖에 없다.

둘째, 작용인에 의해 신의 존재는 증명된다. 모든 사실에는 원인이 있다. 원인 없는 결과는 없다. 박지성은 박지성의 부모가 낳았고, 그 부모는 또 그 부모에 의해 태어났다. 이렇게 거슬러 올라가다 보

스콜라철학의 대표자인 아퀴나스는 신의 존재를 증명하면서 신학을 체계화한 인물이지만 한편으로는 인간 존재의 자율성을 돋보이게 만든 인물이라고도 평가된다.

면 최후의 존재, 즉 신에 도달할 수밖에 없다.

셋째, 필연성의 개념에 의해 신의 존재는 증명된다. 세상에 존재하는 모든 것들은 우연적인 것들이다. 나도 우연적인 것이고, 박지성도 우연히 태어났을 뿐이다. 필연적인 것은 아무 것도 없다. 필연적인 것이라면 영원토록 존재해야 하는데 세상에 그렇게 영원히 존재하는 필연적인 존재는 없다. 그런데 이 세상 전부를 이렇게 우연적인 것들의 집합이라고만 본다면, 결국 우연히 이 세상에는 모든 것이 하나도 없게 되는 상황까지도 가능하게 된다. 허나 그런 상황은 상상하기 어렵다. 실제로 이 세상은 끊임없이 우연적인 존재가 생겼다가 없어지기 때문이다. 왜냐하면 우연적인 존재를 가능하게 하는 필연적인 무언가가 단 하나 있기 때문이다. 그것이 바로 신이다. 신이라는 필연적 존재에 의해 온세상의 우연적 존재가 가능하게 된다. 신 하나만 필연적이고 나머지는 모두 신에 의해 우연적으로 존재하는 것들이다.

넷째, 존재의 완전성이라는 측면에 의해 신의 존재는 증명된다. 드라마 〈파스타〉에서 견습 요리사들의 요리에 매번 매정하게 퇴짜를 놓는 셰프를 보면 알 수 있다. 무언가 완벽한 것이 있으니까 그 기준에 미달한 요리에 퇴짜를 놓는 것이다. 모든 존재의 완벽한 총합이 바로 신이다.

다섯째, 목적이라는 측면에서 신의 존재는 증명된다. 온세상은 하나의 목적을 향해 나아간다. 그러나 온세상의 사물들은 자기들이 그 목적을 향해 나아가고 있다는 사실을 자각하지 못한다. 김수녕이 쏜 화살은 스스로 목적이 무엇인지 모른다. 그러나 과녁이라는 목적을 향해 멋지게 날아간다. 세상 만물이 모두 그렇다. 그런 궁극적 목적이 바로 신이다. 김수녕은 신이며, 화살은 우리들이다.

아퀴나스는 이렇게 신의 존재를 증명하면서 신학을 체계화한 인물이지만, 한편으로는 인간 존재의 자율성을 돋보이게 만든 인물이라고도 평가된다. 무조건적으로 신에게 헌신만 하는 인간이 아닌 상대적으로 자율성을 확보한 인간을 꿈꾸었다는 것이다. 이성을 가진 인간이기에 신의 존재를 이성적으로 파악할 수 있다는 측면 또한 인간의 주체성을 강조한 측면이라 해석한다. 이런 측면을 강조하여 아퀴나스를 근대의 선구자로까지 평가하는 흐름도 있다.

물론 아퀴나스는 근대를 기획하지 않았다. 이성을 중시하기는 했지만 어디까지나 그가 강조한 이성은 신을 참되게 영접하기 위한 수단에 불과했다. 허나 어찌 됐든 이성을 중시했다는 사실은 중세 말기 지성인들에게 새로운 활력을 불러일으키는 역할을 했다. 그리고 이성을 강조하는 흐름이 마침내 근대에 이르러 신의 질곡으로부터 벗어날 계기를 마련해주었다.

▶ 관련 개념어 : 교부철학, 이데아, 질료와 형상, 이성

시뮬라크르
원본과 복제의 경계가 무너진 시대에 각광받는 복제의 복제
simulacre

시뮬라크르simulacre란 복제의 복제를 의미한다. 복제본을 원본보다 가치가 떨어지는 것이라고 본다면 복제의 복제, 즉 시뮬라크르는 가치가 떨어져도 한참 떨어지는 것에 지나지 않는다.

플라톤이 바로 그렇게 보았다. 플라톤은 현실 세계를 이데아의 복제품이라고 보았다. 참된 세계는 오로지 이데아뿐이며, 우리가 사는 현실은 그 이데아를 모방한 복제품에 지나지 않는다고 보았다. 당연히 이러한 현실을 또 다시 복제한 시뮬라크르는 우리의 현실보다도 더 가치가 떨어지는 것으로 간주된다. 예술을 현실세계의 모방이라고 규정할 경우 예술은 전형적인 시뮬라크르가 된다. 플라톤은 예술을 비롯한 시뮬라크르를 경멸했다.

그런데 20세기 후반 들어 상황이 정반대가 되었다. 들뢰즈와 보드리야르는 플라톤과는 정반대의 입장에서 시뮬라크르를 옹호한다. 그리고 좋은 싫든 우리의 현실은 시뮬라크르에 대한 이들의 통찰과 맞아떨어지는 측면이 대단히 많다.

플라톤과 들뢰즈의 가장 큰 차이는 이데아에 대한 입장에서 비롯된다. 플라톤은 이데아를 참된 세상으로 간주하고 현실은 그것의 복제이며, 시뮬라크르는 복제의 복제라고 규정했다. 그러나 들뢰즈는 이데아 자체를 인정하지 않는다. 플라톤에 있어서는 시뮬라크르가 과연 원본과 얼마나 닮았는지 여부가 중요한 쟁점이 되지만, 들뢰즈는 애

초에 이데아를 인정하지 않기 때문에 그에게 있어서는 원본과의 대조 자체가 무의미하다.

보드리야르는 시뮬라크르를 아예 기정사실화한다. 철학적 논쟁거리로 다루는 것에 만족하지 않고 현실의 다양한 측면을 설명하는 데에까지 활용한다.

가령 한류 스타 배용준을 보자. 한류 스타 배용준이라는 시뮬라크르는 실제의 배용준과 다를 것이다. 플라톤에 의하면 배용준의 시뮬라크르는 실제의 배용준과는 다른 허위이며 기망이다. 실제의 배용준을 모른 채 그의 시뮬라크르에 열광하는 대중들은 어리석다. 한 단계 더 나아가 현실의 배용준은 '참된 배우'라고 하는 이데아와 비견되어 그 가치가 평가되어야 한다. 두 단계 사이의 간극이 크면 클수록 시뮬라크르에 대한 플라톤의 비판은 강해진다.

그러나 들뢰즈는 그렇게 보지 않는다. 배용준이라는 한류 스타의 시뮬라크르는 그 자체로 가치가 있다. 실제의 배용준은 가족과 친구들 사이에서만 의미가 있을 뿐이다. 일반인들에게는 오히려 한류 스타 배용준의 시뮬라크르가 의미 있다. 그것을 배용준의 실상과 견주어 얼마나 부합하는지 따질 필요가 없다. '참된 배우'라는 이데아도 설정하지 않는다. 따라서 배용준의 시뮬라크르는 어떤 절대적 기준에 의해 그 가치가 평가될 수 없다. 오로지 그 시뮬라크르가 대중들에 의해 받아들여지는 역동적인 과정을 통해 시뮬라크르적 정체성이 확립될 뿐이다.

이라크전쟁은 마치 스포츠 중계처럼 사람들에게 흥밋거리로 여겨질 뿐이다. 매체를 통해 전달된 시뮬라크르만이 우리의 새로운 현실을 구성한다.

보드리야르는 여기서 한 걸음 더 나아간다. 그는 시뮬라크르를 아예 기정사실화한다. 철학적 논쟁거리로 다루는 것에 만족하지 않고 현실의 다양한 측면을 설명하는 데에까지 활용한다. 그에게 있어 최고의 예술가는 똑같은 작품을 무한 복제해 판매하기에 여념이 없었던 앤디 워홀Andy Warhol이다. 원본의 의미가 없어진 상황에서 복제를 폄하하는 것은 무의미하다. 〈TV쇼 진품명품〉에서 작품의 진위를 따지는 것은 우스꽝스런 짓이다. 복제품이 복제품으로서 나름의 역할을 한다면 그 자체로 가치는 인정되어야 한다.

시뮬라크르가 정치에 적용되면 상황은 더욱 심각해진다. 조두순 사건은 대서특필되지만 이라크 전쟁에서 수십만 명이 학살되는 상황은 간단하게 보도된다. 조두순 사건으로 인해 갖가지 토론이 벌어지지만 이라크전쟁은 마치 스포츠 중계처럼 흥밋거리로 여겨질 뿐이다. 실제로 이라크에서 몇 명이 학살당했는지, 그 원인은 무엇이고 해결책은 무엇인지 우리는 관심을 갖지 않는다. 매체를 통해 전달된 시뮬라크르만이 우리의 새로운 현실을 구성할 뿐이다.

디지털 시대엔 복제를 폄하하는 것이 무의미하다. 스타크래프트 원본 시디와 복제 시디는 100% 똑같다. P2P 사이트는 원본이 무엇이고 복제품이 무엇인지 가를 수 없음을 보여주는 극적인 시뮬라크르 공간이다. 유튜브와 아이튠스에서는 시시각각 새로운 시뮬라크르가 창출된다. 원본이 무엇인지 따지지 않는다. 수많은 복제본들이 제각기 그 용량과 품질에 따라 거래될 뿐이다. 이것은 축복일까, 재앙일까?

▶ 관련 개념어 : 이데아, 미메시스, 아우라

신기
사회적 소통능력을 가진 인간을 지칭하는 탈성리학적 개념
神氣

신기神氣란 인간이 가진 능력을 말한다. 먹고, 마시고, 냄새 맡고, 활동하는 인간의 모든 활동을 일컬어 신기의 활동이라 한다. 사물을 직접 지각하고 경험하며 타인과 소통하는 일체의 활동이 신기로부터 말미암는다. 조선조 말엽에 활동한 최한기崔漢綺가 만든 개념어이다.

그런데 왜 하필 인간의 능력을 신기라는 용어로 지칭했을까? 이에는 까닭이 있다. 본래 신神이란 신비주의적인 요소를 지칭하는 데에 사용되었다. 귀신鬼神이라든가 신명神明, 산신령山神靈, 바람과 우레의 신風雷神 등의 용례를 통해 신神의 전통적 의미를 확인할 수 있다. 신神은 인간이 완전히 파악할 수 없는 미지의 신비스런 영역을 묘사하는 데에 사용되었다.

그런데 최한기는 신神이라는 의미를 완전히 다른 맥락에서 사용한다. 첫째, 신神은 단순히 놀랍다는 의미로 재규정된다. 전통적 맥락에도 물론 신神에 놀랍다는 의미가 있었지만 그러한 놀라움은 단순한 놀라움에 그치지 않고, 인간의 지각이 미치지 못하는 초월적 영역에 대한 묘사로까지 넘어가곤 했다. 그러나 최한기가 말하는 놀라움이란 지극히 현실적인 놀라움이다. 그는 전통적으로 초월적 · 신비주의적 의미를 갖고 있는 신神이라는 용어에서 그러한 초월적 요소를 완전히 제거한다.

둘째, 신神에는 능력이라는 의미가 있다. 최한기는 인간이 가진 가장 기초적인 능력으로 '신시神視 · 신청神聽 · 신취神臭 · 신미神味 · 신촉神觸' 등을 열거한다. 보고, 듣고, 냄새 맡고, 맛보고, 만지는 능력을 일컫는다. 이런 지극히 단순한 경험적 능력을 인정하는 것에서부터 최한기의 '상식의 철학'은 출발한다. 신神이란 이런 지극히 단순하지만 궁극적으로는 경이로운 인간의 능력을 의미한다. 여기에는 어떠한 초월적이거나 신비주의적인 내용도 개입되어서는 안 된다. 최한기는 신비주의를 뼛속 깊이 경멸한다.

한편 최한기는 우주 만물이 기氣로 구성되어 있다는 전통적인 동양적 사유의 틀을 부정하지는 않는다. 그러나 그가 말하는 기氣는 조선조 철학자들이 생각했던 기氣와는 궁극적으로 다르다. 그는 결코 기氣를 도덕적 · 윤리적 층위에서 파악하지 않는다. 기氣는 최한기에 이르러 비로소 자연적이자 윤리적인 판단의 근거라는 이중적인 의미를 완전히 벗고 순수하게 자연적 의미만을 가진 것으로 재

규정된다.

인간 또한 마찬가지다. 인간은 기氣로 구성되어 있다. 그러나 인간이 태어날 때부터 가지고 있는 기氣 자체만을 근거로 윤리적 평가를 이끌어낼 수는 없다. 타고난 기氣는 가치판단적 측면에서 중립적이다. 어느 누구도 인간이 태어나면서 가지고 있는 기氣를 윤리적으로 평가해서는 안 된다.

인간이라는 기氣에게 있어 정말로 중요한 것은 윤리적 내용이 아니라 경험할 수 있다는 능력이다. 볼 수 있고, 냄새 맡을 수 있고, 숨을 쉴 수 있고, 다른 사람과 소통할 수 있다는 기본적인 물리적 사실에 주목해야 한다. 그런 자연스런 능력을 성리학자들 어느 누구도 주목하지 않았다. 오로지 인간을 도덕적 층위에서만 바라보고자 했다. 이제 인간의 구체적 능력에 주목해야 한다. 그런 구체적 능력의 총체를 최한기는 신기라고 규정했다.

물론 신기라는 용어 대신 완전히 새로운 용어를 창안할 수도 있었을 것이다. 실제로 최한기는 추측推測이라든가 운화運化 등의 용어를 새로 창안해서 사용하기도 했다. 그러나 최한기는 인간에 대해서만큼은 전통적 용어를 그대로 사용하고 싶었던 것으로 보인다. 기氣를 대체할 적당한 새로운 용어를 창안하는 것도 어려운 일이었을 것이다. 새로운 용어를 창안하는 대신 기존 용어에 새로운 의미를 부여함으로써 전통적 어휘의 맥락과 대결하고자 하는 의도가 있었을지 모른다.

몇몇 연구자들은 신기를 '정신적 기운'이라고 해석한다. 그러나 이는 잘못된 해석이다. 그런 해석에 따르면 보고, 듣고, 냄새 맡는 등의 능력들이 모두 정신적 능력이 되고 만다. 최한기는 인간의 정신적 측면보다는 체험하고 소통하는 능동적인 측면을 중시했다. 정신과 물질을 구분하는 데카르트적 이원론 자체가 그에게는 생소한 것이다.

살아 숨 쉬면서 외부 사물의 자극에 반응하고 타인과 소통하는 일체의 활동능력을 일컬어 신기라고 한다. 수많은 시행착오와 학습을 통해 신기의 인간은 발전하고 성숙한다. 선천적 기氣의 윤리적 품질이 중요한 것이 아니라 얼마나 열심히 능동적으로 삶에 적응하고 살아가는지가 중요하다.

"골방에만 처박혀 인간의 본성 운운하지 말고 제발 밖에 나가서 사람들이랑 만나라. 그것이 바로 신기를 제대로 이해한 자의 행동이다. 신기는 소통하는 능력이다. 그런 능력을 놔두고 평생 좌선만 하면서 반성만 하고 앉아서 뭐가 이뤄지겠는가? 네 몸의 놀라운 능력을 믿고 즐겨라."

이것이 바로 최한기의 외침이었을 것이다.

▶ 관련 개념어 : 기, 추측, 실학, 주기론

실용주의
관념이나 사상의 가치는 그 결과에 의해 판명된다
pragmatism

실용주의pragmatism는 19세기 후반 미국에서 제기되었다. 퍼스C. S. Peirce, 제임스W. James, 듀이J. Dewey는 실용주의의 3대천왕이다. 실용주의는 미국에서 탄생한 최초의 철학이다. 현재에도 미국 철학의 근저에는 실용주의적 특징이 매우 강하게 남아 있다. 현대 미국철학은 영국으로부터 유입된 언어철학과 미국 본토에서 자생적으로 태동한 실용주의라는 두 가지 축을 중심으로 발전해오고 있다.

실용주의에 영향을 미친 사상은 경험론과 진화론이다. 특히 당시 서구 지성계를 강타한 진화론은 실용주의자들에게 큰 영향을 주었다. 인간이 결국 동물과 근본적으로 다를 바 없다고 주장하는 진화론은 인간만의 본질적 가치라든가 영혼이라는 초월적 가치 등 일체의 신기루와 같은 사상에서 벗어나 냉혹하게 현실을 바라보는 시각을 제공해주었다.

경험론 역시 큰 영향을 주었다. 하지만 종래의 영국 경험론이 지나치게 관념론적인 측면에 머물렀던 점을 과감히 비판하고 현실적 측면을 돌아보도록 촉구한다. 퍼스가 선봉에 나섰다.

그는 오로지 지각을 통해 획득되는 관념만이 있을 뿐 우리 밖에 사물이 실재하지 않는다고 주장한 버클리의 관념론적 경험론에 반기를 든다. 단단한 책상, 동그란 농구공을 우리는 분명히 지각을 통해 확연히 느낄 수 있다. 이런 명백한 현실을 외면하고 관념만이 실재한다고 볼 수는 없다. 그는 우리의 관념들 가운데 이렇게 명백히 경험을 통해 확인할 수 있는 관념들만을 인정하고, 경험으로 확인할 수 없는 것들은 버려야 한다고 주장한다.

실제적 경험에만 의존해야 한다. 고집이나 권위, 형이상학적 추론 등에 의지하는 일체의 신념을 모두 버려야 한다. 오로지 경험을 통

실용주의는 19세기 후반 미국에서 탄생한 최초의 철학이다. 현재에도 미국 철학의 근저에는 실용주의적 특징이 강하게 남아 있다. 퍼스, 제임스, 듀이는 실용주의의 3대천왕이다.

한 신념만이 유효하다. 왜냐하면 경험을 통한 신념만이 옳은지 그른지 판별될 수 있기 때문이다. 과학적인 실험을 거쳐야만 우리는 참된 진실에 도달하게 된다.

퍼스가 과학적 실험의 중요성을 강조한 데 이어 제임스는 그 아이디어를 일상생활에까지 확대해서 적용했다. 즉 과학적 측면에서뿐만 아니라 일상생활에서도 모든 관념을 유용성이라는 측면에서 판별하고자 한다.

예컨대 '신God'이라는 관념이 있다고 하자. 과연 신이 진짜로 있는지, 그렇지 않은지는 제임스의 관심영역이 아니다. 그는 '신'이라는 관념이 과연 어떤 유용한 결과를 이끌어내는지에만 관심을 가졌다. 비록 신이 실제로는 없을지라도 누군가 '신'이라는 관념을 가짐으로써 자신감을 갖게 되고 희망을 갖게 됐다면, 신이라는 관념은 그것으로 진리가 된다.

어린아이가 책상모서리에 부딪치면 사실 잘못한 것은 어린아이지만, 부모들은 책상모서리를 툭툭 치며 "에이, 나쁜 책상. 때찌때찌."라고 말한다. 이것이 제임스식 실용주의이다.

그 반대의 경우도 있을 수 있다. 가령 "어제 두산이 이겼니, 롯데가 이겼니?"라는 질문에 대해 "포항이 이겼어."라고 대답했다 치자. 실제로 어제 포항이 삼성을 이긴 것이 사실이라 해도 이 대답은 진리가 아니다. 왜냐하면 질문자가 원하는 대답이 아니기 때문이다. 어떤 믿음이 진리인지 여부는 그 믿음으로 어떤 유용한 결과가 나오느냐에 따라 달려 있을 뿐 실체적 진실은 중요한 게 아니다.

허나 이런 입장은 지나친 주관주의라는 비판을 면하기 어렵다. 모든 것을 개인의 주관적 실용성 여부로 판별하게 됨에 따라 개인과 개인의 실용성이 서로 상충할 경우 곤란한 지경에 처한다.

듀이 또한 기본적으로 실용주의 노선을 따르면서 제임스가 해결하지 못한 문제에 대한 해결책을 도모한다. 그는 다른 실용주의자들과 마찬가지로 경험의 의미를 개인의 생동하는 느낌이라는 측면에서 판단한다.

가령 어린아이가 불 속에 손을 넣는 행위를 했다고 하자. 듀이는 불 속에 손을 넣어 손가락이 타는 행위만으로는 경험이 되지 못한다고 말한다. 손가락이 불에 타면서 어린아이가 고통을 느끼게 됨으로써 비로소 그 행동은 경험이 된다는 것이다. 즉 경험이란 단순한 인간의 행동이 아니라 그 행동을 통해 무언가 인간에게 일어나는 실질적인 변화를 말한다. 그리고 그 경험을 통해 인간이 좋은 결과를 얻을 때에만 그 경험은 좋은 경험이 된다.

듀이는 제임스와 달리 사회적 측면을 강조한다. 단순히 개인적 차원에서의 유용한 결과만을 중시하지 않고, 개인들 사이의 유용성이 사회적으로 규율되는 측면 또한 강조했다. 이에 따라 그는 교육의 역할을 특히 강조한다. 그의 교육론은 미국뿐만 아니라 전 세계에 큰 영향을 끼쳤다.

그러나 실용주의가 주장하는 실용이라는 것의 정체가 매우 모호하다. '신'이 있다는 관념을 통해 신념을 가지고 잘 사는 건 좋지만 그런 신념은 조금만 빗나가도 타인에 대한 종교적 강요로 변질될 수 있다. 과연 어디까지가 실용적인 것인가?

지금 실용적인 것이 나중에 실용적이지 않은 것으로 바뀔 수는 없는 것일까? 실용주의란 혹 어린아이를 달래는 수준의 저속한 인기 영합주의에 지나지 않는 것은 아닐까?

▶ 관련 개념어 : 경험론, 관념론

실재론
인간의 바깥에 참된 사물이나 진리가 실제로 있다는 주장
realism

실재론realism에는 크게 두 가지 측면이 있다. 하나는 존재론적 실재론이며, 다른 하나는 인식론적 실재론이다. 존재론적 실재론은 유명론nominalism과 대립되고, 인식론적인 실재론은 관념론idealism과

대립된다. 실재론이라는 개념을 대할 경우 늘 존재론적 층위에서 논하는 것인지, 인식론적인 층위에서 논하는 것인지 구분해야 혼동을 줄일 수 있다.

존재론적 실재론은 중세 말기에 특히 유명론과 대립되었다. 유명론이란 사물에 붙여진 이름이 명목에 불과하다는 주장이다. 가령 '사랑'이라는 단어가 있다고 하자. '사랑'이란 도대체 무엇인가? "100명의 사람이 있다면 100가지의 '사랑'이 있을 것이다."는 말이 있다. 그만큼 사랑에 관해 제각기 사람마다 느끼는 게 다르고, 생각하는 게 다르다는 얘기다. 그렇다면 '사랑'이란 단어는 불필요한 것이 아닌가?

유명론은 "그렇다."고 말한다. 사람들이 편의상 '사랑'이라는 말을 갖다 붙인 것일 뿐이지, 이 세상에 '사랑'이라고 하는 어떤 보편적인 것은 없다고 주장한다. 개별적으로 사람들이 느끼는 어떤 정감만이 있을 뿐이다. 책상, 의자, 연필 등도 모두 마찬가지다. 개별적인 사물들만 존재할 뿐이지 책상, 의자, 연필이라는 보편적 존재는 없다고 단언한다.

이러한 유명론은 플라톤의 이데아론을 정면으로 반박하는 것이다. 플라톤은 '사랑'의 이데아, '책상'의 이데아, '의자'의 이데아가 모두 실재한다고 주장했다. 개별적인 것들은 모두 불완전한 것들에 지나지 않는 것으로 참된 존재라고 볼 수 없다. 플라톤 이래 대부분의 고·중세 철학은 이러한 실재론을 바탕으로 전개되어 왔다. 고대 그리스의 실재론은 기독교 신앙과 결합해 강력한 이데올로기적 틀

인간의 바깥에 사물이 실제로 있다고 주장하는 실재론적 입장을 취하면서도 입각점을 존재론이 아닌 인식론에 두는 인식론적 실재론이 있다. 데카르트의 시도가 대표적이다.

을 구축하게 되었다.

이들 실재론은 현실에 결코 안주하지 않는다. 우리 눈에 보이는 책상, 우리가 개별적으로 경험하는 사랑은 모두 불완전한 것들이다. 참된 책상, 참된 사랑은 따로 있다. 그것을 발견해 나가는 것이 철학의 사명이며 우리의 의무이다. 만약 그러한 참된 책상, 참된 사랑이 없다고 주장해버린다면 우리는 살아야 할 이유 자체가 없어지게 된다. 실재론은 현실에 안주하지 않은 채 어떤 보편적 진실을 찾아야 한다는 강력한 의도로 인해 2천여 년 간 유럽의 사상계를 지배하게 되었다.

그러나 존재론적 실재론은 중세 말기 유명론에 의해 강력한 도전을 받게 되고, 근대에 이르러 인식론적 측면에서도 도전을 받게 된다. 인식론적 실재론의 도전은 두 가지 방면에서 전개된다.

첫째, 인간의 바깥에 사물이 실제로 있다고 주장하는 실재론적 입장을 취하면서도 입각점을 존재론이 아닌 인식론에 두는 인식론적 실재론이 있다. 데카르트R. Descartes의 시도가 대표적이다. 그는 실체를 물질matter과 정신mind으로 나누고, 물질의 영역이 정신으로부터 독립될 수 있는 여지를 제시했다. 그리고 그러한 결론이 인간의 방법적 회의를 통해 도출되었다고 선언한다. 신에 의해 일방적으로 세상이 우리에게 주어졌다고 보는 존재론적 실재론이 아니라, 우리가 스스로 능동적으로 실재에 다가갈 수 있다고 주장하는 새로운 학문, 즉 인식론적 실재론을 제기하게 된 것이다. 이로써 존재론적 실재론은 인식론적 실재론으로 전환될 계기를 마련하게 되었다.

둘째, 존재론적 실재론뿐만 아니라 인식론적 실재론에게까지 반기를 드는 더욱 적극적인 시도가 제기되었다. 영국의 경험론자들이 그 임무를 맡았다. 그들은 실재 자체를 부정한다. 우리 밖에는 실제로 사물들이 있는 것이 아니다. 오로지 우리가 감각경험을 통해 얻게 되는 관념만이 있을 뿐이다. 인식론적 차원에서 경험론은 관념론적 입장을 취함으로써 더욱 근본적으로 실재론에 대항한다.

한편 다분히 인식론적 실재론의 경향을 띠어 왔던 합리론 진영에서도 인식론적 실재론을 부정하는 흐름이 제기되었다. 칸트I. Kant가 그렇게 했다. 칸트는 실재를 인정하기는 하면서도 그 실재를 완벽히 파악할 수는 없다고 주장한다. 즉 우리가 경험하는 것은 실재로서의 물 자체Ding an sich가 아니라 단지 현상에 지나지 않는다는 것이다. 아무리 애를 써도 물 자체를 완벽히 파악할 수는 없다고 선을 긋는다. 결국 우리가 인식하는 것은 물 자체가 아닌 관념일 뿐이다. 칸트는 합리론적 입장을 유지하면서도 어떻게 관념론적 입장을 수용할 수 있는지 보여주었다.

본래 실재론적 입장을 취했던 합리론은 칸트에 의해 그 입지가 대폭 축소된 후 헤겔에 의해 결정타를 맞게 된다. 헤겔은 실재 자체를 완벽히 부정해 버리고 모든 것을 객관적인 관념, 즉 절대정신absoluter Geist과 관련해 설명한다. 논의의 편의를 위해 존재론적 측면과 인식론적 측면을 다음에 정리해 본다.

- 존재론 존재의 형태 : 유물론 materialism vs. 유심론 spiritualism
- 존재론 존재의 여부 : 존재론적 실재론 realism vs. 유명론 nominalism
- 인식론 대상의 측면 : 인식론적 실재론 realism vs. 관념론 idealism
- 인식론 주체의 측면 : 합리론 rationalism vs. 경험론 empiricism

플라톤의 이데아론은 존재론적으로 유물론과 대별된다. 이데아라는 참된 정신적 세계를 주장했다는 점에서 유심론적 실재론이라 할 수 있다. 반면 플라톤에 대항했던 유명론은 유물론적 경향을 띤다. '사랑', '평화' 등등의 보편적 본질이란 없고, 단지 물질적 현실만이 있다고 보기 때문이다. 유심론과 존재론적 실재론이 친화적이고, 유물론과 유명론이 친화적이다. 한편 유물론적 실재론도 있다. 외부에 존재하는 사물들을 곧이곧대로 전부 참되게 존재하는 것들이라 받아들이는 소박실재론 naive realism이 이런 부류에 해당한다.

인식론적 실재론은 존재론적 실재론을 바탕으로 성립되었지만, 존재 그 자체보다는 인간 주체의 인식에 주안점을 두었다는 점에서 구별된다. 관념론은 실재 자체를 부정하면서 경험을 통해 획득하게 되는 인간의 주관적 관념을 논의의 중심으로 삼는다.

인식론적 실재론은 합리론과 친화적이며, 관념론은 경험론과 친화적이다. 그러나 헤겔의 극단적인 합리론은 실재를 부정하고, 객관적 관념의 절대성을 주장했다는 점에서 합리론적인 관념론이다. 헤겔의 관념론은 합리적 차원에서 객관적인 절대적 관념을 등장시켰기에 객관적 관념론이라 규정된다. 반면 경험론적 관념론은 인간의 주관적 관념만을 인정했으므로 주관적 관념론이라 규정된다.

한편 20세기에 이르러서는 경험론적인 실재론도 대두되었다. 영국과 미국을 중심으로 전개되는 일련의 흐름들은 대부분 경험론적인 실재론의 입장을 취하고 있다.

가령 실용주의pragmatism는 실재를 인정하고 그것에 도달하는 수단으로 경험을 제시한다. 관념은 오로지 실재에 도달하기 위한 도구로 이용될 뿐 그 자체로 인정되지는 않는다. 헤겔처럼 객관적 관념이 그 자체로 존재하는 것이라고 주장하는 관념실재론Idealrealismus은 철저히 부정된다.

또한 논리실증주의logical positivism를 비롯한 언어철학과 과학철학 분야의 이론들은 대부분 경험론적 실재론의 입장을 취한다. 그들은 근대 초기 인식론이 실재론과 관념론으로 구분되어 다투었던 것 자체가 난센스였다고 일축한다. 그런 다툼은 언어에 대한 부정확한 이해에서 비롯되었기 때문에 언어에 대해 우리가 제대로 이해하게 된다면 거듭되지 않을 문제라고 주장한다.

그러면서 그들이 취하는 입장은 대단히 상식적인 것이다. 우리가 지각하는 외부의 사물들을 복잡하고 모호한 개념들로 어렵게 생각하지 말고 그냥 쉽고 자연스럽게 실재하는 것이라고 받아들이자고 제안한다. 그러면서 그런 실재에 도달하기 위해 언어를 정제하고 엄밀하게 과학적 방법을 써야 한다고 말한다. 너무도 쉽고 너무도 뻔한 결론이지만 이런 결론에 도달하기까지 무려 500여 년의 시간이 흘러야 했다.

물론 현대 실재론에 대한 관념론 측의 도전이 없는 것은 아니다. 하지만 관념론이 지니는 태생적 한계로 인해 현대엔 그 지지자를 점점 더 잃어가고 있다. 버클리나 헤겔의 경우에서 보는 것처럼 관념론은 근본적으로 종교와 친근할 수밖에 없다. 종교를 점점 더 부정해가고 있는 현대인들에게 관념론이 과연 설득력 있는 대안을 제시해줄 수 있을까? 그 전망은 비관적이다.

▶ 관련 개념어 : 유물론, 관념론, 유명론, 이데아, 경험론, 합리론

실존주의

인간 전체의 본질보다 개개 인간의 삶을 중시한 철학적 경향
existentialism

이런 질문을 들었다고 하자.

"너는 누구냐?"

당신이라면 뭐라 대답하겠는가? 만약 "나요? 나는 납니다."라고 답했다면 당신은 실존주의자이다. 반면 "나는 인간이요."라고 답했다면 당신은 실존주의자가 아니다. 실존주의는 인간이라는 공통의 본질보다는 개별적인 개개인을 중시한다. 그래서 사르트르J. P. Sartre 는 "실존은 본질에 앞선다."고 얘기했다.

실존주의existentialism는 헤겔G. W. F. Hegel의 관념론과 콩트A. Comte

실존주의는 폐허의 철학이다. 사르트르(좌)는 인간에게 주어진 자유가 축복이 아니라 오히려 저주라고 말한다. 키에르케고르(우)는 인간을 '신 앞에 선 단독자'라고 묘사한다.

의 실증주의를 반박하면서 제기되었다. 헤겔의 관념론은 인간을 완벽히 체계적으로 이해했다고 자부한다. 콩트의 실증주의는 온세상을 과학적·실증적으로 탐구할 수 있다고 주장한다. 실존주의는 이 두 경향을 모두 비판한다.

인간은 헤겔이 이해하는 것처럼 그렇게 체계적인 존재가 아니다. 내가 먼저 있고 인간이라는 전체의 공통성질을 논할 수 있는 것이지, 인간이라는 본질이 먼저 있고 내가 그 본질 속에 억지로 꿰어 맞춰지는 게 아니다. 거대한 인간상을 만들어 놓고 그 인간상에 합당한 인간만 제대로 된 인간이고, 그렇지 않은 인간은 삐뚤어진 인간이란 식으로 보는 것은 폭력적이다.

헤겔이 주장한 억지 인간론이 판을 치게 되니 나치즘이 발호할 수 있었던 것이다. 나치는 완벽한 인간상을 아리안 민족만이 구현한다고 보고 다른 종족들은 죄다 죽어 없어져버려야 한다고 주장했다. 인류의 역사가 유럽에 의해 완성되었다고 단언한다. 헤겔의 인간론과 세계관이 이런 폭력적 견해에 책임이 없다고 말할 수 있겠는가?

실증주의 또한 문제다. 실증주의는 모든 걸 과학적·실증적으로 입증할 수 있다고 주장한다. 허나 인간이란 존재를 그렇게 실증적으로 입증할 수 있을까? 인간이 인간을 실증한다는 것은 곧 인간이 실증하면서 동시에 실증된다는 것을 의미하는데, 어떻게 자기 자신이 자신을 엄밀히 객관적으로 탐구할 수 있단 말인가? 실증하는 인간과 실증되는 인간이 어떻게 그렇게 두부모 자르듯 확연히 구분될 수 있다는 말인가?

양차 세계대전이 벌어지는 와중에 서구인들은 자기들에 의해 저질러지고 있는 이 극악무도한 부조리를 어떻게 이해해야 할지, 어떻게 이를 극복해야 할지 다각도로 고민했다. 포스트구조주의자들은 그 책임을 이성에게 묻고 이성의 권위를 의심했다. 반면 실존주의자들은 이성이라는 인간의 능력보다는 인간을 총체적으로 파악하는 근대적 인간관 자체를 문제 삼았다. 어느 쪽이 됐든 이성을 중심으로 인간을 이해하는 근대적 사유체계를 부정했다는 점에서 공통적이다.

그러나 실존주의는 인간의 본질을 부정한 대신 인간 개인의 절대성과 고유성을 주장했다는 점에서 여전히 인간 중심적이다. 포스트구조주의는 실존주의가 석연치 않은 입장을 취했다며 불평을 퍼붓는다. 제대로 서구인의 폭력적 사유체계를 부정하려면 이성 자체를 의심하고, 근대적 이성주의 자체를 해체해야 한다고 주장한다.

따지고 보면 실존주의는 인간의 본질은 부정했을지언정 인간 자체를 부정한 것은 아니다. 오히려 인간의 인간됨을 더더욱 중시했다. 더 근본적으로 반성하려면 인간 자체를 반성해야 했다. 개별적 인간의 주체성을 여전히 중시했다는 점에서 실존주의는 인간주의의 한계를 벗어난 철학이라 보기 힘들다.

게다가 실존주의는 외톨이의 철학이자 음침하고 대책 없는 비관주의자의 세계관으로 보이기까지 한다. 키에르케고르S. A. Kierkegaard는 인간을 '신 앞에 선 단독자'라고 묘사하며, 하이데거는 '세계 안으로 내던져진 존재'라고 묘사한다. 사르트르는 인간에게 주어진 자유가 축복이 아니라 오히려 저주라고 말한다. 실증주의의 굴레를 벗어나 인간 본연의 모습을 드러내고자 했지만 그들이 묘사하는 인간의 모습은 이처럼 온통 잿빛이다. 실존주의는 희망의 철학이 아닌 폐허의 철학이다.

실존주의는 철학에서 출발했지만 오히려 철학보다는 문학과 예술 분야에서 더 많은 이야깃거리들을 남겼다. 그러나 유행은 오래 가지 못했다. 한 시대를 풍미했던 열기에 비해 유행이 사라지는 건 순식간이었다.

▶ 관련 개념어 : 실증주의, 포스트구조주의, 현존재

실증주의

과학적으로 검증되지 않는 주장은 모두 버려야 한다
positivism

실증주의positivism의 창시자 콩트A. Comte는 모든 걸 과학으로 입증하고자 했다. 자연과학이 자연을 대상으로 엄밀한 지식을 제공해주

실증주의의 창시자 콩트는 모든 걸 과학으로 입증하고자 했다. 과학적 방법을 사회에 적용할 경우 사회에 대한 엄밀한 지식을 얻을 수 있다고 주장한다.

는 것처럼 그러한 과학적 방법을 사회에 적용할 경우 사회에 대한 엄밀한 지식을 얻을 수 있다고 주장한다. 그래서 사회과학이 가능하게 된다.

오늘날 전 세계는 기본적으로 실증주의를 토대로 사회를 구성하고 있다. 당장 대학의 편제만 보더라도 이 점을 확인할 수 있다. 경제학, 정치학, 사회학, 인류학 등 사회 현상을 대상으로 연구하는 학문을 다루는 학과들이 모두 사회과학대학에 속해 있다. 공식적으로 전 세계가 콩트의 주장을 받아들이고 있는 셈이다.

실증주의는 증거 제일주의이다. 무슨 주장을 하든지 증거가 있어야 믿을 수 있다고 주장한다. 증거 없이 제기되는 모든 주장은 전부 배격된다. 따라서 종교, 형이상학, 신화 등은 모두 배격된다. 오로지 우리가 관찰할 수 있고 관찰 가능한 것만 신뢰한다. 눈에 보이고 확실히 경험한 객관적인 사실들만 받아들이겠다고 집요하게 고집한다. 콩트로 비롯된 실증주의는 그 후 여러 지지자들에 의해 다양한 측면에서 이론적으로 강화된다. 그들이 주장하는 내용을 정리해 보자.

첫째, 실증주의는 모든 자연적·사회적 현상이 일정한 법칙에 의해 지배받는다고 주장한다. 자연계에 만유인력법칙이 있는 것처럼 인간의 경제행위에는 수요공급의 법칙이 있다. 정치와 사회의 모든 영역들에 저마다 이런 법칙이 있다. 자연과학과 사회과학은 근본적으로 같은 방법을 적용한 똑같은 학문으로서 적용 대상만 서로 다를 뿐이다.

둘째, 실증주의는 모든 현상을 예측할 수 있다고 주장한다. 모든 현상은 원인을 통해 빚어지고, 그렇게 빚어진 현상은 미래에 일어날 현상에 원인으로 작용한다. 어떤 현상의 원인을 명확히 알아내 그 현상을 지배하는 법칙을 정확히 파악할 경우 그 현상이 빚게 될 미래 또한 정확히 예측하는 것이 당연하다. 아직은 불완전하지만 기상학이 더 발달하면 내일 몇 시에 비가 얼마만큼 내리는지도 정확히 예측할 수 있다. 내일 주가가 얼마가 될지 내일 환율이 어떻게 될지 정확히 예측 가능하다.

셋째, 모든 자료는 완벽히 계량화될 수 있다. 물체의 무게가 계량될 수 있는 것처럼 사람의 욕망, 희망, 성취감 등도 모두 계량화될 수 있다. 수요공급의 법칙은 인간의 경제적 감성을 계량화한 결과 도출된 유용한 법칙이다. 자연과 사회 현상을 계량화하지 못한다면 과학 자체가 불가능하다. 서로 똑같은 잣대를 가지고 과학을 해야 누구도 부정할 수 없는 객관적 법칙을 도출할 수 있기 때문이다.

넷째, 어떠한 과학적 판단 과정에도 주관적 측면은 완벽히 배제되고 철저히 객관적이어야 한다. 자료는 반드시 객관적 입장에서 다뤄야 한다. 주관적 측면이 조금이라고 개입되는 순간 모든 활동은 비과학적인 것으로 간주되고 폐기된다. 가령 4대강 사업의 경제적 효과는 철저히 객관적으로 파악되어야 한다. 특정 정파의 정치적 이해나 특정 지역의 경제적 이해와 무관하게 객관적으로 효과를 측정하는 것이 가능하고 또 그래야 한다.

다섯째, 모든 과학적 설명은 결국 궁극적으로 물리학으로 환원될 수 있다. 여러 과학들은 서로 층위가 다르다. 거시적인 것도 있고 미시적인 것도 있다. 그 중간에 여러 과학들이 있다. 그런데 이런 여러 층위의 과학들은 궁극적으로 가장 미세한 층위의 과학인 물리학으로 환원될 수 있다. 생물학도 물리학으로 환원될 수 있고, 경제학도 물리학으로 환원될 수 있다.

이런 실증주의적 주장은 과학, 특히 사회과학이 눈부시게 발전하는 데에 크나큰 기여를 했다. 인간이 그동안 온갖 신비주의적이고 형이상학적인 측면에서 판단하고 행동해 왔던 불합리한 측면들을 남김없이 과학적으로 까발리고 분석함으로써 신비주의가 끼어들 여지를 주지 않았다.

허나 실증주의의 눈부신 업적에도 불구하고 이에 대한 반론 또한 만만치 않다. 구체적으로 살펴보자.

첫째, 인간의 행태는 결코 계량화될 수 없다. 만족감과 성취감, 의욕과 좌절 등은 아무리 정교한 방법을 동원한다 하더라도 정확히 계량화할 수 없다.

둘째, 모든 사회적 데이터는 궁극적으로 주관적일 수밖에 없다. 객관적 데이터란 불가능하다.

셋째, 인간의 행태는 예측 불가능하다. 가령 누군가 다음 달 부동산 가격이 10% 오른다고 예측했다 치자. 그렇다면 그 예측을 신뢰하는 사람들이 부동산을 마구 사재기하여 실제로 부동산은 10% 이상 50%, 70%까지 오를 수 있다.

실증주의에 대한 이런 비판적 시각은 비단 실증주의에만 한정된 것이 아니다. 이런 비판적 시각은 과학 자체에 대한 비판으로까지 나아간다. 그 결과 20세기 후반에 접어들면서 과학의 과학성에 대한 치열한 논란을 낳게 되었다.

독일의 변증법적 전통에 있던 아도르노Th. W. Adorno와 하버마스 J. Habermas는 실증주의가 인간과 역사에 대한 몰이해를 바탕으로 하고 있다며 맹공을 퍼부었다. 토마스 쿤Th. Kuhn을 비롯한 일단의 과학사가들은 과학에 대한 우리의 상식적 태도를 근본적으로 수정할 것을 주문한다. 과학은 우리가 상식적으로 알고 있는 것처럼 객관적으로 '발전' 해온 것이 아니라 단지 과학 주도 세력에 의해 '대체' 되어 왔다는 충격적인 주장을 함으로써 실증주의에 크나큰 타격을 입혔다.

현재에도 실증주의 논쟁은 계속되고 있다. 여러 방면에서 실증주의에 대한 도전이 빗발치고 있지만 상황은 여전히 실증주의에 호의적이다. 통계학을 바탕으로 한 여러 사회과학 분야는 더욱 더 객관적 자료의 중요성을 강조해가고 있다. 의학 또한 엄밀한 과학적 방법과 함께 통계적 방법을 병행하고, 임상을 통해 그 실효성을 입증함으로써 다양하게 자신의 존재를 과시하고 있다. 실증주의는 이렇게 외치는 듯하다.

"실증주의는 상식이다. 신비주의여, 물러가라."

▶ 관련 개념어 : 귀납, 연역, 논리실증주의, 변증법

실체

변하지 않는 참된 무엇으로서 우주를 구성하는 본질적인 것
substance

'실체實體'는 영어 substance의 번역어이며, substance는 라틴어 substratum의 번역어이다. 그리고 substratum은 그리스어 hypokeimenon의 번역어이다. hypo-keimenon과 sub-stratum, sub-stance 모두 '밑에 깔린 무엇', '기본적인 것', '변하지 않는 무엇'을 의미한다.

고대 그리스의 자연철학자들이 제각기 제시한 만물의 근원이 모두 실체에 해당한다. 플라톤이 말한 이데아 또한 실체이다. 변화하는 현실과 달리 실체는 변화하지 않는 근본적인 무엇이다.

그 후 실체에 관해 본격적으로 논란거리를 제공한 사람은 아리스토텔레스이다. 아리스토텔레스는 자신의 스승 플라톤과 달리 변화와 운동을 중시했다. 그의 스승 플라톤은 변화와 운동이라면 질색이었다. 변화한다는 것은 곧 변질을 의미했다. 시시각각 변화하는 것 가운데에서 무슨 참된 진리를 발견할 수 있겠느냐고 되묻는다.

들어보면 틀린 말도 아니다. 시시각각 자기 노선을 변경하고 정당을 갈아타는 철새 정치인들을 우리는 신뢰하지 않는다. 플라톤은 변하지 않는 참된 것을 추구했고, 그것을 이데아라고 보았다. 변화무쌍한 현실 속에서는 결코 이데아를 발견할 수 없다고 절망했다.

허나 그의 제자 아리스토텔레스는 이런 스승의 태도가 못마땅했다. 스승의 태도는 현실을 외면하고 골방에만 틀어박혀 이상만 추구

하는 공상가의 주장처럼 보였다. 그래서 그는 현실을 긍정하기 위해 변화와 운동을 긍정한다.

하지만 변화와 운동을 긍정한다 해서 모든 변화하는 현실을 죄다 긍정하는 상대주의자가 될 수는 없는 노릇이다. 변화 속에서 변하지 않는 무엇인가가 있다고 주장하고, 그 가치를 존중해주어야 상대주의의 나락으로 떨어지지 않는다. 여러 정당을 전전함으로써 '철새 정치인'이라 손가락질 받는 사람도 항변할 거리는 있을 것이다. "정당을 바꿨다는 사실에만 초점을 맞추지 마십시오. 정당은 비록 바꿨지만 국민을 사랑하고 국가에 헌신하고자 하는 제 실체만큼은 변함이 없습니다."라고.

일차적으로 아리스토텔레스가 말하는 실체란 변하지 않는 현실을 말한다. 10살짜리 채석용이 40살의 채석용으로 변화했지만 '채석용'이라는 실체는 그대로다. 실체란 변화하는 것 가운데 변화하지 않는 근본적인 무엇을 의미한다.

허나 50년 전에 채석용은 없었고 앞으로 500년 후면 채석용이 없을 것이다. 그렇다면 실체는 없어지는 것인가? 아리스토텔레스는 당혹스러웠다. 이 문제를 해결하기 위해 그는 실체를 두 가지로 구분해버린다. 위에서 설명한 현실적 존재로서의 실체를 그는 제1실체라 말한다. 그리고 그는 변화과정에서 생기거나 없어져버리는 제1실체와는 달리 영원토록 변함없는 제2실체를 주장한다. '채석용'이라는 제1실체는 생기거나 없어질 수 있지만 '사람'이라는 제2실체는 영원토록 존재하는 것이다.

결국 호기롭게 스승 플라톤을 비판하던 아리스토텔레스는 다시금 제2실체를 주장함으로써 스승의 철학으로 복귀한다. 물론 그는 플라톤과는 달리 이데아로서의 제2실체를 논하는 것에 많은 정력을 할애하지 않고 제1실체를 탐구하는 데에 전심전력했다. 그래서 그를 서구 학문의 아버지, 과학의 아버지라 일컫는다. 허나 그도 참된 형상으로서의 제2실체를 인정했다는 점에서는 플라톤의 그늘에서 벗어나지 못했다고 볼 수 있다.

그 후 중세를 거치는 동안 실체는 곧 신God을 의미하는 것으로 해석되어 왔다. 변하지 않는 참된 진리는 신만이 구현하고 계시다.

그러다가 중세 막바지에 이르러 신 이외의 것을 실체라고 주장하는 철학자들이 마구 등장하게 되면서 신 중심의 중세적 사유체계가 근본적으로 무너지게 된다. 데카르트R. Descartes, 스피노자B. de Spinoza, 라이프니츠G. W. von Leibniz 등의 합리론자들뿐만 아니라 로크J. Locke, 버클리G. Berkeley 등의 경험론자들도 신 이외의 새로운 실체를 제기했다.

근대철학은 신이라는 실체가 자기 지위를 잃은 상황에서 그 대체자로 무엇을 내세울 것인가 고민하고 논쟁한 역사라 해도 과언이 아니다. 데카르트는 신 자체를 포기하지는 못하고 대신 신과 함께 정신mind과 물질matter을 새롭게 실체로 제시했다.

스피노자는 현실계 너머에 있는 초월적 신이 아닌 현실에 내재되어 있는 자연으로서의 신을 제시했다. 데카르트는 정신과 물질을 실체라고 규정했지만 그가 보기에 정신과 물질은 실체, 즉 자연이라고 하는 신이 가지고 있는 속성attribute인 것이지 그 자체가 실체는 아니다. 정신과 물질을 실체라고 할 경우 도대체 정신과 물질이 어떻게 상호작용을 하게 되는지 설명할 길이 없게 된다. 그래서 그는 온세상에 신이 깃들어 있다고 보았다.

스피노자는 현실계 너머에 있는 초월적 신이 아닌 현실에 내재되어 있는 자연으로서의 신을 제시했다. 자연은 능동적으로 무언가를 만드는 존재이면서 동시에 만들어지는 존재이다.

그러나 그가 신이라는 실체를 내세웠다고 그것을 중세적 의미의 신이라고 보면 곤란하다. 그가 말하는 신은 인격적·종교적 신이 아니라 개념적이고 철학적인 신이다. 이에 따라 그는 당시 종교계로부터 모욕적인 파문을 당하게 된다.

그런데 그가 말한 자연으로서의 신은 성리학性理學에서 말하는 이기理氣와 매우 유사하다. 우주의 정신을 의미하는 이理가 우주의 물질을 의미하는 기氣와 분리되어 있지 않은 것理氣不相離처럼 스피노자가 말하는 신 또한 자연이라는 물질적 존재와 분리되어 있지 않다.

반면 차이점도 있다. 스피노자가 말하는 자연으로서의 신은 능동적이면서 수동적인 존재이다. 자연은 능동적으로 무언가를 만드는 존재이면서 동시에 만들어지는 존재이다. 하지만 성리학이 말하는 이理는 능동적인 존재가 아니다. 능동적인 측면은 오로지 기氣가 담당한다. 이理는 기氣의 원리를 의미할 뿐이다. 결국 스피노자가 말하는 신이란 이기理氣가 분리되지 않은 원초적 상태의 궁극적 자연, 즉 태극太極이라고 말하는 것이 더욱 적절할 것이다.

한편 라이프니츠는 모나드monade를 실체라고 말한다. 스피노자는 온우주를 포괄하는 전체로서의 자연을 신이라고 보았지만, 라이프니츠는 정반대의 미시적인 방향에서 실체를 발견하고자 했다. 그가 말하는 모나드는 일종의 원자이지만 데모크리토스가 말하는 물질적 원자와는 달리 부피를 갖지 않는 정신적 원자라는 점에서 독특하다. 더 이상 쪼갤 수 없는 궁극적으로 작은 정신적 원자로서의 모나드를 그는 실체라고 보았다.

그런데 그가 말한 모나드란 것이 참 이해하기 힘들다. 온우주는 무수한 수의 모나드로 구성되어 있는데, 이 개별적인 모나드 각각에는 또 온우주의 본질이 담겨 있다고 말한다. 그리고 그 무수한 원초적 모나드들은 온세상의 본질을 그 안에 담고 있기 때문에 다른 모나드와 관계를 맺을 하등의 이유가 없다. 모나드 하나로 충분하다. 그렇다면 그런 독립적인 모나드들이 어떻게 세상을 구성한다는 말인가? 그는 이 지점에서 다시 초월적 신을 끌어들인다. 모나드라는 실체를 내세우지만 결국 그런 모나드를 질서정연하게 연결해주는 또 다른 실체로서의 신을 개입시키고 만다.

정도의 차이는 있을지언정 경험론과 합리론을 망라한 대부분의 근대철학자들은 신 이외의 실체를 제시하면서도 신 자체를 완전히 부정하지는 못한다. 근대철학은 신학에서 벗어났지만 신의 굴레를 완벽히 벗어난 것은 아니다. 근대 합리론의 절정인 헤겔에 이르러서는 오히려 신이 절대정신absoluter Geist이라는 이름으로 변모하여 다시 한 번 유럽 정신사의 전면에 부각되기도 한다. 이름만 바뀌었을 뿐 신은 여전히 근대 유럽인들의 사유방식에 결정적 역할을 해왔다.

무언가 실체를 주장하는 입장은 변화하는 현실에 만족하지 못하고 변하지 않는 참된 것을 추구했다는 의미에서 여전히 중세적 사유와 문제의식을 공유한다. 이런 흐름은 19세기 유물론의 도전을 받아 한 차례 위기를 겪고 20세기에 이르러 본격적으로 해체되는 근본적 위기를 겪게 된다.

▶ 관련 개념어 : 자연철학, 이데아, 경험론, 합리론, 성리학

실학

조선 후기 대두된 일단의 진보적 · 탈성리학적 유교 학풍
實學

실학實學이란 용어는 문제가 있다. 우리가 흔히 실학자라고 알고 있는 많은 학자들은 자신들의 학문을 '실학'이라고 칭한 적이 없기 때문이다. 실학의 대표자로 널리 알려진 정약용丁若鏞조차 자신의 학문을 실학이라고 얘기한 적이 없다. 정약용보다 한 세대 이후 활동했으며 정약용보다 더 래디칼하게 성리학을 비판한 최한기崔漢綺 역시 자신의 학문을 실학이라고 칭한 적이 한 번도 없다. 박지원도 그랬고 홍대용도 그랬다.

그렇다면 도대체 왜 한 번도 실학이라는 학파가 구체적으로 존재한 적도 없는데 실학이라는 개념이 널리 알려지게 되었을까?

실학이라는 용어는 근대화 과정에서 패배로 점철된 우리 역사를 미화하고자 한 의도에서 비롯된 일종의 역사왜곡이다. 정인보(좌), 문일평(우) 등 민족주의 사학자들이 감행한 일이다.

그것은 바로 콤플렉스 때문이다. 한반도는 근대화 과정에서 패배만을 거듭했다. 단 한 번도 역사의 주역으로 행세하지 못하고 늘 주변국들의 눈치만 보며 치욕스런 식민지를 체험했다. 실학이라는 용어는 근대화 과정에서 패배로 점철된 우리의 역사를 억지로 미화하고자 한 의도에서 비롯된 일종의 역사왜곡의 결과물이다. 우리에게도 자생적 근대화의 맹아가 있었다고 외쳐야 했다. 우리에게도 일본이나 중국 못지않게 진보적 학자들이 있었다고 주장해야 했다. 그래서 억지로 정약용과 최한기, 박지원과 홍대용을 실학이라는 허구적 용어로 묶어 마치 실학이라는 것이 실존했던 구체적 학풍인 것처럼 꾸며댔다.

정인보, 문일평, 안재홍 등 민족주의 사학자들이 바로 이런 일을 감행했다. 그들은 정약용을 내세워 마치 실학이라는 학풍이 실존했던 것처럼 역사를 묘사했다. 그들은 "공자로 돌아가자!"고 외치며 유교적 종법 체제를 최고의 가치로 삼았던 정약용을 졸지에 민족주의자로 둔갑시켰다. 허나 실제의 정약용은 중국 문헌학에 몰두했던 인물이었다. 그의 저작 가운데 2/3 가량이 유교 경전에 대한 주석서라는 사실이 이를 방증한다. 그러나 그들은 정약용의 저작 가운데 1표 2서를 유독 부각시켜 마치 그가 실질적 학문만을 위해 평생을 바친 것처럼 이미지를 조작했다.

식민지 지배에서 벗어나게 된 것도 순전히 일본이 2차 세계대전에서 패전하면서 어부지리로 얻은 것이다. 게다가 식민 지배를 벗어나자마자 한반도 역사상 가장 참혹한 전쟁인 한국전쟁까지 겪었다. 한반도는 도저히 인간이 살 만한 땅이라고 여겨지지 않는 버림받은 곳이었다. 무언가 우리 안에 도사린 근대적 잠재력이 있다고 믿지 않는 한 새로운 사회를 건설하는 것은 불가능한 과제로 여겨졌다. 이에 따라 민족주의 계열의 사학자들은 무리를 해가면서 실학이라는 개념을 이어받아 이에 살을 보태 발전시켰다.

그런데 정말로 그들이 주장하는 것처럼 우리에게 자생적 근대화의 맹아인 실학이 있었다면 도대체 우리는 왜 근대화를 이룩하지 못했던 것일까? 실학을 주장하는 민족주의 사학자들은 이런 질문에 적절한 대답을 제기하기 어려울 수밖에 없었다.

이렇듯 실학은 개념 자체가 허구적이다. 오히려 실학이라는 용어는 성리학자들이 즐겨 사용했었다. 성리학의 집대성자인 주희朱熹는 불교를 허학虛學이라 폄하하고, 자신의 학문을 실학이라 불렀다. 실학자라고 지칭되는 우리나라의 실학자들 대부분이 성리학을 비판했었는데, 실제로는 성리학의 집대성자인 주희가 자신의 학문을 실학이라고 칭했으니 이 얼마나 우스운 일인가?

한우근과 김용옥은 이렇듯 문제가 있는 실학 개념을 폐기하자고 주장하고 나섰다. 특히 김용옥은 이 문제를 적극적으로 제기해 학계에 큰 반향을 불러일으켰다. 한영우 역시 이에 동조해 실학 개념의 폐기를 주장하기에 이르렀다.

허나 다시 한 번 보자. 꼭 그렇게 실학의 개념을 폐기할 것까지야 있을까? 실학이라는 용어가 허구적임은 분명하지만 우리가 군이 실학이라는 개념을 폐기하면서 얻는 것은 무엇일까? 실학이라는 개념을 폐기한다면 그 대안은 무엇일까? 차라리 실학이라는 용어를 이어받아 그 개념을 명확히 하고, 그 한계를 솔직히 인정하는 것이 더 나은 길이 아닐까?

이에 따라 필자는 실학 개념을 주기론主氣論 및 주리론主理論의 연장선상에서 이해하는 새로운 구상을 제안한다. 실학은 주기좌파와 주리좌파를 통칭하는 조선 후기 학문 경향을 일컫는 것으로 이해하고자 한다.

주기론은 이理의 절대성은 인정하지만 이理의 능동성은 인정하지 않는다. 반면 주리론은 이理의 절대성을 인정하면서 능동성까지 인정한다. 이러한 두 학파의 입장은 조선조 후기에 이르러 각기 좌파와 우파로 나뉜다.

주기우파는 성리학이 근본적으로 도전받는 절망적인 상황에서도 이理가 움직일 수 없다는 원칙을 고수한다. 그들이 주장한 이理는 성리학이 근본적으로 도전받는 말세적 상황에서 아무런 능동적 역할도 할 수 없는 나약한 존재가 된다. 이에 따라 주기우파는 도피의 길을 택한다. 전우田愚가 대표적이다.

반면 주기좌파는 기氣라는 현실이 변화된 상황 자체까지를 긍정해버린다. 성리학이 근본적으로 도전받는 현실이라면 버려야 할 것은 현실이 아니라 오히려 성리학이다. 변화된 현실을 인정하면서 그들은 자연스럽게 이理의 절대성까지 부정하게 된다. 집권당이었던 노론老論 계열의 주기론자들 가운데 상당수가 주기좌파적 경향을 따랐다. 박지원이 대표적이다.

주리우파는 성리학이 도전받는 상황을 타개하기 위해 이理의 능동성에 의존한다. 타락한 말세적 상황을 타개하기 위해 직접 능동적 이理를 앞세워 적들을 향해 돌진한다. 위정척사衛正斥邪운동은 주리우파가 벌인 격렬한 주리론적 운동이었다. 이항로와 최익현이 대표적이다.

한편 주리좌파는 성리학이 부정되는 타락한 현실에서 새로운 빛을 발견한다. 그것은 바로 천주天主, 즉 신God이었다. 그들은 능동적이기는 하지만 인격이 없어 손에 잡히지 않는 이理에 실망하고 대신 신을 영접한다. 세상을 변화시킬 능동적 힘을 이理가 아닌 신에서 발견한다. 정약용이 대표적이다.

실학이란 주기좌파와 주리좌파의 학문적 경향을 통칭한 것으로 규정한다. 이들 좌파적 학자들은 종래의 성리학적 학문 경향에서 벗어나 각자 새로운 돌파구를 마련하고자 했다. 그들은 자기들의 이론적 터전인 주기론 및 주리론의 영향을 받으면서 그것들과 대결했다.

실학을 이렇게 규정함으로써 얻게 되는 이득은 다음과 같다.

첫째, 실학파 학자들의 경향을 크게 주리좌파와 주기좌파로 나눔으로써 그들 학문의 연원을 확인할 수 있다. 실학파를 '이용후생' 및 '경세치용'이라는 개념으로 나눌 경우 마치 실학파가 종래 성리학의 영향을 전혀 받지 않고 툭 하고 튀어나온 것처럼 오해될 여지가 있다. 또한 이용후생과 경세치용이라는 개념 구분은 조선에서 그 학문적 연원을 따지기 곤란하고 개념적으로 구분지어 얻는 학문적 실익이 별로 없다.

둘째, 새로운 실학 개념은 전통의 단절과 계승이라는 실학의 이중적 성격을 적극적으로 드러낸다. 종래의 실학 개념은 전통과의 단절에만 몰두했다. 그러나 실학에서 단절의 특성만을 부각시킬 경우 왜 그런 단호한 단절의 외침이 근대화로 연결되지 못했는지 설명하기 어렵다.

종래의 실학 연구는 실학을 근대화의 맹아라고 말하면서 실학이 전통과 단호하게 단절된 것처럼 묘사한다. 이러한 주장은 "조선의 근대화 움직임실학은 전통과 단절됐지만 조선의 근대화실학는 조선의 전통 속에서 발견된다."고 모순되게 주장하는 셈이 된다. 실학을 중시한 의도가 전통의 '계승'이었는데 결국 실학을 강조함으로써 전통의 '단절'을 주장하는 꼴이 되는 것이다.

새로운 실학 개념은 실학이 전통에 연결되어 있으면서도 어떻게 전통을 극복하고자 했는지 그 이중적 특성을 밝힘으로써 실학의 가치와 한계를 동시에 인정하자고 주장한다.

이제 한국은 세계적 강국이다. 근대화 콤플렉스를 느낄 필요가 없다. 냉철한 시각으로 역사를 되돌아보고 전통의 단절과 연속에 대한 새로운 구상을 도모해야 한다.

▶ 관련 개념어 : 주기론, 주리론, 경세치용, 이용후생

심통성정

마음이 인간 행위의 주체라는 성리학적 선언

心統性情

아침에 잠에서 막 깨어날 때를 떠올려 보자. 전날 밤 하루를 행복하게 마무리하고 별 걱정 없이 잠자리에 들었다. 그리고 잠자는 동안에도 잠을 방해하는 요소들 없이 충분히 잠을 잤다면 아침에 깨어날 때 개운하고 행복한 기분에 젖을 것이다. 한껏 기지개를 켜고 잠자리를 박차는 순간 우리는 천사이다.

그러나 그것은 순간에 불과하다. 위층에서 아이들이 쿵쾅거리는 소리를 낸다. 갑자기 뜨거운 물이 나오지 않아 찬물로 세수를 해야 했다. 툴툴거리면서 세수하는 사이 전화가 와서 대충 물기를 닦고 받았지만 보이스 피싱 전화였다. 서서히 부아가 끓어오르고 평정심을 잃는다. 아침 먹으라는 어머니의 목소리마저 짜증스럽게 느껴진다. 천사는 날아가고 악마가 임한다.

이런 짜증스런 상황에서도 착한 마음을 유지할 수가 있을까? 성리학자들은 단호하게 말한다. 당연히 그럴 수 있다고.

문제는 마음이다. 마음이 올바르면 외부의 어떠한 조건에도 흔들리지 않는 평화로운 상태를 유지할 수 있다. 24시간 내내 행복할 수 있다.

성리학은 마음에 두 가지 측면이 있다고 보았다. 하나는 근본적으로 선한 본성, 즉 성性이며 다른 하나는 현실적으로 드러나는 감정, 즉 정情이다. 아무런 외적 조건 없이 인간의 본성을 차근차근 살펴보면 완전히 순결하고 선하다. 행복한 기분으로 아침에 잠에서 막 깰 때의 마음이 곧 본성의 마음이다. 이것은 인간 누구에게나 갖춰져 있는 것이다.

그러나 현실에서 여러 가지 추잡스런 일들을 겪게 되면서 짜증이 생기고 욕망이 생긴다. 이런 감정적 측면, 즉 정情은 착할 때도 있고 악할 때도 있다. 이러한 마음은 감정이 절제되지 않은 채 적나라하게 드러난 마음이다. 제대로 성리학적 공부를 한 사람은 어떠한 열악한 상황이 닥치더라도 담담히 받아들인다. 선한 본성을 잃지 않고 미소 지으며 절제된 감정을 드러낸다.

인간의 이중적 측면, 즉 본성은 선한데 그 본성이 드러난 현실적 감정은 선하기도 하고 악하기도 한 이런 이중적 측면은 모두 마음에서 비롯된다. 선한 본성도 마음의 한 측면이며, 선악이 뒤섞인 감정도 마음의 한 측면이다. 이렇듯 마음이 본성과 감정을 모두 포괄하는 개념이라는 것이 바로 심통성정心統性情의 내용이다.

유럽의 근대적 주체는 15세기에 이르러서야 비로소 대두되었다. 모든 것을 신God의 섭리에만 의존하던 수동적 태도에서 벗어나 인간이 능동적으로 삶을 개척하고 지식을 쌓을 수 있다고 하는 생각의 역사가 기껏해야 500년 남짓인 것이다.

그러나 중국의 주체는 이미 12세기에 주희朱熹에 의해 정립되었다. 심통성정은 마음이 인간 행위의 주체임을 선언한다. 신神이 아닌 인간 자신이 선악의 문제를 스스로 책임진다. 적어도 신神이 아닌 인간 자신에게서 행위의 주체로서의 모습을 발견한 역사는 동아시아가 유럽보다 300년 앞선다.

물론 유럽의 주체와 중국의 주체는 다르다. 유럽의 주체는 지식을 쌓아가는 주체인 반면 중국의 주체는 도덕적 행위를 수행하는 주체이다. 유럽 근대철학의 역사가 인식론, 즉 '주체가 안다는 것이 도대체 무엇을 의미하는가?'를 탐구한 역사라면 동아시아 근대철학의 역사는 윤리학, 즉 '주체_{마음}가 선한 본성을 잃지 않을 방도가 무엇인가?'를 탐구한 역사라 할 수 있다. 심통성정은 동아시아에서 근대적 주체가 탄생했음을 알리는 선언이다.

▶ 관련 개념어 : 인심과 도심, 성, 정, 성리학

아우라

예술작품이 가진 고유한 분위기
Aura

〈TV쇼 진품명품〉이라는 프로그램이 있다. 온갖 예술품들에 대해 전문가들이 그 진품 여부를 판정하고 값을 매긴다. 김정희金正喜의 그림 한 조각이 무려 10억 원으로 판정되기도 했다. 그 이유가 무엇일까? 바로 아우라Aura 때문이다.

아우라란 그 작품에만 있는 고유한 느낌, 혹은 분위기를 말한다. 김정희가 직접 그린 원본에만 아우라가 존재한다. 그 이외의 수많은 모조품들에는 아우라가 없다. 감정가들은 바로 예술품에 깃든 아우라를 감별하는 탁월한 능력을 지닌 인물들이다.

그런데 도대체 그 아우라라는 게 그렇게까지 큰 가치를 지니는 것일까? 현대처럼 정확하게 원본을 복제할 수 있는 기술을 갖춘 시대에 꼭 그런 원본만 가치 있는 것이라 말할 수 있을까? 원본의 아우라는 지극히 제한된 사람들만 직접 그 원본을 감상함으로써 느낄 수 있는 것인데, 그렇다면 다른 대부분의 사람들은 그 원본의 아우라를 직접 느끼지 못하니까 그 작품에 대해서는 입도 뻥긋하지 못하고 전문가들이 해주는 얘기만 그대로 받아들여야 하는 것일까?

이런 문제에 대해 최초의 대답을 시도한 사람이 바로 베냐민 W. Benjamin이다. 아우라라는 용어를 처음 본격적으로 사용한 장본인이 바로 그다.

베냐민이 주목한 것은 영화이다. 영화에는 원본이라는 개념이 없다. 물론 원본 필름은 있지만 그걸 복사하면 원본이랑 똑같다. 특별히 원본이라고 해서 복사본과 다를 게 없다. 컴퓨터 기술이 발달한 현대에는 이런 측면이 더더욱 부각된다. 대용량 블루레이 작품도 복제하면 100% 동일한 화질의 블루레이 작품이 된다. 이런 복제는 무한 반복이 가능하다.

그렇다면 무한복제 시대에 과연 예술작품의 아우라는 어디에 있는 것일까? 베냐민은 기술복제시대엔 예술작품에 아우라가 없다고 말한다. 1936년에 이미 이런 주장을 했다는 사실이 놀랍다. 예술작품이 무한 반복 복제됨으로써 원본이 가지는 아우라가 근본적으로 없어지게 되었다는 점은 여러 가지 의미를 갖는다. 먼저 긍정적 측면을 보자.

첫째, 아우라의 파괴로 인해 신비주의적 요소들이 발을 붙이지 못

무한복제 시대에 예술작품의 아우라는 어디에 있는 것일까? 베냐민은 기술복제시대엔 예술작품에 아우라가 없다고 말한다. 1936년에 이미 이런 주장을 했다는 사실이 놀랍다.

하게 된다. 예술작품이 지닌 아우라의 문제점은 종교적 예술작품에서 두드러진다. 거대한 성당에 있는 성모 마리아상과 석굴암의 불상을 보자. 거기에 손을 대는 것은 불경스런 행위이다. 감히 올려다보지도 못한다. 성모 마리아상과 불상은 종교적 신비주의의 염원을 담고 있다. 아우라가 파괴됨으로써 이런 종교적·신비주의적 영향력이 대폭 줄어들게 되었다.

둘째, 아우라의 파괴는 예술에 대한 대중의 접근을 쉽게 만든다. 과거엔 김정희의 작품을 직접 본 사람만 극히 제한적으로 그 작품에 대해 평가할 수 있었다. 그것을 보지 못한 사람은 말을 말아야 하는 상황이었다. 특별한 소양을 지닌 제한된 계급의 사람들만이 고급 예술을 독점했다. 그러나 아우라가 파괴된 예술 작품은 지금 누구나 쉽게 접할 수 있다. 인터넷 공개 자료실을 통한다면 세계적 대작도 단돈 500원에 고화질로 즐길 수 있다. 물론 법망을 피해 무료로 즐길 방법도 있다.

셋째, 예술작품에 대한 대중의 접근이 쉬워짐으로써 정치와 사회에 대한 대중의 각성이 훨씬 폭넓게 진행될 수 있다. 누구나 쉽게 마이클 무어의 〈식코Sicko〉를 봄으로써 의료보험과 정치의 문제에 관심을 갖게 된다. 누구나 쉽게 심형래의 〈디워〉를 봄으로써 작품을 통해 표출된 왜곡된 민족주의와 상업주의를 조롱할 수 있게 된다.

넷째, 아우라가 파괴됨으로써 작품의 형식보다는 내용 자체에 주목할 수 있게 된다. 누군가 이창동 감독의 작품을 보고 감동을 받았다면, 그것은 그 작품의 내용을 보고 감동한 것이지 그 작품의 외적 특징을 보고 감동한 것이 아니다. 〈모나리자〉의 진품을 보지 않으면 결코 참된 감동이 불가능한 것과는 질적으로 다른 감동의 메커니즘이다.

그러나 아우라가 파괴됨으로 인해 발생하는 부정적 측면 또한 무시할 수 없다.

첫째, 아우라가 파괴됨으로써 종교적 · 신비주의적 요소를 극복할 수 있게 된 것은 좋지만, 여기서 더 나아가 예술작품 자체가 지니는 고유한 정서적 측면까지 사라지게 된 점은 유감이다. 이메일을 통해 관심 있는 이성에게 간편하게 데이트를 신청하게 된 점은 좋다. 하지만 떨리는 마음으로 사랑을 고백하는 눈물 젖은 자필 편지를 접하기 어렵게 된 현실은 아무래도 아쉽다.

둘째, 아우라가 파괴됨으로써 예술을 통한 대중의 정치적 · 사회적 각성이 쉬워진 점은 좋지만 이런 측면은 언제나 부정적으로도 작용할 수 있다. 예술은 언제든지 정치적으로 대중을 현혹시키는 방식으로 악용될 수도 있기 때문이다. 영화를 통해 나치즘을 선전한 히틀러와 얼마 전 뜬금없이 부활한 〈대한늬우스〉에서 이 점을 확인할 수 있다.

셋째, 예술에 대한 손쉬운 접근은 결국 상업주의와 연결되어 예술의 타락을 초래할 수 있다. 현대 음악을 보자. 대부분의 음악작품은 노래이다. 기악곡은 자취를 감췄다. 노래들 또한 천편일률적이다. 99%가 사랑을 주제로 한다. 분량도 천편일률적으로 3분 내외이며, 기타와 드럼만으로 구성된다. 특히 드럼이 중요한 역할을 한다. 규칙적으로 두둥거리면서 감정을 격앙시킨다. 다른 악기들은 대중음악에서 사라진 지 오래다. 이런 획일화를 과연 좋다고만 할 것인가?

베냐민은 아우라가 파괴된 복제예술시대의 다양한 측면을 설명하면서 명확하게 이에 대해 반대하는지 찬성하는지 입장을 드러내지 않는다. 현대인의 입장에서도 찬반의 입장을 택하기란 쉽지 않은 문제이다. 과연 예술복제는 축복일까, 재앙일까?

▶ 관련 개념어 : 미메시스, 시뮬라크르, 미적 가상

양명학
마음에 우주의 참된 본질이 갖춰져 있으니 자신있게 실천하자
陽明學

결혼을 앞둔 친구가 있다고 치자. 과연 얼마를 부조해야 할까? 대부분 친구와의 친밀도, 자신의 형편, 자신에게 돌아올 이익, 타인의 시선 등을 종합적으로 고려해 금액을 정하게 된다. 그리고 그 금액은 친구에 따라, 상황에 따라 다를 수밖에 없다.

그런데 만약 친구의 결혼식에 내야 할 부조금의 액수가 정해져 있

다고 주장한다면 어떨까? 그리고 그 정해져 있는 액수와 다른 금액을 부조할 경우 심각한 결례를 범한 것에 그치는 것이 아니라 죄악을 저지른 것으로까지 간주된다면 어떨까? 놀랍게도 성리학이라면 정말로 그렇게 주장했을 것이다. 실제로 조선조 중반기 이후를 내내 시끄럽게 만들었던 예송논쟁禮訟論爭이 바로 그런 입장 때문에 시작되었다.

성리학자들에게 있어 예禮는 고정불변의 진리 그 자체이다. 우주의 자연적 법칙이 고정불변인 것처럼 인간의 도덕적 법칙도 정해져 있다고 보았다. 예禮란 그런 도덕적 법칙이 구체화된 항목들의 총체를 말한다.

임금이 죽었을 때 그 유가족들이 3년 동안 상복喪服을 입어야 한다는 조항은 단순히 사회적 합의를 통해 도출된 관습이 아니라 해가 뜨고 달이 지는 것과 마찬가지로 하나의 절대적 법칙이다. 그런 법칙을 어기는 것은 단순히 약속을 파기하는 것이 아니라 우주적 차원의 진리를 거역하는 것이다. 예학禮學은 사회철학이 아니라 존재론이었다.

이런 숨 막히는 예禮의 규범화에 맞서 왕수인王守仁은 진정한 마음의 표현이 곧 참된 예禮라고 주장한다. 외부의 어떤 간섭이나 명령도 개입되지 않은 채 순수하게 내 마음이 내키는 대로 주머니에서 돈뭉치를 집어 드는 것이 진정한 예禮이다. 본래의 순수한 마음이 시키는 것이 곧 진리이다. 마음이 곧 원리라는 원칙, 즉 심즉리心卽理의 원칙이 여기에서 도출된다.

양명학陽明學은 마음의 철학이다. 모든 것이 마음에서 비롯된다고 본다. 나의 착한 마음이 부모에게 적용될 경우 효孝가 되고, 임금에게 적용되면 충성忠이 되며, 친구에게 적용되면 신뢰信가 된다. 내 마음 바깥에 효, 충, 신의 원리가 따로 존재하는 것이 아니다. 모든 것은 내 마음으로부터 비롯된다.

양명학은 지독한 주관주의 철학이다. 모든 진리가 내 마음 안에 갖춰져 있다고 믿는다. 이는 성리학의 입장과 다르다. 성리학에 의하면 인간의 본성性이 곧 우주적 차원의 원리理와 동일한 지평에서 논의된다. 이때 성리학이 말하는 본성性이란 인간의 본성만을 의미하지 않는다. 인간을 비롯한 모든 우주의 만물들이 가진 본성을 의미한다. 그래서 성즉리性卽理이다. 만물의 본성은 우주적 차원에서 본질적으로 동일하다. 다만 기氣의 차이로 인해 그 도덕적 차이가 생길 뿐이다.

성리학에 의하면 인간뿐만 아니라 온우주 만물이 전부 원칙적으로 선善하다. 우주를 관장하는 원리인 원형이정元亨利貞과 인간을 규율하는 규범인 인의예지仁義禮智는 근본적으로 동일하다. 따라서 성리학에 의하면 인간 이외의 사물들에도 인의예지가 발견될 수 있다.

왕수인은 성리학의 입장에 따라 정말로 인간 이외의 사물들에게도 인의예지가 있는지 확인해보기 위해 대나무를 연구 대상으로 삼았다. 장장 일주일에 걸쳐 대나무를 뚫어지게 관찰하고 연구해보았지만 남는 것은 병뿐이었다. 대나무에서 인의예지를 발견할 수 있으리라는 발상 자체가 지금의 상식으로 보면 난센스이지만, 성리학의 이론 구도에 따르면 그것은 난센스가 아니라 심각한 진리였다. 왕수인은 상식을 근거로 하여 성리학의 이론적 구도 자체를 거부한다. 대나무에는 인의예지가 없다. 따라서 성리학의 제일테제인 성즉리라는 원칙은 폐기되어야 한다.

나의 마음이 곧 절대적으로 선한 우주의 원리理 그 자체이다. 다른 어떤 외부적 교훈이나 학습 등에 기댈 필요가 없다. 저 깊숙이 자리한 본연의 마음이 시키는 대로 행동한다면 그 자체가 진리의 구현이다. 우선 행동해야 한다.

여기에서 지행합일知行合一의 원리가 도출된다. 마음이 자연스럽게 촉발하는 행동行은 우리가 진리라고 알고 있는 것知과 당연히 합치하게 된다. 성리학이 주장하는 것처럼 경전을 힘들게 붙들고, 머리 싸매며 우주의 원리理를 인간 바깥에서 이해하기 위해 노력할 필요가 없다.

모든 진리를 인간의 마음에서 찾는 입장을 취하게 되면 자연스럽게 인간 외부의 사물에 내재되어 있는 객관적 법칙에 대해서는 소홀하게 된다. 양명학은 물리학을 인정하지 않는다. 양명학에는 심리학만 있다. 모든 외부 사물들은 내 마음의 창을 통해 이해하는 것일 뿐이다. 따라서 인간 외부에 있는 일체의 것들物은 결국 사물이 아니라 사건事에 지나지 않는다. 눈앞에 펼쳐지는 아름다운 폭포도 사물이 아니라 내 눈을 통해 보는 사건이다.

왕수인이 이러한 입장을 취할 수 있었던 데에는 맹자孟子 사상에 대한 그의 독창적인 이론적 해석이 큰 역할을 한다. 주희는 맹자의

251

주장 가운데 사덕四德과 사단四端에 주목했다. 인간에게는 선험적으로 사덕인의예지이라는 본성性이 갖춰져 있으며, 이 사덕이 현실적으로 발현된 것이 사단측은지심, 수오지심, 사양지심, 시비지심이라는 정서情다. 마음은 인간의 선한 본성이 사단으로 발동되는 과정에서 지휘자 노릇을 한다.

반면 왕수인은 맹자가 말한 내용 가운데 양능良能과 양지良知에 주목한다. 양능이란 인간에게 선험적으로 갖춰져 있는 능력을 말한다. 딱히 가르치지 않았는데도 어린아이가 배고프면 젖을 무는 것, 아프면 우는 것, 기쁘면 웃는 것, 우물에 어린 아이가 빠지려는 것을 보면 자기도 모르게 달려가 구해주는 것 등이 모두 양능의 증거이다.

양지란 인간에게 선험적으로 갖춰진 지식을 말한다. 물론 이때 말하는 지식은 도덕적 지식이다. 즉 인간은 누구나 태어날 때부터 무엇이 도덕적으로 선한 것이고 악한 것인지에 관한 지식을 전부 타고난다는 것이다. 그리고 그러한 선천적 앎은 바로 마음心의 내용이다. 마음은 이미 모든 걸 다 알고 있다.

성리학에 의하면 마음이란, 인간이라는 컴퓨터를 움직이는 사용자이다. 우리에게 주어진 컴퓨터는 본질적으로 완벽하다. 사용자가 부실하면 그 완벽한 컴퓨터를 제대로 작동시키지 못한다. 완벽한 컴퓨터를 잘 이해해야만 그 성능을 제대로 구현할 수 있다. 먼저 학습이 필요하다.

반면 양명학에 의하면 마음이란, 인간이라는 하드웨어를 움직이는 운영체제OS이다. 하드웨어는 운영체제가 시키는 대로 작동할 따름이다. 다행히 운영체제는 완벽하다. 다만 하드웨어가 운영체제를 구동시키기에 성능이 부족하고 용량이 적을 뿐이다. 완벽하게 주어진 운영체제를 일단 구동시키는 것이 중요하다. 하드웨어를 구동시키려면 우선 전원부터 넣고 운영체제를 돌려야 한다. 행동이 우선이다.

성리학이 결과주의라면 양명학은 동기주의이다. 성리학이 형식주의라면 양명학은 내용주의이다. 성리학이 객관주의라면 양명학은 주관주의이다. 성리학이 주지주의라면 양명학은 행동주의이다.

중국사상은 성리학과 양명학의 긴장 속에서 다양한 이론들을 창출했다. 일본 또한 양명학을 적극적으로 수용했다. 반면 조선에서는 양명학이 발을 디딜 틈조차 없었다. 정제두鄭齊斗 등 극소수의 학자들만이 양명학을 학습한 바 있지만 피상적 수준에만 머물렀을 뿐 양명학의 역사적·실천적 측면을 제대로 받아들인 사람들은 없었다.

조선 후기에 접어들어 정인보鄭寅普 등 몇몇 학자들이 양명학을 기반으로 해 학문 활동을 펼쳤으나 끝끝내 양명학은 조선에서 단 한 번도 주류가 되지 못했다. 동기보다는 결과, 내용보다는 형식, 행동보다는 지식, 주관적 개성보다는 객관적 규범을 중시한 조선의 역사는 너무도 강고해 성리학 이외의 사상이 끼어들 여지를 주지 않았다. 근대 서구사상에 의해 멸절될지언정.

▶ 관련 개념어 : 성리학, 만물일체설, 사단과 칠정, 사덕

언어적 전회

언어를 철학의 중심문제로 부각시킨 철학 겸손화 운동
linguistic turn

서양철학사는 유럽 대 영국의 싸움의 역사라고 해도 과언이 아니다. 유럽은 관념적이고 형이상학적이고 뭔가 고매한 알쏭달쏭한 이야기들을 즐겨 했던 반면 영국은 딱 부러지게 이것이면 이것이고 아니면 아니라고 말하기를 좋아하는 전통이 있다.

독일을 비롯한 유럽의 철학자들은 헤겔G.W.F. Hegel 류의 형이상학적인 철학을 중심으로 사유를 전개해 왔다. 반면 영국의 철학자들은 헤겔 류의 형이상학을 도무지 이해하지 못할 이야기라며 꺼려 왔다. 20세기에 들어서서 이러한 경향은 더욱 두드러졌다.

독일인이 지은 각종 『서양철학사』엔 헤겔과 칸트I. Kant를 빼면 남는 게 없을 정도다. 그러나 영국 출신의 러셀B. Russell이 지은 『서양철학사』엔 헤겔과 칸트가 썰렁하게 각기 하나의 소항목으로 다뤄지고 있다. 평가도 대단히 야박하다. 도무지 무슨 얘긴지 알아먹을 수 없어서 제대로 평가하기조차 힘들다는 얘기들뿐이다.

사실 그런 면이 있다. 한참 독일철학에 빠져 있을 때엔 온통 세상이 깊고 깊은 진리로 가득 찬 것으로 보인다. 심오한 진리를 파악하기 위해 머리와 수염도 깎지 않고 사색에만 몰두하며, 세상 사람들과의 정상적 소통도 꺼린 채 인상을 찡그리는 스스로의 모습을 은근히 자랑스러워하기도 한다. 그러나 막상 현실 속에 내던져지면 독일철학은 해주는 게 별로 없다. 독일철학에 대해 아무것도 몰라도 사

는 데 지장이 없다. 아니, 오히려 알면
독이 될 수도 있다. 혼자만 중얼거릴
뿐 다른 사람들과 쉽게 소통하지 못하
는 병폐가 저질러지기 쉽다.

영국 사람들은 독일의 형이상학을
내팽개치라고 한다. 이유는 하나다. 도
무지 알아먹지를 못하겠다는 것이다.
뭔가 심오한 것 같기도 하지만 결국엔
하나마나한 이야기들을 모은 것이 독

영국 사람들은 독일의 형이상학
을 내팽개치라고 한다. 이유는
하나다. 도무지 알아먹지를 못하
겠다는 것이다. 러셀(사진)과 무어
가 공격의 포문을 열었다.

일철학의 정체라고 까발린다. 러셀과 무어G. E. Moore가 포문을 열었
다. 그러나 뭐니 뭐니 해도 가장 큰 영향을 미친 건 비트겐슈타인L.
Wittgenstein이다. 그는 전반기와 후반기에 걸쳐 관념론과 형이상학 등
의 알쏭달쏭한 언어유희에 직격탄을 날린다.

전반기의 비트겐슈타인이 더욱 과격했다. 그는 철학의 고유 영역
을 언어에 관한 것으로 한정했다. 물리학, 화학, 생물학, 천문학 등
이 철학의 영역을 야금야금 뺏어먹어 결국 철학의 고유영역엔 남는
게 없게 되었음을 솔직하게 인정하자고 한다. 인간의 정신작용까지
심리학이라는 과학으로 설명할 수 있는 지경에 이르렀으니 철학은
그야말로 할 일이 없어졌다는 것이다.

그렇다면 남는 것은 무엇인가? 바로 언어를 분석하는 것뿐이다.
철학이란 진리를 발견하고 토론하는 학문이 아니다. 진리 탐구는 이
제 과학에게 맡겨야 한다. 철학은 우리의 언어를 되살펴 보는 작업

에만 한정해야 함을 겸허하게 받아들여야 한다. 철학이란 누군가의 언어를 대상으로 그 언어가 알아먹을 수 있는 언어인지 아닌지, 판단할 가치가 있는 언어인지 아닌지 여부를 판가름하는 일종의 메타 학문에 지나지 않는다.

철학이 자기 분수를 모르고 과학에게 자신의 영역을 빼앗기지 않으려고 발버둥치면서 진리를 논해 봤자 남는 건 공허함뿐이다. 과학에게 넘겨줄 건 넘겨주자. 진술된 언어들이 과연 고려할 가치가 있는지 여부만 판별하자. 그리고 진술된 언어들이 진술할 만한 가치가 없는 것들이라면 과감하게 외면하자. 사랑, 분노, 신앙, 아름다움, 윤리 등에 관한 진술은 고려할 가치가 없다. 너무나 자의적이고 불분명한 표현들로 가득 찼다. 말할 수 없는 것에 대해서는 말하지 말자. 우리 모두 겸손해지자!

후반기의 비트겐슈타인은 다소 누그러진 태도로 바뀌었다. 말할 수 없는 것에 대해서는 침묵하라던 경직된 태도에서 벗어났다. 전반기의 그는 모든 언어에 공통적인 본질이 있다고 생각했다. 언어의 보편적 본질을 파악한다면, 그 본질이라는 필터를 통해 말할 수 있는 것과 말할 수 없는 것을 엄격히 구분해 낼 수 있다고 보았다. 그러나 후기에 이르러 그의 생각은 달라졌다. 언어는 게임놀이과 마찬가지로 가족유사성을 지니고 있을 뿐 공통적인 본질은 없다고 보았다. 각기 개별적 언어가 지닌 규칙을 파악하는 것이 중요하다. 개별적 언어의 규칙을 파악한다면 우리가 말할 수 없는 것이라고 외면해 버릴 뻔 했던 진술들 속에서도 소중한 진실들을 발견해 낼 수 있을 것이다.

가령 우리말 가운데 '귀신이 곡할 노릇' 이라는 표현을 보자. 전반기의 비트겐슈타인이었다면 귀신의 존재를 입증할 수 없으므로 그러한 표현을 합리적 진술로 받아들일 수 없다고 했을 것이다. 그러나 후반기의 비트겐슈타인은 '귀신이 곡할 노릇' 이라는 표현이 '이해하기 힘들지만 어쨌든 현실에서 벌어진 뜻밖의 상황' 을 의미하는 표현이라는 의미를 가진 것으로 받아들이자고 할 것이다. 한국어의 규칙을 파악함으로써 한국인들의 삶과 문화에 대한 이해의 지평을 넓힐 수 있게 되는 것이다.

언어적 전회linguistic turn란 영국을 중심으로 펼쳐진 철학 겸손화 운동이라 할 수 있다. 그 중심에는 비트겐슈타인이 있다. 이 운동은 실로 막강한 영향력을 발휘했다. 언어적 전회 이후 미국과 영국에서는 언어철학분석철학이 대세를 이루었다. 유럽과 영미철학은 사변철학과 분석철학으로 명료하게 판이 나뉘었다.

인터넷 게시판에서 댓글로 논쟁해 본 사람들은 알 것이다. 언어에 대한 기본적 이해가 부족할 경우 얼마나 대화와 소통이 힘든지 말이다. 언어철학은 심오한 진리를 논하기에 앞서 최소한 우리가 정확하고 의미 있는 언어라도 구사할 줄 알아야 함을 겸손하게 역설한다.

"말을 해도 알아먹지를 않으니 솔직히 이길 자신이 없다."는 절망적 표현을 하지 않아도 되는 그런 세상을 만드는 것이 바로 언어적 전회를 도모했던 철학자들의 바람일 것이다.

▶ 관련 개념어 : 논리실증주의, 논리적 원자론

에로스

'관념적 사랑'이 아닌 '관념 속에 있는 참된 사랑'을 향한 열망
eros

일반적으로 '육체적 사랑'이라고 번역되는 에로스eros라는 단어를 최초로 유명하게 만든 인물은 플라톤이다. 그런데 가만 보자. 플라톤과 사랑 하면 떠오르는 단어가 '플라토닉 러브', 즉 정신적 사랑 아니었던가? '육체적 사랑'을 의미하는 에로스와 '정신적 사랑'을 의미하는 플라토닉 러브가 어떻게 서로 어울릴 수 있단 말인가? 플라톤이 말하는 에로스의 의미를 정확히 파악해 오해를 풀어보자.

플라톤은 현실세계를 매우 불완전하고 유치한 것으로 파악했다. 참된 세계는 오로지 이데아idea의 세계뿐이라고 보았다. 우리가 앉아 있는 책상, 두드리는 자판기 등등이 모두 불완전하다.

이런 물건들뿐만 아니라 추상적인 개념들 또한 불완전하다. 현실에서 친구와의 우정은 늘 깨지기 쉽고, 남녀 간의 사랑은 더더욱 위태롭다. 오로지 이데아의 세계에만 참된 책상, 참된 자판기, 참된 우정, 참된 사랑이 있다. 플라톤은 이런 참된 이데아의 세계를 향하는 인간의 열망을 바로 '에로스'라고 표현했다. 에로스란 '이데아에 대한 그칠 줄 모르는 사랑'을 의미한다.

본래 에로스는 그리스 신화에서 '사랑의 신'의 이름이었다. 로마 신화에서는 '에로스'를 '큐피드'라 부른다. 플라톤이 굳이 별도의 단어나 추상적 개념이 아닌 에로스라는 신의 이름을 빌려 '이데아를 향하는 열망'을 묘사한 데에는 나름의 이유가 있다.

당시 사람들에게 널리 알려져 있던 에로스라는 '사랑의 신'의 이름을 통해 이데아에 대한 열망을 쉽게 이해시킬 수 있다는 의도에서 이데아에 대한 열망을 에로스라 지칭한 것이다. 남녀 간의 사랑만큼 뜨거운 열망으로 이데아를 향해야 한다는 의도가 반영되어 있는 것이다. 이런 맥락에서 플라톤이 말하는 에로스는 궁극적으로 '이데아에 대한 열망'을 의미하지만 일차적으로는 '남녀 간의 사랑'을 의미한다.

플라톤은 사람들에게 널리 알려져 있던 에로스라는 '사랑의 신'의 이름을 통해 이데아에 대한 열망을 쉽게 이해시킬 수 있다는 의도에서 이데아에 대한 열망을 에로스라 지칭했다.

그런데 플라톤은 남녀 간의 사랑에서 정신적 요소와 육체적 요소를 모두 중시했다. 이데아 세계에 있는 참된 사랑이란 정신적이면서도 육체적인 사랑이다. 정신적이기만 한 사랑으로는 부족하다. 사랑이란 참된 아름다움을 추구하는 것인데 이때의 아름다움이란 정신적인 것과 육체적인 것 모두를 포함하기 때문이다.

플라톤은 정신적 사랑뿐만 아니라 육체적 사랑 또한 강조했고, 놀랍게도 사랑의 대상을 이성異性에만 한정하지 않았다. 동성同性 사이의 사랑 또한 참된 아름다움을 추구하는 정당한 행위로 인정한다. 특히 원숙한 중년의 남성과 피 끓는 젊은 남자 사이의 정신적 · 육체적 사랑을 가장 아름답다고 보았다. 원숙한 지성미와 청춘의 육체미의 결합을 이상적으로 보았다. 여성과 노예를 남자 귀족보다 열등한 것으로 본 고대적 관점에 의하면 이렇게 주장하는 것도 무리가 아닐 법하다. 따라서 플라톤이 말하는 일차적 의미의 에로스란 정확히 말해 '사람 사이의 육체적 · 정신적 사랑'이라고 규정되어야 한다.

"사람들이 서로 뜨겁게 사랑하는 것처럼 이데아를 향해 뜨거운 열망을 가져라!"

이것이 바로 플라톤이 말하는 에로스의 의미이다. 플라토닉 러브란 '정신적 사랑'이 아니라 '정신적 · 육체적 사랑'이다. 또한 사람들 사이의 사랑에만 머물지 말고 이데아 세계 전체로 향해야 하는 사랑이다. 즉 플라토닉 러브란 '관념的ideal 사랑'이 아닌 '관념idea 속에 있는 참된 사랑'이며, 에로스란 이런 '관념 속의 참된 세상을 추구하는 뜨거운 열망'이다.

▶ 관련 개념어 : 이데아, 관념론

에포케

과학적 사유를 일단 보류하고 현상학적 탐구를 준비하자
epoche

여기 책상 위에 뱀이 한 마리 있다. 보통 사람들이라면 그 뱀의 질량, 외형, 부피, 색상 등을 관찰해 그것이 틀림없이 뱀일 것이라고 쉽게 단정할 것이다. 그러나 신중하고 신중한 후설E. Husserl은 이렇듯 소박한 우리의 '자연적 태도natürliche Einstellung'를 못마땅하게 여긴다. 뱀이라 확신하고 호들갑 떨었지만 다시 보니 뱀 모양의 장난 감일 수도 있고, 아니면 뱀 모양의 허리띠일 수도 있기 때문이다. 우 리의 자연적 태도는 늘 이렇게 오류에 빠질 위험이 있다.

여기서 후설이 제안하는 것이 에포케epoche, 즉 판단중지다. 후설 은 이를 현상학적 환원phänomenologische Reduktion이라고 부르기도 했다. 대상에 대한 우리의 판단은 대단히 성급하고 부정확하다. 이 러한 성급함은 대상을 그 자체로 자명한 것으로 받아들이는 객관주 의에서 유래한다. 과학자라면 이 뱀을 최대한 객관적으로 서술하고 자 한다. 뱀 모양의 물체를 다각적으로 설명해 누구라도 뱀에 대한 진정한 설명이라고 인정하지 않을 수 없도록 만들고자 한다. 객관적 으로 주어진 진실을 밝혀내는 과학이야말로 참된 학문이라고 그들 은 주장한다. 그러나 후설은 이러한 과학적 객관주의를 매우 위험하 다고 보았다. 대상의 본질은 늘 관찰과 실험 너머에 있다고 보기 때 문이다.

우리는 살면서 이런 점을 자주 깨닫는다. 내가 사실이라고 철썩 같이 믿었던 것이 훗날 사실이 아닌 것으로 판명될 때도 있으며 그 반대의 경우 또한 자주 겪는다. 이러한 오류를 피하기 위해 우리는 대상을 일단 괄호로 묶고 판단을 보류해야 한다.

좋다. 후설이 주장하는 대로 판단을 중지해보자. 책상 위에 있는 뱀 모양의 물체도 뱀이라고 단정하지 말고, 내가 두드리고 있는 키 보드 모양의 물체도 키보드라고 단정하지 말자. 알고 보니 빨래판일 수도 있다. 지금 내가 글을 쓰고 있다는 생각도 버리자. 아무리 확실하다고 여겨지더라도 일단 모두 판단을 중단해보자. 그럼 이제 뭐가 남는가? 허무주의란 말인가?

그렇지는 않다. 이렇게 모든 판단을 중지하고 최후로 남는 무언가는 분명 있다. 그것이 바로 '순수의식reine Bewußtsein' 이다. 아무리 모든 것에 대한 판단을 중지한다 해도 이러한 판단중지를 수행하는 순수의식이라는 주체 자체는 부정하지 못한다. 쉽게 말해 판단중지하는 '나' 를 부정할 수는 없다는 것이다.

어디서 많이 들어본 말이지 않은가? 그렇다. 바로 데카르트다. 참된 진리에 도달하기 위해 방법적 회의를 택한 데카르트가 궁극적으로 부인할 수 없었던 단 하나의 사실은 바로 "생각하는 내가 있다." 는 사실이다. 후설 또한 순수의식을 괄호로 묶을 수 없음을, 즉 순수의식은 판단중지의 대상이 아님을 인정한다. 후설은 이렇게 판단중지를 통해서도 괄호로 묶일 수 없는 순수한 우리 주체의 의식을 명쾌하게 파악하는 것이 현상학의 출발이라고 말한다.

그러나 후설은 데카르트와 다르다. 데카르트의 방법적 회의는 진리에 도달하기 위해 존재하는 모든 것을 전면적으로 부정한다. 반면 후설의 에포케는 전면적 부정이 아닌 잠정적 중지를 의미한다. 존재하는 대상 자체를 부정하지는 않는다. 단지 우리의 성급한 선이해先理解, Vor-verstehen와 선판단先判斷, Vor-urteil을 경계할 뿐이다.

세상은 객관적으로 그렇게 주체의 밖에 덩그러니 존재하는 것이 아니다. 우리는 대상을 객관적으로 명쾌하게 이해할 수 없다. 그러한 태도는 착각을 불러일으킨다. 우리의 순수의식이 판단중지를 통해 지향함으로써 대상은 우리의 순수의식과 합일된다.

이런 주관주의는 칸트와 닮았다. 칸트 또한 대상이 객관적으로 존재하는 것이 아니라 주체가 갖춘 선험적a priori 형식에 의해 구성되는 것일 뿐이라고 보았다. 그러나 칸트가 '사물 그 자체物自體, Ding an sich'를 결코 인식할 수 없다고 본 반면 후설은 대상의 본질이 주체와 합일될 수 있다고 보았다는 점에서 다르다.

▶ 관련 개념어 : 현상학, 지향성

연역
일반 원리에 따라 개별적 진술들의 진실성을 판별하는 작업
deduction

연역deduction은 이미 주어져 있는 일반적 원리에 따라 개별적 사실의 진실성을 판별하는 작업을 말한다. 개별적 사실들을 관찰하고 실험함으로써 일반적 원리를 도출해내는 귀납induction과 정반대의 작업이다. 수학은 완전히 연역적 방법에 의존하고 있다. 가령 이런 것이다.

- 대전제 : 직각삼각형에서 밑변의 제곱과 높이의 제곱을 더한 것은 빗변의 제곱과 같다.
- 소전제 : 어떤 직각삼각형에서 밑변이 4cm이고 높이가 3cm이다.
- 결론 : 따라서 그 직각삼각형의 빗변은 5cm이다.

이 논증에서 대전제는 곧 '피타고라스의 정리'에 해당한다. '피타고라스의 정리'라는 원리를 통해 개별적인 직각삼각형의 밑변과 높이, 빗변의 관계를 완벽하게 추론해낼 수 있다. 중고등학교 때 반복해서 수학문제를 풀었던 행위는 연역적 추론능력을 높이는 훈련이다.

서양학문의 근간은 연역법이다. 수학은 서양학문의 근간을 이루는 연역법을 익히는 가장 좋은 수단이다. 그래서 중고등학교 때 수학을 철저히 학습해야 한다. 수학을 모르면 서양학문을 이해할 수 없다. 우리가 서양이 이룩한 문명을 토대로 살아가는 한 수학은 반드시 철저히 학습해야 한다. 수학을 잘 하는 사람은 논리적일 수밖에 없다. 사회생활을 할 때도 막힘없이 일처리를 한다. 비교적 편견 없이 사태의 흐름을 조직적으로 파악할 수 있는 능력은 수학, 즉 연역능력에서 나온다.

주위 사람들을 한번 살펴보라. 평소에 일처리를 잘 하고 말하는 게 논리적이라고 생각한 사람은 거의 예외 없이 학창시절 수학을 잘 했던 사람이다. 이런 사람들과 일하는 것은 매우 즐겁다. 반면 뭔가 그럴듯하기는 한데 따지고 보면 앞뒤 안 맞는 얘기를 잘 하는 사람은 거의 예외 없이 수학을 못 했던 사람이다. 이런 사람들과 함께 일하기는 무척 힘들다.

물론 논리적인 사람이 꼭 인간적이지는 않다. 때로 논리적인 사람은 상대방의 감정을 고려하지 못하고 화를 돋우기도 한다. 허나 어쩌나. 아무리 화가 나도 논리에는 굴복할 수밖에 없다. 동아시아가 근대화 과정에서 서양에 굴복했던 건 바로 동아시아가 수학을 하지 못해서다. 아무리 서양의 침략이 정당하지 못하고 기분이 나쁘다 해도 결국 논리싸움에서 이길 수 없었기 때문에 굴복할 수밖에 없었던 거다. 매우 정중하고 논리적으로 "당신들을 침략하고 당신들을 노예로 삼겠습니다."라고 말하는 서양의 연역주의자들을 당할 도리가 없었던 것이다.

모든 형이상학은 연역적 원리를 근간으로 하고 있다. 플라톤의 이데아, 아리스토텔레스의 형상, 아퀴나스의 신, 헤겔의 절대정신이 모두 연역적 대전제이다. 누구도 부인할 수 없는 절대적으로 참인 원리를 바탕으로 현실을 설명해나간다. 허나 연역은 대단히 공허하다. 아래 경우를 보자.

- 대전제 : 모든 사람은 죽는다.
- 소전제 : 소크라테스는 사람이다.
- 결론 : 따라서 소크라테스는 죽는다.

이미 "모든 사람은 죽는다."는 대전제 속에 소크라테스가 죽는다는 사실이 포함되어 있다. 연역법은 현실에서 아무런 새로운 정보도 제공해주지 못한다. 다만 논리적 근거만을 밝혀줄 뿐이다. 따라서 연역은 새로운 정보가 아닌 논리적 과정을 중시한다.

또한 연역은 대단히 폭력적이고 독단적일 수 있다. 플라톤의 이데아를 비롯해 모든 연역적 철학은 자신들의 철학이 내세우는 대전제

로서의 원리를 자명한 진리라고 우겨댄다. 피타고라스의 정리가 자명한 진리인 것처럼 이데아가 참된 존재라는 것도 자명한 원리라는 것이다.

허나 여기엔 함정이 있다. 피타고라스의 정리가 성립하기 위해선 별다른 증명 없이 자명한 진리인 '공리axiom'를 우리가 받아들여야 한다. 가령 유클리드Euclid는 '두 점을 지나는 직선은 하나뿐이다', '선분은 무한히 늘일 수 있다', '하나의 점을 중심으로 원을 그릴 수 있다', '모든 직각은 서로 같다', '한 점을 지나며 다른 직선에 평행한 직선은 하나뿐이다' 라는 다섯 가지 공리를 제시한다. 이들 다섯 가지 공리는 증명 없이 자명한 것으로 받아들일 수밖에 없는 것들이다. 연역적 진리체계인 기하학은 이처럼 자명한 공리를 토대로 구축된다.

모든 연역적 철학은 기하학처럼 자명한 공리를 토대로 구축된다. 이데아, 형상, 신, 절대정신이 모두 자명한 공리에 해당한다. "모든 사람은 죽는다."는 대전제도 실상 따지고 보면 완벽히 그 진실성이 확보되지 않은 주장에 불과하다. 그렇지만 연역체계에선 그것을 자명한 원리라고 인정한 후 논리를 전개해나가야 한다고 말한다. 따라서 연역체계는 매우 정밀하고 완벽해 보이지만 실상 그 자명한 진리로서의 공리를 받아들이지 못한다면 그 체계 자체가 아무런 쓸모가 없어지게 된다.

제아무리 이데아와 신을 주장해도 "그 전제를 받아들이지 못하겠다."라고 말해버리면 그만이다. 물론 그 체계를 받아들이지 않음으로써 받게 되는 피해는 고스란히 자기 몫이지만 말이다.

이처럼 연역은 서양문명의 근간을 이룬 수학의 기본원리라는 점에서 중요하면서도, 그 폭력적이고 독단적인 성격으로 인해 비판의 대상이 되어 왔다. 연역에 대한 반대의 입장이 귀납인데, 귀납은 이처럼 별다른 증명 없이 자명한 것으로 내세우는 원리로서의 공리를 부정한다. 일체의 지식을 모두 확인하고 검증하는 과정을 통해 이론이 구축되어야 한다고 주장한다. 연역법이 형이상학의 방법론이라면 귀납법은 과학의 방법론이다.

그러나 현대과학에서 연역과 귀납은 확연히 구분되지 않는다. 과학은 연역과 귀납이 반복적으로 작동하는 메커니즘으로 인해 구축되는 것이다. 가령 아인슈타인이 상대성이론을 제안한 과정은 대단히 연역적이다. 그는 수학적 이론을 토대로 상대성이론을 주장했고, 그것을 추후 검증과정을 통해 입증해냈다. 물리학은 대체적으로 연역을 중심으로 하면서 귀납적 실험을 통해 이론을 확증한다.

반면 현대의학은 주로 귀납적 방법을 중심으로 하면서 연역적 비약을 수행한다. 가령 아스피린 효과는 귀납적으로 어느 정도 밝혀져 있다. 그러나 그것이 도대체 왜 그렇게 효과가 있고, 어떤 경우에 사용해서는 안 되는지에 대한 정확한 이론적 기전은 완벽히 밝혀지지 않은 상태다. 연역적 이론이 수립되지 않았지만 일단 귀납적 노력들을 통해 임상에서 약물을 사용할 수밖에 없다는 현실이 반영된 결과이다. 시시각각 사람의 목숨을 살려야 한다는 사명이 있는 의학이 연역적 이론의 구축에만 골몰하는 사이에 사람들이 다 죽을지도 모를 일이다. 일단 사람부터 살리는 게 중요하다. 연역적 이론 구축은 나중의 일이다. 이런 이유로 의학에서는 연역보다 귀납이 우세하다.

대체적으로 이론적 성향이 강한 학문은 연역법을 중심으로 하고 있으며, 실용적 성격이 강한 학문은 귀납법을 중심으로 하고 있다. 모든 사회과학은 귀납법을 근간으로 한다.

이처럼 이론적 측면에서 연역과 귀납이 상호 보완적으로 임무를 수행하는 것과 달리 종교와 형이상학은 여전히 연역법에 의해 체계를 구축하고 있다. 신을 내세우는 모든 종교는 독단적 연역법을 토대로 구축된 것이다. 여기엔 토론의 여지가 없다. 받아들이는 사람에겐 진리이지만 받아들이지 않는 사람에겐 허무맹랑한 소설일 뿐이다. 이런 주장들은 타인과의 소통이 중시되는 현대에 크나큰 방해물의 역할을 함으로써 점점 그 역할이 축소되고 있는 형편이다.

▶ 관련 개념어 : 귀납, 논리실증주의, 반증 가능성

열린사회

반증가능성 원칙을 사회에도 적용시켜 합리적으로 소통하자

open society

'열린사회open society'는 본래 베르그손H. Bergson이 제시했던 개념이다. 열린사회라는 이름만 가지고도 그것이 관습과 제도에 얽매이지 않고, 타인과 타인의 문화에 대해 열려 있는 사회를 의미한다는 것을 쉽게 알 수 있다. 그러나 열린사회가 크게 주목받게 된 것은 포퍼K. R. Popper에 의해서다. 포퍼는 본래 과학철학자였지만 사회에 관해서도 주목할 만한 이야기들을 많이 했다. 그는 과학철학적 입장을 사회철학에 적용해 자연과 사회를 일관된 방식으로 설명하고자 했다.

포퍼의 열린사회 개념을 이해하기 위해선 우선 '반증가능성 원리'를 알아야 한다. 반증가능성 원리란 이런 것이다. 어떤 주장이 있다고 하자. 그 주장이 과학적 주장이라고 받아들여지기 위해선 그 주장에 대한 반증가능성이 명백히 제시될 수 있어야 한다.

물론 반증가능성이 있는 것에 그치지 않고 실제로 반증이 제시되어 버린다면 그 주장은 당연히 폐기되어야 한다. 그런데 그 주장이 활짝 열어 놓은 반증가능성에도 불구하고 그 반증이 실제로 확인되지 않는 상태로 지속된다면, 그 주장은 명백한 반증이 제기되기 전까지는 참인 주장으로 간주된다.

반면 반증가능성을 열어놓지 않고 우격다짐으로 옳다고 주장하는 것들은 죄다 사이비 과학적 진술에 지나지 않는다. 종교, 형이상학,

269

아름다움, 윤리에 관한 진술들이 그런 것들이다. 이런 진술들은 반증가능성을 열어놓지 않고, 자신들의 주장이 무조건 옳다는 독단에 빠져 있다. 간단히 말해서 자신의 주장이 틀릴 수 있음을 인정해야 진정한 과학적 진술이 될 수 있다는 얘기다.

이처럼 반증가능성 원리는 과학적 진술과 사이비 과학적 진술을 가르는 결정적 근거가 되는데 포퍼는 이런 원리를 사회에 대한 주장들에도 적용한다. 그래서 사회에 관한 진술들 가운데 이런 반증가능성 원리를 수용하지 못하는 주장들을 죄다 무시해 버리자고 주장한다.

포퍼가 중점적으로 비판했던 대상은 정신분석학과 마르크시즘이다. 먼저 정신분석학에 대한 포퍼의 비판을 보자. 프로이트S. Freud의 뒤를 이어 정신분석학을 발전시킨 아들러A. Adler는 무엇이든 정신분석학적 틀로 완전히 다 설명해 버리고자 했다.

가령 이런 식이다. 어떤 남자가 물에 빠진 아이를 구하기 위해 물속으로 뛰어들었다 치자. 아들러는 이에 대해 "저 행위는 자신의 능력을 과시하려는 욕구에서 비롯되었다."고 설명한다. 반면에 물속으로 뛰어들지 못하는 사람에 대해서는 "열등감이 많은 사람이기 때문에 뛰어들지 못한 것이다."라고 설명한다.

물에 뛰어든 행위와 뛰어들지 못한 행위는 정반대 행위이다. 이 정반대 행위에 대해서 정신분석학은 일관된 방식으로 설명하지 못하고 두 가지 서로 다른 기준으로 설명한다. 한마디로 말해 '코에 걸면 코걸이, 귀에 걸면 귀걸이'이다.

그런데 이런 식으로 뭐든지 전부 설명할 수 있다고 자부하는 주장들은 특히 열광적인 지지자들을 얻기가 쉽다. 장담했던 휴거携擧가 불발이 되더라도 지지자들은 실망하지 않는다. "휴거가 이뤄지지 않은 것도 하나님의 뜻"이라 설파하는 사이비 교주의 도깨비 방망이식 주장에 지지자들은 오히려 더 큰 열광을 보낸다. 사이비 교주의 진정성을 의심하는 어떠한 반박도 용납되지 않는 것처럼 정신분석학 또한 어떠한 반증도 허용하지 않는다.

마르크시즘은 정신분석학보다는 조금 낫다. 왜냐하면 마르크시즘은 최소한 자신들의 주장 가운데 틀린 부분을 인정하기 때문이다. 본래의 마르크스 주장에 따르면 사회주의 혁명은 고도로 발달된 자본주의 국가에서 일어나야 한다. 그게 바로 마르크스가 말한 과학적 탐구의 결론이었다. 그러나 현실은 달랐다. 자본주의 초기 단계에 머물러 있던 러시아에서 혁명이 일어났던 것이다.

마르크시즘은 이런 현실 자체를 부정하거나 그것이 진정한 혁명이 아니었다는 식의 설명으로 회피하려 하지는 않는다. 흔쾌히 인정할 건 인정한다. 그러나 마르크시즘 자체를 폐기하는 데까지 나가지는 않는다. 교묘하게 새로운 가설들을 덧붙여 이론을 계속 정당화한다.

레닌이 바로 그렇게 했다. 그는 제1차 세계대전이라는 뜻밖의 상황으로 인해 러시아혁명이 다소 일찍 발발했다고 변명한다. 전쟁으로 인해 폐허가 될지도 모르는 상황이었기 때문에 자본주의의 성숙 단계를 뛰어넘어 불가피하게 사회주의 혁명을 일으킬 수밖에 없었다는 것이다.

'열린사회'는 본래 베르그손(좌)이 제시했던 개념이다. 그러나 열린사회가 크게 주목받게 된 것은 포퍼(우)에 의해서인데, 포퍼가 주로 비판했던 대상은 정신분석학과 마르크시즘이다.

볼셰비즘이 위로부터의 혁명을 의미했다는 점, 일국一國사회주의가 가능하다고 보았다는 점 등은 본래의 마르크시즘과는 다른 내용이다. 마르크스주의자들은 현실에서 마르크스주의 이론에 대한 반증이 명백히 제기되었음에도 불구하고, 이론을 폐기하는 대신 이론을 수정하는 방식을 택해 교조적 믿음을 더욱 굳건히 했다. 당연히 반증가능성 원칙에 의해 마르크시즘은 비과학적인 것으로 비판된다.

포퍼는 그밖에도 플라톤과 헤겔을 비판한다. 역사적 법칙주의나 유토피아를 주장하는 일체의 형이상학적 주장들을 열린사회의 적들이라 공격한다. 모두 다 반증가능성을 열어놓지 않은 사이비 주장들에 불과하다는 것이다.

그렇다면 포퍼가 말하는 진정한 사회, 즉 열린사회란 무엇인가? 그것은 자유로운 토론과 열린 태도로 자신의 주장이 잘못일 수도 있음을 인정하는 생각이 무르익은 사회, 즉 반증가능성이 넘치는 사회이다.

세상은 혁명을 통해 일순간에 좋아질 수 없다. 새로운 주장이 다

양하게 제기되고 그에 대한 반론 또한 활발히 제기됨으로써 토론이
활성화된다면 더욱 나은 길을 찾아갈 수 있을 것이다. 자주 듣던 얘
기들이다. 진실은 지극히 평범한 상식 속에 있음을 포퍼가 힘겹게
역설하고 있다.

▶ 관련 개념어 : 반증 가능성, 의사소통적 합리성

예송

왕족들의 상복문제에 대한 존재론적 차원의 진리 논쟁
禮訟

왕은 선비인가, 아닌가? 왕은 선비와는 다른 특별한 대접을 받아
야 하는 존재인가, 아닌가? 이에 대해 주기론主氣論과 주리론主理論은
서로 달리 대답한다. 서인西人들이 주로 취했던 주기론의 입장에 따
르면 왕도 엄연히 선비에 속한다. 반면 영남을 근거지로 한 남인南人
들이 주로 취했던 주리론의 입장에 따르면 왕의 지위는 일반 선비들
과 다르다. 이런 입장을 보이게 된 데에는 철학적 배경이 있다.

주기론은 이理의 절대성을 인정하면서도 이理의 능동적 성격을 인
정하지는 않는다. 세상의 변화와 움직임은 오로지 기氣의 변화에 따
라 발생하는 것이며, 이理는 우리의 삶에서 하나의 지침 역할을 하는
것으로 간주될 뿐이다. 이理는 직접 인간 삶에 개입해 명령하고 간섭
하는 존재가 아니다.

반면 주리론은 이理의 절대성을 인정하는 것에 그치지 않고 이理

를 일종의 능동적인 존재로까지 여긴다. 이理는 단순한 지침의 역할을 하는 것에 머물지 않고 직접 인간의 삶에 개입해 이래라 저래라 명령을 내리는 대단히 적극적인 존재이다.

주기론이 묘사하는 이理가 법률이라면 주리론이 묘사하는 이理는 경찰이다. 법률은 능동적으로 인간에게 명령을 내릴 수 없다. 그러나 법률은 우리가 지켜야 할 규칙으로서 늘 우리의 도덕적 삶의 방향을 알려준다. 반면 경찰은 직접 우리에게 명령을 내림으로써 우리가 더 도덕적으로 살도록 채근한다. 이런 입장 차이로 인해 예송禮訟, 즉 예에 관한 논쟁이 벌어지게 되었다. 발단은 이렇다.

한반도 역사상 가장 치욕적인 삼전도의 굴욕을 겪었던 인조仁祖는 자기 대신 청나라에 볼모로 끌려갔던 소현세자昭顯世子가 돌아오자 오히려 그를 의심하고 결국 죽이기까지 한다. 당대 동아시아 최고의 지식인 사회 일원이었던 소현세자는 서구의 발달된 문물을 들여와 조선을 개혁하고자 했던 꿈을 이루지 못한 채 무능하고 비열한 아버지 인조에 의해 비참하게 살해당한다.

그리고 소현세자의 동생이었던 봉림대군鳳林大君이 인조의 뒤를 이어 임금 자리를 물려받는다. 그가 바로 효종孝宗이다. 문제는 효종이 죽은 뒤 일어난다. 효종이 죽을 당시 효종보다 다섯 살이나 어렸던 효종의 새 엄마, 즉 인조의 계비繼妃인 자의대비慈懿大妃가 살아 있었다. 자의대비 입장에서는 아들이 죽은 셈이 된다. 이때 과연 자의대비가 몇 년 동안 상복喪服을 입어야 하는가가 바로 예송의 내용이다.

본래 성리학性理學의 예론禮論에 따르면 자기 아들이 죽을 경우 장

효종이 묻힌 경기도 여주의 영릉. 예송, 즉 예에 관한 논쟁은 효종이 죽은 뒤 일어난다. 과연 인조의 계비인 자의대비가 몇 년 동안 상복을 입어야 하는가가 예송의 내용이다. 사진은 효종릉

남은 삼년복三年服을, 차남은 기년복朞年服*을 입는다. 효종은 차남이므로 기년복을 입으면 된다. 아무리 왕이라 해도 왕 또한 선비의 특수한 경우에 해당한다고 보는 주기론의 입장에서는 당연히 자의대비가 기년복을 입는 게 옳다.

그러나 왕을 일반적인 선비와는 다른 특수한 별도의 인물이라고 간주하는 주리론은 이와는 다른 입장을 취한다. 그들은 효종이 아무리 차남이라 해도 왕위를 이었기 때문에 장남으로서의 지위를 갖게 된다고 주장한다. 따라서 자의대비는 반드시 삼년복을 입어야 한다. 차남이건 삼남이건 일단 왕위를 이었다는 것은 그가 유교적 종법 체계상 최상위의 정점에 속한 인물이 되었음을 의미한다. 만약 효종을 차남이라고 인정해 버리면 결국 효종 재위 기간은 정당한 임금이 아닌 자격 없는 임금이 자리를 차지한 기간임을 고백하는 꼴이 된다. 따라서 자의대비는 반드시 삼년복을 입어야 한다.

● 1년 동안 상복을 입는 것을 말한다.

이러한 대립은 그들의 철학적 입장의 차이에서 기인한다. 주기론은 이理의 절대성을 인정하면서도 이理가 기氣와 동떨어진 초월적 존재라고 여기지는 않는다. 그러나 주리론은 이理의 절대성을 강력하게 주장하면서 이理에게 기氣와는 다른 무언가 초월적 성격이 있는 것처럼 생각한다.

성리학자들에게 있어 임금은 곧 이理의 상징이다. 조선의 모든 구성원들의 정점에 있는 원칙의 근원이요, 명령의 근원이다. 주기론자들은 임금, 곧 이理를 기氣의 현실 속에서 이해하고자 했던 반면 주리론자들은 임금, 곧 이理를 기氣라는 현실과는 분리된 좀더 초월적인 영역의 존재로 이해하고자 했다.

이에 따라 주기론자들은 임금 또한 선비와 같은 부류의 인물로 간주하고자 했던 반면 주리론자들은 임금의 지위를 선비와는 다른 차원의 것으로 이해하고자 했다. 주기론은 신하의 역할을 강조하며, 주리론은 임금의 절대적 권위를 중시한다. 이러한 철학적 입장의 차이로 인해 예송이 일어나게 되었다.

주기론자나 주리론자 모두 예禮를 사회적 합의의 결과라고 보지 않고 존재론적 진리의 내용이라고 파악했다. 삼년복을 입을 것인지, 기년복을 입을 것인지 여부는 진리론의 문제이다. 둘 가운데 하나는 진리이며, 다른 하나는 거짓이다. 따라서 그들은 자기들이 진리라고 믿는 것을 관철하기 위해 목숨을 걸고 싸웠다. 이는 단순한 당파싸움이 아니라 철학적 신념에 따른 형이상학적 다툼이었다.

1차 예송에서는 서인을 중심으로 한 주기론이 이겼다. 그러나 효종의 비妃였던 인선왕후仁宣王后가 죽은 뒤 발생한 2차 예송에서는 남인 중심의 주리론이 이겼다. 이에 따라 집권 세력 또한 급격히 변동하면서 반대파에 대한 참혹한 합법적 학살이 번갈아 자행되었다. 이 모든 것이 진리라는 이름으로 포장되면서 말이다.

▶ 관련 개념어 : 주기론, 주리론, 이

예악

인간은 예를 통해 구분되고 음악을 통해 화합한다
禮樂

공자의 제자 가운데 가장 돈이 많고 유능했던 자공子貢이라는 제자가 있었다. 어느 날 그는 스승 공자에게 이렇게 묻는다.

"가난하면서도 아첨하지 않고 부자이면서도 교만하지 않으면 어떨까요?"

자기가 부자이면서도 교만하지 않다는 점을 은근히 스승이 알아줬으면 하는 의도의 질문이었다. 허나 공자의 대답은 냉랭하다.

"뭐, 그럭저럭 괜찮다."

나쁘지는 않지만 그렇다고 굳이 높이 칭찬해줄 만한 미덕은 아니라는 태도다. 이어서 공자는 이렇게 말한다.

"하지만 가난하면서도 즐길樂 줄 알고 부자이면서도 예禮를 좋아하는 것보다는 못하다."

자공은 뒤통수를 얻어맞는 느낌이었을 것이다. 스승에게 칭찬을

들을 줄 알았는데 그게 아니었다. 바로 이 대목에서 공자는 예악禮樂을 짝지어 설명한다. '무엇 무엇을 하지 않는 소극적 미덕' 보다는 '무엇 무엇을 하는 적극적 미덕' 의 중요성도 더불어 강조한다. 그가 강조했던 그 적극적 미덕의 내용이 바로 예와 악이다.

『예기禮記』에는 이런 구절이 있다.

"음악樂이란 조화를 돈독하게 하는 것이며, 예禮란 마땅함을 분별하는 것이다. 음악이란 같아짐을 위한 것이고, 예란 달라짐을 위한 것이다. 같아지면 친해지고, 달라지면 공경하게 된다."

공자가 말한 예악사상의 핵심이 이 구절에 담겨 있다. 음악은 즐기는 것이다. 그래서 악樂이라는 글자에 '즐거움' 과 '음악' 의 뜻이 동시에 담겨 있다. 공자는 음악을 중시했다. 음악을 통해 우리는 사회적 통합을 도모하며 따뜻한 사회를 건설할 수 있다. 예만 강조해 위아래 질서만 따지고 엄격하게 통제되는 규율 위주의 사회는 공자가 추구한 참된 유교적 사회가 아니었다.

학생은 열심히 배우고, 스승은 열심히 가르쳐야 한다. 그 관계는 일차적으로 위계적 관계일 수밖에 없다. 허나 방과 후엔 노래방에서 스승과 제자가 어깨동무하며 브라운아이드걸스의 '아브다카다브라' 를 함께 부른다. 엄격한 예와 따뜻한 음악이 조화를 이루는 세상이 공자가 꿈꿨던 세상이다. 그래서 유교사상을 예악사상이라고도 일컬었다.

허나 유교를 국시國是로 받아들였던 조선은 예만 받아들이고, 음악은 철저히 외면했다. 음악은 아예 천한 것들의 놀이로만 치부했다.

이는 공자 사상에 대한 심각한 왜곡이다. 공자 사상의 절반만 받아들인 절름발이 국시에 불과하다. 이로 인해 조선은 예만 강조되고 화합과 사랑은 외면 받는 갑갑한 사회가 되었다. 그것도 장장 500년 동안이나.

스승의 다소 뜻밖의 답변에 제자 자공은 과연 어떻게 답했을까? 그는 이렇게 답했다.

"시詩 가운데에 '자른 듯, 다듬은 듯, 쫀 듯, 간 듯如切, 如磋, 如琢, 如磨'이라는 구절이 있는데 바로 이것을 두고 한 말이군요."

이건 뭔 말인가? 공자는 자공의 생뚱맞은 말을 듣고 이렇게 얘기한다.

"자공아! 이제 비로소 너와 더불어 시詩를 얘기할 수 있겠구나!"

공자는 예와 악의 중요성을 얘기했다. 악樂은 약자들에게 유리하고, 강자에게는 불리한 덕목이다. 음악을 통해 너와 내가 하나가 되면 약자가 강자와 맞먹게 될 염려가 있기 때문이다. 반면 예禮는 강자들에게 유리하고, 약자에게는 불리한 덕목이다. 엄격하게 나뉘어야 약자들이 강자들에게 함부로 못 한다.

자공은 강자다. 귀족 중의 귀족이었다. 그런 강자로서 과연 강자에게 불리한 덕목인 음악을 진심으로 좋아하고 있느냐고 공자는 은근히 자공에게 되묻는다. 그에 대해 자공은 『시경詩經』에 실린 시 한 구절을 인용해 이야기한다.

당시 시詩란 요즘으로 치면 노래가사이다. 자공은 시 한 구절을 음률에 맞춰 멋지게 뽑아내면서 자기가 이미 음악을 즐길 줄 아는 사람이라고 공자에게 간접적으로 항변한다. 게다가 그 내용도 의미심장하다.

본래 '자른 듯, 다듬은 듯, 쫀 듯, 간 듯如切, 如磋, 如琢, 如磨'이라는 구절은 잘생긴 조각미남을 형용하는 것이었다. '여절, 여차, 여탁, 여마如切, 如磋, 如琢, 如磨'라는 구절에서 여如 자를 빼면 '절차탁마'가 된다. 본래 세속적인 사랑을 읊을 때 사용되던 구절을 자공은 자신의 도덕적 신념을 나타내는 구절로 각색해 읊어댔다. 자공에 의해 '절차탁마'는 단순히 조각미남을 형용하는 단어가 아니라 '뼈를 깎듯 노력하겠다'는 도덕적 다짐의 표현으로 변모하게 된다.

이쯤 되면 말이 통하는 것이다. "예, 스승님. 스승님 말씀대로 열심히 음악을 즐길 줄 알도록 노력하겠습니다."는 식의 일차원적 답변은 자공의 내공에 어울리지 않는다. 직접 음악을 즐기는 모습을 보이는 것, 게다가 그 내용 또한 종래의 의미를 변화시킨 것, 이 정도는 되어야 공자의 제자라 할 수 있다.

나는 유교주의자다. 21세기 개명 천지에 웬 홍두깨 같은 말인가 싶을 게다. 허나 조건이 하나 붙는다. 내가 주장하는 유교는 '명랑한 유교'이다. 그래서 내 블로그의 대문이름도 '명랑유교'다.

500년 동안 잊혀 왔다면 이제 새로이 기억하면 된다. 음악을 통해 화합하고 예를 통해 공경하는 명랑한 유교적 사회는 21세기의 시대정신에 부합된다. 믿거나 말거나.

▶ 관련 개념어 : 인, 성선설

유명론

오로지 이름만 있을 뿐 보편적 본질은 없다는 탈중세적 입장
nominalism

유명론nominalism은 '보편적 본질은 없고 오직 이름만 있을 뿐'이라는 주장이다. 중세 말기에 이르러 본격적으로 대두되었으며, 존재론적 차원에서 실재론realism에 대립된다.

'철학'이란 무엇인가? 아마도 100명의 철학자가 있다면 100개의 철학이 있을 것이다. 사람마다 서로 생각하는 철학이 다른데 도대체 철학이라는 용어 자체가 필요한 것일까? 그냥 저마다 나름의 주장을 내세우면 될 테니 말이다. 책상이나 의자처럼 우리가 뭉뚱그려 말하는 단어들도 사실 모두 개별적 물건들일 뿐이지 '책상'이나 '의자'라는 보편적 본질은 없다고 주장하는 것이 유명론이다.

유명론은 철학사적으로 대단히 중요한 의미를 갖는다. 유명론은 플라톤 이래 2천여 년 간 고·중세 유럽을 떠받들고 있던 실재론에 대해 대대적으로 반대하는 이론이었기 때문이다.

이러한 반대 운동의 중심에 섰던 인물이 오컴William of Ockham이다. 그는 플라톤의 이데아론과 아퀴나스Th. Aquinas의 신학이론을 모두 부정했다. 플라톤과 아퀴나스는 모든 사물의 본질이 먼저 존재하고 있고, 그 본질이 추후 현실 속에 인간에 의해 구체적으로 개별적 사물을 통해 불완전하게 구현되는 것이라고 보았다. 플라톤은 그런 본질적인 세계를 이데아계라 불렀고, 아퀴나스는 신의 정신이라고 불렀다.

유명론은 플라톤 이래 2천여 년 간 유럽을 떠받들고 있던 실재론에 대해 대대적으로 반대하는 이론이었다. 이러한 반대 운동의 중심에 섰던 인물이 오컴이다.

'철학', '책상', '의자', '인간'이라는 본질은 이미 개별적인 철학이나 책상, 의자들이 있기 이전부터 이데아계에, 혹은 신의 이성 속에 있었다. 그런 보편적인 '철학', '책상', '의자' 등등이 인간에 의해 불완전하게나마 나중에서야 세상 속에 모습을 드러내게 된 것이다. 따라서 세상에 존재하는 모든 개별적인 사물들이나 개념들은 모두 불완전한 것들이고 이데아계, 혹은 신의 이성 속에 존재하는 보편적인 것만이 참된 것이다.

그러나 오컴은 정반대로 보았다. 보편이 먼저 존재하고 그것이 나중에 현실 속에 구현된 것이 아니라, 현실적인 것들이 먼저 존재하고 나중에 그것들을 뭉뚱그려서 '철학'이니 '책상'이니 '의자'니 하는 이름을 인간들이 편의상 갖다 붙이게 되었다는 것이다. 따라서 보편적인 것이란 없다. 오컴은 아예 여기서 더 나아가 이데아계의 존재, 신의 이성 자체까지 부정적으로 평가한다.

기독교가 아니면 곧 죽음을 의미했던 살벌한 중세시대에 이와 같은 파격적인 주장을 할 수 있었다는 것이 놀랍다. 물론 오컴이 신의 이성을 부정적으로 평가했다고 해서 신의 존재 자체까지 부정했던 것은 아니다. 진심인지, 혹은 살기 위한 방편이었는지는 모르겠지만 그는 신의 이성 대신 신의 의지를 강조한다. 그리고 이성적 측면과 의지의 측면을 확연히 구분한다. 이성은 과학적 지식과 철학적 진리를 탐구하는 도구이며, 의지는 신앙에 다가가는 수단이다. 신은 이성으로 파악할 수 없는 존재이며, 오로지 의지로만 다가갈 수 있는 존재이다. 자신이 유명론자라고 해서 결코 신의 존재 자체를 부정하는 것은 아니라는 입장이다.

유명론은 대단히 상식적인 주장이다. 과연 플라톤이 주장하는 것처럼 컴퓨터와 키보드의 이데아가 이미 이데아계에 있었을까? 과연 아퀴나스가 주장하는 것처럼 신의 이성 안에 이미 그런 본질들이 있었을까? 도무지 받아들이기 힘든 주장이다. 유명론은 이처럼 받아들이기 힘든 주장들이 2천여 년 간 유럽을 지배해 온 역사에 도전장을 내밀었다. 마치 벌거벗은 임금님을 보고 곧이곧대로 벌거벗었다고 외친 순수한 꼬마처럼 말이다.

물론 유명론을 받아들이는 게 마냥 좋지만은 않다. 이데아론과 신앙심은 더 나은 세상, 더 나은 미래를 꿈꾸도록 이끌지만 유명론은 이런 희망을 산산 조각내 놓는다. 존재하는 것은 그저 개별적 사물들일 뿐이라고, 현실을 냉정히 직시하라고 다그친다. 그러나 그게 상식인 걸 어떡하란 말인가? 현실이 힘들다고 환상 속을 헤매야 되겠는가?

인간의 유전자 정보가 낱낱이 파헤쳐지고, 세상의 온갖 정보들이 단 몇 번의 클릭으로 내 손안에 장악되는 이런 시대에도 아직 유명론의 상식을 거부하는 주장들이 판을 치고 있다. 아무리 받아들이기 힘들고 아무리 두렵더라도 보편적 본질이라는 신기루에 기대지 않고 개별적 현실을 긍정하면서 참된 희망을 발견하도록 이끄는 것이 오늘날 철학의 사명이 아닐까?

▶ 관련 개념어 : 실재론, 이데아

유물론
세상 만물은 오로지 물질로만 구성되어 있을 뿐이라는 입장
materialism

유물론materialism은 유심론spiritualism과 대립되는 개념이다. 세상의 모든 것들이 모두 물질로만 구성되어 있다고 주장한다. 우리가 흔히 정신spirit이라고 말하는 것들도 따지고 보면, 전부 물질적인 현상을 착각해서 그렇게 생각하는 것일 뿐이다. 정신은 없다. 반면 유심론은 세상의 모든 것들이 겉으로는 물질로 구성되어 있는 것처럼 보이지만 그 본질은 정신적인 것이라고 본다. 플라톤의 이데아론idealism이 대표적이다.

이처럼 유물론과 유심론은 세상을 구성하는 궁극적 모습이 어떤 것이냐 하는 논점에 따라 구분된다. 이런 논점을 존재론 혹은 형이상학이라고 부른다. 즉 유물론과 유심론은 존재론적 측면에서 대립된다.

반면 인식론적 측면에서는 실재론realism과 관념론idealism이 대립된다. 실재론이란 우리가 인식하는 사물이 우리의 밖에 실제로 존재하고 있다고 주장한다. 반면 관념론은 우리가 인식하는 사물이 우리의 밖에 실제로 존재하는 것처럼 보이지만 이는 착각에 불과하다고

주장한다. 단지 우리의 인식틀 안에 관념idea이 생기는 것일 뿐이라고 본다. idealism은 플라톤의 이데아론형상주의을 의미하는 경우도 있고, 인식론적 관념론을 지칭하는 경우도 있기에 혼란이 야기될 수 있다. 개념을 정확히 구분해서 사용해야 한다.

그런데 존재론적 유물론을 인식론적 관념론과 대비해 설명하는 경우가 많다. 엄밀히 따지면 서로 범주가 다른 개념들을 대비하는 것이기 때문에 옳지 않다. 그러나 존재론적 유물론이 필연적으로 인식론적 차원에서는 실재론적 입장을 취할 수밖에 없기 때문에 완전히 틀린 대비라고 보기도 어렵다. 유물론자들은 정신이 있다는 우리의 일반적인 생각은 착각에 불과하고, 오로지 존재하는 것은 물질뿐이라고 주장하기 때문에 인식론적으로 우리의 바깥에 물질이 실재한다고 주장하게 된다.

유물론의 특징은 크게 네 가지로 정리된다. 첫째, 유물론은 과학주의scientism이다. 존재하는 모든 것들은 물질뿐이다. 우리가 정신적 작용이라고 부르는 것들은 완벽히 물질적 작용으로 환원해서 설명할 수 있다고 믿는다. 사랑, 증오, 관심, 믿음 등이 모두 물질적으로 설명될 수 있다. 최근 전개되고 있는 유전학의 성과들은 유물론의 든든한 버팀목 역할을 한다. 유전학은 사람의 기질이나 정신적 특성들을 철저히 유전자라고 하는 물질을 통해 설명하기 때문이다. 시간이 가면 갈수록 과학주의의 힘은 커져만 간다. 유물론 또한 강화되어 가는 추세이다. 엄밀한 방법에 따라 과학적 증거들을 들이밀면서 그렇다고 하는데 유심론자들이 도대체 무슨 반박을 할 수 있단 말인가?

유물론은 서양철학사에서 중심적 위치에 있지 않았다. 고대 그리스의 데모크리토스가 유물론의 원조로 꼽히지만 유심론의 득세로 인해 언제나 주변에서만 맴돌았다.

둘째, 유물론은 결정주의determinism이다. 결정주의란 만물이 원인과 결과로 연결되어 있다는 인과율causality을 기반으로 한다. 물질들 사이에는 법칙이 있다. 이 법칙은 인과율이 기본이다. 사람의 정신적 작용 또한 물질로 환원해 설명할 수 있기 때문에 이 또한 인과적으로 설명할 수 있다. 따라서 지금 돌아가는 상황을 정확히 파악하면 미래의 결과를 정확히 예측할 수 있다. 미래는 이미 현재에 결정되어 있다. 모든 것은 원인과 결과로 엮여 있기 때문에 원인을 잘 파악하면 결과 또한 파악할 수 있다. 우리나라가 월드컵에서 몇 위를 할지, 10년 후 국민소득이 얼마나 될지, 나중에 누구와 결혼하게 될지 모두 정확히 예측 가능하다고 믿는다. 단, 원인을 정확히 파악한다면 말이다.

셋째, 유물론은 감각주의sensationalism이다. 우리가 직접 손으로 만지고 눈으로 보고 귀로 듣지 않는 일체의 선험적a priori 능력이나 예단을 인정하지 않는다. 오로지 우리의 감각에만 의존해 모든 사태에 대한 판단을 수행한다. 이런 점에서 유물론은 감각경험의 중요성을 역설한 영국의 경험론empiricism과 통한다. 하지만 영국의 경험론은 감각경험의 중요성을 역설하면서도 결코 그 감각을 통해 우리 바깥의 사물들이 실제로 있다는 실재론realism으로 나가지 않는다. 오히려 감각을 통해 경험되는 결과가 우리의 관념일 뿐이라는 관념론idealism의 입장을 취한다. 이 점에서 경험론은 유물론과 대립된다.

넷째, 유물론은 무신론atheism이다. 이건 당연하다. 물질만 인정하는데 보이지 않는 신God을 인정할 리 없다. 모든 유물론자는 필연적으로 무신론자이다.

유물론은 서양철학사에서 중심적 위치에 있지 않았다. 고대 그리스의 데모크리토스Democritos가 유물론의 원조로 꼽히지만 언제나 주변에서만 맴돌았다. 플라톤이 정신nous을 강조한 이래 서양철학은 유심론이 지배해 왔다. 근대에 이르러서야 비로소 유물론이 조금씩 대두되었고, 과학의 비약적 발전으로 이제는 상황이 완전히 역전되었다. 마르크스K. Marx는 이런 비약에 큰 힘을 보탰다. 과학의 발달이 그칠 줄 모르는 현대에 이르러 유물론의 입지는 더더욱 커져만 가고 있다. '정신의 타락'을 외치며 유물론을 배격하는 흐름도 없지 않지만 고전중이다.

▶ 관련 개념어 : 유심론, 실재론, 관념론

유심론
물질적인 것보다 정신적인 것이 더 근원적이라는 입장
spiritualism

유심론spiritualism은 세상의 근본을 '정신'에서 찾는 입장을 말한다. 모든 물질적인 것들이 정신적인 것에서 비롯된다고 본다. 그런 점에서 유물론materialism과 대립된다.

고대 그리스부터 현대에 이르기까지 대다수의 서양철학이 유심론적 입장을 취하고 있다. 현실에 만족하지 못하고, 무언가 정신적인 것에서 참된 진리를 발견할 수 있으리라 기대한 일종의 이상주의적 기대감에서 유심론이 탄생되었다. 그 대표적인 예가 플라톤의 이데아론이다. 플라톤은 물질

데모크리토스와 마르크스 정도만이 유물론을 주장했을 뿐 아리스토텔레스, 토마스 아퀴나스, 버클리, 라이프니츠(사진), 헤겔 등 대부분의 서양철학자들이 유심론적 입장을 취했다.

을 기반으로 한 현실을 불완전한 것으로 보고, 우리 눈에 보이지 않는 정신계인 이데아idea계에서 참된 진리를 발견할 수 있다고 보았다. 데모크리토스Democritos와 마르크스K. Marx 정도만이 유물론을 주장했을 뿐 아리스토텔레스, 토마스 아퀴나스, 버클리, 라이프니츠, 헤겔 등 대부분의 서양철학자들이 유심론적 입장을 취했다.

이에 반해 유물론은 우리가 정신이라고 일컫는 것이 실제로는 물질의 작용에 따른 현상일 뿐이라고 본다. 사랑, 신념, 우정, 헌신 등의 정신적 측면들이 모두 물질적 작용의 결과라고 본다.

언뜻 들으면 유물론은 속물적이고, 유심론은 대단히 고매한 것처럼 들린다. 유물론이 득세하는 현대를 일컬어 '정신이 타락한 시대'라 개탄하는 유심론자들은 이런 선입견을 부추긴다. 생면부지의 타인을 위해 자신의 목숨을 버린 이수현의 희생과 수십 년 동안 식물인간 상태에 있는 남편을 간호한 여인의 순애보는 결코 유물론적 입

장에서 설명할 수 없다고 주장한다.

그러나 좀 냉정해지자. 인간의 행동이 완전히 정신적인 계기만으로 설명될 수 있을까? 영혼이라는 것이 과연 있는 걸까? 정말로 정신에 의해 물질이 움직이는 걸까?

이수현의 행동은 유전학을 기반으로 한 사회생물학으로 설명이 가능하다. 그의 희생은 인간의 유전자에 각인된 프로그램의 결과로 설명된다. 이기적 유전자selfish gene는 우리가 이타적으로 행동해야만 인간의 유전자가 전해질 수 있다는 물질적 조건의 결과로 살아남아 우리를 지배한다. 남을 도우면서 자신을 희생시킴으로써 인간 종족 전체가 번영을 누릴 수 있다는 유전적 정보가 자기도 모르게 타인을 위해 희생하도록 우리를 이끈다는 것이다.

수십 년 간 남편을 간호한 여인은 과연 그런 헌신의 시간 동안 지속적으로 불타는 사랑만으로 그의 곁을 지켰을까? 사랑의 묘약인 도파민의 유효기간은 2~3년에 불과하다. 이런 과학적 증거 앞에 우리는 무기력하다. 남편을 간호해야 한다는 사회적 압박감, 남편을 간호하면서 느끼는 고통과 부담감, 그런 고통을 드러내지 않으려 하는 이중적 태도 등이 그녀를 괴롭히지 않았을까?

온갖 종교적 신념들은 서로 양립하기 어려운 절대적 신념을 바탕으로 어지럽게 우리를 현혹하고 있다. 삶의 문제보다 영혼의 문제가 더욱 중요하다 믿으며 테러를 일삼는 이슬람 신도들과, 그러한 테러를 더욱 가혹한 테러로 응징하는 기독교 신자들의 다툼은 유심론이 얼마나 폭력적일 수 있는지 생생히 증언한다.

과학은 냉정하다. 인간이 결국 물질적 존재임을 숨기지 않는다. 인간의 온갖 정신적 측면이 뇌라는 물질 작용의 결과라는 생생한 증거들을 속속 내놓고 있다. 증거를 들이밀고 "이런데도 부정할래?"라고 윽박지르는 과학 앞에 유심론은 속수무책이다. 바야흐로 현대는 유심론 멸실의 시대이다.

과연 유물론의 맹공 앞에 무너지고 있는 유심론이 새로운 돌파구를 찾을지, 혹은 유심론이 멸실된 자리에 건전하고 따뜻한 참된 유물론이 건설될지 두고 볼 일이다.

▶ 관련 개념어 : 유물론, 실재론, 관념론, 이데아

음양오행

상생상극의 신비주의적 성질을 가진 우주의 물질·에너지
陰陽五行

동아시아인들은 우주 만물이 기氣로 구성되어 있다고 보았다. 기에는 에너지, 물질, 작용 등의 의미가 복합적으로 들어 있다. 동아시아인들은 기를 근본적으로 하나의 통일적 존재라고 여겼다. 따라서 동아시아인들은 인간과 동물 및 만물의 경계를 뚜렷이 구별하지 않는다. 기는 근본적으로 하나이기 때문이다.

하지만 현실 속에서 기는 다양한 모습으로 자신을 드러낸다. 기의 다양한 측면을 일컬어 질質이라고 한다. '질적으로 다르다'거나 '기질氣質이 드세다'는 등의 표현은 여기서 유래한다.

그러나 '질'이라는 표현만으로는 기의 다양한 현실적 특성을 설득력 있게 설명할 수 없다. 뭔가 좀더 구체적인 범주화가 필요하다. 그래서 시도된 것이 음陰과 양陽이라는 구분이다. 무언가 확장되고 퍼지고 늘어나고 적극적인 성질, 혹은 그런 성질을 가진 물질을 양이라 일컫는다. 무언가 수축되고 줄어들고 소극적인 성질, 혹은 그런 성질을 가진 물질을 음이라 일컫는다. 음양은 기氣라는 전일적 존재를 구분하는 가장 기본적 범주이다.

그러나 음과 양의 구분으로도 역시 부족하다. 그래서 시도된 것이 다섯 가지 구분, 즉 오행五行의 구분이다. 오행이란 나무木, 불火, 흙土, 쇠金, 물水 등 다섯 가지 성질 혹은 그런 성질을 가진 물질을 일컫는다.

나무의 성질은 자라나는 것育成이며 동쪽을 상징한다. 계절상으로는 봄에 해당한다. 불의 성질은 변화變化이며 남쪽을 상징한다. 계절상으로는 여름에 해당한다. 흙의 성질은 생겨남生出이며 중앙을 상징한다. 계절상으로는 사계절을 모두 포함한다. 쇠의 성질은 형벌로 금지하는 것刑禁이며 서쪽을 상징한다. 계절상으로는 가을에 해당한다. 물의 성질은 만물을 맡아 기르는 것任養이며 북쪽을 상징한다. 계절상으로는 겨울에 해당한다.

왜 오행이 각기 네 가지 방위에 배속되는지에 대해서는 어느 누구도 석연하게 설명하지 못한다. 다만 그냥 그렇다고만 말할 뿐이다. 특히 오행을 방위에 배속시킬 경우 문제가 생긴다. 오행은 다섯인데 방위는 넷이기 때문이다. 고육지책으로 생각해 낸 것이 중앙이다.

네 계절에 배속시킬 경우에도 똑같은 문제가 발생한다. 그래서 흙은 네 계절을 모두 포함하는 것이라고 억지로 가져다 붙인다.

그리고 이들 다섯 가지 성질들은 서로 물고 물리는 관계, 즉 상생상극相生相克의 관계에 있다. 먼저 상생의 측면을 보자. 나무는 불을 생기게 한다木生火. 나무에 불이 붙는 모습을 떠올리면 된다. 불은 흙을 생기게 한다火生土. 불이 나면 모든 게 잿더미가 되는 모습, 혹은 불로 흙을 구워 그릇이나 인형을 만드는 모습을 떠올리면 된다. 흙은 쇠를 생기게 한다土生金. 흙으로 만든 거푸집에 쇳물을 녹여 칼을 만드는 모습, 혹은 흙을 정련해 쇠를 만들어내는 모습을 떠올리면 된다. 쇠는 물을 생기게 한다金生水. 쇠에 이슬이 머금은 모습을 떠올리면 된다. 물은 나무를 생기게 한다水生木. 나무가 물을 흡수하면서 자라는 모습을 떠올리면 된다.

다음 상극의 측면을 보자. 물은 불을 끈다水剋火. 불은 쇠를 녹인다火剋金. 쇠로 만들어진 도끼가 나무를 벤다金剋木. 나무는 흙을 비집고 뿌리를 내린다木剋土. 흙은 물을 해치고 흙탕물을 만든다土剋水.

대단히 참신한 아이디어이다. 다섯 가지 성질이 서로 살리기도 하고 죽이기도 하다니, 허구한 날 서로를 이기기 위해 아등바등 살아가는 사람들에게는 참으로 복음과도 같은 메시지였을 것이다. 오행설을 최초로 가장 구체적으로 제안한 추연騶衍이란 인물이 전국시대戰國時代, 즉 전쟁이 일상화되어 있던 시대 사람이라는 점은 오행의 감화력을 증폭시킨다.

그러나 오행설은 어디까지나 문학적 상상력 수준의 주장에 지나지 않는다. 거기엔 아무런 과학적 근거가 없다. 철학적 통찰과 문학적 의미만이 있을 뿐이다. 제우스가 준 상자를 판도라가 호기심에 열었더니 슬픔, 질병, 가난, 전쟁, 증오, 시기 등 온갖 악덕들이 쏟아져 나오더라는 신화와 다를 바 없는 수준의 이야기이다. 판도라의 상자에 유일하게 갇힌 '희망' 덕분에 인류가 절망하기엔 섣부르다는 교훈 정도가 오행이 줄 수 있는 최대한의 심리적 선물이다.

그러나 고대 중국인들은 오행론을 신화가 아닌 현실의 이야기로 구체화하고자 했다. 가장 심각한 문제는 의학 분야에서 발견된다. 동아시아 의학을 흔히 경험의학이라고들 말한다. 중의학자와 한의학자들은 수천 년 동안의 경험을 통해 그 처방의 효능이 검증되었다고들 주장한다.

그러나 놀랍게도 중국 고대의 의자醫者들은 인간의 몸을 직접 해부하면서 경험적으로 탐구하지 않았다. 그들은 음양오행陰陽五行이라는 신화적 세계관을 바탕으로 인간의 몸을 설명했을 뿐이다. 그들은 인간의 장기臟器를 오행에 배속했던 것이다. 인간의 몸을 직접 해부하면서 오장배속을 의심했던 몇몇 경험의학자들은 동아시아 의학사에서는 오히려 비주류 인물들로 간주된다.

중국 전통의학에 따르면 인간의 장기는 간肝, 심心, 비脾, 폐肺, 신腎 등 다섯 가지로 나뉜다. 이들 다섯 장기를 일컬어 오장五臟이라 한다. 그리고 이들 장기는 오행에 배속된다. 간肝은 나무木에, 비脾는 흙土에, 심心은 불火에, 폐肺는 쇠金에, 신腎은 물水에 배속된다. 중학생 수준의 생물학을 아는 사람이라면 이러한 구분이 인체를 설명하

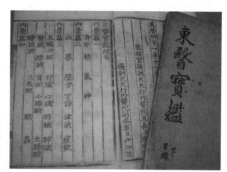

허준의 『동의보감』이 아직도 한의학 임상에서 가장 중요한 문헌으로 간주된다는 사실에서 경험이 아닌 형이상학에 의거한 의학의 문제점을 확인할 수 있다.

는 데에 얼마나 부족한 것인지 쉽게 알 수 있다. 오장배속설에 따르면 맹장도 십이지장도 호르몬도 설명할 수 없다.

이들 장기는 오행이 상생상극 관계에 있는 것처럼 서로 상생상극 관계에 있다. 쇠로 만들어진 도끼가 나무를 베는 것金克木처럼 폐가 지나치게 강해지면 간이 손상된다. 반면 나무가 물을 흡수하면서 자라는 것水生木처럼 신장을 강화시키면 간 기능이 증진된다.

그러나 이러한 설명방식은 신화를 인간의 신체와 질병에 적용한 것으로서 과학적으로 검증될 수 있는 성질의 것이 아니다. 400년 전에 저술된 허준許浚의 『동의보감東醫寶鑑』이 아직도 한의학 임상에서 가장 중요한 문헌으로 간주된다는 사실에서 경험이 아닌 형이상학에 의거한 의학의 문제점을 확인할 수 있다. 동아시아 전통의학은 근본적으로 음양오행이라는 형이상학을 기반으로 하고 있기 때문에 발전을 수용하기 어렵다는 구조적 문제를 가지고 있다.

음양오행에 대한 비판은 현대에만 제기되었던 것은 아니다. 중국 명청明淸시대에 수많은 사상가들이 음양오행론 및 그것을 현실에 적용하는 부분을 강하게 비판한 바 있다. 예컨대 명나라의 왕정상王廷相은 "나무는 불이라는 기운을 바탕으로 하면서 물을 흡수하고, 흙을 집으로 삼는다."고 말한다. 나무가 물을 머금고 자란다水生木는 오행론의 주장보다 자신의 설명이 훨씬 풍부하게 현실을 묘사한다면서 오행론을 비웃는다.

우리나라도 마찬가지다. 조선 말기 활약했던 상당수의 실학자들이 음양오행론을 부정했다. 포문을 연 것은 홍대용洪大容이다. 그는 이미 18세기 중엽에 음양오행론을 강하게 부정했다. 오행이건 팔상八相이건 사대四大건 죄다 극히 주관적인 아이디어일 뿐 거기엔 우리 모두가 받아들여야 할 아무런 객관적 근거도 없다고 말하면서 오행을 현실에 적용하는 일체의 시도를 부정한다.

정약용丁若鏞과 최한기崔漢綺도 오행론을 강하게 부정한다. 그러나 둘 사이엔 크나큰 차이가 있다. 정약용은 오행론을 부정하는 대신 서학西學을 통해 배운 사원소설四行을 주장한다. 세상 만물은 다섯 가지 요소가 아니라 불火, 공기氣, 물水, 흙土이라는 네 가지 요소로 구성된다는 것이다. 어찌 보면 오행론보다 더 퇴행적인 주장일지도 모른다. 반면 최한기는 오행론을 부정하면서 세상을 이루는 기氣를 과학적으로 파악해야 한다고 주장한다. 현대의 과학적 입장과 동일한 급진적 태도를 취하고 있었다.

음양오행론은 상생과 상극을 하나의 범주 안에서 다룬다는 점에서 대결과 논리만으로 사물을 바라보고자 하는 현대인들에게 대단히 신선한 세계관으로 보일 수 있다. 포스트모던적 입장을 취하는 몇몇 사상가들은 음양오행론을 자신들 세계관의 출발점으로 삼고 있기도 하다. 오행론의 철학적 의미에 대해서는 갑론을박이 가능할 것이다.

그러나 어쨌든 음양오행론에 입각한 방식으로 인간의 질병을 다루는 사람의 손길에 내 몸을 맡기고 싶지는 않다.

▶ 관련 개념어 : 기, 주역, 실학

의사소통적 합리성
대화와 타협을 통해 합의점에 도달하는 생활세계의 합리성
communicative rationality

이 글을 쓰고 있는 2010년 봄 현재, 정부에 의해 4대강사업이 강력히 추진중이다. 과연 4대강사업을 추진하는 것이 옳을까, 중단하는 것이 옳을까? 과연 10년 후 4대강사업은 어떤 평가를 받을까? 이에 대한 뚜렷한 정답은 있을까?

실증주의자들은 단연코 정답이 있다고 말한다. 어느 한 쪽의 주관적 편견에 빠지지 않은 냉철한 과학자들이 면밀히 객관적으로 데이터를 규합하고 그 연관관계를 탐구한다면 결론은 명백하게 도출된다고 말한다.

반면 회의주의자들은 정답이란 것 자체가 있을 수 없다고 주장한다. 사람이 하는 일을 통해 아직 일어나지 않은 10년 후, 20년 후의 결과를 정확히 예측하는 것은 근본적으로 불가능하다고 말한다. 게

다가 10년 후, 20년 후 일정한 결과가 도출된다 해도 그 결과를 평가하는 사람들의 잣대 또한 제각각일 것이기 때문에 평가 자체도 객관적일 수 없다. 결국 지금 현재 각자의 당파적 이익에 따라 사업에 대한 찬반여부가 갈릴 뿐이다. 사업의 진행 여부는 더 많은 권력을 손에 쥔 자가 결정하게 될 뿐이다.

이에 대해 하버마스 J. Habermas 는 좀 더 긍정적인 대안을 제시한다. 그의 대안은 매우 간단하고 지극히 상식적이다.

"토론으로 해결합시다!"

MBC의 〈100분 토론〉과 KBS의 〈생방송 심야 토론〉, 나아가 선거철만 되면 TV를 수놓는 정치인들의 각종 토론회는 하버마스의 이론을 충실히 따르고 있는 셈이다. 의사소통행위는 현대인이 취할 수 있는 가장 합리적인 결론 도출 방식으로서 민주주의의 기본적 활동으로 간주되고 있다.

현재 우리나라의 거의 모든 대학들이 토론과 관련된 강좌를 교양필수강좌로 지정하고 있다. 전에는 없던 일이다. 선생은 말하고 학생들은 받아 적는 게 옛날 교실의 풍경이었다. 허나 지금은 학생들이 말하고 선생은 교통정리만 할 뿐이다. 나 또한 대학 현장에서 토론 강좌를 진행하고 있다. 다른 어느 수업보다도 토론 강좌에 대한 학생들의 참여도와 만족도가 높다는 점을 보면 하버마스의 주장이 가진 설득력을 인정하지 않을 수 없다.

헌데 이런 뻔하디 뻔한 이야기를 하게 된 과정이 그리 간단치가 않다. 세상일이란 게 다 그렇다. "마녀란 없다." 정말 뻔한 얘기다. 헌데 이 뻔한 이야기가 중세 유럽인들의 귀엔 전혀 들리지 않았다.

하버마스는 주체가 강조된 근대의 흐름에 제동을 건다. 근대는 신 God의 절대적 지위를 부정하고, 인간의 주체성을 강조해 왔다. 신이 인간을 만든 것이 아니라 인간 스스로 세상을 구성한다고 주장해 왔다. 이런 주체철학은 인간의 존엄성을 확보하게 해주었으며, 신에 대한 추종적 태도로부터 벗어나도록 만들어주었다.

하지만 인간이라는 주체를 지나치게 강조하다 보니 부작용이 생기고 만다. 주체로서의 인간이 모든 것을 판단하고 모든 것을 체계화함으로써 완벽하게 세상을 합리적으로 구상할 수 있다고 자만하게 된 것이다. 그 자만이 극단적으로 표출된 나쁜 예가 나치즘과 파시즘이다.

허나 인간의 삶이란 것이 그렇게 체계적으로만 구성되는 것은 아니다. 정치나 경제는 어느 정도 체계적인 측면이 중요하겠지만 우리의 문화와 일상적 삶은 그렇게 체계적으로만 움직이지 않는다. 즉 생활세계Lebenswelt는 체계System와는 달리 합리적인 측면만이 중요한 영역이 아니다.

그런데 유럽인들은 근대를 지나오면서 지나치게 체계를 통해 생활세계를 억압해왔다. 국가라는 체계, 사회라는 체계를 중시하고 그에 적용되는 합리성을 우리의 일상생활에도 적용하라고 윽박질러왔다. 하버마스는 이를 '생활세계의 식민화'라고까지 극단적으로 표현한다. 20세기 후반까지 TV에 줄기차게 나왔던 '생활의 과학화'라는 공익광고 카피는 '생활세계'를 식민화하고자 하는 '체계'의 노골적인 선전선동이었다.

체계에 의해 식민화된 생활세계를 구출하기 위해 그는 종래에 목적합리적인 것으로만 간주되어 오던 합리성에서 '의사소통적 합리성communicative rationality'을 구분해낸다. 합리성이라는 게 그렇게 목적합리적이기만 한 것이 아니라는 얘기다. 목적합리성은 체계에 적용되는 합리성이며, 의사소통적

체계에 의해 식민화된 생활세계를 구출하기 위해 하버마스는 종래에 목적합리적인 것으로만 간주되어 오던 합리성에서 '의사소통적 합리성'을 구분해낸다.

합리성은 생활세계에 적용되는 합리성으로서 구분되어야 한다는 주장이다.

그는 그동안 지나치게 목적합리성이 강조되어 우리의 생활세계까지 목적합리적으로 구성되도록 강요받아 왔다는 점을 비판한다. 이에 따라 그는 의사소통적 합리성을 강조하여 우리의 생활세계를 복구하고 건전하게 살 수 있으리라고 낙관적인 전망을 내놓는다.

앞서 얘기한 4대강사업도 마찬가지다. 의사소통적 합리성에 따라 열띤 토론을 거침으로써 가장 적절한 결론이 도출될 수 있다고 말할 수 있다. 지나치게 경제적·정치적 목적합리성에 의존하여 마치 명백한 객관적 결론이 있는 것처럼 사태를 다뤄서는 안 된다. 4대강사업은 경제적·정치적 사업이면서 동시에 생활세계와 연관된 사업이다. 강이란 경제적 수단일 뿐만 아니라 우리의 문화 및 역사와 연관된 삶의 터전이기 때문이다.

허나 하버마스의 이런 상식적인 장밋빛 전망이 늘 환영받는 것은 아니다. 포스트구조주의자들은 하버마스의 주장을 강하게 비판한다. 포스트구조주의자들은 근대적 주체가 폭력적으로 휘둘러온 권력을 완전히 해체하는 것이 더 적절하다고 주장한다. 하버마스처럼 의사소통적 합리성을 인정하는 것은 여전히 근대적 주체에게 권력을 맡기는 것으로서 의사소통적 합리성 또한 언제든지 또 다시 주체적 폭력으로 변질되거나 폭력에 자리를 내어줄 수 있다고 비판한다.

과연 누구 말이 옳은가? 주체는 해체되어야 하는가, 아니면 의사소통적 합리성이란 이름으로 재발견되어야 하는가? 손석희도 사회자를 그만둔 마당인데 까짓 거 〈100분 토론〉 폐지해버려야 하나?

▶ 관련 개념어 : 상대주의, 이성, 목적합리성과 가치합리성, 포스트구조주의

이

과학적이면서 윤리적인 우주의 절대 원리

理

본래 이理란 '구슬을 가는 것治玉'을 의미했다. 별다른 모양 없이 울퉁불퉁 불규칙한 모습을 한 구슬을 정교하게 갈고 다듬어 일정한 모양과 질서를 마련해주는 행위를 이理라 칭했다.

그러다가 의미의 폭이 넓어진다. 단지 구슬을 가는 것뿐만 아니라 일반적인 사물들의 무늬나 결 등 다른 사물과 구별되는 외형적 특징들 전반으로 그 의미가 확장된다. 인간이 사물에게 부여한 특징뿐만

아니라 사물 자체가 자연적으로 가지고 있는 고유의 특징들까지 이理의 범주에 포함된 것이다. 구슬의 이理는 사람이 부여했지만 나무의 무늬, 즉 나무의 이理는 나무가 자연적으로 가지고 있다.

이처럼 이理란 처음엔 다른 사물들과 구별되는 구체적 특징을 의미했다. 그러다가 그 개념의 외연이 더욱 확장되어 추상화된다. 구체적 사물의 특징을 지칭하는 것에 머물지 않고, 사물들이 저마다 특징을 가지고 있다는 사실을 지칭하는 것으로 의미가 변화하게 된다.

외연이 넓어질수록 내포는 줄어든다. 이理 개념은 애초에 구슬과 나무 등 다양한 사물들의 생생한 개별적 특징들을 의미하다가 점점 추상화되어 사물들의 특징 일반을 지칭하는 용어로 변해갔다. 이러한 추상화가 극단에 이르러 결국 이理란 사물 전체, 우주 전체의 원리라는 데까지 확장된다. 이렇게 이理 개념을 극단적으로 추상화시킨 것은 송나라 사상가들이다. 그들이 이 개념을 추상화시킨 데에는 까닭이 있다.

송나라 이전에는 이理 개념이 전혀 주목받지 않았다. 공자도 맹자도 순자도 이理를 논하지 않았다. 송나라 학자들이 이理 개념에 주목할 수밖에 없었던 것은 불교의 도전 때문이었다. 불교는 유교가 보여주지 못했던 광활한 우주론을 전개했다. 공자와 맹자가 인간 문제에만 골몰했던 데 비해 불교의 세계관은 스케일 자체가 달랐다.

당나라 시대에 이르러 불교는 중국 전체를 지배하기에까지 이른다. 유교는 설 자리를 잃었다. 이에 위기감을 느낀 송나라 유학자들은 불교에 맞설 유교의 우주론을 수립할 필요성을 느꼈다. 이理 개념은 불교의 우주론에 대항하기 위해 송나라 유학자들이 도입한 재활용 용어라 할 수 있다.

송나라 학자들이 이理 개념보다 먼저 주목했던 용어는 태극太極이었다. 태극이란 말은 이미 『주역周易』에 나온다. 태극이란 우주의 근본적 출발점으로서 무형의 형이상학적 근원을 의미한다. 빅뱅Big Bang과 의미가 유사하지만 빅뱅이 구체적 사건인 데 비해 태극은 사건이라기보다는 추상적 개념이다. 우주의 개념적 시원始原으로서의 태극을 통해 음양陰陽이 나뉘고, 오행五行이 구분되어 현실세계가 구축된다고 『주역』은 설명한다. 불교의 우주론에 대항하기 위해선 태극처럼 스케일이 큰 우주론적 용어가 제격이었다.

그러나 태극이란 용어에는 설명하기가 석연치 않은 부분이 있었다. 태극 그 자체는 무형의 것인데 어떻게 무형의 것에서 유형의 음양오행이 나오는지 설명하기가 난감했던 것이다. 이 부분은 후에 조선에서까지 두고두고 논란거리가 된다.

성리학의 집대성자인 주희朱熹는 아예 새로운 용어를 발굴하고자 했다. 그가 발굴한 용어가 바로 이理이다. 태극이란 개념 대신 이理라는 개념을 도입해 우주를 설명하면 훨씬 선명하게 유교적 세계관을 잘 드러낼 수 있다고 보았다. 그리고 이理의 개념적 파트너로 기氣를 짝지워 주었다.

이런 시도는 대단히 유용했다. 왜냐하면 태극과 음양오행의 관계가 시간적 선후 관계로 오해될 여지가 많은 반면 이理와 기氣의 관계에는 그런 오해의 소지가 적기 때문이다. 개념적으로 이理와 기氣는 늘 함께 하는 것이라고 규정되기 때문이다.

태극 대신 이理 개념을 추상화해 도입함으로써 얻는 이론적 이득은 대단히 컸다. 가장 큰 이득은 이理 개념을 통해 이理의 내재성內在性과 초월성超越性을 동시에 설명할 수 있다는 점이다.

태극 개념엔 시원의 의미가 너무 강해 현재 우리들의 모습을 설명하기에는 적실성이 떨어져 보이는 측면이 있다. 빅뱅이 현실의 우리에게 너무 먼 옛날이야기로 피부에 잘 와닿지 않는 것처럼 말이다. 태극은 우주의 발생을 설명하기엔 적절하지만 우리의 현실을 설명하기엔 다소 부적절한 용어였다.

그러나 이理 개념은 다르다. 이理는 초월적 시원인 동시에 현재 살아있는 우리들 삶의 구체적 규범의 역할도 한다. 이理는 우리 삶과 육체에 내재되어 있기도 하다. 본래의 이理 개념이 구체적인 사물의 특징을 의미했었다는 점에서 이런 측면을 확인할 수 있다. 이理는 우리의 구체적 현실내재성과 우주적 본질초월성을 동시에 설명할 수 있는 최적의 용어인 셈이다. 이로써 이理 개념은 이후 동아시아 사상계에서 가장 중요한 용어의 지위를 차지하게 된다.

주희가 구상했던 이理 개념엔 초월과 내재의 이중성뿐만 아니라 존재와 당위의 이중성도 있다. 이理에는 과학적 법칙뿐만 아니라 윤리적 원칙이라는 의미도 있다. 이理는 모든 존재하는 것들이 반드시 따라야 할 표준standard 혹은 규범canon이기도 하다.

해석자에 따라서는 명령order의 의미까지 가진 것으로 파악되기도 한다. 이 측면은 이理의 능동성 여부와 관련해 논쟁을 불러일으킨다. 왜냐하면 원리나 표준이라고만 하면 능동성 여부가 쟁점이 안 되지만, 명령이라고 하면 직접 나서서 인간과 사물에게 지시하는 인 격적 요소가 개입된 해석이라고 볼 수 있기 때문이다. 이理 개념은 이로써 동아시아 철학사상 가장 중요한 개념어의 자리에 오른다. 서 양철학에 이성reason이 있다면 동아시아엔 이理가 있다.

▶ 관련 개념어 : 기, 주역, 태극, 이기론

이기론
우주의 원리와 우주의 현실을 탐구하는 성리학 이론
理氣論

이理란 우주 전체의 이치를 말한다. 이때 이치란 과학적 이치뿐만 아니라 윤리적 이치까지 포함한다. 우주는 과학적으로 파악할 수 있 으면서 동시에 윤리적으로도 파악할 수 있는 대상이다.

동아시아인들, 특히 중국 송나라 사상가들은 우주를 하나의 거대 한 인격체로 보았다. 사람의 몸은 과학적 탐구의 대상에만 머물지 않는다. 사람은 인격체이기도 하다. 사람처럼 우주에도 이런 두 가 지 측면이 공존한다고 보았다. 따라서 이理를 그냥 원리principle라고 만 번역하면 불완전하다. 과학·윤리적 원리라고 번역하는 것이 가 장 적당하다.

기氣란 우주 전체를 구성하는 물질과 에너지를 통칭한 것이다. 눈 에 보이는 물질과 눈에 보이지 않는 에너지 등 우주를 구성하는 현실적 존재 전체를 기라고 칭했다. 이때 유형의 기를 질質이라 하고, 무형의 기를 협의의 기라고 구분할 수 있다. 질은 물질에 해당하고, 협의의 기는 에너지에 해당한다. 질은 사물 저마다의 특성을 나타내 주는 것이며, 협의의 기는 우주 전체를 휘감고 있는 통일적 에너지를 말한다. 질은 사물마다 서로 다르고, 협의의 기는 우주 전체가 동일하다.

일반적으로 기라고 할 경우엔 광의의 의미와 협의의 의미가 중첩되어 있다. 즉 기는 우주 전체를 구성하는 전일적이고 동일한 것이면서도협의의 기 질에 따라 달라지는 변화무쌍한 것질의 의미까지 포함한 광의의 기이라는 두 가지 의미를 동시에 가진다. 이기론에서는 기를 주로 광의의 기, 즉 개개의 사물마다 서로 다른 측면을 반영한 기라는 의미로 사용한다.

우주는 원리와 현실이 결합되어 존재한다. 현실적 존재 없이 원리만 따로 존재할 수 없으며, 현실만 덩그러니 던져져 아무런 원리도 없이 무규칙하게 존재하는 우주도 상상할 수 없다. 우주의 원리는 이理이며, 우주의 현실은 기氣이다. 그리고 송나라 사상가들은 이理에 과학적 측면과 윤리적 측면이 함께 있다고 보는 것처럼 기氣에도 과학적 측면과 윤리적 측면이 함께 있다고 보았다.

그런데 이와 기에는 결정적인 차이가 있다. 이는 태초부터 영원토록 순선무악純善無惡한 것인 반면, 기에는 선과 악이 뒤섞여 있다고 보았다. 온우주는 원리적 측면에서는 완벽히 선하고 악이 없지만 현실적 측면에서는 선과 악이 뒤섞여 있다. 그리고 악은 기에서 비롯된다.

이기론理氣論이란 원리적으로 선한 우주가 어떻게 기라는 현실에 의해 악한 측면을 보이게 되는지를 연구하는 학문이다. 이理에 관한 이론은 정호程顥와 정이程頤라는 형제가 체계적으로 제시했고, 기氣에 관한 이론은 장재張載가 체계적으로 제시했다. 주희朱熹는 이들의 이론을 취합해 완성시켰다.

이들은 표면상으로는 이기를 논함으로써 우주 전체를 논하고 있는 것처럼 보이지만 실제로는 인간의 선악을 논하고자 했다. 그들은 우주 전체에 이의 원리가 강하게 작용해 있기 때문에 우주 그 자체를 선하다고 보았다. 사계절이 바뀌면서 곡식이 여물고 열매가 익는 것을 선한 우주의 원리가 작용한 덕분이라고 의인화해서 파악했다. "하늘이 노했다"거나 "비가 오신다"는 표현은 이런 의인화의 실례다.

자연의 운행 그 자체엔 별다른 흠결이 없다. 북극성은 언제나 같은 자리에 한결 같은 모습으로 있으며, 해와 달은 어김없이 정해진 루트를 따라 운행함으로써 인간에게 삶의 터전을 마련해준다. 문제는 인간이다. 왜 인간은 우주처럼 그렇게 자연스럽게 선한 모습만 보이지 못하는지 그들은 몹시 궁금했다. 도대체 왜 기에는 선과 악이 함께 있는지, 그런 기가 인간의 심성에는 어떤 영향을 미치는지 탐구하는 것이 이기론이다. 결론은 이렇다.

"인간은 날 때부터 이미 기가 서로 질적으로 다르기 때문에 어쩔 수 없이 나쁜 기를 타고난 사람은 나쁜 짓을 할 수밖에 없다!"

이런 결정주의적인 측면 때문에 이기론은 숙명론이라는 숙명을 벗어나기 힘들다. 성인聖人은 성인으로 태어나고, 도척盜跖*은 극악한 기를 갖고 태어난다고 설명하기 때문에 기를 교화할 여지가 대단히 협소해지기 때문이다. 이런 숙명론적인 측면으로 인해 유교가 근대화의 걸림돌로 작용했다는 평가를 받기도 한다.

그런데 한편으로 보면 인간의 타고난 기질에 관한 이런 숙명론적인 설명이 완전히 틀린 것도 아니다. 유전학

서경덕(그림)에서부터 이황, 이이를 거쳐 송시열, 정약용에 이르기까지 조선의 사상가들은 주희가 석연치 않게 처리한 이와 기의 관계에 대한 해명을 학문적 사명으로 삼았다.

에 의하면 인간의 기질은 유전적으로 이미 어느 정도 결정되어 있다고 한다. 사이코패스의 유전자란 곧 도척이 타고난 극악무도한 기의 현대적 버전이라고 할 수 있다.

어쨌든 주희는 이런 숙명론적인 이기론을 밀도 있게 전개했는데 주희의 이기론에는 석연치 않은 구석도 있었다. 주희는 이와 기의 관계를 대단히 모호하게 파악했다. 이와 기는 서로 섞일 수도 없으며 따로 떨어질 수도 없는 관계에 있다고 보았다. 이를 불리부잡不離 不雜의 원리라고 한다.

조선조 사상가들은 주희가 석연치 않게 처리한 이 불리부잡의 원리에 대한 해명을 학문적 사명으로 삼았다. 서경덕徐敬德에서부터 이

• 공자시대에 살았던 흉악한 도둑을 말한다.

황李滉, 이이李珥를 거쳐 송시열宋時烈, 정약용丁若鏞에 이르기까지 이 문제에 골몰하지 않은 사상가가 없다.

불리不離, 즉 이와 기가 서로 떼어질 수 없는 밀접한 관계에 있다고 주장한 측은 이이를 대표로 하는 기호학파畿湖學派 혹은 주기론主氣論 자들이었다. 그들은 제아무리 이의 원리가 순선무악하다 해도 기라 는 현실이 없이 이가 따로 존재할 수 없다는 측면을 강조했다. 좋건 나쁘건 일단 주목해야 할 건 기氣이다. 기의 현실에 따라 선악이 나 뉘기 때문이다. 기가 선하면 현실도 선하고 기가 악하면 현실도 악 해진다. 어차피 이가 순선무악하다는 건 누구나 인정한다. 현실의 선과 악은 기라는 개념 하나만 가지고도 얼마든지 설명이 가능하다.

반면 부잡不雜, 즉 이와 기는 개념적으로 엄밀히 구분되는 것이기 때문에 반드시 명료하게 이와 기에 선을 긋고 파악해야 한다는 주장 도 있었다. 이런 주장은 이황을 대표로 하는 영남학파嶺南學派 혹은 주리론主理論자들의 입장이었다. 그들은 선과 악의 근원을 명료히 따 지고, 그 근원을 밝히기 위해선 반드시 이와 기를 개념적으로 확실 히 구분해야 한다고 주장했다. 이는 순선무악하다. 현실의 선은 바 로 이런 순선무악한 이에서 비롯한다. 반면 기에는 선과 악이 뒤섞 여 있다. 이렇게 불완전한 기 때문에 악이 발생한다. 이처럼 근본적 으로 서로 다른 이와 기를 따로 따로 구분해서 파악하지 않는 이상 선악의 근원을 명료하게 발견할 길이 없어지게 된다.

조선조 철학을 한 마디로 규정한다면 이기론理氣論에 대한 논쟁의 역사라 할 수 있다. 이 논쟁은 조선이 건국할 때부터 시작해서 조선이 끝날 때까지 이어져 왔다. 단일 주제를 가지고 500년 넘게 토론한 역사는 동서고금을 통틀어 흔치 않다. 물론 결론은 없다. 뭔가 생산적인 걸 남긴 것도 아니다. 19세기 말엽에 시름시름 그 전통이 사그라지기 시작했고, 20세기 들어 완전히 자취를 감추게 되었다. 부활될 기미도 보이지 않는다. 뜻하지 않게 유전학과 물리학 등 현대과학의 성과가 이기론의 가설들을 언저리에서 주목하는 정도가 고작이다.

▶ 관련 개념어 : 이, 기, 성리학, 주기론, 주리론

이데아
현실에서 발견할 수 없는 영원불변의 참된 존재
idea

이데아idea는 서양철학의 왕중왕인 플라톤의 핵심개념으로서 '영원불변의 참된 것'을 의미한다. 우리가 일상생활에서 접하는 모든 것들은 죄다 불완전한 것들이다. 완전한 것은 우리의 눈으로 볼·수 없고, 손으로 만질 수도 없다. 오로지 이성을 통해서만 알 수 있다.

완벽한 파스타를 추구하는 셰프가 있다면 그 셰프는 단 한 번도 오케이를 선언하지 않을 것이다. "다시", "다시", "다시"만을 외치다 식당 문을 닫을 것이다. 플라톤은 바로 이런 완벽한 셰프다. 세상의 모든 일과 모든 사물이 죄다 불만족스럽다. 아무리 맛있는 음식을 만들어도, 아무리 착한 일을 해도 "아니올시다."란 반응을 보일 분이다.

idealism이라는 단어는 흔히 철학에서 '관념론'이라 번역되지만 플라톤의 맥락에서 보면 '이데아주의', 즉 '이상주의'라고 옮기는 게 옳다.

플라톤의 이데아를 이해하기 위해선 먼저 중학교 수준의 기하학을 이해해야 한다. 기하학에서 '점point'이란 '면적 없이 위치를 나타내는 것'이라 정의된다. 허나 제아무리 뛰어난 장인이라 하더라도 면적 없이 위치를 표시하는 것은 불가능하다. '직선'이란 '두 점 사이의 최단 거리'라 정의되는데 이 또한 현실적으로 표시하는 것이 불가능하다. 아무리 가늘게 직선을 그린다 해도 면적 없이 거리만 나타내게 그릴 수는 없다. 결국 기하학적 의미의 개념들은 현실에선 그릴 수 없고 머릿속에서만 상상할 수 있을 뿐이다.

물론 기하학을 이해하기 위해 우리가 학생 시절 연습장에 이런 저런 점도 찍고 직선도 그리곤 하지만, 그것들은 죄다 참된 이데아를 이해하기 위한 임시적 수단에 지나지 않는다. 참된 점과 참된 직선은 오로지 이데아계에만 있다. 기하학이란 이처럼 완벽한 이데아계의 모습을 갖춘 만고불변의 진리체계이다.

이에 따라 플라톤은 기하학을 최고의 학문이라 여긴다. 기하학 체계는 완벽 그 자체다. 피타고라스의 정리라든지 삼각형의 면적을 구하는 공식 등은 동서고금을 막론하고 어느 누구라도 받아들이지 않을 수 없는 진리이다. 플라톤은 이처럼 시간과 장소의 제약을 받지 않고 모든 사람들이 받아들일 수밖에 없는 진리를 이데아라 보았다. 그래서 그가 창설한 학교인 아카데메이아의 정문엔 "기하학을 모르

소크라테스의 철학이 고작 준법정신을 주장한 정도였다면 그는 법적 근거를 들어 독배를 마시지 않았을 것이며, 지금처럼 위대한 인물로 칭송되지도 않았을 것이다.

면 입학 불허!"라는 경고문이 붙어 있었다 한다.

플라톤이 이처럼 이데아를 주장하게 된 데엔 이유가 있다. 그의 스승인 소크라테스는 당시 소피스트들의 모함에 빠져 억울하게 독배를 마시고 죽었다. 합법적 방법으로 죽음을 면할 수 있었음에도 불구하고 소크라테스는 당당히 죽음을 택했다. 그의 죽음은 서양철학의 진정한 출발을 알리는 위대한 제의로 여겨진다.

그런데 왜 소크라테스는 죽음을 택했을까? 아마도 대부분 "악법도 법이다."는 경구를 떠올릴 것이다. 악법도 법이니만큼 억울하지만 자신에게 주어진 형벌을 받아들여야 한다는 준법정신을 떠올릴 것이다. 허나 앞에서도 얘기했듯 당시 법에 의하면 소크라테스는 합법적으로 독배를 마시지 않을 권리도 있었다. 그의 철학이 고작 준법정신을 주장한 정도였다면 그는 법적 근거를 들어 독배를 마시지 않았을 것이며, 지금처럼 위대한 인물로 칭송되지도 않았을 것이다. 소크라테스가 독배를 마신 건 그 정도의 준법정신 차원에서 이해될 일이 아니다.

소크라테스는 당시 사회를 주름잡던 소피스트Sophist들에게 환멸을 느꼈다. 한 번은 이런 일도 있었다고 한다. 당시 절정의 인기를 누리던 대표 소피스트인 프로타고라스Protagoras가 소송에 휘말렸다. 그가 자기 제자를 고소했던 것이다. 이유인 즉은 이렇다. 학업을 시작할 때 프로타고라스는 자신의 수업을 자신한 나머지 수업료를 후불제로 하자고 제안했다. 수업을 받아 보고 배운 게 좀 있다 싶으면 수업료를 내고, 그렇지 못하다고 느낀다면 까짓 학비를 안 내도 좋다는 배짱이었다. 소정의 수업을 마친 후 프로타고라스가 수업료를 요청하자 한 제자가 이를 거부했다. 억울함을 느낀 프로타고라스는 수업료를 받기 위해 그 제자를 고소했다. 그리고 재판정에서 이렇게 말했다.

"나는 수업료를 받을 수밖에 없다. 왜냐하면 내가 만약 이 소송에서 이긴다면 당연히 내 주장대로 제자는 내게 수업료를 내야 한다. 또한 만일 내가 이 소송에서 진다면 제자가 나에게 배운 변론술로 나를 이겼다는 증거가 되니 역시 내가 수업료를 받아야 한다."

과연 프로타고라스는 수업료를 받았을까? 물론 이 이야기가 사실인지 아닌지는 불확실하다. 다만 이 사실을 통해 확인할 수 있는 건 당시 소피스트들이 세상의 실체적 진실을 알기 위해 노력하기보다는 어떻게 해서든 자기들에게 유리하게 말재주를 부리는 데에만 애썼다는 점이다. 당시 그 제자가 정말 똑똑한 사람이었다면 아마도 다음과 같이 말했을 수도 있다.

"저는 수업료를 낼 수 없습니다. 왜냐하면 제가 만약 이 소송에서 이긴다면 당연히 제 주장대로 수업료를 낼 수 없는 것이고, 만일 제가 이 소송에서 진다면 제가 프로타고라스에게 제대로 배운 게 없다는 증거가 되니 역시 수업료를 낼 수 없습니다."

이처럼 궤변과 궤변이 부딪치는 당시의 상황에서 과연 승리라는 게 의미 있는 일일까? 소크라테스는 이런 궤변이 판을 치는 당시 세상에 환멸을 느꼈다. 그리고 죽음을 택했다. 모두가 자기중심적인 궤변으로 자기의 이익만을 도모하는 세상에서 소크라테스는 외쳤다. "만고불변의 참된 진리를 추구해야 한다!"

소크라테스는 참된 진리를 외면하는 타락한 세상에 스스로를 제물로 바쳤다. 가증스럽고 오만한 소피스트들의 공격을 그대로 받아들였다. 아무리 합법적이라 하지만 돈을 주고 자신의 목숨을 구걸하는 행위는 참된 진리를 외치는 자가 할 일이 아니다.

플라톤의 이데아론은 이처럼 스승 소크라테스의 죽음이라는 위대한 역사적 사건을 토대로 형성되었다. 그리고 이후 서양철학에서 가장 큰 영향력을 행사하는 근본적 바탕의 역할을 한다. "서양철학사는 플라톤의 각주에 불과하다."는 화이트헤드A. N. Whitehead의 지적은 정확하다.

참된 진리를 고정불변의 것으로 설정했다는 점에서는 문제가 있지만 요즘처럼 포스트모더니즘과 상대주의가 득세해 '진리'라는 말 자체가 촌스럽게 느껴지는 시대엔 플라톤의 이데아론이 그리워진다.

▶ 관련 개념어 : 관념론, 상대주의

이성

서양철학이 인간의 본질적인 특성이라고 간주해 온 능력

reason

이성reason은 그리스어 '로고스logos'의 번역어이다. '로고스'는 고대 그리스 철학을 다룰 때 주로 사용하며, '이성'은 근대 이후의 철학을 다룰 때 주로 사용한다. 로고스는 말 자체를 주로 가리키며, 이성은 말 자체보다는 말의 구조, 말의 본질, 말할 수 있는 능력을 주로 가리킨다.

그런데 reason이라는 단어를 '이성理性'이라고 번역한 맥락이 참으로 재미나다. '이성理性'을 거꾸로 하면 '성리性理'이다. '성리학性理學'이라고 할 때의 그 성리性理이다. reason이라는 단어를 처음 접한 동아시아인들은 이 단어를 어떻게 번역해야 할지 매우 고심했을 것이다. 왜냐하면 동아시아에는 'reason'이라는 개념을 대체할 적당한 용어가 없었기 때문이다. 그래서 그들이 고육지책으로 창안해 낸 단어가 '이성理性'이다.

성리학은 '성즉리性卽理'를 제1테제로 삼는다. 인간의 본성性이 곧 우주적 차원의 원리理와 동일선상에서 논의되어야 할 문제라는 주장이다. 단순히 인간적 차원에서만 인간의 본성을 논하지 말고 우주적 차원에서 광대하게 인간의 본성을 논하자고 주문한다. 그들은 인간의 본성이 착하다는 성선설性善說을 우주적 차원에서 보장받고 싶어 했다. 우주가 먼저 있고, 인간은 우주의 부분으로서 자격을 얻는다. 이理가 먼저 있고 나서 인간의 본성性이 있다는 얘기다.

그런데 reason, 즉 이성은 어떤가? 이성은 우주적 차원에서 인간의 본성을 보장받고자 하는 의도에서 제기된 개념이 아니다. 오히려 정반대이다. 이성이라는 개념은 우주라는 거대한 전체, 신God이라고 하는 초월적 존재로부터 벗어난 인간만의 독특한 능력을 강조하기 위해 제기되었다.

이성을 본격적으로 철학의 중심에 가져다놓은 데카르트R. Descartes는 "나는 생각한다. 고로 나는 존재한다."고 선언한다. 신이 나를 있게 만드는 것이 아니라 내가 생각하기 때문에, 즉 내가 이성을 갖고 있기 때문에 내가 존재한다고 주장한다. 이것은 중세의 신 중심적 세계관으로부터 벗어나는 준엄한 인간 독립선언이다.

성리학은 인간의 본성을 우주적 차원에서 보장받으려 했다. 반면 이성주의는 인간의 본성을 신으로부터 벗어나는 측면에서 이해하고자 했다. 방향이 정반대이다. reason을 '이성'이라고 번역한 최초의 번역가들은 아마도 '성性'과 '이理'의 위치를 뒤바꿈으로써 서양의 '이성'이 동아시아의 '성리'와는 정반대 방향에서 인간의 본성을 논하고 있다고 말하고 싶었는지 모른다.

이런 측면은 인간과 동물에 대한 서로 다른 시각에서도 확인된다. 성리학자들은 근본적으로 인간과 동물의 본성을 같다고 본다. 단지 기질氣質적 차이로 인해 현실에서 차등을 보인다고 생각한다. 성리학은 전일적holistic 세계관이다. 짐승을 함부로 죽이지 않았으며, 산도 함부로 깎지도 않았다. 전일적 세계관에 의하면 이 모든 것들이 일체이기 때문이다.

양차 세계대전이라는 재앙은 이성을 신뢰한 유럽 지성인들에게 커다란 충격을 주었다. 양차 세계대전 이후 이성에 대한 자성의 움직임이 유럽을 중심으로 본격적으로 제기되었다.

반면 이성을 중시하는 서양인들은 인간을 동물과 완전히 구별된 존재로 본다. 동물에게는 이성이 없다. 따라서 동물은 근본적으로 인간과 구별된다. 이처럼 인간과 동물을 구별하는 생각은 결국 과학의 발전을 낳았다. 이성을 가진 인간만이 고귀한 존재이며, 인간 이외의 동물을 비롯한 모든 존재는 인간이 제 마음대로 주무를 수 있는 대상이자 재료에 불과한 것으로 여겨졌다. 인간 마음대로 동물실험하고 땅을 파고 공기를 오염시켜도 문제가 되지 않았다.

헌데 20세기에 들어 이성은 크나큰 위기에 봉착하게 된다. 인간의 이성은 뭐든 다 잘 할 것 같아 보였는데 그게 아니었다. 양차 세계대전이라는 끔찍한 재앙은 이성을 신뢰한 유럽 지성인들에게 커다란 충격을 주었다. 인류 역사상 전무후무한 대재앙을 맞아 이성은 속수무책이었다. 아니, 오히려 이성의 이름으로 만행이 자행되었다고 보는 것이 더 나을지도 모르겠다. 이성주의의 최고봉인 헤겔이 양차 대전을 일으킨 독일의 철학자라는 사실이 과연 우연이기만 할까?

양차 세계대전 이후 이성에 대한 자성의 움직임이 유럽을 중심으로 본격적으로 재기되었다. 거기에 덧붙여 환경위기까지 가세해 이성 중심적인 유럽의 근대사상사가 송두리째 부정될 위기에 처하게 되었다. 구조주의와 포스트구조주의가 그 중심에 섰다. 그러면서 자연스럽게 '이성'이 아닌 '성리'를 내세운 동아시아의 세계관에 대한 관심도 높아졌다.

인간보다 자연을 중심에 두는 도가사상의 최고 경전인 『도덕경道德經』은 다음 구절로 시작된다.

"도를 도라고 말할 수 있으면 항상 그러한 도가 아니다道可道, 非常道.."

이는 로고스, 즉 이성에 대한 불신을 노골적으로 드러낸 표현이다. 말로 표현되는 것, 인간의 이성으로 분석되고 이해된 결과를 신뢰할 수 없다는 역설적 표현이다. 정도의 차이는 있을지언정 도가건 유가건 동아시아 사상은 이성을 신뢰하지 않았다.

그러나 다시 한 번 냉정히 생각해보자. 20세기의 재앙이 과연 이성으로 빚어진 것일까? 그러니 이성을 버리고 성리로 돌아가야 하는 것일까? 과학과 수학을 버리고 음양오행과 주역으로 되돌아가야 하는 것일까?

천만에! 20세기의 재앙은 이성에 대한 불완전한 이해, 이성에 대한 비판적 정신의 부재로 인해 발생했다고 보는 것이 더욱 합리적일 것이다. 동양철학 전공자라고 해서 모두가 성리학을 신봉하는 것은 아니다. 나 같은 동양철학자도 있어야 세상이 재미나지 않을까?

▶ 관련 개념어 : 로고스, 성리학, 인물성동이론

이용후생

백성들의 현실적 삶을 중시한 실용주의 유교노선
利用厚生

『서경書經』의 「대우모大禹謨」 챕터에 '정덕이용후생유화正德利用厚生唯和'라는 구절이 있다. "덕을 바르게 하고 쓰임새를 이롭게 하며 삶을 윤택하게 해야만 융화하게 된다."는 의미이다. 본래 이 구절은 동아시아의 전통에서 '정덕'이 우선이고 '이용후생利用厚生'은 나중인 것으로 해석되었다. 굶어 죽어도 도덕이 먼저라는 것이다.

그러나 조선 후기 일단의 진보적 학자들은 이 구절 가운데 '정덕'을 아예 삭제하고 '이용후생'만을 내세웠다. '정덕', 즉 도덕적 삶을 중시한 선배들의 주장이 현실에서 아무런 쓸모도 없었고, 백성의 삶을 도탄에 빠지게 할 뿐이었다는 간접적 항의의 표시였다.

홍대용洪大容, 박지원朴趾源, 박제가朴齊家 등 이른바 북학파北學派로 불리는 이들이 그 주인공들이다. 이들은 모두 서인西人 계열의 주기론主氣論적 학문에 영향을 받았다.

주기론은 이理의 절대성을 인정하면서도 일체의 현실을 기氣의 작용으로 설명하는 일관된 입장을 유지하고 있었다. 이 점에서 이理의 능동성을 주장하며, 이理의 역할을 적극적으로 강조하는 주리론主理論과 대립된다.

그런데 조선 후기에 이르러 주기론적 입장에 영향을 받은 학자들 사이에 분화가 일어난다. 그들의 입장은 크게 우파와 좌파로 나뉜다. 주기론 우파는 주기론의 이론적 엄밀성을 극단적으로 공고히 하

홍대용, 박지원(좌), 박제가(우) 등 북학파로 불리는 이들은 이용후생을 강조했다. 도덕적 삶을 중시한 선배들의 주장이 백성들을 도탄에 빠지게 할 뿐이었다는 간접적 항의의 표시였다.

는 방향으로 학문을 전개했다. 그들은 제아무리 성리학적 이념체계가 공격을 받는 힘겨운 현실이 닥치더라도 결단코 이理를 능동적인 것으로 파악하려 하지 않았다. 주리론이 주장하는 것처럼 이理를 직접 현실에 개입시켜 이러한 어려움을 타개하는 것은 이론적 타락이었다. 어떠한 경우에도 이理를 능동적인 것으로 해석해 이理에 의탁함으로써 현실에 직접 개입하는 것은 옳지 않다.

성리학이 공고한 지위를 차지하던 조선조 중기까지만 해도 주기론자들은 활발하게 현실에 참여할 수 있었다. 현실 자체가 긍정적이었기 때문에 이理의 능동성을 주장할 필요 없이 현실 속에서 이론을 전개해 나가는 것이 가능했던 상황이었다.

주기론에 의하면 이理란 법률이고, 주리론에 의하면 이理란 경찰이다. 법률은 능동적 존재가 아니지만 엄격하게 인간의 행위를 규율한다. 반면 경찰은 직접 인간 삶에 개입하며 인간을 이끈다. 조선조초·중기 성리학이 조선의 모든 국면을 총체적으로 지배하던 시절엔 법률로서의 이理를 주장하던 주기론자가 삶에 더 적극적으로 개입했다. 법률의 내용이 무엇인지 따져 이에 따라 백성들의 생활태도를 응징하거나 칭찬하면 되었기 때문이다.

이에 비해 조선조 초·중기 시절 주리론자들은 현실 참여에 소극적이었다. 주기론자들은 법률로서의 이理를 내세워 세상이 어느 정도 잘 돌아간다고 주장하지만 주리론자들이 보기엔 미덥지 않았다. 단 하나의 예외도 허락하지 않는 엄격한 경찰로서의 이理에게는 현실에의 개입보다는 은둔이 어울린다. 단 하나의 잘못도 허용치 않는 경찰의 능동적 규율에 맞춰 주리론자들은 현실과 격리된 서원에서 도덕적 삶의 내용을 학습하고 또 학습했다.

그러나 성리학이 안팎으로 근본적으로 도전받는 조선 후기에 이르러 주기론 우파는 더 이상 현실에 참여할 수 없었다. 법률로서의 이理의 권위가 근본적으로 부정되는 변화된 현실을 인정할 수 없었으며, 그렇다고 해서 타락한 현실을 변화시키기 위해 이理를 경찰로 간주하고, 그 권위에 의탁해 나설 수도 없었다. 그것은 주기론의 이론적 토대 자체를 부정하는 행위가 되기 때문이다. 결국 그들이 택한 것은 은둔이었다. 실제로 당대 최고의 주기론 우파 학자로 추앙받던 전우田愚는 수백 명의 제자들을 이끌고 계화도界火島로 은둔해버렸다.

주기 좌파는 주기 우파와는 다른 길을 걸었다. 그들은 성리학이 도전받는 현실 그 자체까지도 긍정해버렸다. 이理의 절대성을 주장하는 성리학의 전제를 부정하기에 이른 것이다. 이를테면 주기 좌파는 법률로서의 이理를 폐기하고, 기氣로만 구성되는 새로운 법률체계를 주장하게 된 것이다.

집권당인 서인 노론老論에 속했던 북학파 학자들은 청나라를 통해 서구의 발달된 문물을 접하면서 더 이상 주리론이나 주기 우파의 경직된 태도로는 변화된 현실에 적응할 수 없으리라 판단했다. 그들은 변화된 기氣의 현실을 거침없이 긍정했다.

그러나 이용후생을 내세운 북학파를 중상주의학파라고 칭하는 것은 곤란하다. 북학파의 대표자인 박지원은 상공업뿐만 아니라 농업의 중요성 또한 역설했다. 다른 북학파 학자들 역시 마찬가지이다. 그들은 농업과 상업을 대립적인 관계로 파악해 어느 쪽에 중점을 두느냐에 따라 미래 경제상황이 갈리게 된다고 파악한 유럽의 중농주의physiocracy학파와 중상주의mercantilism학파가 가진 문제의식이 없었다. 북학파를 중상학파, 남인 계열의 학자들을 중농학파라고 분류하는 것은 다분히 유럽의 근대적 경제이론을 의식한 무리한 시도이다.

이용후생을 주장한 북학파의 사상은 성리학적 세계관이 근본적으로 부정되는 변화된 외부 현실에 대한 주기론 내부의 이론적·현실적 분화를 반영한 결과라고 보는 것이 더 적당하다. 그러나 이용후생을 주장했던 북학파가 그 개념을 체계적으로 논의했다고 하는 근거는 어디에서도 발견되지 않는다. 그들에게 있어 이용후생은 단순한 구호 이상의 의미를 가지지 않는데, 이는 조선 후기 실학적 학풍이 보이는 공통된 특징이다. 실학 이념이 이론적으로 분화되고 발전하려면 실학 내부에서 논쟁이 있었어야 하는데, 이런 논쟁이 없었다는 점이 조선 실학의 최대 비극이다.

▶ 관련 개념어 : 주기론, 경세치용, 실학

이일분수

우주의 원리는 하나이며 그것을 만물이 나눠갖는다는 주장
理一分殊

이理란 우주의 원리를 말한다. 이 원리는 하나다. 이 하나의 원리로 인해 우주가 존재하게 된다. 헌데 인간세상을 돌아보면 실제로 수많은 원리들이 있음을 알 수 있다. 배에는 "물 위에 뜨며 물 위에 떠야 한다."는 원리가 있다. 자식에게는 "부모를 공경하도록 되어 있으며 공경해야만 한다."는 원리가 있다. 우주 전체로 보면 원리가 하나이지만 개개의 사물이나 사태로 보면 원리가 제각각이다. 이를 이일분수理一分殊라 한다. 즉 이理는 하나이며, 이 하나의 이理를 만물이 제각기 나눠 갖고 있다는 것이다.

하나의 이理가 특히 인간을 비롯한 사물들에게 나뉘어 부여된 측면을 성性이라 한다. 성性이란 인간 및 사물의 본성을 의미한다. 특히 성리학자들은 그 가운데 인간의 본성을 중시했다. 성性이라고 하면 보통 인간의 본성을 가리킨다. 인간의 본성은 하나의 원리理로부터 나왔기 때문에 근본적으로 선善하다. 그래서 성즉리性卽理이다.

헌데 이일분수설은 고대 그리스의 플로티노스Plotinos가 내세운 유출설流出說, emanationism과 유사하다. 아니 유사하다기보다는 거의 같다. 플로티노스는 만물의 근원인 일자一者, the One가 차고 넘치게 됨에 따라 다양한 현실세상이 창출된다고 보았다. 조선시대 성리학자인 권근權近 또한 만물유출설을 주장하는데 그 내용이 플로티노스의 유출설과 거의 같다. 이理가 차고 넘침으로써 만물이 창출된다고 설

322

명한다.

　다만 차이가 있다면 만물의 위계가 정해지는 과정을 서로 달리 설명한다는 정도이다. 플로티노스는 일자로부터 현실이 유출되는 과정이 단계적인 과정이라고 말한다. 일자에서 최초로 유출된 것일수록, 그리고 일자에 가까운 것일수록 더 순수하고 더 아름답고 더 선하다. 유출되는 단계를 많이 거친 것일수록 불완전하고 추하다. 마치

우주 전체로 보면 원리가 하나이지만 개개의 사물, 사태로 보면 원리가 제각각이다. 이를 이일분수라 한다. 이일분수설은 고대 그리스의 플로티노스가 내세운 유출설과 거의 같다.

난로에 가까울수록 뜨겁고 멀어질수록 차가워지는 것처럼 말이다.

　허나 이일분수설은 이理로부터 만물의 성性이 제각기 부여되는 과정을 단계적으로 설명하지 않는다. 차고 넘치는 이理로부터 만물의 성性은 하나의 단계를 거쳐 형성된다. 다만 그 과정에서 이理의 완벽하고 선한 본질을 제대로 잘 구현한 성性이 있는가 하면, 그렇지 못한 성性이 있을 뿐이라고 말한다. 이렇게 성性이 완벽히 이理의 본모습을 구현하지 못한 채 현실에 나뒹굴게 되는 것을 가리켜 기질지성氣質之性이라 말한다. 이일분수 과정에서 기질氣質이 개입하여 이理의 본질이 제대로 현실에서 구현되지 못한다는 것이다.

　플로티노스의 유출설은 훗날 기독교 신학에 큰 영향을 미친다. 하나님의 은총이 차고 넘쳐 만물이 창조되었다는 기독교 교리의 가르침은 플로티노스의 유출설을 따르고 있다. 이런 점에서 보면 이일분

수를 주장한 성리학 또한 대단히 종교적인 측면이 강하다는 것을 알수 있다. 비록 성리학이 인격신을 내세우지 않았지만 그들에게 있어이理는 실제로 신과 다름없어 보인다.

하지만 성리학은 이理의 본질을 파악하고 이理에 다가가는 방법의 측면에서 플로티노스 및 기독교와 구분된다. 성리학은 신비주의적 체험이나 종교적 숭배 대신 합리적 탐구를 통해 이理를 발견할 수 있다고 보았다. 그런 점에서 성리학은 일종의 이신론理神論, deism이다.

▶ 관련 개념어 : 이, 기, 이기론, 성리학

인

타인의 마음을 내 마음처럼 느끼는 공감의 능력
仁

지난 2001년 1월 도쿄 지하철에서 선로에 떨어진 취객을 한국인 유학생 이수현 씨가 구하려다 숨진 사건이 발생한 바 있다. 우리 언론은 일제히 그를 "의인義人 이수현"이라고 칭송했다. 그의 숭고한 행위는 한국과 일본 국민 모두를 감동시켰으며, 그의 일대기를 그린 영화가 만들어지기도 했다. 이수현을 기리는 홈페이지엔 사람들의 방문이 끊이지 않고 있다.

하지만 그를 의인義人이라고 칭하는 건 조금 어색하다. 그는 오히려 살신성인殺身成仁을 실천한 인물이라고 하는 게 적절하다. 의義란 불의에 항거하는 절개를 뜻하고, 인仁이란 다른 사람의 고통을 나의 고통처럼 절실히 느끼는 공감sympathy을 뜻하기 때문이다. 이수현은 불의에 항거한 인물이라기보다는 타인의 고통을 자기 고통처럼 느낀 따뜻한 마음의 소유자이다.

공자가 가장 강조한 덕목인 인仁은 그리 복잡하고 심오한 것이 아니다. 간단하다. 그냥 타인의 고통을 보고 내 고통처럼 느끼는 우리의 자연스런 정서가 인仁이다. 인은 곧 공감, 즉 함께 느끼기이다.

인仁이라는 글자는 '두 사람이 함께 있는 모습을 나타낸 것'이라는 『설문해자 說文解字』의 해석이 그동안 당연한 것처럼 받아들여져 왔다. 타인에 대한 공감이라는 인仁의 내용으로 보아도 『설문해자』의 해석은 적절해보였다.

그런데 1899년 갑골문甲骨文이 발견됨으로써 한자 어원에 대한 기존의 표준적 해석들 가운데 상당 부분이 틀렸음이 입증되었다. 인仁 글자도 그 가운데 하나이다. 갑골문에 나온 인仁 자는 '두 사람이 함께 있는 모양'이 아니라 '한 사람이 따뜻한 방석에 살포시 앉아 있는 모습'을 형상화하고 있었던 것이다.

인仁이란 따뜻한 방석에 앉아서 온기가 전해지듯 스스로 마음에서 푸근한 정서를 일깨우는 것이라는 점을 갑골문이 보여주고 있다. 이처럼 본래 인仁이란 사회적 덕목이 아니라 개인적 덕목이었다. 인仁이 가지는 사회적 의미는 인仁으로 인해 파생되는 결과일 뿐 인仁 그 자체의 목적일 수는 없다.

곰곰 생각해보면 정말 그렇다. 이수현이 인仁을 실천한 것은 그 순간 다른 사람을 위해서라기보다는 그저 내면에서 꿈틀대는 본연의

생전의 이수현. 이수현이 인(仁)을 실천한 것은 내면에서 꿈틀대는 순수한 본능에 의한 것이었다. 효제를 넘어 타인에게까지 인(仁)한 마음을 가졌던 것이다.

순수한 본능에 의한 것이었다. 그 순간 만약 타인을 생각하는 마음이 발동했다면 그는 마땅히 그와는 별 관계가 없는 타인을 구하려 하기보다는 몸을 보존해 자기와 가장 밀접한 관계를 맺고 있는 타인인 부모에게 큰 고통을 안겨주지 않았어야 했다.

공자 또한 이에 부합하는 설명을 하고 있다. 효제孝悌, 즉 부모님께 효도하고 형제들과 우애 있게 지내는 것을 인仁의 근본이라고 했다. 이러한 근본적인 인仁이 제대로 실천된다면 나아가 나와 긴밀한 관련을 맺지 않은 다른 사람들에 대해서도 따뜻한 마음을 가질 수 있게 된다고 보았다. 이수현은 효제를 넘어 타인에게까지 인仁한 마음을 가질 수 있었던 사람이다. 사회적 맥락이 아닌 개인적 차원에서 인仁이라는 덕목을 갖추게 된 것이다.

그런데 인仁만으로는 조금 부족해보인다. 그래서 맹자孟子는 공자가 강조했던 인仁에다가 의義, 예禮, 지智 등 세 가지 덕목을 추가해 네 가지 덕목, 즉 사덕四德으로 확장시킨다. 인仁이 개인적 덕목이라면 나머지 덕목들은 사회적 덕목이다.

근대화 과정에서 공자는 철저히 외면되었다. 인仁이라는 덕목 또한 내동댕이쳐졌다. 그러나 근대에 대한 반성이 무르익고 동아시아가 세계의 중심으로 부각되면서 인仁이라는 덕목이 다시 각광받기 시작했다. 근대의 과제가 "인간은 무엇을 알 수 있는가?"라는 주지주의主知主義적인 것이었다면 21세기의 과제는 "인간은 어떻게 느낄 수 있는가?"라는 주정주의主情主義적인 것이다. 이에 따라 동아시아의 인간론에 대한 관심이 증가하고 있다. 이수현에 대한 추모의식은 이러한 문명사적 흐름 속에 있는 사건이다.

▶ 관련 개념어 : 사단과 칠정, 사덕, 성선설

인물성동이론

청나라에 대한 양가감정이 무의식적으로 반영된 인성론
人物性同異論

인간과 동물은 본성이 같은가, 다른가? 초등학교 수업시간에 많이 다뤘던 주제이다. 인간에게는 영혼이 있어서 동물과 다르다느니, 인간도 동물처럼 먹고 마시고 싸니까 동물이랑 다를 바 없다느니 하면서 논쟁을 벌인 기억이 있다. 물론 석연하게 결론을 맺지는 못한다. 언제나 선생님께선 절충적 입장으로 토론을 마무리하신다.

조선 후기, 더 정확히 말해 18세기 초기에 인간과 동물의 본성이 같은지 다른지에 대한 논쟁이 제기된 바 있다. 이를 인물성동이론人物性同異論이라 한다. 인간과 동물의 본성이 같다는 주장을 '인물성동론人物性同論'이라 하고, 인간과 동물의 본성이 다르다는 주장을 '인물성이론人物性異論'이라 한다. 이 두 주장 모두 성리학의 테두리 안에서 제기된 것이다. 성리학의 집대성자인 주희朱熹가 남긴 말을 누가 더 정확하게 해석하고 있는지 다툰 싸움이라 할 수 있다.

성리학에 따르면 인간과 동물의 본성性은 근본적으로 선善하다. 왜냐하면 인간과 동물의 본성은 우주적 차원의 만고불변의 진리이자 원리인 이理와 근본적으로 동일하기 때문이다. 이理가 흘러넘쳐 인간과 동물의 본성으로 구현되었다고 보기 때문이다.

그런데 문제는 현실이다. 현실에서 인간과 동물은 분명 차이를 보인다. 인간과 동물은 원리적 차원에선 모두 선한 존재이지만 현실에선 극명하게 악을 드러낸다. 특히 동물은 윤리에서 벗어나 있는 몰윤리적沒倫理的 존재들이다. "인간과 동물을 비롯한 만물의 본성은 선하다."라고 마냥 원리론만 되뇔 수는 없는 노릇이다.

이렇게 원리와 현실이 괴리를 빚는 상황에서 제기된 절충안이 성性을 본연지성本然之性과 기질지성氣質之性으로 구분하는 것이다. 인간과 동물은 본연적 차원에선 선하다. 즉 본연지성은 동일하다. 그러나 기질이라고 하는 현실적 차원에서는 확연히 구분된다. 즉 기질지성은 서로 다르다.

인물성이론을 주장하는 사람들은 바로 이 점을 강조한다. 인간과 동물은 본질적으로 선한 본성을 갖고 있지만 현실적으로는 차이가 있다. 그런데 인간과 동물은 현실적인 존재이지 관념적인 존재가 아니다. 우리가 직접 체험하고 겪는 것은 본연지성이 아니라 기질지성이다. 따라서 인간과 동물의 기질지성이 다르다는 점을 강조해 결국 인간과 동물의 본성은 다르다고 주장한다.

반면 인물성동론자들은 본연지성과 기질지성의 구분을 인정하면서도 본성性이라고 하는 것이 현실적 맥락의 개념이 아니라 원칙적 차원의 개념임을 강조한다. 기질의 차이로 말미암아 인간과 동물이 극명하게 서로 다른 윤리적 행태를 보이는 것은 사실이다. 그러나 그렇게 현실만을 바라보고 원리를 외면할 경우 현실은 늘 이상을 이기게 된다. 타락하는 현실을 바로잡을 방도가 없어진다.

따라서 이들은 인간과 동물의 본성性을 본연지성과 기질지성으로 구분된 층위에서 보기 이전에 본성性 자체의 층위에서 먼저 보아야 한다고 주장한다. 이런 입장에 따르면 결국 인간과 동물은 원리적 차원에서 그 본성이 동일하다는 사실을 인정하지 않을 수 없게 된다.

인물성동이론을 간략히 아래 표로 정리해 본다.

인물성동론의 대표자는 이간李柬이며, 인물성이론의 대표자는 한원진韓元震이다. 두 인물 모두 서인西人 소속으로 주기론主氣論적 입장을 취하고 있다. 주기론은 주리론主理論과 달리 이理의 능동성을 절대로 인정하지 않는다. 현실은 결단코 기氣의 작용만으로 운용되며, 이理는 우리가 따라야 할 일종의 법률 역할을 하는 것이라 본다. 그들은 주리론자들과는 달리 기氣의 현실을 먼저 인정한다.

▮ 인물성동이론

	이(理)	성(性)	
인물성동론	같다	같다	
인물성이론	같다	같다	다르다
	이(理)	본연지성	기질지성

주기론 측면에서 보면 인물성이론을 주장한 한원진의 주장이 더 이론적으로 타당하다. 인간과 동물을 본연의 측면이 아닌 현실의 측면에서 보는 것이 주기론적 입장에 걸맞다.

따라서 주기론이라고 하는 입장의 측면에서 보면 인물성이론을 주장한 한원진의 주장이 더 이론적으로 타당하다. 인간과 동물을 본연의 측면이 아닌 현실의 측면에서 보는 것이 주기론적 입장에 걸맞다.

그렇다면 이간의 인물성동론은 주기론의 본령에서 벗어난 것인가? 그렇다. 본령에서 확연히 벗어난 것이다. 실제로 조선 후기 발달된 외래 문물을 적극적으로 받아들이고, 변화된 기氣의 현실을 인정한 주기좌파들은 이간과 마찬가지로 인물성동론의 입장을 취했다. 외래 문물을 적극적으로 받아들인다는 입장은 차이를 강조하는 입장이 아닌 동질감을 강조하는 입장이기 때문에 이들이 인물성동론의 입장을 취한 것은 자연스럽다. 이를테면 인물성동론을 주장한 이간은 주기좌파의 이론적 선구자 역할을 한 셈이다.

재미난 사실은 주리론자들이 인물성동론의 입장을 취했다는 것이다. 이理라는 원리를 기氣라는 현실에 앞서 교조적으로 숭배하던 이들이기 때문에 이들은 원리적 차원에서 인간과 동물의 본성을 같다고 본다. 서인으로서 주기론적 입장을 취했던 이간과 같은 결론을 내세우게 된 것이다. 이들 주리론자들은 조선 후기에 주리우파적 입장을 취한다. 주리우파와 주기좌파가 인물성동이라는 쟁점에 한해서는 서로 의견의 일치를 본 셈이다.

허나 이론적으로는 같은 입장을 취했을지 몰라도 현실적 대응이라는 측면에서는 확연히 다르다. 주기좌파는 인간과 동물, 조선인과 중국인, 여진족과 서양인이 모두 본질적으로 같다고 본다. 그리고 외래 문물을 적극 수용한다.

반면 같은 인물성동론을 주장했던 주리우파는 완전히 다른 결론을 내놓는다. 조선과 서양이 근본적으로 본성이 같음에도 불구하고 오늘날 현실에서 서양은 패륜적 행위만 일삼고 있다. 그들은 인물성동론이라는 대원칙을 어긴 불구대천의 원수들이다. 따라서 인물성동론의 원칙에 따라 그들을 응징해야 한다는 것이 주리우파의 결론이다.

인물성동이론이 제기된 18세기 초 조선은 오랑캐 나라인 청나라를 통해 발달된 문물을 접하게 된다. 삼전도와 치욕을 안긴 청나라가 오랑캐 나라인 줄로만 알고 있었는데, 그토록 놀라운 문명국가를 건설하게 되다니 놀라울 따름이다. 여기서 새로운 이론적 돌파구가 필요했다. 전처럼 주기론에만 입각해 청나라를 짐승의 나라라고 외면할 수만은 없었다. 인물성동이론은 짐승의 나라로 여겨왔던 청나라를 어떻게 받아들여야 좋을지 고민에 빠진 조선 후기 지식인들의 무의식이 반영된 논쟁이다.

인물성동론을 내세운 이간 자신은 청나라를 받아들여야 한다는 주장을 한 적이 없다. 그는 강력한 반청주의자였다. 그럼에도 불구하고 그는 인물성동론을 내세웠다. 그의 의식은 반청을 외쳤지만 그의 무의식은 어느새 청나라와의 화해를 도모하고 있었던 것이다.

현재의 입장에서 보면 완벽히 인물성동론이 옳다. 인간과 동물의 본성은 모두 유전자 정보로 환원되어 설명된다. 인간과 동물은 근본적으로 진화의 산물로서 생물학적 위계를 함께 구성하는 존재이다.

결국 인물성동이론은 그 논쟁의 내용 자체가 중요한 것이 아니다. 이 논쟁을 통해 변화한 현실을 대하는 당대 지식인들의 태도를 읽을 수 있다는 점에서 이 논쟁은 역사적 가치를 지닐 뿐이다.

▶ 관련 개념어 : 성선설, 성, 정, 본연지성과 기질지성, 주기론, 주리론

인심과 도심
내 안에 도사린 천사와 악마는 하나인가 둘인가?
道心 人心 　　　　●

인심人心이란 인간의 현실적 마음이다. 배고프면 먹고 싶고, 졸리면 자고 싶은 마음이 곧 인심이다. 도심道心이란 인간의 아름다운 마음이다. 가난한 사람을 보면 돕고 싶고, 불의를 보면 참지 못하는 마음이 도심이다. 인간에게는 누구나 이런 두 가지 마음이 있다.

흔하디흔한 한국 드라마 한 도막을 보자. 결혼 적령기의 어여쁜 여인 곁에 두 남자가 있다. 한 남자는 철없는 재벌 2세이고, 또 다른 남자는 가난하지만 헌신적인 훈남이다. 이 여인은 일부러 그런 것은 아니지만 두 남자 사이에서 결단을 내리지 못한 채 상황을 점점 복잡하게 만들고 갈등을 증폭시킨다. 그러던 어느 날, 친구에게 이렇

게 털어놓는다.

"나도 내 마음을 모르겠어."

이게 바로 인심과 도심의 갈등 상황이다. 자기를 위해 헌신하는 훈남을 배신하지 않고자 하는 도심과 멋진 스포츠카에 올라타고 싶고 평창동 저택의 안주인이 되고 싶은 인심이 그녀 안에서 갈등을 일으키고 있다. 이 두 가지 마음은 자신의 의지와는 무관하게 제멋대로 인간을 지배한다. 분명 자신이 말을 뱉고 자신이 행동한 것이면서도 그런 말과 행동의 이유를 스스로도 납득하지 못한다.

인심과 도심에 관한 내용은 『서경書經』의 「대우모大禹謨」에 처음 나온다. "인심은 위태하고 도심은 은미하다." 인간의 현실적 마음은 악으로 빠질 위험이 많아 위태롭고 인간의 아름다운 마음은 현실 속에서 드러나기가 쉽지 않아 은미하다는 얘기다.

인심과 도심에 관한 논란은 중국 송宋나라와 명明나라를 거쳐 조선에서 본격적으로 전개된다. 인간을 근본적으로 선한 존재라고 보는 그들에게 인간의 악한 마음은 크나큰 숙제였다. 도대체 왜 근본적으로 선한 존재가 현실적으로 악한 마음을 품게 되는가? 그들은 『서경』의 구절을 빌려 이런 의문에 답하고자 했다.

이황李滉은 인심과 도심의 근원을 완전히 서로 다른 것으로 구분한다. 도심과 인심이라는 두 가지 마음이 서로 경쟁하면서 인간의 행동을 규율한다고 보았다. 마치 천사와 악마가 번갈아가면서 인간을 충동질하는 디즈니 만화의 한 대목처럼 인간에게는 모두 근원이 다른 두 가지 마음이 있다고 그는 말한다. 드라마 속 어여쁜 여인의

심장은 도심과 인심이 겨루는 각축장인 셈이다.

그런데 이런 주장에는 세 가지 문제점이 있다. 첫째, 인심이란 결코 그 자체로 나쁜 것이 아니다. 인심은 인간의 현실적 욕구이다. 먹고 싶을 때 먹고 싶은 마음이 생기지 않는다면 인간은 죽는다. 다만 그런 마음이 지나쳐 지나치게 미식을 추구하고 탐욕스러워진다면 문제지만, 인심 자체를 나쁘다고 볼 수는 없다. 인심은 단지 악으로 빠질 위험이 많아 위태로울 뿐이다.

그럼에도 불구하고 이황의 논리는 인심을 지나치게 각박하게 해석해서 무조건 나쁜 것이라고 보게 만든다는 점에서 문제가 있다. 실제로 조선시대에는 인심을 무조건 나쁜 것처럼 보는 분위기가 팽배해 있었다. 식욕을 드러내는 것을 무척 경망스럽고 천한 행동으로 여긴 전통을 통해 이런 입장을 확인할 수 있다.

둘째, 인간의 마음을 도심과 인심으로 확연히 구분할 경우 인간의 주체성을 이원적으로 구분하게 될 위험이 있다. 그래서 드라마 속 여인처럼 자기의 행동을 스스로 규율하고 판단하지 못한 채 "나도 내 맘을 모르겠다."라고 무책임한 태도를 보일 수 있다.

셋째, 이황의 인심도심론은 도심의 근원을 이理에서 찾고 인심의 근원을 기氣에서 찾는다. 이理가 단순히 원리의 차원에만 머물지 않고 능동적으로 도심을 발동시킨다는 것이다. 하지만 이렇게 이理의 능동성을 인정할 경우 성리학性理學 본연의 이론적 구도를 벗어나게 된다. 왜냐하면 성리학의 본래 구도에 의하면 무언가 능동적이고 움직임이 있는 것은 결코 이理의 자격을 얻지 못하고 기氣에 불과한 것으로 여겨지기 때문이다.

인심과 도심의 근원을 이원적으로 확연히 구분한 이황과 달리 이이李珥는 인심과 도심을 확연히 구분하지 않고, 그것을 하나의 마음이 가지는 두 가지 측면이라고 설명한다. 하루는 재벌 2세를 만나고, 다음 날에는 가난한 훈남을 만나는 여인의 행동은 두 가지 서로 다른 마음이 시킨 결과가 아니다. 그것은 하나의 마음이 시시각각 변함에 따라 벌어지는 결과일 뿐이다.

인간의 마음은 하나다. 인심은 도심이 될 수 있고, 도심 또한 인심으로 변할 수 있다. 현실과 조건, 인간의 의지와 훈련의 강도 등에 따라 이런 변화의 폭과 깊이가 결정된다. 천사와 악마가 번갈아가면서 인간을 지배하는 것이 아니라 하나의 마음이 천사 옷을 입었다가 악마 옷으로 갈아입을 뿐이다. 이황처럼 두 마음을 확연히 구분해 각박하게 설명하지 않고, 두 마음이 수시로 변할 수 있다고 설명함으로써 인간 마음의 변화무쌍한 실태를 리얼하게 묘사하고자 한다.

허나 이런 주장에도 두 가지 문제점이 있다. 첫째, 이이는 인심을 꼭 나쁜 것이라고 보지는 않는다. 인심은 인간의 기본적 마음으로서 나쁠 수도 있고 좋을 수도 있는 것이라고 설명한다. 『서경』에서 말하는 인심의 본래 의미에 충실한 해석이다. 그런데 이런 입장을 취한다면 굳이 도심이라는 것은 필요 없게 된다. 왜냐하면 인심이 나쁠 수도 있고 착할 수도 있다고 한다면, 인심만으로 인간의 선한 마음과 착한 마음을 모두 설명할 수 있기 때문이다. 굳이 도심을 도입하지 않아도 인간 마음의 이중성을 설명할 수 있다.

그렇다고 이황처럼 인심을 무조건 나쁜 것이라고 해석할 수도 없다. 그렇게 해석할 경우 이황처럼 인심과 도심을 확연히 구분되는 두 가지 마음처럼 여기게 되어 착한 마음과 악한 마음의 변화 양상을 설명하기 곤란해지기 때문이다.

둘째, 이이는 인심과 도심의 근원을 모두 기氣에서 찾는다. 그는 이理의 능동성을 부정하는 성리학 본연의 이론적 틀을 벗어나지 않고자 한다. 하지만 그렇게 설명할 경우 도대체 똑같은 기氣가 발동하여 마음이 생기게 되는 과정에서 왜 어떤 것은 도심이 되고, 또 어떤 것은 인심이 되는지 설명하기 곤란해진다.

이런 난점을 해결하기 위해 이이는 본연지기本然之氣라는 것을 내세운다. 본연지기란 인간 본연의 순수한 본성인 본연지성本然之性을 제대로 구현하는 기氣를 말한다. 즉 본연지기가 발동해 마음이 될 경우 그것은 도심이 되고, 본연지기가 아닌 지저분한 기氣가 발동해 마음이 될 경우 그것은 인심이 된다는 것이다.

허나 본연지기라는 것은 본래의 성리학 구도에는 없는 얘기다. 자기 이론의 난점을 해소하기 위해 이이는 본연지기를 내세우게 되지만 오히려 이론적으로 혼란을 초래하게 된다. 왜냐하면 본연지기를 인정할 경우 마치 기氣 자체에 본연지성처럼 어떤 본연의 순수한 본질이 있는 것처럼 여겨질 수 있기 때문이다. 성리학의 본래 구도에 의하면 기氣란 그 자체로 선악의 가능성이 혼재되어 있는 재료일 따름이다. 거기에 어떤 본연의 순선무악한 것이란 있을 수 없다.

이처럼 인심과 도심에 대한 이황과 이이의 주장 모두 이론적 근거와 난점이 동시에 있다. 이황과 이이 이후에도 인심과 도심에 대한 논쟁은 조선조를 통해 다각도로 전개되었다. 과연 인간의 마음은 하나일까, 둘일까?

과거나 지금이나 음식이 있어도 그것을 먹고 싶은 마음, 즉 인심을 가급적 억누르는 것이 미덕이다. 다만 식욕을 억누르는 이유는 서로 다르다. 과거에는 도심이 더 중시되었기 때문에 인심을 억누르려 했다. 하지만 현대에는 살이 찌지 말아야 하고 건강해야 한다는 또 다른 인심을 충족시키기 위해 먹고자 하는 인심이 억눌려질 뿐이다. 바야흐로 현대는 도심이 사라지고 인심만이 있는 시대이다.

▶ 관련 개념어 : 성선설, 성, 정, 본연지성과 기질지성, 주기론, 주리론

자연철학

만물의 배후에 있는 근원적 물질에 대한 최초의 철학적 탐구
physica

자연철학에는 두 가지 의미가 있다. 좁은 의미로는 고대 그리스의 자연철학physica을 지칭하며, 넓은 의미로는 자연에 관한 철학적 이론 전반philosophy of nature을 지칭한다. 여기서는 좁은 의미의 자연철학, 즉 고대 그리스의 자연철학을 다룬다.

서양철학은 자연철학에서부터 출발한다. 동아시아철학이 인간학에서부터 출발한 것과 극적으로 대비된다. 서양철학은 자연철학으로부터 출발해 인간의 문제를 되돌아보는 방식으로 전개된 반면 중국을 중심으로 한 동아시아철학은 2천500여 년 동안 오로지 인간의 문제에만 집중했다. 자연에 대한 관심은 극히 아마추어적인 수준에

탈레스의 뒤를 이어 아낙시만드로스(좌)와 아낙시메네스(우)가 자연의 근원에 대해 주장했다. 만물의 근원을 아낙시만드로스는 '무한자'라 주장했고, 아낙시메네스는 '공기'라 주장했다.

머물렀다.

근대에 이르러 서양에서 자연과학이 꽃을 피운 건 우연이 아니다. 서양철학, 나아가 서양 학문 일반의 출발을 알리는 시도가 자연에 대한 탐구에서부터 비롯되었기 때문이다. 중·고등학교 과학 교과서의 첫 부분에는 거의 예외 없이 데모크리토스Democritos를 비롯한 고대 그리스의 자연철학자들에 관한 이야기가 실려 있다. 고대 그리스의 자연철학은 근대 이후 서양의 자연과학자들에게 영감의 원천이었다. 고대 그리스의 자연철학을 정확히 이해하면 서양철학 전체, 나아가 서양 문화 전체를 쉽게 이해할 수 있게 된다.

최초의 시도는 탈레스Thales가 감행했다. 그는 신God이 아닌 인간의 이성을 통해 세상의 근원을 탐구하고자 했다. 그가 내린 결론은 '세상의 근원은 물water'이라는 것이다. 물론 대단히 조악하기 그지없고 별다른 논거도 없는 단순한 주장이지만 이 선언은 의미심장하다. 이것은 자연에 대한 탐구 과정에서 신God과의 결별을 주장하는 선언문과도 같은 것이었다.

그의 뒤를 이어 아낙시만드로스Anaximandros와 아낙시메네스Anaximenes가 자연의 근원에 대해 주장했다. 아낙시만드로스는 만물의 근원을 '무한자無限者, apeiron'라 주장했고, 아낙시메네스는 만물의 근원을 '공기'라 주장했다. 아낙시만드로스는 만물의 근원을 '물'이라 주장한 탈레스의 입장을 극단적으로 추상화시켰으며, 아낙시메네스는 아낙시만드로스가 지나치게 추상화한 내용을 다시 구체화시켰다. 이들 셋을 합쳐 밀레투스Miletus 학파라 칭한다.

피타고라스Pythagoras는 앞선 자연철학자들과는 완전히 다른 각도에서 만물의 근원을 설명한다. 앞선 철학자들이 만물의 물질적 근원을 설명하고자 한 것과 달리 피타고라스는 만물의 물질적 근원이 아닌 만물의 '내적 구조'를 설명하고자 했다. 그가 내세운 것은 '수數, number'이다. 만물이 조화롭게 구성될 수 있는 건 '수' 때문이다.

피타고라스가 특히 주목했던 건 음악이다. '도' 음정을 내는 현을 정확히 절반으로 자르면 높은 '도' 음정이 나온다. 나머지 음정들도 유리수有理數, rational number*의 비율로 정의된다. '수'를 통해 아름다운 음악이 창출되는 것처럼 만물들도 '수'의 비율로 인해 질서를 갖추게 된다고 피타고라스는 보았다.

---

* 유리수有理數란 리理, ratio가 있는有 수를 의미한다. ratio에는 '이성理性'이란 의미와 '비율比率'이란 의미가 동시에 있다. rational number를 좁은 의미로 번역하면 '유비수有比數'가 된다. 그러나 넓은 의미로 보아 '유리수'라고 하는 게 적절하다. 왜냐하면 고대 그리스인들이 말한 수의 조화는 단순히 비율의 조화에 그치는 것이 아니라 이성의 조화라는 의미로 확장되기 때문이다.

밀레투스학파와 피타고라스는 만물의 근원, 혹은 만물의 내적 구조를 탐구했다. 이에 비해 그들을 뒤이은 헤라클레이토스Herakleitos와 엘레아학파 Eleatics는 만물의 변화 양상에 관해 탐구했다. 헤라클레이토스는 "만물은 유전한다panta rhei."는 유명한 말을 남김으로써 변화와 생성Becoming을 중시하는 철학의 선구자로 우뚝 섰다. 그에 의하면 우리는 같은 한강에 두 번 빠질 수 없다. 한강물은 시시각각 흘러가기 때문이다. 곰곰 따져 보면 대단히 일리 있는 지적이다.

반면 엘레아학파의 파르메니데스Parmenides는 헤라클레이토스의 주장에 반기를 들고 존재Being의 철학에 선구적 족적을 남긴다. 무언가 변화하는 것으로 보이는 사물들도 실상 그 본질을 보면 변화하지 않는다. 설령 무언가 변화하는 것이 있다고 한다면 그것은 결코 만물의 근원이 될 수 없다. A가 변해서 B로 된다면 그것은 결국 처음의 A가 아닌 것이 되며 B는 또 다시 C로 변할 수 있다. 변화를 인정하게 되면 'A=B=C=D…'를 인정하는 셈이 되어 만물의 질서를 무너뜨리게 된다. 따라서 만물에는 변하지 않는 근본적 동일성이 존재할 수밖에 없다.

헤라클레이토스는 우리가 같은 강물에 두 번 들어갈 수 없다고 주장하지만, 그런 식으로 따지면 결국 '한강'이라는 말 자체도 성립될 수 없다. 한강은 시시각각 변하기 때문이다. 그러나 현실에는 분명 '한강'이라는 단어가 존재하고, 우리는 현실에서 '한강'이라는 단어를 아무런 문제없이 사용하고 있다. 왜냐하면 한강은 겉으로 변하는 것처럼 보이지만 본질적으로는 하나의 동일한 존재이기 때문이

파르메니데스(좌)는 헤라클레이토스의 주장에 반기를 들고 존재의 철학에 선구적 족적을 남긴다. 파르메니데스의 제자인 제논(우)은 스승의 주장을 더욱 발전시켰다.

다. 따라서 변화를 주장하는 헤라클레이토스는 틀렸다. 이 말도 곰곰 따져 보면 대단히 설득력이 있다. 철학이란 게 다 그렇다. 서로 반대되는 입장들 얘기를 들어보면 둘 다 일리가 있어 보인다. 그래서 어렵고, 그래서 재미나다.

파르메니데스의 제자인 제논Zenon은 스승의 주장을 더욱 발전시켰다. 그는 유명한 '제논의 역설Zenon's Paradox'을 내세워 겉으로 움직이는 것처럼 보이는 사물도 본질적으로는 결코 움직이지 않음을 논증하고자 했다. "아킬레스는 거북이를 따라잡을 수 없다."라든가 "화살은 날지 않는다."는 주장은 존재의 철학을 주장한 스승의 입장을 강화하기 위한 이론적 시도였다. 물론 우리의 상식에는 반하지만 말이다.

이처럼 변화와 존재의 입장이 팽팽하게 맞서는 상황에서 이 둘의 입장을 절묘하게 절충한 시도가 나왔다. 엠페도클레스Empedokles가 그 임무를 맡았다. 엠페도클레스는 변화하지 않는 다수의 근본적 재료들이 서로 뒤섞임으로써 세상의 만물을 구성하게 된다고 설파했다. 변하지 않는 재료들이 있다고 말한 점에서 파르메니데스를 비롯한 엘레아학파의 입장을 받아들인 것이며, 그런 재료들이 끊임없이 서로 뒤섞이고 재배열됨으로써 만물을 구성한다고 본 점에서 헤라클레이토스의 입장을 받아들인 셈이다. 그가 말한 근본적으로 변하지 않는 다수의 재료들이란 물, 불, 공기, 흙 등 네 가지 원소들이다. 엠페도클레스에 의해 다시금 탈레스가 시도했던 만물을 구성하는 궁극적인 재료들이 부각된다.

그리고 탈레스의 시도를 아낙시만드로스가 추상화시켰던 것처럼 엠페도클레스의 시도는 아낙사고라스Anaxagoras에 의해 또다시 추상화된다. 아낙사고라스가 내세운 것은 '누스nous', 즉 '정신'이었다. 그때까지의 철학자들은 모두 물질만을 논했지만 아낙사고라스에 의해 최초로 '정신'의 의의가 부각된다. 만물은 물질로 구성되어 있지만 그것들을 움직이게 하고 질서를 잡는 작용은 '정신'이 한다.

아낙시만드로스의 추상화 작업을 아낙시메네스가 구체화했던 것처럼 아낙사고라스의 극단적 정신주의적 작업은 다시금 데모크리토스에 의해 물질주의적 방면으로 진행된다. 그는 엠페도클레스처럼 변하지 않는 물질적 재료를 주장하지만 그 재료를 네 가지로 국한하지 않는다. 변하지 않는 궁극적 재료들, 즉 원자atom는 무수히 많다. 이 무수히 많은 원자들이 서로 뒤섞이면서 만물이 구성되고 재배열된다. 아낙사고라스가 주장하는 것처럼 '정신'이란 것은 없다. 오로지 원자라는 물질들로 인해 세상이 구성된다. 데모크로토스는 유물론materialism의 시조이다.

이로써 고대 그리스의 자연철학은 일단락된다. 그 쟁점을 정리하면 이렇다.

- 만물의 근원 → 만물의 구성 원리 → 만물의 변화 양상 → 만물의 배후
  에 있는 정신의 발견 → 정신의 부정과 유물론

이런 논의 과정 가운데 추상화와 구체화가 반복적으로 시도되었고, 중간 중간 대립되는 시도들을 종합하고자 하는 절충적 노력들이 곁들여졌다.

고대 그리스의 자연철학을 이해하면 서양철학의 절반을 이해한 것과 같다. 이후 전개되는 소피스트와 소크라테스의 대립 양상까지 이해하면 서양철학 전부를 이해할 수 있는 토대를 마련한 셈이 된다.

▶ 관련 개념어 : 판타 레이, 이데아, 누스, 유물론

절대적 관념론

절대정신이라는 객관적 관념이 온세상을 구현한다
absolute idealism

관념론idealism은 인식론적 개념으로서 실재론realism과 대립된다. 실재론은 우리의 바깥에 참된 세계가 실제로 있다고 주장하는 반면 관념론은 우리 바깥에 참된 세계가 실제로 있지 않다고 주장한다. 우리 바깥에 사물들이 있다는 생각은 착각에 불과하며, 오로지 인간의 감각을 통해 획득되는 관념idea만이 있을 뿐이라고 주장한다.

그런데 관념론이 주장하는 내용은 일반 사람들이 참으로 받아들이기 어렵다. 나의 바깥에 명백히 사물들이 있는데 그걸 참된 사물

들이 아니라고 주장하고 오로지 있는 것은 관념idea뿐이라니, 도대체 이런 비상식적인 주장이 왜 그리 오래도록 유럽의 철학을 지배했는지 납득하기 쉽지 않다.

대부분의 사람들은 나의 바깥에 사물이 있으리라는 생각을 별 의심 없이 받아들인다. 이런 입장을 소박실재론naive realism이라 하는데, 서양철학사에서는 매우 유치한 수준의 주장으로 무시된다.

그렇다면 유럽의 수많은 철학자들은 도대체 왜 이렇게 관념론을 주장하게 된 것일까? 이유는 하나이다. 그들은 정말로 확실한 지식을 얻고자 갈망했다. 그들은 소박실재론적 입장에 따라 우리 바깥에 있는 사물들을 참되게 존재하는 것이라고 받아들일 수 없었다. 왜냐하면 우리가 참된 것이라고 주장하는 외부 사물들의 모습이 개개인의 경험에 따라 천차만별인데, 소박실재론은 이런 복잡한 측면을 제대로 설명할 수 없었기 때문이다.

책상 위에 놓여있는 기다란 검정 물체를 놓고 누구는 '뱀'이라고 말하는가 하면, 누구는 '벨트'라고 한다. 과연 그 물체는 뱀일까, 벨트일까? 아니면 제3의 또 다른 무엇일까? 관념론자들은 책상 위에 놓인 사물을 저마다 다르게 받아들이는 여러 사람들의 잡다한 생각을 통일적으로 설명해야 했다. 그들이 내린 결론은 이것이다.

"뱀이니, 벨트니 하며 싸우지들 말아라. 책상 위에 기다란 물체가 놓여있다는 당신들의 생각 자체가 틀렸다. 책상 위에는 실제로 아무 것도 없다. 단지 당신들의 머릿속에 '기다란 검은 물체'라고 하는 관념만이 있을 뿐이다. 사람마다 서로 다른 관념들을 갖게 되는 건 자연스러우니까 싸울 필요가 없다."

이런 극단적인 관념론을 최초로 정교하게 설파한 사람이 버클리 G. Berkeley이다. 사람들의 주관적 관념을 긍정했다는 점에서 그의 관념론을 주관적 관념론이라 한다. 그는 참된 실재reality는 오로지 신 God 하나뿐이라고 말하며, 그 이외의 모든 것들은 실제로 존재하지 않는다고 말한다. 오로지 사람들의 주관적 관념만이 있을 뿐이라고 말한다.

버클리는 이렇게 사람들마다 서로 다른 주관적 관념을 인정함으로써 일단 서로 뱀이네, 벨트네 하며 다투는 문제를 해소시켜버렸다. 그러나 이런 입장은 우리의 상식을 벗어나도 너무 벗어나 있어 쉽게 받아들이기 힘들다. 기다란 검은 물체를 밝은 곳에서 가까이 확인하면 뱀인지 벨트인지 확인할 수 있을 텐데, 그는 아예 그런 시도 자체를 뭉개버리고 관념만 있을 뿐이라고 주장한다.

이런 주관적 관념론은 칸트I. Kant에 의해 초월적 관념론transcendental idealism으로 변형된다. 칸트는 현상現象, phenomenon과 본체本體, Ding an sich를 구분한다. 현상은 우리의 선험적인a priori 인식 능력을 통해 충분히 인식할 수 있다. 우리가 인식하는 현상은 분명 관념적인 것이다. 허나 그렇다고 관념만 있고 본체, 즉 실재가 없는 것은 아니다. 본체도 분명 있긴 있다. 다만 그 본체를 우리가 명확히 파악하는 것이 불가능할 뿐이다.

버클리는 책상 위에 기다란 검은 물체가 있다는 사실 자체를 허구라고 주장한 반면 칸트는 책상 위에 무언가 물체가 있다는 사실 자체는 인정하지만, 그걸 100% 완벽하게 뱀이나 벨트라고 단정할 수는 없다고 말한다. 인식의 주관성과 본체의 객관성을 동시에 인정한 셈이다.

그러나 칸트를 뒤이은 헤겔G. W. F. Hegel은 칸트의 절충적 시도가 못마땅했다. 현상과 본체를 둘로 나눈 시도 자체가 애초에 잘못된 것이었다. 본체를 100% 명확히 알 수 없다는 칸트의 주장은 쓸데없는 겸손이었다. 왜 우리가 본체, 즉 참된 진리를 알 수 없다고 그렇게 약한 소리를 하고 있느냐고 따진다. 헤겔은 '역사'와 '정신'을 강조함으로써 칸트가 미처 다다르지 못한 참된 진리의 모습에 다가서게 됐다고 자부했다.

헤겔은 인간 세상에 존재하는 온갖 모순을 오히려 긍정했다. 그러한 모순들을 극복하는 과정을 통해 인간은 발전을 이룩하게 된다고 보았다. 그런 발전을 이끄는 논리가 바로 변증법이다. '나는 학생이다'는 명제와 '나는 선생이다'는 명제는 형식논리적으로 서로 모순된다. 그러나 변증법적 방법에 따르면 위의 두 가지 모순된 명제는 '나는 대학교에서는 학생이지만 고등학교에서는 선생이다'라는 제3의 명제로 해소될 수 있다. 세상에 존재하는 이런 모순들을 변증법적으로 해소해가는 과정이 바로 역사이다. 따라서 역사는 발전하는 과정에 있다.

이는 칸트의 인식론적 전제에 대한 정면 도전이다. 칸트는 개별적인 인간들에게 모두 선험적인 인식능력이 갖춰져 있다고 주장한다. 그런데 모든 인간에게 선험적 인식능력이 갖춰져 있다면, 원시인들

나치 강제수용소의 참혹한 모습. 역사가 발전한다는 주장은 인간이 하는 모든 행위, 심지어 나치의 만행도 '시대정신의 발전과정'이라고 정당화될 우려가 있다.

에게도 이러한 인식능력이 갖춰져 있다는 얘기가 된다. 그런데 서로 같은 인식능력을 지니고 있으면서도 왜 원시인이 이룩한 야만적 문명과 현대인이 이룩한 고도의 발달된 문명이 서로 다른가? 칸트의 인식론은 이 질문에 대한 해답을 줄 수 없었다. 칸트의 인식론은 역사의 발전을 설명할 수 없었다.

헤겔은 변증법과 더불어 시대정신Zeitgeist이라는 일종의 집단적 정신을 내세움으로써 칸트의 주장에 반박한다. 인간의 정신이란 개별적인 것이 아니고 집단적이다. 이 집단적인 시대정신이 시간을 통해 변증법적으로 발전해옴으로써 역사가 발전하게 된다.

예컨대 63빌딩을 보자. 그것은 과연 개인의 작품인가? 절대 아니다. 63빌딩의 전체 구조와 그 시스템을 완벽하게 파악하는 개인이란 있을 수 없다. 그것은 20세기 건축학의 종합적 결과이다. 우리는 여러 개인들의 능력이 종합되어 63빌딩을 이룩한 것이라고 착각하지만, 사실상 따지고 보면 거기에는 하나의 집단적 정신이 개입되어 있을 뿐이다. 개인들은 이런 집단정신이 스스로의 능력을 드러내는 과정에 부분적으로 참여할 뿐이다.

인간의 정신은 처음엔 주관적 수준에 머물러 있다. 버클리가 말하는 것처럼 저마다 개인적 차원에서 이러쿵저러쿵 따진다. 혼자서 초가집 하나 정도는 만들 수 있는 수준이다. 그러다가 정신은 혼자만의 세계에서 탈피하여 객관적인 정신으로 발전한다. 역사를 통해 구성된 온갖 법체계와 정의, 도덕, 인륜 등은 바로 이런 객관적 정신이 드러난 것이다. 이제 63빌딩 정도 구축할 수준이 된 것이다.

그렇다면 주관적 정신에서 객관적 정신을 거쳐 최고조의 단계에 오른 정신은 무엇일까? 그것이 바로 절대정신絶對精神, absoluter Geist 이다. 절대정신은 단순히 초가집에서 63빌딩으로 발전하는 단계 이상의 것이다. 완벽한 건물 그 자체, 완벽한 법체계 그 자체, 완벽한 인륜 그 자체를 자기 본질 안에 갖고 있는 완벽 그 자체를 의미한다. 한마디로 말해 신God이다.

역사란 절대정신, 곧 신이 자기 자신을 드러내는 과정이다. 마치 사람이 유아기, 소년기, 청년기, 장년기를 거쳐 완숙해지면서 장난감을 갖고 놀고, 장난감을 분해하고, 장난감을 만들고, 장난감을 초월하는 과정을 거치는 것처럼 집단적 정신도 주관적 정신, 객관적 정신, 절대적 정신의 단계를 거쳐 발전하면서 온갖 문물과 제도를 창출하여 궁극적으로 자기 자신이 절대정신임을 자각하는 단계에 도달하게 된다고 그는 보았다. 이로써 주관적 관념론은 초월적 관념론을 거쳐 절대적 관념론absolute idealism으로 완성된다.

허나 이것이 정말 진실일까? 마르크스는 헤겔의 역사발전론을 받아들여 5단계 역사발전도식을 제안했는데 정말로 인간의 역사란 이렇게 발전하는 것일까? 퇴보는 없는 것일까? 역사가 발전하는 것은 정말로 집단적 정신이 스스로의 모습을 드러내는 과정인 것일까?

역사가 발전한다는 주장은 자칫 진보에 대한 환상을 심어 인간에 대한 지나친 신뢰로 귀결될 수 있다. 인간이 하는 모든 행위가 시대정신이 자기를 드러나게 하는 과정이라고 정당화할 될 수 있다. 나치의 만행과 유럽의 제국주의적 침략도 시대정신의 발전과정이라고 정당화될 우려가 있는 것이다.

동양인들에게 이런 역사발전론은 대단히 낯설다. 동양인들은 오히려 과거 주周나라를 완벽한 이상향으로 동경한다. 공자孔子가 특히 주나라를 동경했다. 역사는 반복되는 것이며 때로 발전하고 때로 퇴보하는 것일 뿐이다. 과연 어떤 역사관이 더 설득력이 있을까?

▶ 관련 개념어 : 변증법, 논리실증주의, 관념론, 합리론, 실재론

정

인간의 본성이 드러난 현실적 감정으로서 선과 악이 혼재

情

정情은 초코파이로 유명해진 개념어이다. 인간의 감정을 일컫는다. 그런데 인간의 감정이라는 게 참으로 복잡하다. 성리학자들은 수백 년간 이 복잡한 문제에 매달렸다. 문제는 주희朱熹 때문에 생겼다.

주희는 인간의 마음에 두 가지 측면이 있다고 보았다. 하나는 본

질적인 측면이고, 또 다른 하나는 현실적인 측면이다. 인간 마음의 본질적 측면은 성性이며, 현실적 측면은 정情이다. 성은 아직 드러나지 않은未發 마음의 상태이며, 정은 이미 드러난已發 마음의 상태이다.

성性은 인간의 본성으로서 시원에서부터 영원토록 순선무악純善無惡하다. 성은 하늘이 인간에게 부여해준 것이다. 반면 인간의 감정인 정情은 선하기도 하고 악하기도 하다. 초코파이로 연상되는 따뜻한 감정이 있는 반면 타인에 대해 느끼는 살의와 질투라는 감정도 있다. 왜 본성은 선한데 감정은 악해지는가? 성리학은 바로 이 단순한 문제를 가지고 장장 700여 년 동안 논쟁을 벌여왔던 것이다.

주희는 인간의 감정을 두 가지 층위로 구분해서 얘기했다. 하나는 사단四端이며, 다른 하나는 칠정七情이다. 사단이란 남의 불행을 보고 측은해 하는 마음惻隱之心, 불의를 보면 수치스러워하고 미워하는 마음羞惡之心, 남에게 양보하는 마음辭讓之心, 시비를 따지는 마음是非之心을 말한다. 이들 네 가지 마음은 전부 선하기만 하다. 주희는 인간의 선한 본성이 이렇게 선하디선한 네 가지 마음으로 드러나게 된다고 보았다.

그런데 한편으로 주희는 인간의 감정을 칠정이라고도 칭했다. 칠정이란 희로애구애오욕喜怒哀懼愛惡欲, 즉 기뻐하고, 화내고, 슬퍼하고, 두려워하고, 사랑하고, 미워하고, 욕망하는 감정을 말한다. 이들 일곱 가지 감정들은 선할 때도 있지만 악할 때도 있다. 친구의 성공을 기뻐할 수도 있지만 친구의 불행을 기뻐할 수도 있다. 교통사고를 보

기대승의 종손가에서 소장하고 있는 고문서와 전적들. 특히 기대승과 이황 사이에 사단칠정을 논하며 오고 간 친필서한도 작첩되어 있다.

고 두려워할 수도 있지만 교통사고 장면을 보며 즐기는 경우도 있다.

주희는 인간의 선한 본성이 원칙적으로는 사단으로만 발현되어야 하지만, 현실적으로 칠정으로 발현될 수밖에 없는 이중적 상황에 대해 석연한 해명을 하지 못한 채 죽었다. 이러한 문제에 가장 큰 관심을 가진 것이 조선의 유학자들이었다. 사단과 칠정의 관계에 관한 논쟁을 사칠논변四七論辯이라 한다. 이 논쟁은 기대승奇大升과 이황李滉 사이에서 시작되어 나중에 이이李珥가 개입함으로써 본격화되었다.

기대승과 이이는 사단을 칠정에 포함시켜 설명한다. 정情이란 곧 칠정을 의미한다. 사단이란 칠정 가운데 선한 내용의 것들을 특별히 지목해 이름 붙인 것이다. 반면 이황은 사단과 칠정을 확연하게 구분한다. 사단의 근원은 이理이며, 칠정의 근원은 기氣라고 한다. 사단과 칠정이 근본적으로 다른 루트로 인해 발현되는 것이라 설명한다.

이들의 논쟁에서부터 조선조의 철학논쟁은 그칠 줄 모르고 이어졌다. 그 정교하고 심오한 논쟁과정은 세계철학사적으로도 유례가 없을 정도로 장엄하다. 허나 결과는 빈약하다.

　조선조 말기에 이르러 이런 논쟁 자체에 대한 비판이 거침없이 쏟아졌다. 그 가운데 가장 아픈 비판이 최한기崔漢綺에 의해 제기되었다. 그는 정情에 대한 복잡한 논쟁들을 비생산적인 논쟁이라며 조롱하고 경멸한다. 인간의 감정은 그냥 좋아하는 감정과 싫어하는 감정 두 가지로 나누면 그뿐이라는 것이다.

　불행인지 다행인지 정情에 관한 치열했던 논쟁은 별다른 소득 없이 근대화 과정에서 완전히 단절되고 만다.

▶ 관련 개념어 : 성, 사단과 칠정, 사덕, 성리학

정의론
자유주의에 발을 딛고 사회주의에 손을 내밀다
theory of justice

　사회철학적 입장은 크게 두 가지로 나뉜다. 하나는 개인을 중시하는 입장이고, 또 다른 하나는 개인보다는 사회나 공동체를 중시하는 입장이다. 전자의 입장은 개인주의 혹은 자유주의라 불리며 공리주의 및 자본주의의 기본이념 역할을 한다. 후자의 입장은 평등주의 혹은 공동체주의로 불리며 사회주의 및 공산주의의 기본이념 역할을 한다. 이들 두 진영의 입장은 첨예하게 대립되어 좀처럼 합의점을 도출하기가 쉽지 않다. 서구 근대의 사회철학은 이들 두 진영이 벌인 논쟁의 역사라 해도 과언이 아니다.

롤즈의 정의론은 여전히 자유주의적 성격이 강하지만 기존의 극단적 공리주의와 자본주의 일변도의 미국 사회에 신선한 반성을 불러일으킨 의의는 크다.

그렇다고 어설프게 두 가지 입장을 절충하는 것은 섣부르다. 이제껏 두 가지 입장을 절충했던 시도들 가운데 사람들의 기억에 남은 것은 하나도 없다. 그런데 20세기 후반에 이르러 이런 어려운 문제에 도전해 결코 화해할 수 없을 것 같은 두 진영의 화해 무드를 비교적 성공적으로 조성했다고 평가되는 사람이 있다. 그가 바로 정의론theory of justice을 주장한 롤즈J. Rawls이다.

정의론은 두 가지 큰 원칙으로 구성된다. 첫째 원칙은 '개인이 가지는 기본적 자유와 권리를 최대한 평등하게 보장해야 한다'는 것이다. 롤즈가 보장해야 한다고 주장하는 자유에는 대부분의 자유가 망라되어 있다. 언론·집회·선거의 자유를 포함하는 정치적 자유, 사상과 양심의 자유, 신체의 자유, 재산권의 자유, 공무담임권의 자유, 시민불복종의 자유 등을 보장해야 한다고 말한다. 이렇듯 개인의 자유 보장을 제1원칙으로 내세운다는 점에서 기본적으로 그의 입장은 자유주의적이라 규정할 수 있다.

하지만 그의 자유주의적 입장은 기존의 자유주의적 입장과는 다르다. 왜냐하면 그는 대부분의 자유를 보장해야 한다고 주장하면서도 생산제의 자유, 생산물 점유의 자유, 소유물의 상속과 증여의 자유 등을 포함하는 자본주의적 시장의 자유는 인정하지 않기 때문이

354

다. 자본주의적 시장의 자유는 개인이 본질적으로 갖게 되는 기본적 자유가 아니라 두발의 자유나 복장의 자유처럼 단지 인간이 경험을 통해 얼마만큼을 부여할지 결정하게 되는 경험적 자유라고 보기 때문이다.

바로 이 측면에서 그의 정의론은 자유주의에 발을 딛고 있으면서 사회주의에 손을 내민 것으로 평가된다. 물론 자본주의를 신봉하는 우파들 입장에선 이런 절충적 시도가 달갑지 않다. 그래서 정의론의 제1원칙은 우파들에 의해 끊임없이 비판의 대상이 되고 있다.

둘째 원칙은 '개인들에게 공정한 기회를 주되 불평등한 배분도 인정하자'는 것이다. 제2원칙은 두 가지 세부 원칙으로 나뉜다. 제2-1원칙은 '개인들에게 공정하고 균등하게 기회를 주어야 한다.'는 것이다. 이는 우리가 민주주의의 대원칙이라고 믿고 있는 바로 그 원칙을 말한다. 물론 이 원칙은 현실에서 무시되기 일쑤지만 자유주의적 입장에선 평등주의나 공동체주의에 대항할 수 있는 가장 강력한 이론적 무기의 역할을 한다. 기회를 균등하게 줄 테니 그 결과에 대해 왈가왈부하지 말고 각자 책임을 져야 한다는 은근한 협박이기도 하다.

롤즈의 정의론 가운데 가장 돋보이는 부분은 제2-2원칙으로서 '차등의 원칙'으로 불린다. 롤즈는 제2-1원칙만을 내세우면서 기회를 균등하게 줄 테니 무조건 개인들이 그 결과에 승복해야 한다고 주장하지는 않는다. 제2-2원칙은 개인이 아무리 노력을 해도 기회를 균등하게 활용할 수 없는 근본적인 비균등 상황을 고려하고 있다. 그 내용은 이렇다.

"사회 구성원들 가운데 가장 힘들게 사는 사람들이 최대한 그 상황을 잘 극복할 수 있는 방향으로 사회경제적 재화를 불평등하게 배분하자." 즉 가장 못사는 사람들에게는 제2-1원칙인 기회균등의 원칙을 적용하지 말고 다른 사람들보다 더 많은 기회를 주어 낙오자가 되지 않도록 하자는 것이다. 태어나면서부터 사지가 손상되거나 지능이 낮은 사회적 약자들을 배려한 입장이다.

이러한 입장은 자유주의를 기반으로 하는 공리주의적 입장을 부정하는 것이다. 공리주의적 입장은 최대 다수의 최대 행복, 즉 개인이 누리는 행복의 총량을 중시한다. 반면 롤즈의 제2-2원칙은 설사 그 사회의 행복 총량이 다소 줄어든다 할지라도 가장 힘들게 사는 사람들을 잘 보살펴주어야 한다고 주장한다. 사회주의적 입장을 부분적으로 수용한 입장이라 할 수 있다.

태어날 때부터 다른 사람에 비해 운이 없는 사람들의 경우 기회균등의 원칙에 의하면 낙오자가 되고 비참하게 살 수밖에 없다. 자유주의는 이런 사람들이 아무리 비참하게 살더라도 그것을 개인의 책임으로 전가시킨다. 하지만 롤즈의 절충적 입장은 이런 사회적 약자를 따뜻한 시선으로 보자고 주문한다.

그런데 흥미로운 점은 롤즈가 내세우는 세 가지 원칙은 동시에 보장되어야 하는 것이 아니라 위계적이라는 것이다. 제1원칙이 최우선적이며 그다음 제2-1원칙이 우선한다. 제2-2원칙은 세 가지 원칙 가운데 위계상 꼴찌다. 제1원칙은 헌법으로 보장되지만 제2-2원칙은 단지 입법을 통해 보장될 뿐이다.

• 제1원칙 > 제2-1원칙 > 제2-2원칙 > 공리주의 원칙

롤즈가 제아무리 공리주의 원칙을 비판하면서 제2-2원칙인 '차등의 원칙'을 내세운다 해도 결국 그의 입장이 자유주의적 테두리를 벗어나 진정한 절충적 입장으로 승화된 것이라 볼 수 없다는 평가는 이런 위계론에서 비롯된다. 그가 '개인의 자유'를 최고의 원칙으로 내세우는 자유주의 사상가로 분류될 수밖에 없는 이유가 여기에 있다.

이에 따라 그의 정의론은 공동체주의 사상가들에 의해 집중적으로 공격을 받게 된다.

첫째, 사회적 약자에 대한 고려는 매우 좋은 시도이지만 아무리 사회적 약자를 배려한다 해도 궁극적으로 사회적 불평등 자체를 해소하는 데에는 역부족이라고 볼 수 있다. 왜냐하면 전체적으로 사회적 불평등은 점점 심화되면서 사회적 약자의 불만을 누그러뜨릴 정도만큼만 찔끔찔끔 혜택을 제공할 수 있기 때문이다.

둘째, 개인이 가지는 삶의 목적과 가치, 정체성 등을 순전히 개인만의 문제로 본다는 점에서 한계를 가진다. 왜냐하면 개인은 사회의 구성원으로서 그 사회의 역사와 문화 등의 지배를 받는데 롤즈는 이런 측면을 외면하기 때문이다.

셋째, 개인주의적 관점에서 벗어나지 못함에 따라 각 사회가 지니는 고유한 문화와 전통 및 역사 등에 대한 상대주의적인 측면을 소홀히 하게 된다. 즉 서로 다른 문화의 특수한 상황을 고려하지 않고

세상을 오로지 개인들이 구성하는 하나의 세상으로만 여길 우려가 있다.

가령 미혼모의 경우 정의론에 의하면 미혼모가 처한 열악한 처지만이 문제가 된다. 따라서 미혼모 혼자 아이를 키우면서 발생하는 열악한 현실을 개선하기 위해 미혼모에게 사회가 혜택을 주는 것은 정당화된다. 하지만 가족을 중시하는 사회의 경우 미혼모에 대한 혜택은 반사회적인 것으로 간주될 수도 있다. 왜냐하면 미혼모에게 혜택을 주면 줄수록 남자와 여자의 합법적 결혼을 중심으로 하는 종래의 가족제도가 깨지게 되어 사회적 통합성을 해칠 수도 있기 때문이다.

이처럼 롤즈의 정의론은 공동체주의의 입장에서 보면 여전히 자유주의적 성격이 강하다. 하지만 종래의 극단적 공리주의와 자본주의 일변도의 미국 사회에 신선한 반성을 불러일으켰다는 점에서는 그 의의가 아무리 강조되어도 지나치지 않다.

실제로 롤즈가 가르쳤던 하버드 대학 출신 관료들은 클린턴 행정부에서 의료보험을 개혁하고자 노력을 기울인 바 있다. 극단적인 자유주의를 기반으로 한 미국의 의료보험제도는 의료보험을 국가가 맡지 않고 모두 사기업에게 떠맡겼다. 그 결과 의료보험료가 치솟게 되었고, 높은 보험료를 감당하지 못해 기본적인 치료 혜택도 받지 못하고 비참하게 질병과 싸우는 저소득층의 현실이 심각한 사회문제가 되었다.

비록 클린턴 행정부에서는 그들의 노력이 실패하고 말았지만 오바마 행정부가 새로 들어서면서 드디어 그들의 노력이 결실을 맺게 되었다. 오바마가 서명한 의료보험 개혁안에는 롤즈의 정의론이 숨 쉬고 있다.

▶ 관련 개념어 : 공리주의, 실용주의

주기론
이의 능동성을 부인하는 성리학의 일파
主氣論

주기론主氣論을 글자 그대로 풀면 '기氣를 위주로 하여 이기론理氣論을 펼친 입장'이라고 할 수 있다. 여기서 그치지 않고 주기론을 일종의 기학氣學이나 기철학氣哲學으로까지 오해할 수도 있다. 그러나 주기론이란 실제로 그런 것이 아니다. 주기론은 다음의 입장을 근거로 이기론을 펼친다.

"이理는 절대로 움직이지 않는 것이다."

반면에 주리론主理論은 이理가 움직일 수 있다고 인정한다. 주기론과 주리론은 이理의 능동성 여부에 대한 입장 차이로 갈라진다. 이 사소한 입장 차이가 커다란 철학적 쟁점을 만들어냈고, 현실 속에서도 크나큰 정치적 대립을 낳게 된다.

이기론 구도는 주희朱熹가 창안해냈다. 주희는 주돈이周敦頤가 강조한 태극太極 개념을 받아들여 이理로 발전시켰다. 그 과정에서 태극이 가지고 있는 기氣의 요소들을 제거해버렸다. 또한 주희는 장재張

이기론 구도는 주희가 창안해냈다. 이(理)와 기(氣)는 개념적으로는 분명히 구분되지만 늘 함께 할 수밖에 없다는 특성으로 인해 수많은 쟁점들을 만들어낸다.

載가 강조한 기氣 개념을 받아들이면서 장재가 말한 기氣 개념에서 태허太虛로서의 원리적 측면을 제거해버렸다. 즉 원리적 측면과 물질적 요소가 혼합되어 있던 기존의 태극 개념과 기 개념을 완전히 분리해서 원리적 측면은 이理에 배속시키고, 물질적·에너지적 측면은 기氣에 배속시켜 버렸던 것이다.

이로써 주돈이가 말했던 태극과 음양오행이라는 애매한 개념 및 장재가 말했던 태허와 기라는 불명확한 개념들은 이기론이라는 새로운 구도 속으로 헤쳐 모이게 되었다. 이理는 시원적 원리이면서 현실을 규율하는 명령이다. 기氣는 물질이면서 에너지로서 온우주의 과학적·윤리적 측면을 설명해주는 수단이다. 이理와 기氣는 개념적으로 완전히 구분된다.

그러나 주희가 제시한 새로운 이기론도 완벽하지는 않았다. 이기론의 불완전성은 이理와 기氣의 관계를 불리부잡不離不雜, 즉 "서로 떼어져 있는 것도 아니며, 그렇다고 서로 뒤섞여서도 안 되는 것"이라고 설명한 주희의 애매한 입장에서 확인된다. 이理와 기氣는 개념적으로는 분명히 구분된다. 그러나 현실 속에서는 늘 함께 한다. 원리 없는 물질·에너지란 있을 수 없고, 물질·에너지가 없다면 원리가 있을 수도 없다. 명백히 구분되면서도 늘 함께 할 수밖에 없다는 특성으로 인해 이기론은 수많은 쟁점들을 만들어낸다.

이런 쟁점들은 기氣가 가진 윤리적 측면 때문에 발생한다. 기氣가 순전히 과학적 대상의 역할만 했다면 애초에 쟁점 자체가 생기지 않았을 것이다. 이理와 기氣는 정확히 과학적 법칙과 물질의 개념에 대응되었을 것이다.

성리학자들은 기氣를 윤리적으로 평가했다. 그래서 맑고 깨끗한 기氣를 선善한 기라 간주하고, 탁하고 더러운 기氣를 악惡한 기라 간주했다. 문제는 여기서 발생한다. 어떻게 완전무결한 과학적ㆍ도덕적 원리인 이理와 달리 기氣는 이처럼 청탁수박淸濁粹駁의 정도에 차이가 생기는 것일까? 주기론자들은 이에 대해 일관되게 답한다.

"기氣의 윤리적 차이는 오로지 기氣 자체에서 발생한다."

이러한 설명은 주희의 원래 구도와도 일맥상통한다. 이理는 원리일 뿐 현실이 아니다. 현실은 오로지 기氣로 설명될 뿐이다. 따라서 현실에서 기氣가 맑은지 탁한지, 깨끗한지 더러운지 여부는 기氣만 보면 파악할 수 있다. 현실의 기氣를 원리로서의 이理에 대조해보아 차이가 크면 악한 기氣가 되는 것이고, 차이가 적을수록 선한 기氣가 되는 것이다. 선악의 기원은 기氣에 있다. 이理는 선악의 판단 기준의 역할을 할 뿐이다.

이러한 입장은 이이李珥를 비롯한 조선의 기호학파畿湖學派가 주로 취했다. 그들은 우리가 현실 속에서 보게 되는 선한 행동의 근원을 기氣에서 찾는다. 이理는 아무런 적극적 역할도 하지 않는다. 단지 선한 행동의 지남철 역할만을 할 뿐이다.

가령 누군가 법에 따라 양심적으로 행동했다고 하자. 이때 법은 그 선한 행동에 아무런 직접적 역할도 하지 않는다. 그저 법으로서 존재할 뿐이다. 현실 속의 인간이 그 법을 좇아 성실히 행동했기 때문에 선한 행동이라는 결과가 나오게 되는 것이다.

주기론은 이론적으로 주리론보다 더 정확하다. 주희도 여러 차례 이理가 결코 능동적으로 움직이는 것이 아니라고 강조해서 말했다. 무언가 움직임이 있고 명령하는 측면이 있다면 그것은 이미 기氣인 것이지 이理일 수는 없다.

그러나 주기론에는 크나큰 맹점이 있다. 이理가 우리의 삶에 아무런 적극적 역할도 하지 못하고 단지 법률처럼 원칙으로서만 존재하는 것이라면 도대체 우리로 하여금 윤리적으로 행동하도록 만드는 원천이 무엇인지 설명하기 어렵게 된다는 점이다. 법이 있어도 법망을 피해 사는 사람들이 많은 것처럼 원리가 있어도 원리의 눈을 피해 교묘히 현실과 타협하는 사람들을 무슨 수로 규율할 수 있겠느냐고 주리론자들은 반박한다.

주기론은 이론적 정합성을 확보한 대신 윤리적 실천의 측면에서 약점을 보이며, 주리론은 이론적 정합성에선 다소 무리가 있는 대신 강한 실천윤리를 제공했다는 점에서 차이를 보인다.

주기파는 조선 중기까지만 해도 현실에 적극적으로 참여했다. 주기파의 세력 근거인 기호畿湖지방은 조선시대 대부분의 기간을 여당의 지위로 보냈다. 그러나 조선 말기에 이르러 성리학이 외부로부터 뿌리째 도전받는 상황이 닥치자 그들은 갈피를 잡지 못한다. 정권의 핵심세력이었던 기호지방의 주기론자들은 변화하는 현실을 설명할 방도도 없었고, 이理의 능동성에 의지해 현실을 변화시킬 이론적 토대도 없었다. 결국 그들이 택한 것은 은둔이었다.

변화하는 현실을 인정하지 않고 사리사욕에만 눈이 어두웠던 집권자들은 논외로 치자. 그런 부류는 논해 봤자 입만 더러워지니까.

한편 이런 변화된 현실까지도 인정해야 한다는 극단적 주기론자들도 있었다. 홍대용과 최한기가 대표적이다. 그들은 이理의 절대성을 부정하고, 변화된 현실을 인정해야 한다고 주장했다. 외래 문물을 적극적으로 받아들이고 서로 소통해야 한다고 주장했다. 이들은 주기론적 입장에서 출발했지만 궁극적으로는 주기론이라는 이기론적 틀 자체의 한계를 벗어나려 했다는 점에서 주기좌파라 규정된다. 반면 앞서 말한 은둔형 주기론자들은 이기론적 틀을 고수하려 했다는 점에서 주기우파라 규정된다.

주기좌파 가운데 더욱 래디칼한 입장을 보였던 건 최한기이다. 그는 이理 자체를 완전히 격하시켜 물리적 원리의 의미로 끌어내렸다. 명령은커녕 어떠한 도덕적 원리로서의 의미도 없는 것으로 재규정했다. 이에 따라 과학이 발달할 수 있는 이론적 토대가 새로 갖춰지게 되었다. 주기좌파는 주리좌파와 함께 실학의 양대 산맥을 형성하게 된다.

▶ 관련 개념어 : 이, 기, 이기론, 성리학, 주리론

주리론

이의 능동성을 긍정하는 성리학의 일파

主理論

주리론主理論을 글자 그대로 풀면 '이理를 위주로 하여 이기론理氣論을 펼친 입장'이라고 할 수 있다. 그러나 주리론과 대립각을 세웠던 주기론主氣論도 이理의 절대성을 부정하지는 않는다. 우리의 모든 삶이 이理라는 영원불변의 표준을 근거로 해야 한다고 보았던 점에서 주리론과 주기론은 공통적이다. 주리론이 주기론과 차이점을 보이는 측면은 아래 구절로 요약할 수 있다.

"이理는 능동적으로 우리의 삶을 규율하고 우리에게 명령한다."

주기론은 이理의 절대성을 인정하면서도 결단코 이理가 능동적으로 우리의 삶을 규율한다고 주장하지는 않는다. 무언가 규율하고 명령하는 것이 있다면 그것은 결코 이理가 될 수 없다. 움직임이 있는 것, 형체가 있고 냄새가 있는 일체의 유형의 것은 기氣일 뿐 이理가 아니다. 이理는 마치 법률처럼 아무런 능동적 행위도 하지 않은 채 원리로서만 존재할 뿐이며 현실은 기氣를 통해서만 움직인다.

그러나 주기론은 이론적 엄밀함을 확보하는 대신 윤리적 실천이라는 측면에서는 강력한 호소력을 발휘하지 못했다. 무언가 윽박지르고 이래라 저래라 명령하는 존재가 없다면 도대체 인간이 무엇 때문에 선한 일을 하려고 그토록 애를 쓰게 되는지 주기론으로는 적절히 설명할 수 없었다.

"열심히 공부해서 명문대 합격하자!"는 푯말을 책상머리에 붙이

주희의 어록인 『주자어류』에 이황의 주리론을 뒷받침해주는 문장, 즉 이(理)가 움직이는 능동적인 존재라는 내용의 문장이 있긴 있다. 그러나 그거 하나뿐이다.

고 자율적으로 공부해야 한다고 보는 것이 주기론자의 입장인 반면 늘 곁에서 회초리를 들고 무섭게 노려보는 어머니가 계셔야 열심히 공부해서 합격할 수 있다고 보는 것이 주리론자의 입장이다. 이를테면 주리론이 말하는 이理란 드라마 〈공부의 신〉에 나오는 강석호 선생처럼 다그치고 타이르는 존재이다.

주기론이 철학적이고 이론적이라면, 주리론은 윤리학적이며 신학적이다. 주리론은 악이 기氣에서 유래하며, 선은 이理에서 유래한다고 본다. 선과 악의 근원이 서로 다르다고 엄격하게 구분한다. 선과 악의 기원을 일관되게 기氣에서 찾는 주기론과 결정적으로 차이를 보인다.

주리론적 입장은 이황李滉을 비롯한 영남학파가 취했다. 그들의 관심은 이론보다는 현실에 있었다. 이론적 정합성은 다소 떨어지더라도 현실에서 강력하게 윤리적 강제력을 확보해야 한다고 생각했다. 그래서 무리하게 이理가 우리의 삶을 능동적으로 명령한다고까지 주장하게 되었다.

물론 근거가 전혀 없는 것은 아니다. 주희의 어록인 『주자어류朱子語類』에 이황의 주리론을 뒷받침해주는 문장, 즉 이理가 움직이는 능동적인 존재라는 내용의 문장이 있긴 있다. 그러나 그거 하나뿐이다. 주희의 전체 사상을 개관할 경우 주희가 이理의 능동성을 인정했다고 보는 것은 무리다.

그러나 주희의 생각과 조금 다르면 뭐 어떤가? 주희와의 차이점이 오히려 이황 사상의 개성이라고 평가할 수도 있는 것이다. 조선조 500년 동안 조선철학자들은 명목상 늘 주희의 사상만을 추종해 왔지만, 실질적으로는 이처럼 주희 사상의 미묘한 균열 사이에서 창의적이고 적실성 있는 논의들을 추구해 왔다. 주리론이 강력하게 제기되지 않았다면 조선철학사는 황량함 그 자체였을 것이다.

조선조 중반기까지 주리론자들은 현실 참여보다는 은둔을 택했다. 수없는 관직 제수를 고사하고 안동에서 후학 양성에만 전념했던 이황의 태도에서 전형적인 주리론자의 모습을 발견할 수 있다. 반면 주기론자들은 주리론자들보다 현실 참여에 적극적이었다. 활발하게 관직 생활을 했던 이이의 모습에서 그 특징을 확인할 수 있다.

이러한 차이는 그들의 철학적 입장의 차이에서 기인한다. 조선 초반기의 혼란을 이겨내고 중반기에 접어들면서 조선은 확고히 성리학적 정치이념을 정착시키게 된다. 주기론은 이런 성리학 일변도의 현실을 긍정적으로 평가한다. 물론 완벽한 것은 아니지만 그래도 현실을 부정할 만큼의 부조리는 발견되지 않는다. 현실氣은 주기론자

도산서원 전경. 현실참여 대신 안동에서 후학 양성에만 전념했던 이황의 태도에서 전형적인 주리론자의 모습을 발견할 수 있다.

들의 손안에 있어 보였다. 그래서 주기론자들은 적극적 참여를 거부하지 않았다.

　반면 주리론자들은 이理의 이념성을 지나치게 강조하다 보니 성리학이 뿌리박은 중기의 현실조차 인정하지 못했다. 그들은 불완전한 기氣의 현실에서 벗어나 더욱더 이理가 추동하는 내면의 명령을 발견하고 따르고자 했다. 그래서 현실을 거부하고 은둔을 택했다.

　물론 이런 특징은 대체적인 것일 뿐 일괄적으로 주기론자들이 현실에 참여하고 주리론자들이 전부 은둔했다는 것은 아니다. 그리고 이러한 경향은 조선조 말기에 이르러 완전히 정반대 양상으로 변한다. 외래 문물이 침투하고 열강이 조선을 침략하던 무렵 주기론자들은 오히려 은둔을 택했고 주리론자들은 당당히 현실에 맞서 싸웠다.

　이렇게 변화된 양상 역시 그들의 철학적 입장으로 설명할 수 있다. 주기론자들은 성리학이 뿌리째 부정되는 변화된 현실을 맞아 당황하게 된다. 현실이 송두리째 부정되는 상황이 도래했지만 그들이 현실에서 할 수 있는 일은 아무것도 없다. 왜냐하면 이理는 결단코 움직임이 없고 명령하지 않는 존재이기 때문이다. 오로지 기氣를 통해서만 사태의 변화를 도모해야 하는데 현실은 녹록치 않다. 결국 새롭게 성리학이 각광 받는 변화된 현실이 도래하기 전까지 은둔을 택할 수밖에 없게 된다.

반면 주리론자들은 성리학이 뿌리째 도전받는 지경에 다다르자 오히려 분연히 떨쳐 일어선다. 성리학이 주도적 역할을 하던 때엔 주기론자들에게 자리를 내어주며 은둔해 더 깊이 이理의 명령에 귀를 기울였으나, 성리학이 근본적으로 위험에 처하게 되자 이理의 명령을 직접 실행에 옮겨야 한다고 결심하게 된다. 이理는 단지 법으로만 존재하지 않고 명령하는 존재가 된다. 항일투사로 나서라고 명령하고 타락한 현실을 꾸짖는 준엄한 능동적 존재로서의 힘을 발휘하게 된다.

실제로 주기론자 가운데 항일투사는 손에 꼽을 정도로 적고, 영남을 근거지로 한 주리론자들은 격렬하게 대외항쟁에 나선 바 있다. 이를 통해 철학적 입장의 차이가 시대와 현실에 따라 어떻게 정반대의 모습을 보일 수 있는지 확인할 수 있다.

한편 주리론은 서학西學과 손을 잡기도 한다. 그 중심에 정약용丁若鏞이 있다. 그는 주리론적 입장을 기반으로 하면서 서학을 도입해 이理의 이념성과 능동성을 극단화시킨다. 그가 서학에서 발견한 것은 바로 신神이었다. 신은 이理보다도 더 능동적이고 더 준엄하고 더 초월적인 존재이다. 그는 신을 통한 구원이 곧 궁극적으로 유교적 구원이라고 여겼다. 서학과 주리론은 전혀 배치되지 않는다고 생각했다. 당시 천주교에 귀의했던 세력이 주리론자들이었다는 역사적 사실을 통해서도 주리론과 서학의 이론적 유사성을 확인할 수 있다.

주리론적 입장을 고수하면서 서구문물에 반대했던 주리우파는 조선말기 위정척사운동의 중심에 서게 된다. 반면 주리론적 입장에서 출발하면서 서학까지 받아들인 주리좌파는 조선말기 실학의 양대 세력 가운데 하나를 구성하게 된다. 똑같이 주리론에서 출발했으면서도 좌우파의 이념적 성향에 따라 서로 다른 길을 가게 되었다.

▶ 관련 개념어 : 이, 기, 이기론, 성리학, 주기론

주역

동아시아인들이 가진 신비주의적 우주론의 기원
周易

주역周易은 중국 고대 주周나라의 역易이라는 뜻이다. 이밖에도 하夏나라의 역易인 연산역連山易과 은殷나라의 역易인 귀장역歸藏易이 있었다고 하나 전해지지 않는다. 이것들은 애초부터 없었을 확률이 높다. 주역은 『주역周易』이라는 책에 그 내용이 고스란히 실려 있다. '주역'은 개념이면서 동시에 경전의 이름이기도 하다.

주역은 본래 점을 치기 위해 만들어졌으나 이후 많은 사람들에 의해 점술과 철학이라는 두 가지 내용을 가진 개념으로 받아들여지게 되었다. 점술의 측면을 강조하는 주역을 상수역象數易이라 하고, 철

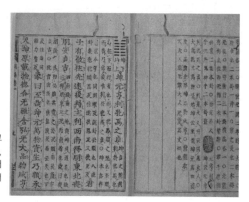

주역학은 『주역』이라는 책을 만고 불변의 진리를 담은 책이 아니라, 하나의 고전 텍스트로 간주할 때 신비주의가 아닌 학문으로서 가치를 갖는다.

학의 측면을 강조하는 주역을 의리역義理易이라 한다. 그러나 그 두 가지 입장이 명확히 나뉘지는 않는다. 극단적 신비주의 입장, 도가적 입장, 유가적 입장, 과학적 입장 등 광범한 스펙트럼에 걸쳐 다양한 입장들이 분포되어 있다.

주역이 본래 점을 치기 위해 창안되었다는 점을 보면 상수역의 입장이 주역에 대한 좀더 솔직한 입장이라 할 수 있다. 반면 의리역은 점술로 시작한 주역에서 신비주의적인 요소들을 어떻게든 지워버리고 철학적 · 윤리적 측면을 부각시키고자 노력했다는 점에서 자칫하면 견강부회가 될 여지가 있다.

동양사상의 여러 학문 분과 가운데 경전의 이름과 학문 분과의 명칭이 겹치는 유일한 분야가 바로 주역학이다. 논어학이라든가 맹자학, 춘추학이라는 이름은 없다. 이는 주역이라는 개념에 종교적 요소가 많다는 증거라 할 수 있다. 성서학이 신학의 분과인 것처럼 주역학周易學은 주역이라는 절대적 경전을 신봉하면서 그 의미를 밝히고자 하는 종교학의 한 분야로서의 성격이 강하다.

주역의 신비주의적인 세계관이 중국에서 지속됨에 따라 점술로서의 주역에 대항하는 아류 점성술들이 대거 등장하게 된다. 사주명리학四柱命理學, 수상학手相學, 관상학觀相學 등이 그것이다. 주역을 점술로 이해할 경우 이들 아류 점술들의 가치 또한 부정하지 못하게 된다.

의리역을 주장하는 사상가들은 주역의 점술적 성격을 애써 부정하면서 그 안에서 철학적 의미만을 끄집어내고자 애썼다. 대표적인 사람이 정이程頤이다. 그는 『주역』 전체를 주석하는 방대한 작업을 수행함으로써 종래 점서의 성격이 강하던 『주역』을 철학서로 받아들여지게끔 만들었다. 주역은 정이로 인해 우주철학이자 윤리학으로 발돋움할 수 있었다.

그러나 정이의 시도는 대단히 인문적·탈주술적이어서 주역이 가지는 점술로서의 정체성 자체를 훼손시킬 염려가 있었다. 주역의 점술적 성격을 완전히 지워버리면 주역이 탄생한 신비주의적 요소들, 예컨대 하늘의 명을 받아 복희伏羲가 하도河圖를 전하고, 하우夏禹가 낙서洛書를 전하게 되었다는 등의 내용을 부정할 염려가 있다. 64괘를 통해 실제 점을 쳐왔던 고대인들의 역사를 송두리째 부정할 수밖에 없게 된다.

이에 따라 주희朱熹는 주역의 철학적 측면을 중시하면서도 상수역의 측면 또한 적극적으로 인정하는 이중적 입장을 취하게 된다. 주희가 정이의 사상을 전폭적으로 수용하면서도 차이를 보이는 부분이 바로 여기다. 귀신鬼神에 대한 태도에서도 드러나듯 주희는 언제나 신비주의와 인문주의 사이에서 모호한 입장을 취한다.

전통적으로 동아시아인들의 신비주의적인 우주관을 책임졌던 주역은 근대화 과정에서 과학이 등장하게 됨에 따라 완전히 그 적실성을 상실하게 된다. 요즘 들어 포스트모더니즘 및 양자역학의 성과 등에 기대어 그 적실성을 확보하려는 노력들이 제기되고 있으나 그 성과를 기대하기는 어렵다. 주역은 본질적으로 점술이기 때문에 이를 과학적으로 접근한다는 발상 자체가 난센스다.

주역의 주술적 성격은 이제 폐기되어야 한다. 상수역이 주장하는 내용은 미아리 부채도사의 주문과 다를 바 없다. 반면 주역에 대한 인문학적 해석은 견강부회의 소지가 크다. 주술적 요소들을 무리하게 인문화한다. 그렇다고 주역을 과학적으로 연구하는 것도 무리다. 그렇다면 남는 건 뭔가?

주역에 관한 연구는 결국 『주역』이라는 문헌에 관한 연구가 될 수밖에 없다. 주역학은 『주역』이라는 책을 만고불변의 진리를 담은 책이 아니라 하나의 고전 텍스트로 간주할 때 가치를 갖는다. 주역을 진리의 말씀으로 간주하는 순간 신비주의로 전락할 수밖에 없다. 19세기 이후로 인류의 지적 발전에 별다른 영향을 미치지 못한 『주역』 텍스트에 대한 신화적 이미지는 아직도 좀더 벗겨져야 할 낡은 유산으로 남아 있다.

▶ 관련 개념어 : 음양오행, 성리학

지향성

순수의식이 외부 대항을 향하여 인식하려는 작용
Intentionalität

지향성intentionalitat은 후설E. Husserl 현상학의 핵심 개념이다. 지향성을 이해하는 것이 후설을 이해하는 것이다.

책상 위에 꽃이 있다. 꽃이 보이는가, 꽃을 보고 있는가? 후설은 "꽃을 보고 있다."라고 말해야 한다고 한다. 우리의 의식이 꽃을 능동적으로 보고 있는 것이지 꽃이라는 대상이 우리의 의식 속으로 박혀 들어오는 것이 아니다.

후설의 현상학은 지독한 주관주의 철학이다. 인간 중심주의 철학이다. 모든 것을 인간의 순수의식 작용으로 설명한다. 세상은 저 밖에 객관적으로 존재하는 것이 아니다. 세상은 주체의 의식 속에서 현상으로 존재할 뿐이다. 그래서 현상학Phänomenologie이다. 세상은 주체의 순수의식 속에 존재할 뿐이다. 대상이 인간의 의식 속으로 달려 들어오는 것이 아니라 우리의 의식이 대상을 지향하는 것이다.

이 순수의식의 본질이 바로 지향성이다. 인간의 의식은 항상 '○○에 대한 의식'이다. 우리의 의식이 대상을 향해 무언가 파악하고자 하는 능동적인 작용을 후설은 지향성이라고 칭한다.

책상 위의 꽃은 우리의 의식이 지향함으로써 비로소 의식 속에 하나의 현상으로 존재하게 되는 것이다. 의식이 없으면 꽃도 없다. 내가 없는데 세상에 꽃이 있든 말든 무슨 상관이겠는가? 내가 없으면 아무것도 없는 것이다. 내가 없으면 세상도 없다.

인간의 의식이 지향한다고 하면 반드시 대상이 있기 마련이다. 그런 지향의 대상이 의식 속에서 하나의 재료 역할을 할 때 그것을 질료Hyle라 일컫는다. 이 질료를 능동적으로 구성하는 주체적 작용을 노에시스Noesis라 한다. 그리고 노에시스 작용으로 구성된 내용을 노에마Noema라 한다. 여기서 유의할 점은, 노에시스와 노에마가 따로 떨어져 있는 주체와 객체가 아니라는 점이다. 노에시스와 노에마는 모두 인간의 의식 안에서 벌어지는 사태이다.

꽃이라는 대상을 우리의 의식이 지향할 경우를 다시 보자. 꽃은 일차적으로 우리에게 감성을 통해 하나의 질료로 제공된다. 그것을 노에시스의 능동적 작용으로 구성한다. 빨간 색, 은은한 향기, 부드러운 가지의 곡선 등은 기본이다. 과학자라면 아마 이 정도 설명에서 더 나아가지 못할 것이다.

그러나 현상학은 다르다. 꽃에 얽힌 비극적 경험, 꽃을 사오면서 느꼈던 생동감 등도 질료로 삼아 노에시스가 작동한다. 그 결과 과학자들이 설명하는 꽃과는 다른 현상학적 꽃의 노에마가 도출된다.

이러한 주관주의적인 설명은 칸트의 설명과 유사하다. 칸트는 인간들에게 보편적으로 주어진 선험적a priori 형식을 통해 대상이 구성된다고 설명한다. 인간에게 주어진 형식은 대상을 구성하는 일종의 필터 역할을 한다. 그러나 후설이 설명하는 지향성은 이와는 다르다. 후설은 아무런 필터 없이 의식이 직관적으로 대상을 지향한다고 설명한다. 칸트의 선험적 형식이 필터 혹은 렌즈를 통해 대상을 파악하는 것이라면 후설의 지향성은 맨눈으로 대상을 파악하는 것이라 할 수 있다.

또한 지향은 대상으로만 향하지는 않는다. 자기 자신에게로 향하는 지향, 즉 반성을 통해 인간은 참된 존재가 된다. 이때 자아는 반성하는 자아와 반성되는 자아의 분열을 겪게 된다. 이러한 분열의 간극을 좁혀 두 자아가 동일하게 되는 과정이 바로 참된 반성이다.

▶ 관련 개념어 : 에포케, 현상학

질료와 형상

무언가로 변할 수 있는 가능태와 변한 이후의 현실태
hyle, eidos

질료hyle와 형상eidos은 아리스토텔레스 철학의 중심 개념이다. 질료란 무언가로 만들어질 수 있는 가능태dynamis를 의미하며, 형상이란 질료를 통해 만들어진 현실태energeia이다. 가능태와 현실태, 질료와 형상은 상대적이다. 질료는 형상이 될 수 있는 가능태이며, 형상은 질료의 현실태이다.

예컨대 씨앗이 질료라면 나무는 형상이다. 나무가 질료라면 통나무집은 형상이다. 통나무집이 질료라면 통나무집 마을은 형상이다. 반대로 통나무집 마을이라는 형상의 질료는 통나무집이며, 통나무라는 형상의 질료는 나무이고, 나무라는 형상의 질료는 씨앗이다.

가능태로서의 질료는 여러 현실태가 될 수 있다. 가령 나무라는 질료는 통나무집이라는 형상이 될 수도 있고, 이쑤시개라는 형상이 될 수도 있다. 나무라는 질료가 주어졌을 때 그것을 통나무집이라는 형상에 따라 만들면 통나무집이 되고, 이쑤시개라는 형상에 따라 만들면 이쑤시개가 된다. 온세상의 만물들은 모두 이렇게 질료와 형상의 복잡하고 다양한 결합을 통해 존재하게 된다.

아리스토텔레스는 이데아idea라는 궁극적 세계를 상정하고 현실을 부차적인 것, 부족한 것으로 여기는 자기 스승 플라톤의 이상주의에 반기를 들었다. 그래서 현실의 모습을 긍정하기 위해 질료와 형상이라는 설명방식을 도입했다. 현실은 질료와 형상의 다양한 결합을 통해 위계적으로hierarchic 질서 있게 구성되어 있다. 이러한 현실을 부정하는 것은 곤란하다. 아리스토텔레스는 현실주의자였다.

그러면 이쯤에서 자연스럽게 질문이 제기될 것이다. 어떤 형상의 가능태를 계속해서 아래로 추적해 간다면 결국엔 최종적인 질료에 도달할 수 있고, 또 반대로 어떤 질료의 현실태를 계속해서 위로 추적해 나가면 결국 최종적인 형상에 도달할 수 있게 될 텐데, 그런 최종적 질료와 형상은 어떻게 설명해야 할 것인가?

아리스토텔레스는 최초의 질료, 즉 어떠한 형상도 가지고 있지 않은 채 가능태만 지닌 것을 제일질료라고 규정한다. 반대로 궁극적인

최고의 형상, 즉 어떠한 질료도 지니
지 않은 채 형상으로만 존재하는 것
을 순수형상이라고 규정한다. 그런
데 이 둘은 모두 현실 속에서는 발견
되지 않는다. 개념으로만 파악될 수
있을 뿐이다.

아리스토텔레스는 스승 플라톤의
이원론적 이상주의에 반기를 들었
으나 결국 순수형상을 인정하지
않을 수 없었다는 점에서 여전히
플라톤의 그늘에서 벗어나지 못한
셈이다.

이 가운데 아리스토텔레스가 관심
을 두는 것은 순수형상이다. 제일질
료는 그의 관심 밖에 있다. 아리스토
텔레스는 세상이 어떻게 펼쳐질 것
인지, 세상의 궁극적 모습은 무엇인지, 세상이 어떤 목적에 따라 만
들어졌는지에 관심을 두었기 때문이다. 그래서 그의 철학을 목적론
적teleological 철학이라고 한다. 온세상을 이루는 궁극적 질료를 파고
들었던 그의 선배 자연철학자들과는 관심사가 완전히 다르다.

과연 순수형상은 어떤 모습일까? 질료 없이 순수하게 형상으로만
존재하는 최후의 현실태는 무엇일까? 질료와 형상으로 결합되어 있
는 온세상 만물이 궁극적으로 도달하게 되는 순수형상이란 결국 신
God이다. 신이라는 형상에는 질료가 없다. 온세상은 결국 신이라는
형상을 추구하면서 질료와 형상으로 결합된다.

통나무집 마을은 대전시 용운동이라는 형상에게는 질료가 된다.
대전시 용운동은 또 다시 대한민국이라는 형상의 질료가 된다. 대한
민국은 지구라는 형상의 질료가 되며, 지구는 우주라는 형상의 질료

가 된다. 우주는 궁극적으로 순수형상의 질료가 되며, 순수형상은 어떠한 또 다른 형상에 대해서도 질료가 되지 않는다. 그걸로 끝이다.

아리스토텔레스는 스승 플라톤의 이원론적 이상주의에 반기를 들었으나 결국 순수형상을 인정하지 않을 수 없었다는 점에서 여전히 플라톤의 그늘에서 벗어나지 못하고 있다고 평가된다. "서양철학은 플라톤의 각주에 지나지 않는다."는 화이트헤드A. N. Whitehead의 통찰은 아리스토텔레스에게도 예외 없이 적용된다.

▶ 관련 개념어 : 이데아, 관념론

차연

단어의 의미는 차이에 의해 규정되면서도 지연되어야 함
differance

'올림픽'이란 무엇인가? '4년마다 한 번씩 다양한 종목의 전 세계 스포츠인들이 한 도시에 모여 실력을 겨루는 대회'라고 정의할 수 있다. 이런 정의를 이해하기 위해선 '올림픽'을 정의하는 데 사용된 단어들이 다른 단어들과 어떤 차이를 가지는지 먼저 이해하고 있어야 한다.

가령 '4년마다'라는 내용을 이해하기 위해선 '2년마다'라든가, '매년'이라는 단어의 의미를 알고 있어야 한다. 또한 '다양한 종목'을 이해하기 위해선 축구라든가 야구 등 '특정 종목'이라는 단어의 의미도 알고 있어야 한다. '한 도시'라는 의미는 '다양한 도시'라는

379

단어에 대한 이해를 요구한다.

결국 '올림픽'을 이해하기 위해선 그것이 해마다 혹은 2년마다 열리는 '세계선수권대회'와 다르고, 특정 종목을 위해 열리는 '배구월드컵'이나 'WBC'와 다르며, 여러 도시에서 열리는 '축구월드컵'과도 다르다는 점을 이해해야 한다.

이처럼 하나의 단어는 그 자체로 정의될 수 없으며, 다른 단어들이 갖는 의미와의 차이를 통해 규정될 수 있을 뿐이다. 단어의 의미, 즉 기의記意, signifie는 다양한 기표記表, signifiant들의 차이에 의해 규정된다. 그런데 문제는 기표들 사이의 차이가 무한하기 때문에 기표들의 차이를 통해 기의를 명료하게 정의내리는 것이 실제로 불가능하다는 점이다.

가령 위에서 예를 든 '올림픽'의 경우 '4년마다'는 '2년마다'와 다르다. 그러나 '4년마다'와 다른 것은 그것뿐만이 아니다. '매년'도 있고 '매달'도 있으며 '매일'도 있고 '매시간'도 있다. '스포츠인'도 그렇다. '스포츠인'은 '정치인'과 다르고 '예술인'과 다르며 '낙농인'이나 '상공인'과도 다르다.

한 단어의 기의를 규정하는 데 도입되는 기표들 사이의 차이는 이처럼 무한하게 뻗어나간다. 따라서 기표들 사이의 차이가 무한하기에 근본적으로 단어의 기의를 완벽히 규정하는 것은 불가능하다. 그렇다고 해서 기의를 규정하는 의미작용을 중단할 수는 없다. 어느 선에선가 우리는 기의에 대해 규정을 내릴 수밖에 없다. 다만 기의에 대한 우리의 의미작용이 완벽하다고 착각해서는 곤란하다.

데리다J. Derrida는 이처럼 단어의 기의가 기표들 사이의 차이들로 규정되지만 결코 그 차이들을 발견해 나가는 작업이 완료될 수 없다는 점을 들어 차연difference이라는 말을 지어냈다.

차연이란 'difference'라는 단어 가운데 뒤에 나오는 e를 a로 바꿔 만든 조어이다. a라는 단어를 사용한 데엔 별다른 특별한 이유가 없다. 단지 '다르다differ'라는 의미와 '연기하다·지연시키다defer'라는 두 가지 의미를 복합적으로 갖는 새로운 단어가 필요했기 때문에 difference라는 단어의 일부를 변경했을 뿐이다.

앞에서 나온 '올림픽'이라는 단어의 경우 그 단어는 일차적으로 다른 세부적인 기표들과의 차이를 통해 어느 정도 그 기의가 규정될 수 있다. 하지만 이런 기의에 대한 규정이 무한히 뻗어나갈 수는 없다. 어느 순간엔가 이런 차이를 발견하는 작업은 중단된 채 단어의 기의가 규정된다. 그러나 이 규정은 불확정적이다. 따라서 이 단어의 의미 규정 작업은 완료된 것이 아니라 지연되어 있음을 우리가 받아들여야 한다.

따라서 기의에 대한 규정은 고정되어서는 안 되며 '지연'될 필요가 있다. 온갖 기표들로 구성된 텍스트들은 하나의 고정된 의미로 규정되어서는 안 된다. 시시각각 기표들 사이의 새로운 차이점이 부각되어 텍스트의 의미는 변경되고 확장된다.

'올림픽'이라는 단어의 기의도 고정된 것으로 받아들이지 말고 '지연'된 것으로 받아들여야 한다. 의미는 계속 변해나가는 과정 속에 있다. 예컨대 1980년대의 올림픽은 강대국들이 국력을 과시하는 일종의 국력 경쟁의 마당이라는 의미가 강했다. 하지만 21세기의 올림픽에는 국가의 대결이라는 의미보다 개인들 간의 대결, 자본 대결의 의미가 강하다. '올림픽'의 의미를 '지연'된 것으로 보아야 이런 역동적 변화를 확인할 수 있게 된다.

그런데 이런 시도를 계속 추진하다 보면 결국 '올림픽'이라는 의미 자체를 계속해서 지연해 나갈 수밖에 없고, 결국 '올림픽'을 명료히 정의내리는 것 자체가 불가능하다는 사실에 도달한다. 따라서 데리다의 이런 시도는 결국 해체주의deconstructionism로 귀결된다.

세계를 하나의 완결된 형이상학적 실체로 규정하는 일체의 고정된 존재론을 데리다는 부정한다. 세계가 의미들의 상호작용으로 구성된다면 결국 이 세계에 대한 이해는 불완전할 수밖에 없으며 시시각각 변경될 수밖에 없는 것이다. 따라서 세계에 대한 불완전한 모습을 일깨우기 위해선 일차적으로 세계를 고정된 실체로 보는 세계관을 해체해야 한다.

▶ 관련 개념어 : 기호학, 해체주의, 구조주의, 포스트구조주의

추측

경험과 탐구와 확률적 판단이라는 인간 인식능력의 두 측면
推測

추측推測은 조선 말엽에 활동한 최한기崔漢綺가 창안한 개념어이다. 요즘 말하는 추측inference, guess, conjecture과는 전혀 다른 의미를 갖고 있다.

추推란 일체의 선입견을 버린 채 외부의 사물을 접하고 사람들과 만나는 경험적 탐구활동을 일컫는다. 측測이란 이런 추를 통해 확보된 정보들을 취사선택하고 재배열해 의미 있는 지식으로 일반화하고 판단하는 활동을 일컫는다. 간단히 말해 추는 탐구이며, 측은 판단이다.

그런데 추와 측은 인간에게만 국한된 활동이 아니다. 우주 만물들이 제각기 추측을 한다. 강아지는 강아지 나름대로 사람을 대하는 추, 즉 탐구를 통해 사람과 친해질 수 있다는 측, 즉 판단을 하게 된다. 이러한 측면은 최한기 철학이 유럽의 근대철학과 근본적으로 다른 점 가운데 하나이다. 유럽은 인간이라는 주체만 강조하지만 최한기에게 있어서는 만물이 모두 주체이다.

또한 추와 측은 일방적인 과정이 아니다. 추를 통해 측을 하기도 하고, 거꾸로 측을 통해 추를 하기도 한다.

예컨대 이런 것이다. 음식물을 씹어서 맛보는 탐구 활동은 추이며, 그러한 추를 통해 재료들의 맛을 결정하는 판단 활동은 측이다. 반면 갖가지 음식물들의 맛을 판단한 결과를 토대로 해서 거꾸로 재료들

을 잘 버무려 요리를 만드는 것은 새로운 탐구 활동이다. 며느리가 시어머니한테 꾸지람을 들어가면서 김치 맛을 배우는 것은 추를 통해 측하는 것이며, 그러한 학습과정을 통해 터득한 능력을 토대로 거꾸로 며느리가 직접 김치를 만드는 것은 측을 통해 추하는 것이다.

추를 통해 측하는 것은 일반화의 과정이며, 측을 통해 추하는 것은 일반화된 원리를 구체화하는 것이다. 추측은 일반화와 구체화의 역동적 과정을 경험의 총체적 과정이라고 설명한다. 추측은 귀납과 연역의 유연한 상호작용 활동이다.

따라서 추측 혹은 측추는 영원불변의 진리를 추구하지 않는다. 그 때그때 현실적 맥락에 따라 시시각각 변하는 현실의 모습에 적응하고 확률적 진실을 추구할 뿐이다. 측은 진리 판단이 아니라 확률적 판단이라 정의된다. 인간은 완전한 진리를 알기 어렵다. 추측 활동은 "움직이는 말 위에서 활을 쏘는 것처럼 불완전한 것"이라고 최한기는 강조한다.

이러한 조심스런 태도는 기존의 성리학자들에 대한 비판의식에서 나왔다. 기존의 성리학자들은 저마다 온우주의 철리를 깨달았다면서 제대로 경험하고 확인해보지도 않은 사실들을 영원불변의 절대적 진리인 양 설파한다. 온우주의 진리가 인간의 몸 안에 구현되었다면서 골방에 틀어 박혀 정좌한 채 자기 마음만 들여다보면서 절대진리를 운운한다. 성리학자들이 현실을 외면한 덕에 현실은 처참해진다. 그런 우스꽝스런 모습을 보고 최한기는 절망한다.

이 세상에 절대적인 것은 절대로 없다. "나의 철학이 틀렸음이 입증된다면 언제든지 내 철학을 철폐하겠노라!"라고 최한기는 서슴없이 외친다. 반증가능성을 활짝 열어놓은 보기 드문 열린 과학적 태도라 할 수 있다.

이러한 추측은 또한 주체와 객체가 상호적으로 수행하는 활동이다. 내가 강아지를 경험하고 탐구推하면서 강아지에 대한 판단測을 쌓아가듯 강아지도 나를 탐구하면서 판단한다. 내가 철수를 추측하는 동시에 철수도 나를 추측한다. 추측은 인간이 중심이 되어 우주를 파악해 가는 인식론적 작업이 아니다. 추측은 온우주의 보편적 활동이다. 인간은 온우주의 추측 활동 가운데 참여하고 있을 뿐이다. 이러한 측면 또한 인간이라는 주체를 중심으로 자연을 끊임없이 객체화하는 유럽의 근대사유체계와 근본적으로 다르다.

추측은 또한 윤리적 행위이기도 하다. 추측은 단순히 앎의 문제만을 다루지 않는다. 인간의 본성이 선하다든가 악하다, 혹은 인간의 본성은 우주로부터 부여받은 것이라는 등의 일체의 형이상학적 편견과 선입견 없이 능동적으로 현실에 참여하고 경험함으로써 판단하고, 그러한 판단을 통해 다시 현실에 참여하는 일련의 추측 활동은 궁극적으로 더 나은 사회, 더 행복한 세상을 위해 도움이 되는 방향으로 진행되어야 한다.

근대 유럽의 사유체계가 인식론에 국한되어 전개되었다는 점에서 최한기의 추측론은 근대사유와 구분된다. 이를테면 추측론은 인식론이면서 윤리학이며 우주론이면서 사회철학이다.

그러나 안타깝게도 최한기 철학은 조선의 근대화 과정에 아무런

기여도 하지 못했다. 그의 철학은 근대화 과정에서 완벽히 외면된
채 묻혀 있다가 북한의 유물론자들에 의해 1960년대에 이르러서야
비로소 세상에 알려지면서 남한에서도 크게 주목을 받게 되었다.

이런 상상을 해본다. 정약용과 최한기가 각각 커다란 학파를 이룬
다. 그 제자들이 서로 신학적 입장과 과학적 입장으로 나뉘어 근대
화에 관해 논쟁을 벌인다. 서구의 문물을 도입하자는 데에는 합의를
보았으면서도 그 근거를 신God에게서 찾는 정약용과 물질과 에너지
로서의 기氣에서 찾는 최한기가 대립한다. 그러나 어쨌든 서구 문물
도입은 성공해 자주적으로 근대화에 성공한다. 일본을 식민지화하
자는 주장이 제기되었으나 곧 최한기의 상호주의 추측론에 의해 거
부되고 일본 또한 자주적 근대화에 성공하도록 우리가 돕는다.

최한기를 읽다 보면 공연한 상상을 많이 하게 된다. 현실적 맥락
에서 논란거리를 제공하지 않은 채 격리된 사유체계는 늘 이렇게 아
름다우면서도 공허하다.

▶ 관련 개념어 : 기, 신기, 실학, 주기론

충서
내 마음의 중심을 잡고 타인과 공감하는 개인적 윤리덕목
忠恕

충서忠恕는 공자 사상의 중요한 내용 가운데 하나로 그 제자 증자曾
子가 스승 공자의 사상을 해석하는 과정에서 제기된 바 있다. 공자가

"자신의 도道가 하나로 일관되어 있다一以貫之."고 하자 증자는 그것을 바로 충서라고 해석해 다른 제자들에게 일러주었다. 충서란 공자의 중심사상인 인仁이라는 추상적 덕목을 실현하는 구체적 지침의 역할을 한다.

공자가 자신의 도道가 하나로 일관되어 있다고 하자 증자(그림)는 그것을 충서라고 해석했다. 충서는 인(仁)이라는 추상적 덕목을 실현하는 구체적 지침의 역할을 한다.

충忠이란 정성스럽고 진실한 마음가짐을 의미한다. 충忠은 가운데를 뜻하는 중中과 마음을 뜻하는 심心이 결합된 글자다. 충이란 글자 그대로 '마음의 한가운데'를 뜻한다. 가장자리나 변두리에서 헤매지 않고 마음의 한가운데에 머물 때 정성을 다할 수 있고 성과를 거둘 수 있다.

서恕란 용서를 뜻한다. 서恕는 같음을 뜻하는 여如와 마음을 뜻하는 심心이 결합된 글자다. 나의 마음이 타인의 마음과 같다는, 혹은 같아야 한다는 의미이다. 내가 마음의 중심을 잡을 때忠 타인의 마음 또한 충忠하다고 믿을 수 있다. 충忠하지 못하면 서恕하지 못한다. 마음이 가장자리에 머물러 중심을 잡지 못한 사람은 타인의 마음 또한 변두리에 머물러 있는 것으로 파악해 각박하고 옹졸해진다. 진정한 용서는 인내와 억누름에서 나오는 것이 아니라 타인 또한 나처럼 마음의 가운데를 잃지 않을 것이라고 믿는 긍정적 태도에서 나온다. 서恕란 단순한 용서가 아니라 나의 마음과 타인의 마음을 통하게 하는 공감sympathy이다. 충서란 곧 '정성과 공감'이다.

그런데 우리는 보통 충을 서恕와 짝을 지어 말하지 않고, 성誠과 짝을 지어 충성忠誠, loyalty이라고 말한다. 충성은 국가에 대한 무조건적인 헌신을 뜻하는 의미로 변질되었다. 이것은 이데올로기적 왜곡이다. 충성에서 성誠이란 본래 충忠의 의미를 강조하는 역할을 할 뿐이다. 충성이 곧 충이다. 충은 타인 혹은 외부의 권위와는 무관하게 자기 자신을 향해 선언하는 인간학적 다짐이다. 충은 오히려 국가적 권위나 외부의 명령에 흔들리지 않는 자기중심적인 확고한 믿음을 강조한다. 국가가 올바르지 않은 방향으로 나갈 때 과감히 반대할 수 있는 용기가 진정한 충이다.

따라서 '누구에게, 혹은 무엇에게 충성한다'는 표현은 잘못된 것이다. 충이란 대상이 필요 없이 자기 홀로 실천하는 것이다. '충성한다'는 타동사가 아니라 자동사이다. 스스로 마음의 중심에서 벗어나지 않을 때 국가에 대한 헌신이 가능하고, 타인에 대한 정성도 가능하다. 충의 결과를 충 자체와 혼동하지 말아야 한다.

본래 마음의 중심을 잃지 말고 타인의 마음도 자신의 마음처럼 대해야 한다는 실천 강령을 의미했던 충서 개념은 이후 주희朱熹에 의해 형이상학적으로 강화된다. 주희에 의하면 충은 단순히 실천지침에 그치는 것이 아니라 우주적 차원에서까지 보장받는 인간의 본성性이 된다. 증자가 '인간은 누구나 마음의 중심을 잡아야 한다'라고 윤리적 측면에서 충을 강조했다면, 주희는 '모든 인간이 마음의 중심을 잡는 것은 하늘에 의해 법칙으로 정해져 있는 것'이라고 충을 규정함으로써 존재론적 측면에서 강조했다.

충忠하지 못한 사람을 윤리적으로 지탄하는 것에서 그치지 않고, 주희는 그런 사람을 존재론적 층위에서 우주의 법칙에 벗어난 사람으로 간주해 단호하게 배척해 버린다. 윤리적 비난에는 인간적 끈끈함이 개입될 여지가 있다. 그러나 존재론적 배척에는 그러한 여지가 원천 봉쇄된다. 단죄는 엄하되 실천에 옮기도록 하는 힘은 미약하다.

주희는 충서를 형이상학적으로 강조함으로써 지나치게 각박하게 해석해 오히려 충서忠恕스럽지 못한 결과를 빚는다. 주희의 문집과 어록에서는 실제로 충서의 면모를 찾아보기가 쉽지 않다. 『논어論語』에는 정연한 이론들이 많이 담겨 있지 않다. 대신 살아 숨 쉬는 인간의 생생한 이야기들이 담겨 있다. 주희의 문집과 어록에는 치밀한 이론이 가득한 대신 충서를 실천하는 인간적 스승의 모습은 많지 않다.

▶ 관련 개념어 : 인, 성리학

타불라 라사

경험을 통해 인간이 파악하는 관념들이 쌓이는 인식의 창고
tabula rasa

　내게는 아들이 둘 있다. 큰 아이는 다섯 살, 작은 아이는 세 살이다. 여담이지만, 귀여워서 미칠 지경이다. 내 평생 가장 잘한 일은 우리 아이들에게 세상 빛을 보여준 것이다. 우리 아이들이 아장아장 걸음을 배우고 말을 익혀가는 과정을 보면 그렇게 신기할 수가 없다. 그러면서 묻는다.

　"도대체 너희들은 말을 이미 알고 있었던 거니, 아니면 하나하나 배워서 아는 거니?"

　물론 아이들은 대답이 없다. 대신 로크J. Locke가 분명하게 답한다. 아이들이 배워가는 것은 하얀 백지에 그림을 그려나가는 것과 같다고 말이다. 타불라 라사tabula rasa란 아무것도 그려져 있지 않은 흰 종이를 의미한다. 이 개념은 로크가 사용함으로써 유명해졌다. 우리들은 태어날 때 아무런 정보도 갖고 있지 않다. 유식하게 말해 본유관념innate idea은 없다. 타불라 라사에 그림을 그리듯 오로지 감각을 통해 하나하나 지식을 쌓아 나갈 뿐이다.

로크는 우리가 이처럼 경험하는 과정을 두 가지 층위로 설명한다. 첫 번째 층위는 제일성질primary quality과 제이성질secondary quality이라는 구분이다. 제일성질이란 사물 자체가 지닌 객관적 성질이다. 딱딱함, 부피, 모양, 움직임, 정지, 수 등은 누구나 동일하게 인정할 수밖에 없는 사물 자체의 고유 성질이다. 다섯 손가락을 보고 어느 누구도 여섯 손가락이라고 말하지 않는다. 심각한 근시나 난시가 아니라면 말이다.

반면 제이성질이란 사물 자체의 성질이 아닌 사람들마다 다르게 받아들이는 주관적 성질을 말한다. 색깔, 소리, 냄새, 맛 등이 그것이다. 홍어회와 굴은 우리 아내에겐 향긋한 음식이지만 나는 그것들을 입에 대지도 못한다. 나는 초콜릿과 아이스크림을 좋아하지만 아내는 단 것을 좋아하지 않는다. 덕분에 우리는 음식 가지고 싸우는 일은 없다.

그런데 이렇게 사물의 성질을 두 가지로 나누는 것 자체에서 이미 문제점이 보인다. 왜냐하면 같은 사물을 경험하면서 어떻게 사람마다 다르게 받아들이게 되는지 로크의 경험론으로는 설명할 수가 없기 때문이다. 즉 제이성질을 사람마다 다르게 받아들이는 성질이라고 한다면 결국 사람마다 타불라 라사가 서로 다르다는 얘기가 되어 로크의 원래 구상 자체가 무너지게 되고 만다.

또한 제일성질과 제이성질이라는 구분 자체도 불명확하다. 로크가 사물의 성질을 제일성질과 제이성질로 나눈 것은 사실 고육지책이었다. 로크는 우리의 경험을 신뢰했다. 경험을 통해 제대로 정보를 얻을 수 있으리라 기대했다. 경험을 만약 절대적으로 신뢰한다면 우리가 경험하는 내용은 모두 동일해야 할 것이다. 그런데 막상 사람들마다 경험의 내용이 다른 경우가 많다. 경험을 전적으로 신뢰하기는 어렵게 된 것이다.

경험의 의의는 존중해야 하지만 경험을 전적으로 신뢰할 수만은 없는 이런 상황을 타개하기 위해 그가 제시한 것이 바로 제일성질과 제이성질의 구분이었다. 제일성질을 통해 누구나 동일하게 받아들일 수밖에 없는 경험의 보편성을 보장하고, 제이성질을 통해 사람마다 경험의 내용이 다른 측면을 융통성 있게 설명하고자 했던 것이다.

그러나 이런 시도는 타불라 라사 자체에 대한 불신으로 귀결되어 그리 성공적이라 보기 어렵다. 실제로 그의 뒤를 이은 버클리G. Berkeley 와 흄D. Hume은 모두 로크와 마찬가지로 경험론자이면서도 로크의 이런 구분을 부정한다.

경험을 설명하는 두 번째 층위는 단순관념과 복합관념의 구분이다. 로크는 제일성질과 제이성질처럼 경험을 통해 직접적으로 받아들이는 내용을 단순관념이라고 보았다. 그리고 이러한 단순관념들이 뭉쳐 복합관념을 형성하게 된다고 보았다. 예컨대 야옹소리, 발톱, 부드러운 털 등은 단순관념이다. 그리고 이들 단순관념이 뭉쳐 고양이라는 복합관념을 형성하게 된다.

따라서 고양이라는 실체는 없다. 고양이라는 복합관념만 있을 뿐이다. 우리가 직접 경험하는 것은 단순관념들뿐이다. 타불라 라사에 찍히는 것은 단순관념들뿐이다. 복합관념은 우리의 오성understanding이 만들어낸 관념에 불과하다.

로크의 경험론적 인식론에는 허점이 많지만 무가치한 건 아니다. 타불라 라사를 기반으로 한 그의 경험론적 인식론은 영국과 미국의 경험론적 전통의 근간을 이룬다.

이러한 설명 역시 모순에 봉착한다. 왜냐하면 앞에서 말한 제일성질이란 일종의 실체를 의미한다. 어느 누구도 부정할 수 없이 객관적으로 존재하는 성질이란 곧 실체를 의미하기 때문이다. 그런데 이제 와서 실체란 것은 없고 모든 것이 관념일 뿐이라고 말하다니 앞뒤가 안 맞는다.

또한 단순관념 가운데 제이성질은 사람마다 다르게 느껴지는 성질을 의미하는데, 어떻게 서로 다른 단순관념을 통해 동일한 복합관념에 도달할 수 있게 되는지 로크의 방식으로는 설명하기 어렵게 된다. 단순관념들을 엮어 복합관념으로 만들어주는 오성은 또 어디서 나오는 것인지에 관해서도 설명이 없다. 타불라 라사만 주어져 있다면서 갑자기 오성이라는 능력이 튀어나온다.

이처럼 로크의 경험론적 인식론에는 구멍이 숭숭 뚫려 있다. 그렇다고 해서 로크의 인식론이 무가치한 건 아니다. 타불라 라사를 기반으로 한 그의 경험론적 인식론은 버클리와 흄을 거쳐 영국과 미국의 경험론적 전통의 근간을 이루게 된다. 경험론과 인식론의 대결이라고 하는 서양철학의 장엄한 무대의 한 쪽 기둥이 로크로부터 시작되었던 것이다.

▶ 관련 개념어 : 경험론, 관념론

태극
과학적이면서도 윤리적인 우주의 근원적 시원
太極

극極이란 집에서 제일 높은 꼭대기를 가리킨다. 태극太極이란 가장 큰 꼭대기, 즉 우주의 꼭대기를 가리킨다. 그러나 유교에서 말하는 태극은 구체적인 꼭대기가 아닌 형이상학적인 근본 원리이다.

태극이란 말은 『주역周易』에 나온다. 『주역』에 따르면 태극은 우주의 궁극적인 원리이며, 태극을 통해 음양오행 등 만물이 창출된다고 한다. 이를테면 빅뱅Big Bang 같은 것이다. 그러나 빅뱅은 물질적 시원始原이지만 태극은 개념적 시원이다. 태극은 시간적으로 우주의 맨 처음을 의미하는 것이 아니라 개념적인 시원을 의미한다.

누구나 한번쯤 잠자리에서 이런 적이 있을 것이다. 죽으면 어떻게 될 것인가, 도대체 세상은 왜 만들어졌나, 우주엔 끝이 있나, 우주가 다 없어지면 무슨 일이 벌어지나, 우주는 처음에 어떻게 생겼나 등

등. 이러한 끝 모를 의문을 던지다가 문뜩 현재 자기라는 존재의 미약함을 소스라치게 느끼며 "그냥 잠이나 자자." 하는 생각을 하고는 한다.

고대 중국인들은 이러한 우주에 대한 외경을 태극이란 용어에 담아 추상화시켰다. 하늘이라든지 신God이라는 인격적 존재에 의탁하지 않은 채 우주 자체의 맥락 안에서 무언가 우주의 존재론적 근원을 캐물어야 한다고 선언했던 것이다. 이에 따라 『주역』을 바탕으로 하는 유교사상에는 신학神學이 개입할 여지가 원천 봉쇄된다.

태극이란 용어를 동아시아 사상사에서 다시금 주목하게 만든 인물은 송나라의 주돈이이다. 그는 불교로 인해 침체된 유교를 부흥시키기 위해 불교의 우주론에 대항할 용어로 태극이란 용어를 부각시켰다. 유교는 본래 인간과 사회의 문제에만 골몰할 뿐 우주에 관해서는 별다른 얘기를 해오지 않았기 때문에 새로운 용어를 통해 돌파구를 마련했어야 했다.

주돈이가 부각시킨 태극이란 개념을 받아들여 그 의미를 명료하게 만든 사람은 주희朱熹이다. 그는 주돈이가 말한 "무극으로부터 태극이 되었다自無極而爲太極."는 구절을 "무극이면서 태극이다無極而太極."는 구절로 바꾼다. 왜냐하면 무극, 즉 아무런 꼭대기도 없는 상황에서 궁극적인 꼭대기가 만들어진다는 것은 유교적 세계관에서는 받아들일 수 없는 내용이기 때문이다.

본래 무극이란 용어는 노자老子의 『도덕경道德經』에 나온다. 노자는 우주 전체를 무한한 것無極으로 파악했으며, 어떤 절대적·윤리적 원

태극이란 개념을 부각시킨 인물은 송나라의 주돈이이다. 그는 침체된 유교를 부흥시키기 위해 불교의 우주론에 대항할 용어로 태극이란 용어를 부각시켰다.

리도 그 안에서 발견할 수 없다고 냉소한 바 있다. 따라서 무극에서 태극이 나왔다고 인정한다면 결국 노자의 세계관을 바탕으로 유교의 우주론이 구성되었음을 인정하게 되기 때문에 주희는 주돈이의 말을 각색할 수밖에 없었던 것이다.

주희가 말한 무극이란 "아무런 구체적 형태나 지점이 없는 상황"을 의미한다. 태극을 절대로 빅뱅처럼 시간적으로 앞선 최초의 사건이나 북극성처럼 구체적인 어떤 존재로 파악하지 말아야 함을 설파하기 위해 무극이라는 표현을 사용하게 되었다고 설명한다. 유교는 무無에서 유有가 창출되었다는 신화적 세계관을 배격하기 때문이다.

그러나 여전히 난감한 문제가 남아있었다. 『주역』에는 분명히 태극으로부터 음양陰陽이 생긴다는 구절이 있는데, 이 구절에 의하면 아무런 구체적 형태가 없는 태극에서 어떻게 구체적인 음양이 생기는지 설명하기 난감하게 된다. 또한 태극에서 음양이 생긴다고 말한다면, 결국 음양이라는 구체적 현실보다 태극이 시간적으로 앞서 있는 것이 아니냐 하는 오해를 불러일으키기 쉽다.

그래서 주희는 태극이란 용어 대신 이理라는 용어를 도입해 버린다. 그리고 음양 대신 기氣라는 용어를 채택한다. 태극은 이理이며, 음양은 기氣이다. 이들은 모두 개념적으로 같은 동의어들이다. 그러나 '태극-음양' 구도보다 '이-기' 구도가 성리학의 우주론을 설명하기에 더 적합하다. 이에 따라 성리학에서는 태극이나 음양이라는 용어는 그리 자주 사용되지 않는다.

　태극이란 용어는 우주의 시간적 시원을 의미할 염려가 있으며, 태극이란 용어를 사용하다 보면 노자사상과 혼동될 염려가 있다. 또한 음양이란 용어를 쓰다 보면 음양가陰陽家의 신비주의와 혼동될 염려가 있다. 이理와 같은 의미의 용어지만 이런 이유들로 인해 태극이란 용어는 성리학에서 주된 위치를 차지하지 못하게 된다.

▶ 관련 개념어 : 주역, 이, 기, 음양오행

판타 레이

모든 것은 변한다는 생성론 철학의 원조격 주장

panta rhei

판타 레이panta rhei는 "만물은 유전流轉한다."는 뜻의 고대 그리스 어로서 헤라클레이토스Herakleitos가 남겨서 유명해진 말이다.

그는 우리가 같은 강물에 두 번 들어갈 수 없다고 말한다. 왜냐하면 방금 전에 들어갔던 강물은 이미 저 아래로 흘러내려갔으며, 지금 들어갈 강물은 방금 전까지 저 위쪽에 있다가 흘러내려온 강물이기 때문이다.

좀더 면밀하게 따지면 강물에 뛰어드는 우리 자신도 시간에 따라 다르다. 1시간 전의 나는 지금의 나와 다르다. 1년 전 길렀던 머리카락은 이미 잘려져 나갔으며 손톱, 발톱도 모두 예전의 것이 아니다. 세포 하나하나가 모두 시간에 따라 생겼다가 없어진다. 결국 강물의 입장에서도 같은 사람을 두 번 받아들일 수 없게 된다.

우리가 별다른 문제의식 없이 '강물'이라거나 '나'라고 말하는 것은 사실 동일한 존재로서의 '강물'이나 '나'가 아니다. 그것은 실제로 지금 눈에 보이는 흘러가는 '물 덩어리'이며 '사람의 형상을 한 세포의 집적체'에 지나지 않는다. 순간 순간의 개별자만 있을 뿐 '강물'이라는 명칭에 합당한 지속적 존재는 없다. 세상 만물이 모두 그러하다. 찰나를 스쳐 지나가는 무수히 많은 개별자들만 있을 뿐이다. 그런 개별자들이 연속되어 있어 마치 하나의 강물이나 하나의 인간을 이루고 있는 것처럼 착각을 불러일으킬 뿐이다.

헤라클레이토스는 사물들이 시시각각 변화하는 모습에 주목했다. 관습에 따라 사람들이 동일한 사물이라고 여겨 왔던 것도 곰곰 따지고 보면 모두 과거와는 달라진 것들임을 알 수 있다고 주장한다. 결국 우리가 인정할 수 있는 사실은 만물이 모두 흐르고 흘러 변화하는 과정 중에 있다고 하는 사실뿐이다.

이러한 헤라클레이토스의 주장과 정반대의 주장을 펼친 인물이 파르메니데스Parmenides이다. 그는 만물이 겉으로 보면 변화하는 것 같지만 실제로는 절대로 만물은 변화하지 않는다고 주장한다. 강물이 변하는 것 같지만 강물은 절대로 변하지 않는다. 우리는 이미 '강물'이라는 단어를 아무런 불편 없이 사용한다. 강물이라는 존재가 있기 때문에 '강물'이라는 말이 생기게 된 것이다. 실제의 강물이 없다면 '강물'이라는 말도 생기지 않았을 것이다.

가령 '삐두꽁'이라는 단어가 있다 하자. 이것은 무엇인가? 아무도 모른다. 왜냐하면 삐뚜꽁은 세상에 없는 것이기 때문이다. 세상에 없는 것은 그것을 지칭하는 단어도 있을 수 없다. 그리고 우리가 무언가 단어를 만들어낸다면, 그것은 우리가 단어를 통해 그 존재자들을 생각하기 때문에 가능한 것이다.

'삐뚜꽁'이라는 단어를 연상할 수 없는 것은 삐뚜꽁이라는 것이 세상에 없기 때문이다. '강물'이라는 단어를 연상할 수 있는 것은 강물이 있기 때문이다. 즉 세상에 존재하는 모든 것들은 우리가 생각할 수 있기 때문에 존재하는 것이다. 따라서 '우리가 생각하는 것이 곧 존재하는 것'이다.

'귀신'이라든가 '유니콘'처럼 이 세상에 실제로 존재하지 않는 것처럼 보이는 것들도 사실은 존재한다. '귀신'은 '소복차림', '피 묻은 입술', '다리 없이 걷기' 등의 특징을 갖는다. 그리고 이런 특징들은 이미 현실 속에 존재하는 것들이다. '귀신'은 이런 특징들을 공유하는 하나의 존재이다.

이처럼 '생각하는 것이 곧 존재'라는 주장에 의하면 궁극적으로 이 세상의 만물은 이미 영원토록 존재하는 상태가 지속된 것이다. 존재 그 자체가 잠시 자리바꿈을 해서 마치 변화하는 것처럼 보이지만, 실제로 존재 그 자체는 영원무궁토록 그냥 존재하고 있을 뿐이다. 이런 궁극적 존재를 파르메니데스는 일자—者, the One라고 칭했다.

그런데 흥미로운 것은 헤라클레이토스도 파르메니데스처럼 일자를 인정했다는 점이다. 온세상이 변한다고 할 경우 그런 변화를 일으키는 원동력이 무엇인지 설명할 필요가 생긴다. 그런 변화를 일으키는 일관된 원인을 적절히 설명하지 않을 경우 '판타 레이'라는 원칙은 세상의 변화하는 모습을 설명하는 것에 지나지 않고, 원인까지는 밝히지 못하는 불완전한 설명에 지나지 않기 때문이다.

헤라클레이토스는 관습에 따라 사람들이 동일한 사물이라고 여겨 왔던 것도 따지고 보면 모두 과거와는 달라진 것들임을 알 수 있다고 주장한다.

헤라클레이토스는 그러한 변화의 원인을 불이라고 보았다. 즉 불은 세상을 끊임없이 변하도록 만드는 일자인 셈이다. 이처럼 만물의 근원을 일자라고 규정했다는 점에서 헤라클레이토스와 파르메니데스는 공통적이다.

이들은 그 이전의 밀레토스 학파들이 만물을 이루는 근본적 재료가 무엇인지에 관심을 쏟은 것에 비해 그러한 만물의 근본적 재료가 과연 변화하는지 변화하지 않는지에 관심을 두었다. 그리고 존재와 변화에 관한 이들의 대립은 플라톤의 이데아idea론에 의해 종합된다.

헤라클레이토스의 사상은 훗날 많은 사상가들에게 큰 영향을 미치는데, 헤겔Hegel에게 미친 영향이 대표적이다. 사물들의 대립 속에서 변화의 의의를 발견하는 헤겔의 변증법은 헤라클레이토스의 불 이론에서 빌려온 것이다. 불은 만물을 투쟁하게 만들지만 결국엔 그러한 투쟁으로 인해 만물은 끊임없이 생성하고 변화할 수 있게 된다.

▶ 관련 개념어 : 상대주의, 이데아, 자연철학, 변증법

패러다임

한 시대에 통용되는 과학적 인식의 종합적 틀
paradigm

과학적 진리를 부정하는 흐름이 20세기에 다양하게 제기되었다. 과학이 빚은 성과와 함께 그 부작용 또한 인간을 괴롭게 만들면서 과학 자체에 대한 신뢰를 부정하는 주장들이 빗발치게 된 것이다. 그 가운데 쿤Th. S. Kuhn이 제기한 패러다임paradigm 이론이 가장 강력하다. 다른 주장들이 과학의 언저리에서 과학의 진실성을 의심하는 수준이었다면, 쿤의 패러다임 이론은 과학 자체의 진리성을 과학 자체의 맥락에서 송두리째 부정했다는 점에서 그 격이 다르다.

패러다임이란 본래 언어학적 용어로서 '으뜸꼴'을 의미했다. 쿤은 이 패러다임이란 용어를 '한 시대를 지배하는 과학적 인식의 종합적 틀'이란 개념으로 변경해서 사용했다. 으뜸꼴이 파생어로 변화하는 것처럼 '당대 과학적 지식의 종합적 틀' 또한 고정불변의 것이 아니라 끊임없이 파생되고 변화한다는 의미에서 이 용어를 차용했다.

쿤의 결론부터 보자.

"과학이란 발전하는 것이 아니라 대체되는 것이다."

참으로 충격적인 말이다. 우리는 당연히 과학을 발전하는 것이라고 알고 있었다. 달구지가 자동차로 발전되고, 돛단배가 구축함으로 발전된다고 믿고 있었다. 천동설이 무너지고 지동설로 발전되었다고 믿고 있었다. 허나 쿤은 그것이 착각이라고 말한다.

쿤은 천동설의 오류가 발견되어 지동설이라는 더 나은 이론으로 발전한 것이 아니라 단지 천동설을 믿었던 과학자들 가운데 상당수가 천동설에 의문을 제기하게 되고, 그 의문이 쌓이고 쌓여 결국 지동설이라는 새로운 이론으로 패러다임이 변했을 뿐이라고 말한다. 뉴턴 역학이 아인슈타인의 상대성이론에 의해 극복된 과정 또한 패러다임이 변경된 것뿐이라고 설명한다.

그렇다면 어떤 객관적인 진리라는 것은 없단 말인가? 쿤은 그렇다고 말한다. 과학은 객관적인 진리를 발견하는 과정이 아니라 그 시대가 합의해서 패러다임을 구축해 나가는 과정일 뿐이라고 말한다. 즉 과학은 객관적 진리를 탐구하는 학문이 아니라 일종의 과학자 사회라는 테두리 안에서 영위되는 학문에 지나지 않는다는 것이다.

뉴턴 역학이 처음 제기되었을 때 모든 유럽인들은 과학이 이제 더이상 발전할 수 없으리라 여겼다. 완벽히 체계적인 뉴턴 역학으로 설명하지 못할 물리적 현상은 없는 것처럼 보였다. 하지만 이런 믿음은 그리 오래 가지 않았다. 하나 둘씩 뉴턴 역학으로 설명될 수 없는 현상들이 관측되기 시작되었다. 이렇게 뉴턴 역학으로는 설명되지 않는 현상들이 발견되었을 경우 뉴턴 역학은 곧바로 폐기되어야 할까? 아니다. 뉴턴 역학은 그런 현상들로 인해 곧바로 폐기되지 않았다. 뉴턴 역학을 송두리째 부정하는 새로운 패러다임인 상대성이론이 제기되기 전까지 뉴턴 역학은 그대로 살아남았다.

바로 이런 측면만 보더라도 과학이라는 것이 객관적 진리를 발견하는 학문이 아니라는 점을 확인할 수 있다고 쿤은 말한다. 명백히 뉴턴 역학으로 설명할 수 없는 수많은 현상들이 제기되었음에도 불

쿤에 의하면, 완전히 다른 이론 체계를 갖춘 기존의 패러다임과 새로운 패러다임이 경합을 벌여 새로운 패러다임이 승리를 거두면 과학혁명이 발생한다.

구하고, 뉴턴 역학은 상대성이론이라는 대체이론이 나오기 전까지 패러다임으로서 군림했던 것이다.

쿤은 이런 측면을 도식화하여 설명한다. 과학은 '전과학 → 정상과학 normal science → 위기 → 혁명 → 새로운 정상과학 → 새로운 위기…' 의 순환과정 속에 있다고 말한다. 차근차근 단계를 밟아 발전하는 것이 아니라 마치 하나의 정치체제가 혁명에 의해 다른 체제로 대체되는 것처럼 그렇게 혁명적으로 대체되는 것이라고 말한다.

하나의 패러다임이 그 시대의 과학자들에 의해 정상과학으로 인정되면, 그 이후 과학자들은 온통 그 정상과학의 테두리 안에서 과학적 활동을 벌인다. 뉴턴 역학이라는 패러다임이 확립된 이후 과학자들은 온통 그 뉴턴 역학의 테두리 안에서만 학문 활동을 영위했다.

하지만 이렇게 하나의 패러다임 영역에 있는 정상과학이 영원히 지속되지는 못한다. 기존의 정상과학으로는 해결되지 않는 현상들이 끊임없이 제기되고, 그 위기가 무르익는 단계에서 새로운 패러다임이 제기된다. 한동안 기존의 패러다임과 새로운 패러다임이 경쟁을 벌이게 된 다음 결국 새로운 패러다임이 승리하게 되면, 그 새로운 패러다임이 제시하는 과학이 새로운 정상과학이 되는 것이다.

쿤의 이런 혁명적 발상은 과학의 과학성을 근본적으로 의심하도록 만들었다. 그리고 이에 대한 반대론들 또한 빗발쳤다.

　가령 이런 것이다. 쿤에 의하면 기존의 패러다임과 새로운 패러다임은 완전히 다른 이론체계를 갖추어 서로 통약불가능하기 때문에 양립될 수 없다고 한다. 이렇게 양립될 수 없는 두 패러다임이 경합을 벌여 새로운 패러다임이 승리를 거두면 과학혁명이 발생한다고 한다. 하지만 통약불가능한 패러다임들이 꼭 양립 불가능한 것인가? 가령 문학과 과학은 서로 통약되지 않는 별개의 패러다임들이지만 별다른 충돌 없이 양립해오고 있지 않은가? 쿤의 주장에 따르면 통약될 수 없는 뉴턴 역학과 상대성이론이 공존하는 것이 더 자연스러운 일이 아닐까?

　하지만 이런 미세한 논리적 문제보다 더 큰 문제는 쿤의 패러다임 이론이 근본적으로 객관적 진리를 무시함으로써 사이비과학을 준동시킬 염려가 있다는 점이다. 가령 음양오행을 기반으로 하는 동아시아의 고대과학이 새로운 패러다임으로 등장하고, 이 패러다임을 열성적으로 지지하는 과학자들이 애국주의에 편승하여 승리자가 되고자 한다면 어떤 일이 발생할까? 음양오행이라는 패러다임이 기존의 패러다임을 혁명으로 물리칠 경우 그냥 멀뚱멀뚱 바라만 보고 있어야 한단 말인가?

　쿤은 자신이 대책 없는 상대주의자가 아니라고 극구 항변하지만, 패러다임 이론을 유지하면서 객관적 지식을 정당화하는 것이 그리 쉽지만은 않아 보인다.

▶ 관련 개념어 : 귀납, 연역, 논리실증주의, 반증 가능성, 상대주의

포스트구조주의

이성의 권위를 부정하고 온갖 독단적 전제를 벗어버리자
post-structuralism

포스트구조주의post-structuralism는 구조주의에서 출발했으면서도 구조주의를 넘어서려 한다. post란 '무엇으로부터의 이탈'을 의미한다. 그래서 포스트구조주의를 '탈구조주의'라고도 한다.

구조주의는 20세기 철학계에 혁명적 변화를 불러일으켰다. 인간, 역사, 존재를 중시하던 철학계에 구조와 관계를 중시하는 새로운 시도를 설득력 있게 제시해주었다. 인간의 언어가 시대의 변화에 따라 인간들이 발명해 낸 역사의 산물이 아니라 이미 애초부터 있던 구조의 산물이라 본 소쉬르, 친족 사이의 관계망이 인간의 발명품이 아니라 구조의 산물이라고 본 레비-스트로스 등이 그 대표자들이다. 인간이 구조를 만들어낸 것이 아니라 구조가 먼저 있고, 인간이 그 구조 안에 들어와 살게 되었다는 얘기다.

구조주의는 이렇듯 인간 존재와 역사를 중시하는 기존 철학계에 심각한 도전을 제기함으로써 신선한 충격을 안긴다. 그러나 여전히 포스트구조주의자들이 보기엔 구조주의 또한 기존 철학계의 틀을 벗어나지 못한 불완전한 도전에 불과하다. 왜냐하면 구조주의자들이 제기하는 '구조'라는 것도 따지고 보면 서양의 기존 철학이 제시한 일종의 형이상학적인 독단과 다를 바 없는 매우 독선적인 것에 지나지 않기 때문이다.

포스트구조주의자들은 구조 자체까지 인정하지 않으면서 구조주의자들이 경시했던 역사를 다시금 전면에 내세우게 된다. 구조라는 것이 인간의 역사보다 앞서서 먼저 있다는 구조주의자들의 주장에 이들은 반대한다. 구조주의자들이 내팽개쳤던 역사의 역할을 다시금 되살리면서 그들은 구조를 해체하고, 나아가 이성을 중심으로 한 서양철학의 기본적 틀 자체까지 부정한다. 먼저 푸코M. P. Foucault가 나섰다.

그는 인간의 지식체계를 '고고학'이라고 조롱하고 역사를 '계보학'이라는 틀로 대체한다. 우리는 고고학적 성과를 보고 순전히 지적 만족을 얻을 뿐 그것을 요즘의 현실에 직접 적용하지는 않는다. 미이라가 발굴되었다고 해서 그것을 본떠 현실에서 미이라를 만들고자 하는 사람은 없다. 고고학적 성과물들은 단지 "과거 사람들이 그렇게 살았겠구나." 하는 것만을 알려줄 뿐 진리를 알려주지는 않는다. 인간의 지식체계를 고고학적 시선으로 본다는 것은 곧 인간이 역사적으로 추구해온 온갖 정신적 신념체계의 진리성을 부정하고, 그것들을 단지 그 시대가 빚어낸 고고학적 산물이라고 보아야 함을 의미한다. 따라서 이런 입장에 의하면 절대적인 진리는 설 자리가 없어진다.

또한 그는 역사를 계보학적 입장에서 폄하한다. "역사는 승자만을 기억한다."는 얘기가 있다. 과거 김영삼 대통령이 이 표현을 즐겨 사용함으로써 그 말의 진실성에 묘한 양가감정을 일으키게 한 바 있는데 푸코의 역사관이 바로 이런 역사관이다. 역사란 인간 주체가 능동적으로 개입함으로써 위대한 변화를 일으킨 과정을 서술한 것이 아니다. 그것은 가진 자들과 승리한 자들이 끼리끼리 계보를 이어오면서 서술한 승리자의 계보학에 불과하다. 따라서 이런 관점 역시 역사적 진실이나 진리를 원천적으로 부정한다.

여기서 더 나아가 푸코는 정신병자와 죄수들을 가두는 것까지도 모두 권력자들의 횡포라고 주장한다. 절대적 진리가 없고 이성을 확신할 수 없는 상황에서 오로지 힘 있는 자들이 자기

푸코는 인간의 지식체계를 '고고학'이라고 조롱한다. 우리는 고고학적 성과를 보고 순전히 지적 만족을 얻을 뿐 그것을 요즘의 현실에 직접 적용하지는 않는다.

들의 편의를 위해 소수자를 억압했을 뿐이라고 주장한다. 푸코의 주장은 역사적 진실과 규율의 효율성을 무비판적으로 신뢰해온 우리들에게 큰 충격을 주었다. 그러나 참된 진리 자체를 부정하는 뉘앙스로 인해 도대체 그의 주장이 상대주의와 다를 게 무엇이냐는 비판을 끊임없이 받기도 한다.

데리다J. Derrida 또한 푸코와 마찬가지로 역사와 변화를 중시하면서 구조주의를 공격했다. 구조주의자들은 구조가 이미 인간이 태어나기 이전부터 선험적으로 완결되어 있다고 주장하지만 이는 옳지 않다. 인간의 언어라는 것은 끊임없이 그 의미가 변화되는 것으로서 결코 구조라는 틀 안에서 고정적으로 파악할 수 있는 것이 아니다.

언어의 의미는 늘 변화의 과정 속에 있는데 그런 변화를 놓치고 통일된 언어의 구조만을 파악하려 한다면, 언어의 참된 뜻을 놓칠 수밖

에 없게 된다고 그는 주장한다. 이를 위해 그가 제안한 단어가 '차연 differance'이다. 차연이란 '차이'와 '연기·지연'을 동시에 의미한다.

일차적으로 하나의 단어가 가지는 의미는 다른 단어들이 가지는 의미와 차이를 가짐으로써 규정된다. 예컨대 '대통령'이라는 단어의 의미는 '총리', '왕', '국회의원' 등 다른 단어들의 의미와의 차이로 인해 규정된다.

그러나 그런 차이는 무한한 순환 속에 있을 수밖에 없다. 현재의 '대통령'은 '제5공화국의 대통령'이나 '프랑스 대통령', '미국 대통령'과 다르다. 그리고 앞으로 나오게 될 무수한 유형의 대통령들과도 또 다르다. 단어들 사이의 차이는 고정된 채로 있는 것이 아니라 이처럼 시간이 지남에 따라 무한히 변화한다. 따라서 현재 사용되는 단어들의 의미는 고정된 것이 아니라 일종의 '지연된 것'임을 인정해야 한다. 단어들의 의미가 다른 단어들의 의미와의 차이로 인해 규정된다는 점은 구조주의 주장을 통해 배운 것이다. 그러나 그는 구조주의적 입장에 머물지 않고 그것을 넘어서고자 했다.

이렇게 모든 단어들의 의미를 고정된 것이 아닌 '차연된 것'이라고 이해한다면, 결국 나아가 인간의 모든 지식체계 자체가 고정된 것이 아니라 '차연된 것'임을 인정하지 않을 수 없다. 따라서 참된 진리를 주장하는 일체의 주장은 모두 억측에 불과한 것이고, 우리의 변화를 가로막는 폭력이다. 이에 따라 그는 고정된 진리를 주장하는 일체의 것들을 일단 해체해야deconstruct 한다고 주장한다. 포스트구조주의가 극명하게 드러난 순간이다.

포스트구조주의는 흔히 포스트모더니즘postmodernism이라고도 불리지만 둘은 엄격히 말해 다르다. 포스트구조주의는 구조주의라는 철학적 주장에 대한 비판으로 제기되었으며, 포스트모더니즘은 모더니즘 혹은 근대성이라고 하는 좀더 포괄적인 문화적 흐름에 대한 반작용으로 제기되었다. 포스트구조주의가 철학적 개념이라면 포스트모더니즘은 문화적 개념이다. 포스트구조주의라는 철학적 주장을 근거로 포스트모더니즘이라는 문화운동이 이론적 토대를 갖추게 되었다고 볼 수 있다.

20세기 후반기에 접어들며 포스트모더니즘은 자본주의적 산업 활동과 손을 잡고 극성을 부리게 된다. 이성을 중심으로 한 근대성모더니즘에 반기를 들며 일체의 이념적 요소들을 문화 활동에서 지우려 했는데, 그렇게 지워진 이념의 빈자리를 자본이 비집고 들어온 셈이다. "해 아래 새것이 없다."면서 자신의 표절행위를 천연덕스럽게 정당화하는 작가가 등장하는가 하면, 광고와 패션 등 돈과 결부된 활동에서 유독 포스트모던적 경향들이 유행했다.

포스트구조주의가 내세운 탈구조와 탈이념의 철학적 전략은 결국 문화운동으로서의 포스트모더니즘에 의해 변질된 측면이 많다. 허나 어쩌랴. 포스트구조주의 자체가 '고정된 진리'라는 것 자체를 부정하는 마당에 무엇을 근거로 포스트모더니즘을 꾸짖겠는가?

▶ 관련 개념어 : 구조주의, 해체주의, 차연, 기호학

합리론

인간이 인식하는 근거는 오로지 이성뿐이라는 인식론
rationalism

합리론rationalism은 합리주의 혹은 이성주의라고도 하는데 경험론
empiricism과 대비되는 개념이다. 합리론은 본래 플라톤에서부터 비
롯된다. 인간의 개별적 경험을 부정적으로 평가하고 오로지 이성
nous에 의해서만 참된 진리, 즉 이데아idea를 발견할 수 있다고 보았
기 때문이다.

플라톤으로부터 비롯된 고대의 합리론은 존재론적 합리론이다.
따라서 중심은 참된 존재 그 자체에 있었다. 그런 참된 존재에게 우
리가 어떻게 다가가야 하는지, 우리에게 있는 이성 능력의 정체가
무엇인지 등에 대해서는 깊이 있게 논의하지 않았다. 우리가 참된

진리를 어떻게 알 수 있는가 하는 인식론적 문제는 근대에 이르러 비로소 다루어지게 되었다. 따라서 보통 합리론이라 하면 근대 이후의 인식론적 합리론을 주로 가리킨다.

근대 인식론은 실재론realism과 관념론idealism의 대립, 혹은 합리론과 경험론의 대립으로 크게 나뉜다. 실재론과 관념론의 대립은 인식의 대상object에 대한 입장 차이로 인한 대립이고, 합리론과 경험론의 대립은 인식의 주체subject에 대한 입장 차이로 인한 대립이다. 인식 대상이 명백히 우리의 바깥에 실제로 존재한다고 주장하는 것이 인식론적 실재론이며, 반대로 인식 대상이 우리 바깥에 실제로 존재한다는 생각은 착각에 불과하며, 오로지 우리의 감각적인 경험을 통해 얻게 된 관념만이 존재한다고 주장하는 것이 인식론적 관념론이다.

또한 우리가 인식 대상을 인식할 수 있게 되는 근거를 인간의 이성ration에서 찾는 주장을 합리론, 이와 달리 인식 근거를 인간의 경험에서 찾는 주장을 경험론이라 한다. 근대철학의 의의를 '주체의 발견'이라고 한다는 점에서 '인식의 대상'을 중심으로 한 '실재론과 관념론'의 대립이라는 구도보다는 '인식의 주체'를 중심으로 한 '합리론과 경험론의 대립' 구도가 훨씬 유용하다. 이에 따라 근대 인식론을 일반적으로 '경험론과 합리론의 대립'이라고 부르게 된다.

존재론적 측면과 인식론적 측면의 용어들을 정리하면 다음과 같다.

- 존재론존재의 형태 : 유물론materialism vs. 유심론spiritualism
- 존재론존재의 여부 : 존재론적 실재론realism vs. 유명론nominalism
- 인식론대상의 측면 : 인식론적 실재론realism vs. 관념론idealism
- 인식론주체의 측면 : 합리론rationalism vs. 경험론empiricism

영국에서 발전한 경험론은 인간의 이성보다는 인간의 감각경험을 중시한다. 따라서 감각경험에 의해 우리에게 형성된 관념만 중점적으로 논의할 뿐 우리 바깥에 실제로 대상이 있는지 여부는 중시하지 않는다. 아니, 아예 우리 바깥에 실제로 존재가 있다는 생각을 착각이라 본다. 이에 따라 경험론은 관념론적인 성향을 갖게 된다.

이와 반대로 대륙에서 발전한 합리론은 인간의 이성을 중시한다. 이 이성은 못하는 것이 없다. '1+1=2, 34+56=90'이라는 간단한 진리부터 시작해 극도로 복잡한 온갖 수학적 이론들을 우리가 파악할 수 있는 건 오로지 이성 덕분이다. 이성은 우리가 직접 경험하지 않은 온갖 진리들을 알 수 있게 만들어주는 유일한 근거다. '595638× 234756=139829594328'이라는 사실은 경험하지 않고도 간단히 알 수 있다. 오히려 경험을 통해 확인하려면 몇 날 며칠이 걸릴지 알 수 없다. 결과의 신빙성도 의심스럽다. 합리론의 대표자인 데카르트R. Descartes와 라이프니츠G. W. von Leibniz가 철학자이면서 동시에 수학자인 건 우연이 아니었다.

데카르트 및 라이프니츠와 더불어 스피노자B. de Spinoza까지 세 사람은 합리론의 빅3이다. 이들은 모두 이성을 통해 완벽히 세상의 참

합리론은 본래 플라톤에서부터 비롯된다. 인간의 개별적 경험을 부정적으로 평가하고 이성에 의해서만 참된 진리, 즉 이데아를 발견할 수 있다고 보았기 때문이다.

된 진리를 파악할 수 있다고 보았고 완벽히 참된 진리의 세계가 존재한다고 믿었다. 그런 점에서 이들은 실재론자들이다. 데카르트가 창안한 해석기하학 analytic geometry의 좌표는 이성을 통해 진리를 발견하는 실재론적 공간을 의미한다. 좌표 안에 진리가 있다!

스피노자는 한술 더 떠서 기하학적 방법을 동원해 세상의 온갖 진리를 완벽하게 파헤칠 수 있다고까지 주장한다. 그의 대표작인 『윤리학 Ethica』은 완벽히 기하학적인 체계로 서술되어 있다. 윤리학조차 수학적으로 증명될 수 있다고 보았을 정도로 이성의 권능을 절대적으로 믿었다. 데카르트가 제시한 수학적 진리의 마당인 좌표를 온세상으로까지 확대해 적용한 셈이다. 스피노자에 따르면 온세상이 진리의 마당이다. 즉 온세상이 신 God이다! 이에 따라 스피노자의 사상을 범신론 pantheism으로 분류하기로 한다.

라이프니츠 또한 수학사에 탁월한 업적을 남긴 인물로서 그는 모나드 monade라는 실체를 통해 합리론을 설파한다. 모나드란 일종의 원자 atom와 비슷한 것으로서 세상을 구성하는 근본 입자들을 가리킨다. 그런데 원자와 달리 모나드는 물질적인 것이 아니라 정신적인 것이다. 이 무수한 비물질적인 모나드들을 통해 온세상이 구성되는데 이들 모나드는 서로 인과관계로 맺어져 있지 않다. 이들 개별적인 모나드를 연결시켜 온세상을 조화롭게 만드는 것은 신God이다. 인간의 이성은 이런 신이 마련해 놓은 수학적 질서를 파악할 수 있도록 이끄는 유일한 수단이다.

대륙을 중심으로 발전해 온 합리론은 칸트I. Kant에 의해 자성의 기회를 갖게 된 후 헤겔G. W. F. Hegel에 의해 다시금 극단적인 형태로 완성된다.

칸트는 대륙의 합리론 전통에 충실해 오다가 흄D. Hume의 회의주의를 접하고 큰 충격을 받는다. 이에 따라 그는 경험론과 합리론을 절충하게 된다. 그의 철학을 '초월적 관념론transcendental idealism'이라고 하는데, 이 명칭에서 그의 철학이 경험론적 측면과 합리론적 측면을 종합하고 있음을 알 수 있다.

'초월적'이란 개념은 인식의 합리론적 측면과 경험론적 측면을 종합한 것이다. 가령 우리가 과일가게에 가서 사과 하나를 샀더니 사과 하나를 덤으로 더 받았다고 하자. 이 사실을 통해 우리가 결론적으로 "사과를 두 개 받았다."라고 말한다면 이것은 경험적 사실에 합리적 추론을 덧붙인 결과가 된다. 즉 '사과를 하나 샀더니 하나를 덤으로 받았다'고 하는 경험적 사실과 '1+1=2'라는 합리적 추론이 결합해 최종적인 인식, 즉 '사과를 두 개 받았다'는 인식이 성립하게 된다는 것이다. '초월적'이란 선험적a priori 인식능력'1+1=2'라는 판단을 할 수 있는 능력을 바탕으로 경험적 사실에 대한 인식이 가능하게 되는 종합적 측면을 말한다.

칸트가 자신의 철학을 '관념론'이라고 칭한 부분에서도 그의 철학이 합리론과 경험론의 종합적 시도라는 점을 발견할 수 있다. 앞에서 살펴보았듯 합리론은 실재론적 경향을 띤다. 우리 바깥에 있는 참된 사물이 존재한다고 믿고, 그것을 합리적 이성을 통해 정확히 파악할 수 있다고 보기 때문이다.

그러나 칸트는 외부에 참된 사물이 있다는 점 자체는 인정하지만, 다른 실재론자들과는 달리 우리 바깥에 있는 참된 사물을 완벽히 파악할 수는 없다고 본다. 결국 우리가 그 참된 존재를 파악하는 것은 우리의 관념 영역 안에서 이뤄지는 것이라고 한 발 물러선다. 이 점에서 그는 경험론에서 비롯되는 회의주의적인 관념론을 대폭 수용한 셈이다. 이때 그가 말하는 참된 사물을 물자체Ding an sich라고 한다. 물자체가 있기는 있지만 완벽히 알 수는 없다는 것이다.

헤겔은 칸트에 의해 한 걸음 물러선 합리론적 측면을 다시금 대폭 강화한다. 칸트는 물자체를 인정은 하되 그것을 완벽히 파악할 수는 없다고 말하면서 실재론적 입장에서 한 걸음 물러서 관념론적 입장에 섰다. 헤겔은 이런 입장에서 더 나아가 아예 실재론적 입장 자체를 부정하는 방식으로 합리론을 정당화한다. 우리가 경험하는 것은 허깨비에 지나지 않으며, 외부에 참된 존재가 있다는 믿음은 거짓이라 주장한다.

이런 관념론적 입장은 경험론이 취하는 입장과 유사하다. 허나 경험론적 관념론과 결정적으로 다르다. 경험론적 관념론은 이성을 신뢰하지 않고, 경험에서 비롯된 관념만을 인정하면서 실재론을 부정한다. 하지만 헤겔은 이성을 절대적으로 신뢰해 이러한 이성을 통한 지식만을 인정하면서 실재론을 부정한다. 경험론자들에 의하면 경험은 그나마 우리의 인식을 가능하게 해주는 최소한의 근거 노릇을 하는 것이지만, 헤겔에 의하면 경험은 그릇된 지식으로 인도하는 아주 못 믿을 것이다.

그렇다면 도대체 이성을 통한 완벽한 지식이 어떻게 가능하단 말인가? 그는 놀랍게도 개개의 인간들이 지닌 주관적 관념이 아닌 절대정신absoluter Geist이라고 하는 객관적 정신이 이 모든 것을 가능케 해준다고 주장한다. 개별적인 주관적 관념들이 파악하는 지식은 결국 회의주의로 귀결되지만 절대정신이 파악하는 지식은 완벽 그 자체라는 것이다.

헤겔이 말한 절대정신이란 결국 신God과 다름없다. 말이 좀 세련되고 표현이 복잡해서 그렇지 헤겔의 절대적 관념론은 신학이랑 매한가지다. 신이 모든 것을 이미 완벽히 구상했으며, 그 완벽한 구상으로 다가가는 것은 합리적 방법으로 가능하다는 주장이다.

이로써 실재론적 입장에서 출발한 합리론은 칸트에 의해 관념론으로 전향되었으며, 헤겔에 의해 절대적 관념론의 형태로 완성된다. 인간의 이성을 중심으로 인식론을 전개한다는 점에서 합리론은 주체를 중시하는 철학의 정점에 선 입장이라 할 수 있다. 그러나 헤겔의 경우를 통해 알 수 있듯 이성을 지나치게 중시하는 입장은 역설적으로 인간 이외의 것에서 이성의 절대성을 보장받고자 하는 유혹에 빠질 우려가 있다.

▶ 관련 개념어 : 경험론, 관념론, 절대적 관념론, 선험적 종합판단, 회의주의

해체주의

텍스트를 열린 지평에서 읽어 기존 형이상학적 체계를 해체
deconstructionism

20년 전 절친한 친구에게 받았던 편지를 다시 읽어본다. 거기엔 손발을 오그라들게 만드는 간지러운 내용들이 가득하다. 우정과 학문과 인생에 대한 거칠고 소박한 이야기들이 과장스럽게 진지한 표현들에 담겨 있다. 흐뭇한 마음으로 편지를 읽게 되지만 한편으로는 당시의 나에 대한 그 친구의 오해와 억측도 확인할 수 있어 괜히 서운한 마음도 든다. 편지를 내려놓으며 잠시 상념에 잠긴다. '그때는 그랬었지' 하며.

비록 지금 다시 읽으면서 낯간지러움을 느끼는 내용들이 많지만 그 편지는 청년시절의 내 고민과 다짐, 친구와의 우정 및 갈등 등을 다시금 확인케 해준다. 한동안 연락 없이 지내던 친구에게 전화라도 걸어야겠다는 마음이 생긴다.

우리는 흔히 아름다운 추억만을 기억한다고 말한다. 과거의 기억 가운데 좋지 않았던 부분들은 지우고, 무의식적으로 과거를 아름다운 것으로 꾸미지 않는다면 아마도 세상 사람들은 현실에서 사는 게 힘들지도 모를 일이다. 그리고 지금 우리에게 남겨진 편지라든가 여러 기록들은 당시의 참된 모습의 파편에 불과하다고 여길지 모른다.

그러나 실상은 그와는 정반대이다. 우리의 추억은 무의식적으로 각색된 것이며, 당시의 정확한 실상은 오히려 편지와 기록에 더욱 정확히 반영되어 있다. 예전엔 예뻤다고 자부하지만 과거의 사진은

오히려 촌스런 옷차림과 헤어스타일만 증언해줄 뿐이다.

데리다는 서양철학의 역사가 바로 이런 식의 자기 위안, 혹은 자기 미화를 일삼아 온 역사라고 싸잡아 비판한다. 플라톤, 아리스토텔레스, 칸트 등 저명한 철학자들이 남긴 텍스트를 서양철학은 불완전한 파편에 지나지 않는 것으로 보고 있다는 얘기다. 반면 진짜 참된 진리의 내용은 이미 그들이 당시 사람들과 말을 주고받는 사이에 휙 하고 지나가 버렸다고 서양철학자들은 믿는다고 그는 주장한다.

이를테면 나와 내 친구의 참된 우정은 이미 20년 전에 휙 하고 지나갔으며, 지금 남아 있는 그 친구의 편지는 단지 당시의 상황을 증언해주는 간접적 증거밖에는 안 된다는 것이다. 지금 내가 고작 할 수 있는 것은 남아 있는 편지내용을 통해 당시의 참된 우정을 애써 떠올리며 미화하는 것뿐이다. 그러나 그 친구의 편지를 냉정히 살펴보면 그 안에는 따뜻한 우정만이 있는 것이 아니다. 편지 내용을 통해 보이는 나의 청년 모습도 아름다운 것만은 아니다. 친구의 편지는 당시 내 모습에 대한 적나라한 증언이지만, 그럼에도 불구하고 나는 애써 당시를 아름답게만 포장하려 한다.

서양철학이 저지른 잘못도 바로 이런 것이었다고 데리다는 비판한다. 무언가 당시 철학자들이 참된 진리를 설파했으며, 그들이 남긴 텍스트는 그런 진리를 불완전하게 담고 있다고 그들은 착각하고 있는 것이다. 따라서 후세의 철학도들은 그 텍스트만을 이해하는 데에 머물지 말고, 그들이 당시 남겼을 법한 참된 진리의 말씀을 뒤따라가 발견하는 노력을 해야 한다고 믿게 되었다. 마치 우리들이 과

거의 모습을 참되고 아름다웠던 것으로 무의식적으로 미화하려고 애쓰는 것처럼 말이다.

데리다는 이처럼 텍스트를 중시하지 않은 채 당시의 철학자들이 남겼을 법한 말빠롤, parole을 중시하는 태도를 버리라고 충고한다. 이러한 태도는 무언가 참된 진리가 있다는 형이상학적 믿음을 근거로 형성된다. 그런 숭고한 진리를 담기에는 텍스트가 턱없이 부족하고 초라하다는 신앙적 태도로 인해 텍스트에 대한 부정적 태도를 갖게 된다. 허나 우리가 정작 관심을 가져야 하는 것은 그들이 남긴 텍스트이다.

그런데 텍스트라는 것은 하나의 고정된 실체를 담고 있는 것이 아니다. 친구가 남긴 편지 또한 그 친구와 나 사이에 얽힌 고정된 관계만을 내게 전달해주지 않는다. 30대에 읽던 느낌과 40대가 되어 읽을 때의 느낌이 다르다. 세상의 모든 텍스트의 의미는 고정되어 있지 않고 해석자에 의해 시시각각 변할 수밖에 없다.

이 지점에서 데리다는 차연差延, differance이라는 신조어를 제시한다. 차연이란 차이difference와 지연연기, 미루기(defer)의 의미를 동시에 갖는다. 하나의 텍스트 혹은 단어는 다른 텍스트 혹은 단어와 차이를 가짐으로써 그 의미를 파악할 수 있게 된다. 내 친구의 20년 전 편지는 친구가 10년 전 남긴 편지 및 또 다른 친구가 남긴 편지와 다른 내용을 가짐으로써 의미를 갖게 된다. 세상의 모든 단어들은 이처럼 다른 단어와의 차이를 통해 그 의미가 규정된다.

그런데 그 차이라는 것이 무한하다는 점이 문제다. 20년 전 내 친구의 편지는 10년 전에 보낸 편지 및 하루에도 수십 통씩 내가 받고 있는 다른 편지들과도 다르다. 도대체 어떻게 그 친구가 20년 전 내게 전해준 편지와 지금도 끊임없이 내가 받고 있는 그 수많은 편지들이 다르다는 점을 내가 확정적으로 말할 수 있겠는가?

텍스트를 만고불변의 진리의 파편으로 간주하는 서양철학자들의 고질병을 고치고 텍스트의 의미를 고정된 것으로 간주하는 태도를 버리자는 것이 데리다의 해체주의이다.

결국 하나의 단어가 다른 단어들과 차이를 보인다는 점은 완벽히 규정될 수 없다. 불완전하나마 어느 지점에서는 차이를 밝히는 노력을 중단하고 적당한 선에서 규정을 할 수밖에 없다. 이것이 바로 '지연'의 의미이다. 즉 차연이란, 한 단어가 현재 주어진 다른 단어들과의 차이를 통해 규정된다는 점과 그 차이의 발견 행위가 시간적으로 지연될 수밖에 없음을 동시에 일컫는다.

따라서 단어 혹은 텍스트에 대한 의미를 파악하는 것은 고정될 수 없다. 끊임없이 차연의 과정을 통해 재확인되고 재발견되어야 한다. 내 친구의 20년 전 편지는 앞으로 5년 후, 10년 후 또 다른 의미로 내게 다가올 것이다.

그러나 안타깝게도 서양철학자들은 선대의 철학자들이 남긴 텍스트를 참된 진리의 파편에 불과한 것으로 보고 어떤 절대적인 진리가 그 텍스트에 앞서 그들의 입을 통해 흘러나왔다고 본다는 점에서 틀렸다. 그들에게 있어 남겨진 텍스트를 읽는 행위는 고정불변의 참된 진리를 추적하는 과정이다. 이런 행위는 과거를 미화하고자 하는 우리들의 습성처럼 어리석다.

이제 이렇게 고정된 참된 형이상학적 진리가 있다고 믿으면서 텍스트를 연구하는 행위를 중단해야 한다. 텍스트는 늘 새롭게 해석되어야 하고, 새로운 해석지평을 위해 열려 있어야 한다. 텍스트를 만고불변의 진리의 파편에 불과한 것으로 간주하는 서양철학자들의 고질병을 고치기 위해선 텍스트에 대한 그들의 경직된 태도를 부수어야 한다. 서양철학의 이런 고질병을 고치고 텍스트의 의미를 고정된 것으로 간주하는 태도를 버리자는 것이 바로 데리다의 해체주의deconstructionism이다.

데리다의 해체주의는 현대 문화의 여러 국면에 큰 영향을 끼쳤다. 특히 문학과 건축 분야에 큰 영향을 주었다. 또한 근래에는 불교와 노장老莊사상과의 유사성도 논의되고 있다. "도를 도라고 말할 수 있으면 늘 그러한 도가 아니다道可道非常道."는『도덕경道德經』의 첫 구절은 도道의 차연에 대한 중국식 발언으로 해석될 수도 있다.

그러나 노장사상과 불교 또한 만고불변의 진리에 다가가고자 했던 형이상학적 노력이라고 해석한다면, 그 또한 서양철학과 마찬가지로 데리다에게 있어 해체의 대상일 뿐이다. 더욱이 노장사상과 불교는 그 자체에 종교적 · 신비주의적 성격이 강하다는 점에서 서양철학보다 더 철저히 해체되어야 할 대상으로 간주될 수도 있다.

▶ 관련 개념어 : 차연, 포스트구조주의, 구조주의

현상학

외부 사물이 인간 주체 안에 현상으로 드러나는 모습 탐구
phenomenology

'현상'이라는 말 때문에 오해하지 말아야 한다. 현상학phenomenology
이란 현상만을 다루고 본질을 외면하는 학문이 아니다. 오히려 현상
학은 내용상 본질학에 더 가깝다. 그런데 왜 하필 현상학이라는 이
름이 붙어 혼란스럽게 하는가?

우리가 흔히 말하는 현상이란 객관적으로 존재하는 대상이 드러
난 모습을 의미한다. 즉 일반적 의미의 현상이란 객관주의적 현상이
다. 그러나 후설이 말하는 현상이란 객관적으로 주체의 밖에 존재하
고 있는 대상이 드러나 있는 모습이 아니라 순수의식이라고 하는 주
체 안에 놓인 대상을 의미한다. 즉 대상은 객관적으로 주체와 동떨
어져서 저 밖에 그대로 존재하는 것이 아니라 순수의식 안에서 현상
으로서 존재하는 것이다.

가령 여기 책이 있다고 하자. 후설에 의하면 책이라는 대상은 그
책을 보고 있는 주체, 즉 순수의식에게 하나의 현상이다. 책이 주체
와 무관하게 존재하는 것이 아니라 주체가 있기 때문에 주체 안에서
현상으로 존재하는 것이다. 참으로 지독한 자기중심주의라 하지 않
을 수 없다. 세상이 나의 밖에 있는 것이 아니라 세상이 내 안에 하
나의 현상으로 들어와 있다는 얘기니까 말이다.

후설의 현상학은 대상의 본질을 외면하고 그 외면적 현상을 탐구
하는 것이 아니라 주체 안에 놓인 대상이라는 현상 자체를 탐구하는

것이다. 따라서 현상학은 대상에 대한 과학적 탐구 대신 주체 자체, 순수의식 자체를 탐구하는 것을 출발점으로 한다. 이렇게 순수의식을 정밀하게 탐구해 들어가면 궁극적으로 대상과 주체가 합일되어 대상에 대한 본질적인 이해에 도달하게 된다고 본다. 따라서 현상학은 현상에 대한 탐구이면서 동시에 본질에 대한 탐구이다.

어설프게 처음부터 대상의 본질을 곧바로 파악할 수 있다고 자만하면 곤란하다. 우리는 대상을 객관적으로 파악하고자 하기에 앞서 먼저 우리 자신의 순수의식부터 탐구해야 한다. 그러기 위해선 에포케, 즉 판단중지가 필수적이다. 에포케를 통해 우리는 선이해先理解, Vor-verstehen와 선판단先判斷, Vor-urteil의 위험으로부터 벗어나 순수의식의 명증성을 확인할 수 있게 된다.

그래서 생긴 구호가 "사태 자체로zu den Sachen selbst"이다. 일체의 편견을 배제하고 사태 자체, 현상 자체에만 몰두해야 한다. 그렇게 의식 안에 놓인 사태 자체에만 몰두하게 되면, 결국 대상이라는 것이 우리의 순수의식 안에 구성된 것임을 깨닫게 된다. 모든 것은 밖에 있는 것이 아니라 인간 안에 있다.

현상학의 이런 측면은 진리를 인간 내부에서 발견하고자 했던 성리학性理學과도 닮았다. 성리학은 우주의 참된 이념理이 인간의 본성性에 내재되어 있다고 파악한다. 따라서 섣불리 외물에 대한 탐구에 몰두하지 말 것을 줄기차게 경고한다. 내 안에 있는 우주의 본질을 파악하면 세상 전체에 대한 참된 이치를 깨달을 수 있기 때문이다. 성리학이 말하는 인간과 외물의 합일은 현상학에서 말하는 주체와 대상의 합일을 의미한다.

이러한 합일은 의식의 지향성Intentionalität 때문에 가능하다. 인간의 의식은 그냥 아무런 내용 없이 독자적으로 존재하지 않는다. 의식은 늘 무언가를 대상으로 하고 있다. 대상이 없으면 의식도 무의미하다. 이렇게 의식이 대상을 지향함에 따라 대상은 의식 속에서 의식과 합일된다.

과학적 탐구가 놓친 생활세계Lebenswelt 의 의미를 현상학이 중시하는 측면 또한 성리학과 닮았다. 성리학은 우주의 과학적 질서를 외면하지 않지만 그보다는 생활세계의 도리道理를 더 중시한다. 현상학과 성리학 모두 대상으로 달려가는 과학적 태도를 경계하고, 내면으로 시선을 돌려 삶의 의미를 깨닫도록 촉구한다. 상대주의적이고 온갖 모순으로 뒤범벅인 생활세계는 논리적·과학적 탐구의 대상이기 이전에 우리가 직접적으로 체험하는 세계이다. 이러한 생활세계는 결코 과학에 의해서는 규명될 수 없다.

후설은 19세기에서 20세기로 넘어가는 길목에 살았다. 과학주의가 극성을 부리던 시기였다. 후설은 이러한 과학주의 시대에 인간의 순수의식으로 시선을 돌릴 것을 주장했다. 그런데 지금 시대는 어떤가? 과학주의는 더욱 더 강력해졌다. 그로 인한 문제는 후설의 시대보다 더 심각하다. 그런 이유로 후설의 문제의식은 오늘날에도 여전히 유효하다.

그러나 후설의 해결책은 너무나 주관주의적이다. 인간 주체에 눈을 돌린 시도는 신선했지만 자칫 독단주의를 옹호하는 것으로 오해될 여지가 있다. 후설은 개개의 인간이 빠질 수 있는 독단을 염려해 상호주관성Intersubjektivität을 내세운다. 개별적 주체가 합의에 도달할 여지를 마련해 혼란을 막을 수 있다고 보았다.

현상학처럼 지독한 주관주의 철학에서 키포인트는 상호주관성이라고 할 수 있다. 상호주관성이 확보되지 않는다면 수많은 개별적 주체들 사이의 서로 다른 체험에서 보편성을 확보할 수 없게 된다.

▶ 관련 개념어 : 에포케, 지향성, 성리학

현존재

이 세상에 원하지 않은 채 내던져진 인간에 대한 별칭
Dasein

아주 흔한 철학적 물음이 있다.

"도대체 나는 왜 이 세상에 태어났는가?"

"도대체 인간이란 무엇인가?"

첫 번째 질문에 대한 하이데거의 답은 다소 허망하다.

"원해서 태어난 사람은 하나도 없다. 우리는 그냥 이 세상에 내던져졌을 뿐이다."

두 번째 질문에 대한 하이데거의 답은 더더욱 허망하다.

"바로 그렇게 '인간이란 무엇인가?' 라고 물을 수 있는 존재가 바로 인간이다."

대학 신입생 시절 최고의 수면제 시간으로 모든 학생들이 첫손에 꼽은 수업이 〈철학개론〉이었다. 나 또한 예외가 아니어서 〈철학개론〉 시간만 되면 늘 맨 뒷자리에 앉아 들키지 않게 조는 게 일이었다. 그러다가 기말고사가 닥쳤다. 제시된 문제는 "철학이란 무엇인가?"였다. 몇 번 머리를 굴리다가 이렇게 답안을 작성했다. "철학이란 바로 '철학이란 무엇인가?' 라는 질문에 대한 답을 추구하는 것이다."라고. 그리고 제일 먼저 답안을 제출하고 유유히 빠져나왔다. 결과는? 상상에 맡기겠다.

하이데거는 '인간은 본질적으로 어떠어떠한 존재이다' 라고 규정하는 걸 무척 싫어한다. 기독교인들은 인간을 신이 창조한 존재라고 말하고, 유교주의자들은 하늘의 거룩한 뜻에 따라 세상에 참된 도_道를 실현하기 위해 내맡겨진 존재라고 말한다. 그러나 이런 제각각의 설명은 인간에 대한 솔직한 이해라고 보기 어렵다. 실제로는 별다른 목적도 없이, 그리고 인간의 아무런 자발적 의도도 없이 우리는 이 세상에 내던져졌을 뿐이다. 온갖 종교와 형이상학은 이런 허망한 사실을 직시하지 못한 채 우리에게 공연한 희망이나 목적을 제시함으로써 우리를 달래려고만 한다. 받아들이기 어렵겠지만 우리가 별다른 이유 없이 세상에 내던져졌다는 사실을 받아들여야 한다.

그렇다고 해서 인간이 완전히 절망적인 것은 아니다. 내던져졌으니까 그냥 내던져진 대로 무의미하게 살 수는 없는 노릇이다. 다행히 온세상 만물이 모두 내던져진 것이지만 유독 인간에게만큼은 인간이 그렇게 내던져진 존재자라는 사실을 깨달을 수 있는 능력이 있다.

바로 이렇게 스스로 내던져져 있다는 사실을 깨달아 이런 상황을

하이데거의 현존재란 곧 인간이다. 거기 그렇게 있는 존재이지만 그냥 내던져져 있음에 만족하지 않고, 스스로에 대해 끊임없이 의문을 제기하는 존재가 바로 인간, 즉 현존재이다.

어떻게 받아들이고 타개해 나갈지 고민하는 존재라는 의미의 개념이 현존재Dasein이다. 하이데거M. Heidegger가 말하는 현존재란 곧 인간이다. 거기da 그렇게 있는sein 존재이지만 결코 그냥 내던져져 있음에 만족하지 않고, 스스로의 존재에 대해 끊임없이 의문을 제기하는 존재가 바로 인간, 즉 현존재이다.

그리고 인간은 이렇게 내던져진 상황에 굴복하지 않고 새로운 희망을 발견하고자 애를 쓴다. 인간은 내던져진 존재이면서 거기에 안주하지 않고 스스로를 벗어나고자 탈존脫存, Ek-sistenz을 도모한다. 즉 인간은 실존Existenz이다. 그래서 하이데거의 철학을 실존주의 철학이라 한다.

하이데거는 기존의 형이상학이 인간 존재에 대해 완전히 헛다리를 짚었다고 비판한다. 존재있음, Sein와 존재자있는 것, Seindes는 구분되어야 한다. 존재자는 존재하는 것이지만 그 자체가 존재는 아니다. 개별적인 존재자는 눈에 보이고 지각되지만 존재 자체는 지각되지 않는 하나의 추상적 개념일 뿐이다.

인간이라는 '존재자'가 도대체 어떻게 '존재'하고 있는지에 대해 파악하는 것이 형이상학의 고유 의무임에도 불구하고, 기존의 형이상학은 인간이라는 존재자의 존재 그 자체를 파악하기보다는 존재자를 존재하도록 만드는 근원, 예컨대 이데아라든가 절대정신이라는 것만 말하기에 급급했다. 그런 형이상학적인 근원, 즉 존재자를 존재하게 만드는 근원은 우리가 알 수 없는 것이다. 신이 인간을 만들었는지, 이데아가 정말로 있는 것인지, 절대정신이 자기 현현한 것이 세상인지 여부에 대해 우리 인간은 도무지 알 수 없고 알 필요도 없다. 바로 이런 측면으로 인해 하이데거의 실존철학을 무신론적 실존철학이라고 규정할 수 있다.

중요한 건 어찌 됐든 우리가 세상에 내던져져 살고 있다는 사실이다. 그리고 이런 상황을 극복하기 위해 인간들이 끊임없이 몸부림치고 있다는 사실이다. 그래서 인간들은 타인에게 관심Sorge을 갖고 배려Besorge하며 심려Fürsorge한다.

이런 과정에서 핵심적인 역할을 하는 것이 언어이다. 언어가 없다면 인간은 실존이 될 수도, 자기 자신의 존재에 대해 물음을 건넬 수도 없게 된다. 그래서 하이데거는 "언어는 존재의 집"이라고 말한다. 마치 육신이 없으면 영혼이 거할 곳이 없어 무의미하게 되는 것처럼 언어가 없다면 존재는 거할 곳이 없게 된다. 그래서 그는 언어예술인 시詩를 최고의 예술로 중시한다.

하이데거는 이처럼 현존재로서의 인간이 언어를 통해 자기 자신이 도대체 어떤 존재인지 깨닫고 그것을 극복하기 위해 분투한다고 설명하면서, 그 과정에서 타인과의 정서적 교류가 중요하다고 말한다. 헌데 그가 이렇게 시와 인간적 교류를 중시했던 데엔 이유가 있다.

당시는 미국이란 나라가 막 세계적 강국으로 뻗어나가던 시절이었다. 그 과정에 과학과 자본주의가 결정적 역할을 했다. 허나 하이데거가 보기에 미국의 성장은 그리 환영할 만한 일이 아니었다. 지금도 미국의 물질물명에 대해 비판적인 시각이 많은데, 이미 하이데거가 활동하던 1930년대부터 이런 비판적 시각이 제기되었다.

또한 하이데거는 소련에서 비롯된 공산주의 또한 몹시 경멸했다. 공산주의는 물질적 토대만을 중시한 채 인간 존재의 본원에 대한 물음을 망각시키는 대단히 혐오스런 사상이었다. 미국과 소련은 방향은 서로 다를지언정 물질만을 추구하는 문명이라는 점에서 격렬한 비판의 대상이 된다. 하이데거는 도구적 이성이 판을 치고 물질을 중시하는 세계적 흐름에 경종을 울리기 위해 현존재로서의 인간을 내세웠다. 시를 통해 존재의 참 뜻을 밝혀내는 참다운 인간상을 제시했다.

허나 아이러니하게도 미국과 소련을 그토록 열심히 경멸했던 하이데거는 자본주의나 공산주의보다 훨씬 문제가 많은 전체주의 사상인 나치즘의 열렬한 추종자가 되고 만다. "적의 적은 동지다."라는 말을 너무 믿었던가? 그는 자본주의와 공산주의를 맹렬히 공격하던 히틀러에 감화 받고 독일이 나치즘을 중심으로 하여 새로운 정신문명을 창출할 수 있으리라 진심으로 믿었다.

아름다운 시어로 수많은 독자들을 감동시켰던 국민시인이 독재자를 찬양하는 시를 천연덕스럽게 낭송하는 모습을 보는 당혹감, 그것이 하이데거 철학을 읽을 때 느끼는 괴로움이다.

▶ 관련 개념어 : 실존주의, 포스트구조주의, 실용주의

회의주의

지독한 의심병 환자의 자기합리화

skepticism

오늘 해가 떴다. 어제도 떴다. 그저께도 떴다. 과연 내일도 뜰 것인가? 흄D. Hume은 말한다.

"불확실하다."

이게 바로 회의주의skepticism다. 누구나 다 자명한 것으로 인정하는 사실을 까칠하게 의심하고 곰곰 따져보는 정신은 인류의 문명을 발전시키는 원동력이 되었다. 남들이 다 그렇다고 하더라도 의심 한 번 해보자. 세상을 다르게 보면 인생도 달라진다.

닭장 속의 닭들은 이렇게 생각할 것이다.

"오늘 모이가 나왔다. 어제도 나왔다. 내일도 나올 것이다."

그러나 현실은 모이가 아닌 도살장이다.

지구의 자전과 공전에 대해 조금이라도 배운 사람은 내일도 해가 뜰 것이라고 확신에 차서 말한다. 지구와 달 및 태양 등의 인력이 원인이 되어 지구의 자전과 공전이라는 결과가 빚어진다. 내일도 이러한 인과적 과정은 어김없이 되풀이 될 것이라 철석같이 믿는다. 그러나 이러한 믿음이 "내일도 모이가 나올 것이다."라고 믿은 닭대가리 수준의 짐작이라고 한다면 어떨까?

흄은 진짜로 그렇게 생각했다. 우리가 철석같이 믿는 인과적 과정이 사실은 우연한 사건들의 연속일 뿐 진짜로 인과적으로 필연적인 과정은 없다고 보았다. 우리가 믿는 인과적 과정은 실상 내일도 모이

흄은 우리가 철석같이 믿는 인과적 과정이 사실은 우연한 사건들의 연속일 뿐 진짜로 인과적으로 필연적인 과정은 없다고 보았다.

가 나올 것이라 믿는 닭대가리 수준의 믿음에 지나지 않는다는 것이다. 참으로 심각한 회의주의다.

이러한 회의주의는 경험론적 입장을 정밀하게 유지할 경우 필연적으로 도달하게 될 수밖에 없다. 로크가 어설프게 제시했던 경험론적 이론은 허점투성이였지만, 흄은 로크가 저지르는 온갖 모순에서 벗어나 경험론적 입장을 일관되게 유지하고자 한다. 그 내막은 이렇다.

흄은 우리가 경험을 통해 얻는 지각perception을 관념idea과 인상impression으로 구분했다. 우리가 흔히 경험론이라고 하면 관념론과는 다른 것이며, 관념 자체를 인정하지 않는 것이라고 오해하기 쉽지만 그렇지 않다. 모든 경험론자들은 관념을 인정한다. 관념이란 바로 경험을 받아들인 결과를 의미하기 때문이다.

극단적 경험론이란 극단적 관념론이다. 존재하는 대상의 객관성을 아예 부정하고 존재하는 것은 우리의 경험이 빚어내는 관념일 뿐이라고 주장하기 때문이다. 흄이 그런 입장을 취했다. 대상이 우리의 감각 저 너머에 객관적으로 존재하리라는 어떠한 근거도 없다고 생각했다. 순수하게 우리의 경험적 사실로서의 관념만 인정했다.

그런데 경험적 사실로서의 관념이란 게 참으로 불확실하다. 로크가 이미 지적한 것처럼 제이성질secondary quality은 사람마다 천차만

별이다. 똑같은 탁구공을 보고서도 어떤 사람은 그것을 동그랑땡이라는 관념으로 파악할 수 있고, 또 어떤 사람은 그것을 골프공이라는 관념으로 파악할 수도 있다.

그러나 우리의 관념이 천차만별이고 불확실하다고 해서 관념 자체를 부정해 버릴 수는 없다. 관념은 현실이니까 말이다. 여기서 흄이 새롭게 제시하는 개념은 인상impressions이다. 우리가 아무리 관념을 부정확하다고 해도 사물을 경험해 생기는 직접적 인상 자체까지 부정할 수는 없다. 동그랑땡인지 골프공인지 저마다 관념은 다르지만 무언가 둥글둥글한 것을 보고 있다는 우리의 인상 자체만큼은 부정할 수 없는 사실이다. 흄에 있어서 인식론theory of knowledge의 과제는 바로 우리의 부정확한 관념을 어떻게 최대한 직접적인 경험으로서의 인상과 일치시키느냐 하는 것이다.

이러한 설명방식은 대단히 충격적인 결과를 낳는다. 왜냐하면 흄에 의하면 "우리가 사물을 제대로 인식하고 있는가?" 하는 질문은 그 자체로 옳지 않기 때문이다. 흄에 의하면 정당한 질문은 이것이다.

"우리가 직접적으로 받은 경험적 인상을 과연 우리의 관념이 정확히 반영하고 있는가?"

가령 위에서 예를 든 탁구공의 경우를 다시 보자. 시각적 인상에만 만족하지 않고 그것을 직접 만져보고 표면이 매끈하고 딱딱하다는 촉각적 인상을 추가하게 된다면 우리가 애초에 가졌던 동그랑땡, 탁구공, 골프공의 관념 가운데 이러한 인상을 가장 정확히 반영하는 관념은 탁구공임을 알 수 있게 된다.

그러나 이러한 판단 또한 완전하다고는 볼 수 없다. 알고 봤더니 그것이 탁구공이 아닌 알사탕이었을 수도 있고 혹은 장난감공일 수도 있기 때문이다. 이러한 과정이 되풀이된다면 결국 그 동글동글한 물체가 무엇인지 명확하게 규정하는 것 자체가 불가능하다는 회의주의에 도달하게 된다.

로크는 사물의 객관적인 제일성질primary quality을 인정했다. 누가 봐도 인정할 수밖에 없는 보편적 성질이 사물 자체에 있다고 주장했다. 인식론의 과제는 이런 객관적인 사물과 우리의 경험이 일치하는지 여부를 확인하는 것이다. 즉 외부의 대상을 우리의 경험이 제대로 인식하고 있는지 여부를 따지는 것이 인식론이며, 인간은 감각경험을 통해 외부 사물과 자신의 관념을 일치시킬 수 있다고 보았다.

그러나 흄은 외부의 대상을 객관적으로 파악할 수 있다는 로크의 전제 자체를 부정한다. 존재하는 것은 경험뿐이다. 존재하는 것은 인상과 관념뿐이다. 외부의 사물이 객관적으로 존재하리라고 생각하는 것 자체가 착각에 불과하다. 외부 사물이 실제 어떤 모습으로 존재하는지 우리는 도대체 확인할 수 없다.

참으로 극단적인 경험주의라고 하지 않을 수 없다. 이 정도는 되어야 경험론의 극한에 도달한 것이라 볼 수 있다. 이런 입장은 외부 사물이 객관적으로 존재하며, 우리는 그 사물을 객관적으로 파악할 수 있다는 우리의 상식을 의심하기 때문에 회의주의라고 불린다.

이런 회의주의에 의하면 인과율은 당연히 부정된다. 외부에 존재하는 사물의 객관성조차 인정하지 못하는 마당에 외부 사물들 사이의 인과적 관계라고 하는 것을 인정할 여유가 어디 있겠는가? 그런 것들은 죄다 사람들의 착각이 불러일으킨 것에 지나지 않는다. 우리가 인과적 사태라고 믿는 것도 따지고 보면 돼지꿈을 꾸면 복권에 당첨된다는 믿음, 속옷을 갈아입지 않아야 홈런이 터진다고 믿는 야구선수의 징크스 등이랑 다를 바가 없다.

인과적으로 보이는 사태들은 실상 시간적 순서에 의해 그렇게 인과적인 것처럼 연상작용을 일으켜 우리에게 인과적인 것처럼 보이는 것일 뿐이다. 우리는 인과관계를 관찰할 수 없으며 단지 믿을 수 있을 뿐이다. 내일 또 다시 태양이 떠오를지 알 수 없다고 말하는 것이 정직한 것이라고 흄은 주장한다.

이러한 회의주의는 칸트I. Kant에게 커다란 충격을 주게 된다. 칸트는 유럽의 합리론 전통에 충실한 입장을 가지고 있었는데 흄의 저작을 읽고 "독단의 선잠에서 깨어났다."고 고백하지 않을 수 없었다. 상식에 반하는 면이 많지만 그만큼 설득력이 강했던 것이다.

진정한 회의주의는 때로 감동을 불러일으킨다. 흄을 통해 이를 새삼 확인한다.

▶ 관련 개념어 : 경험론, 관념론, 타불라 라사, 선험적 종합판단

찾아보기

ㄱ

가능성과 불가능성 150
가능태 375
가족유사성 23~27
가타리 79, 81
감각주의 286
강유위 104, 105
거경궁리론 191
검증가능성 원리 83, 143, 145
격물치지 27~31
격물치지론 27
결정주의 286
경세치용 31~34
경학 34~36
경험론 36~41
경험적 판단 175~178
경험주의 38, 40, 51, 63
계몽주의 41~44
고르기아스 169
고염무 32
고증학 192
공리 106, 179, 266~267
공리주의 45~48

공산주의 45
공자 42, 44, 67, 236, 277~280, 301, 325~326, 350, 386~387
과학주의 285
관념 40
관념론 49~54
관념실재론 221
관학주의 192
교부철학 54~57
구조주의 57~61
굴신 67
권근 322
귀납 61~66
귀신 66~70
귀장역 369
기 71~75
기계론 108, 130
기대승 161, 352
기론 190
기의 76
기표 76
기호작용 77
기호학 75~78
기호학파 161, 308, 361
김용옥 36, 237

ㄴ

남인 32~33, 161, 172~174, 273, 277, 321
네 가지 단서 159~160, 194
노마드 79

노마디즘 79~83
노에마 374
노에시스 374
노자 133, 395~396
노장사상 103, 422
논리실증주의 83~86
논리적 원자론 87~90
누스 90~93
뉴턴 63, 145, 147, 403~405
니체 61, 170

ㄷ

단순관념 392
단일성 150~151
담사동 104~105
대동 사회론 104~105
대응규칙 84
데리다 381~382, 408, 419~422
데모크리토스 87, 234, 286~288, 339, 343
데카르트 37, 56, 91, 127~131, 212, 218, 232, 262, 315, 413~414
도가 118~120, 122, 165, 317, 370
도가사상 121~122, 317
도척 307
동도서기와 화혼양재 94~98
동림학파 31~32
동어반복 84
동일률 153
뒤샹 134
듀이 212, 214~216

들뢰즈 79, 81~82, 206~207

ㄹ

라이프니츠 232, 234, 288, 413~414
라캉 124~126
랑그 58
러셀 83, 87~90, 254~255
레닌 271
레비-스트로스 60~61, 406
로고스 99~101
로크 37~40, 42, 232, 390~394, 432, 434
롤즈 48, 354~359
리비도 124

ㅁ

마르크스 271, 287~288, 349
막스 베버 70, 109
만물일체설 102~105
만유인력법칙 63
맹자 160~161, 164~165, 181, 185, 193~194, 197, 251~252, 301, 326
모나드 234
모방론 26, 133~134
모순율 153
목적론 105~109
목적론적 철학 377
목적합리성과 가치합리성 109~114
몽테스키외 42
무극 396
무귀론 69

무신론 287
무아론 114~118
무위자연 118~122
무의식 122~126
문일평 236
물심이원론 127~131
물자체 151
미메시스 132~135
미발과 이발 135~138
미적 가상 138~142
민족주의 32
밀레투스 340~341

ㅂ

박제가 318~319
박지원 34, 171, 235~236, 239,
  318~319, 321
반증가능성 143~148
반증가능성의 원리 269
배중률 153
버클리 37~39, 51~54, 213, 222, 232,
  288, 346, 349, 392, 394
범주 148~152
베냐민 245~246, 248
베르그손 269, 272
베이컨 37~38, 62~63
벤담 46~47
변증법 152~155
보드리야르 206~207
브라만교 115
복합관념 392

본연지기 336
본연지성과 기질지성 156~158
본유관념 391
볼셰비즘 272
볼테르 42~44
부수성 150
부정성 150
북학파 318~319, 321
분석판단 175
불가사상 121
불리부잡의 원리 307, 360
비트겐슈타인 24~26, 83, 87, 89~90,
  255~257
빅뱅 73, 302~303, 394, 396
빠롤 58

ㅅ

사농공상 105, 158
사단과 칠정 159~164
사덕 164~167
사르트르 222~223, 225
사양지심 184, 252
사원소설 295
사칠논변 352
삼권 분립론 42
삼황오제 197
상견 114
상대주의 168~171
상수역 369~372
상제 173, 187
생득관념 37

서경덕 307

서교 171

서인 161, 171, 273, 276, 318, 321,
329~330

서학 171~174

석가 115~116

선이해 262

선통제 44

선판단 262

선험적 종합판단 174~181

성 181~185

성기호설 185~188

성리학 189~193

성선설 193~196

성악설 196~199

성정론 191

성즉리 182

셸링 155 ·

소당연과 소이연 199~202

소박실재론 220

소쉬르 58~60, 126, 406

소크라테스 37, 152, 170, 265, 311~
313, 344

소피스트 37, 169~170, 311~313, 344

송시열 307~308

쇼펜하우어 170

수사학 170

수오지심 184, 252

숙명론 306~307

순선무악 156, 161~162, 166, 190, 305,
308, 336, 351

순수의식 262~263, 373~374, 423~425

순수형상 377~378

순자 56, 194, 196~199, 301

순종 44

스콜라철학 202~205

스피노자 232~234, 413~414

시뮬라크르 206~209

시비지심 184, 252

신기 209~212

신유박해 44

신유학 35, 191

신해혁명 44

실용주의 212~216

실재론 216~222

실존주의 222~225

실증주의 225~229

실체 230~235

실학 235~240

심성론 191

심통성정 241~243

ㅇ

아낙사고라스 90~93, 343

아낙시만드로스 339~340, 343

아낙시메네스 339~340, 343

아도르노 139~141, 229

아들러 270

아리스토텔레스 92~93, 108~109, 148~
149, 152, 202~203, 265, 288, 375~
378, 419

아우구스티누스 54~56

아우라 244~248

아이자와 세이시사이 70
아인슈타인 146~148, 267, 403
아트만 115
안재홍 236
압축 123~125
앤디 워홀 208
양능 252
양명학 248~253
양상 150
언어적 전회 254~257
에딩턴 147
에로스 258~260
에포케 260~263
엘레아학파 341~342
엠페도클레스 342~343
연산역 369
연역 263~268
열린사회 269~273
영남학파 161, 308, 365
예 164, 166~167, 249, 276~279, 326
예송 273~277
예악 277~280
예학 249
오규 소라이 69
오컴 281~282
오행설 293
왕부지 32
왕수인 29~31, 35, 192, 249~252
왕양명 192
왕정상 295
원자론 87
원자명제 87

원형이정 164
유가 118~120
유가사상 121
유귀론 69
유리수 340
유명론 281~284
유목주의 79
유물론 284~287
유심론 287~290
유전학 285
유출설 322~323
유클리드 266
유형원 32~33
윤회론 117
융 124
은유 125
음양 291
음양오행 290~296
의리역 370~371
의미작용 76
의사소통 77
의사소통적 합리성 296~300
의식의 지향성 425
이 300~304
이간 329~331
이권 분립론 42
이기론 304~309
이데아 309~313
이론적 명제 84, 86
이성 314~317
이성주의 224, 315~316, 411
이신론 324

이용후생 318~321
이원론 129, 377~378
이이 8, 161, 307~308, 335~337, 352,
  361, 366
이익 32~33
이일분수 322~324
이토오 진사이 69
이항로 239
이황 8, 156~157, 161, 307~308, 333~
  337, 352, 365~367
인 324~327
인과관계 40, 64, 179, 414, 435
인과율 108, 286, 434
인물성동이론 327~332
인상 40, 432~433
인성론 55, 193, 196, 327
인심과 도심 332~337
인심도심론 191, 334
인의예지 36, 159, 164~167, 182, 184,
  194, 250~252
일반상대성이론 146~147
일자 322~323, 400~401

ㅈ
자공 277, 279~280
자본주의 80~82, 96, 110, 113, 271,
  354~355, 358, 430
자연철학 338~344
자이나교 115
작위 199
장자 8, 73, 103, 121, 133

장재 72~74, 190, 306, 359~360
전우 238, 320
절대적 관념론 344~350
절대정신 219, 234, 265~266, 344, 349,
  417, 429
절대주의 168~170
정 350~353
정신분석학 270~271
정약용 32~34, 174, 184~188, 235~237,
  295, 307~308, 368, 386
정의론 353~359
정이 190~191, 306, 371
정인보 236, 253
정제두 253
정조 43
정호 190~191, 306
제논 342
제논의 역설 152, 342
제사윤리 67
제이성질 38, 391
제일성질 38, 391
제일질료 376
제임스 212, 214~216
제한성 150
존재론적 실재론 216~220, 413
존재자 428~429
종합판단 175~180
주경함양 136
주기론 358~363
주기우파 238, 363
주기좌파 238~239, 330~331, 363
주돈이 73~74, 190, 359~360, 395~396

주리론 364~369
주역 369~372
주정주의 327
주체 60
주체철학 61, 298
주희 27~30, 35, 67~68, 73~74, 135~
    136, 156, 160~161, 163, 172, 189~
    192, 199, 202, 237, 242, 251, 302~
    303, 306~307, 328, 350~352, 359~
    362, 365~366, 371, 388~389,
    395~396
중농주의 33~34, 321
중농학파 32~34, 321
중상주의 33~34, 321
중상학파 33~34, 321
중체서용 94, 98
증자 386~388
지양 154
지칭이론 88
지행합일 251
지향성 373~375
진화론 184, 213
질 290
질료와 형상 375~378
질적 공리주의 47

ㅊ
차연 379~382
천명신도 156~157
천주교 43~44, 171, 174, 369
천주학 171

천황 70, 97~98
최익현 239
최한기 35~36, 75, 184, 209~212,
    235~236, 295, 353, 363, 383~386
추연 292
추측 383~386
충서 386~389
치환 123~124

ㅋ
칸트 40, 42, 53~54, 133, 150~152, 170,
    176~181, 219, 254, 263, 346~348,
    374~375, 415~417, 419, 435
칼뱅 112~113
코페르니쿠스적 전환 144, 152
콩트 222, 225~226
쾌락주의 46, 106
쿤 402~405
키에르케고르 223, 225

ㅌ
타불라 라사 390~394
탈구조주의 406
탈레스 339~340, 343
탈존 428
탈주술 96
태극 234, 394~397
태허 72
태허기론 190
테르툴리아누스 56

토마스 아퀴나스 128, 288

ㅍ

파르메니데스 341~342, 399~401
판단중지 261
판타 레이 398~401
패러다임 402~405
퍼스 212~214
포스트구조주의 406~410
포스트모더니즘 313, 372, 410
포퍼 85~86, 144~145, 269~270, 272~
 273
푸이 44
푸코 407~408
프로이트 123~126, 270
프로타고라스 37, 169, 312~313
프로토콜 명제 83
플라톤 9, 54, 56, 91~92, 132~133,
 170, 202, 206~207, 220, 230, 232,
 258~260, 265, 272, 281, 283~285,
 287~288, 309~311, 313, 376~378,
 401, 411, 414, 419
플로티노스 322~324
피카소 134

ㅎ

하버마스 229, 297~300
한원진 329~330
하이데거 225, 426~430
합 154

합리론 411~417
해석기하학 128, 414
해체주의 418~422
헤겔 53~54, 91, 132~133, 139~141,
 152, 154~155, 219~223, 254, 265,
 272, 288, 316, 347~349, 401, 415~417
헤라클레이토스 398~401, 341~343
현상학 423~426
현실태 375
현존재 426~430
형상주의 49
홉스 170
홍대용 171, 235~236, 295, 318, 363
화이트헤드 313, 378
환유 125
황종희 32
회의주의 431~435
횔덜린 155
효제 326
후설 260~263, 373~375, 423, 425~426
흄 37, 39~40, 170, 392, 394, 415, 431~
 435
희로애구애오욕 160, 351

기타

12범주 150, 152